케라스로 구현하는 고급 딥러닝 알고리즘

딥러닝 기법, 오토인코더, GAN, 변분 오토인코더,
심층강화학습, 정책 경사 기법 적용하기

케라스로 구현하는 고급 딥러닝 알고리즘

딥러닝 기법, 오토인코더, GAN, 변분 오토인코더, 심층강화학습, 정책 경사 기법 적용하기

지은이 로웰 아티엔자
옮긴이 김정인
펴낸이 박찬규 엮은이 윤가희 디자인 북누리 표지디자인 Arowa & Arowana

펴낸곳 위키북스 전화 031-955-3658, 3659 팩스 031-955-3660
주소 경기도 파주시 문발로 115, 311호 (파주출판도시, 세종출판벤처타운)

가격 28,000 페이지 356 책규격 188 x 240mm

초판 발행 2019년 09월 27일
ISBN 979-11-5839-171-3 (93000)

등록번호 제406-2006-000036호 등록일자 2006년 05월 19일
홈페이지 wikibook.co.kr 전자우편 wikibook@wikibook.co.kr

이 책의 내용에 대한 추가 지원과 문의는 위키북스 출판사 홈페이지 wikibook.co.kr이나
이메일 wikibook@wikibook.co.kr을 이용해 주세요.

이 도서의 국립중앙도서관 출판시도서목록(CIP)은
서지정보유통지원시스템 홈페이지(http://seoji.nl.go.kr)와
국가자료공동목록시스템(http://www.nl.go.kr/kolisnet)에서 이용하실 수 있습니다.
CIP제어번호 CIP2019033976

케라스로 구현하는 고급 딥러닝 알고리즘

딥러닝 기법,
오토인코더,
GAN, 변분 오토인코더,
심층강화학습,
정책 경사 기법 적용하기

로웰 아티엔자 지음
/
김정인 옮김

Packt>
위키북스

저자

로웰 아티엔자(Rowel Atienza)는 필리핀 딜리만의 필리핀대학교 전기전자공학부 부교수다. Dado and Maria Banatato 연구소 인공지능 분야의 교수장이기도 하다. 로웰은 필리핀대학교를 졸업한 후로 지능형 로봇에 매료됐다. AI가 탑재된 네 발 달린 로봇을 만들어 싱가포르 국립대학교에서 공학 석사 학위를 받았다. 오스트레일리아 국립대학교에서 인간과 로봇의 상호작용을 위한 시선 위치 추적 기술을 연구해 박사 학위를 마쳤다. 현재는 AI와 컴퓨터 비전을 연구하고 있다. 그의 꿈은 지각하고 이해하고 추론할 수 있는 유용한 기계를 만드는 것이다. 필리핀 과학기술부(DOST), 필리핀 삼성 연구소, 고등 교육 위원회 산하 필리핀-캘리포니아 고등연구소(CHED-PCARI)로부터 지원을 받아 그 꿈을 이루려고 노력 중이다.

내 가족 Che, Diwa, Jacob에게 고마움을 전한다. 그들은 한결같은 마음으로 나의 작업을 지원해주었다.

내게 교육의 가치를 가르쳐 주신 어머니께 감사의 마음을 전한다.

Packt 출판사 가족들과 이 책의 기술 검토를 담당해준 Frank, Kishor, Alex, Valerio에게 고마움을 표한다.

항상 나의 교육 과정과 연구 주제를 지원해 주는 필리핀대학교, 필리핀 과학기술부, 필리핀 삼성 연구소, CHED-PCARI에 감사드린다.

아울러 나의 학생들에게 고마움을 전한다. 그들은 내가 AI 분야 강의를 개발하는 모든 과정을 인내심을 가지고 함께 했다.

감수자

발레리오 마지오(Valerio Maggio)는 현재 이탈리아 트렌토에 위치한 브루노 케슬러 재단(Fondazione Bruno Kessler, FBK)에서 박사 후 연구원으로 재직 중이며, MPBA(바이오 의약품과 환경을 위한 예측 모델) 연구실에서 머신러닝과 딥러닝 연구를 담당하고 있다. 발레리오는 나폴리 페데리코 2세 대학교에서 컴퓨터 과학 전공으로 박사 학위를 받았다. 그는 소프트웨어 유지보수와 컴퓨터 생명공학 분야에 머신러닝과 딥러닝을 적용하는 방법을 집중적으로 연구하고 있다. 발레리오는 파이썬을 과학에 적용하는 커뮤니티에 깊이 관여하고 있으며 수많은 파이썬 콘퍼런스에서 활발히 강연하고 있다.

또한 PyCon Italy/PyData Florence, EuroScipy를 창립했다. 그는 주로 파이썬을 사용해 딥러닝/머신러닝 코드를 작성하며, 데이터를 분석 및 시각화하고 학습하는 데 파이썬을 집중적으로 사용한다. 자신의 깃허브 프로필(github.com/leriomaggio/deep-learning-keras-tensorflow)에 딥러닝 분야와 관련해 케라스/텐서플로 튜토리얼을 올리는 것으로 꽤 유명하다. 또한 수많은 콘퍼런스(EuroSciPy, PyData London, PySS)와 대학에서 발표 및 강연을 하고 있다. 발레리오는 홍차를 사랑하고 고전 게임인 매직 더 개더링(Magic The Gathering, MTG)을 즐겨 할 뿐만 아니라 신입들에게 MTG 가르치기를 좋아한다.

01

케라스를 활용한 고급 딥러닝 소개

02

심층 신경망

03 오토인코더

04 생성적 적대 신경망 (GAN)

05 개선된 GAN 모델

06 분해된 표현 GAN

07 교차 도메인 GAN

08 변분 오토인코더

09 심층 강화학습

10 정책 경사 기법

최근 들어 딥러닝은 시각, 음성, 자연어 처리, 그 외 데이터가 쏟아지는 모든 영역에서 만날 수 있는 어려운 문제에서 전에 없던 성공 신화를 만들어 가고 있다. 기업, 대학, 정부, 연구 기관의 관심 덕분에 이 분야는 급속도로 성장하고 있다. 이 책은 딥러닝에서의 중요한 진보를 선별해 다룬다. 이 책은 원리의 배경을 설명하고 그 개념을 자세히 살펴보고 케라스를 사용해서 수식과 알고리즘을 구현해 결과를 확인함으로써 진화된 이론을 설명한다.

오늘날도 여전히 **인공지능(AI)** 분야는 제대로 이해되고 있다고 볼 수 없다. AI 중 한 분야인 딥러닝도 마찬가지다. 아직 성숙한 분야라고 하기에는 갈 길이 멀었지만, 이미 비전 기반 탐지 및 인식, 상품 추천, 음성 인식 및 합성, 에너지 절약, 신약 개발, 금융, 마케팅 등 수많은 실제 애플리케이션에서 딥러닝 알고리즘을 사용하고 있다. 그리고 더 많은 애플리케이션을 발견 및 구축 중이다. 이 책은 고도화된 개념을 설명한 후 샘플 수준으로 구현하고 각 분야의 전문가로서 독자들이 타깃 애플리케이션을 식별할 수 있게 돕는 것을 목표로 한다.

완전히 성숙하지 못한 분야는 양면성을 지니고 있다. 긍정적인 측면에서 보자면 새로운 무엇인가를 발견하고 개척할 기회가 많다. 딥러닝에는 아직도 해결되지 않은 문제가 많다. 그 말은 곧 딥러닝이 시장(제품 개발, 출간 혹은 공로의 인정)에 최초로 진입할 기회라고 볼 수 있다. 한편으로는 비즈니스 운영에 필수적인 환경에서 완전히 잘 이해되지 않은 분야를 신뢰하기가 어렵다는 측면이 있다. 누군가 묻는다면 딥러닝 시스템이 제어하는 자동 항법 비행기에 올라탈 머신러닝 엔지니어는 거의 없다고 말할 수 있다. 이러한 수준의 신뢰를 얻기까지는 수많은 작업이 필요하다. 이 책에서 논의할 고급 개념이 이런 수준의 신뢰를 확보하는 데 있어 중요한 역할을 할 수 있다.

딥러닝을 다루는 책은 전 분야를 완전히 다룰 수는 없다. 시간과 공간만 허락한다면 탐지, 세분화 및 인식, 시각적 이해, 확률 추론, 자연어 처리와 이해, 음성 합성, 자동화된 머신러닝처럼 흥미로운 영역을 다뤘을 것이다. 하지만 이 책에서는 독자들이 이 책에서 다루지 않은 다른 영역까지 두루 이해하고 적용할 수 있는 내용을 선택해서 설명한다.

이 책은 흥미롭고 사회에 큰 영향을 끼칠 수 있는 영역의 내용을 선택해서 설명했다는 사실을 기억하기 바란다. 아침에 일어나서 우리가 원하는 일을 할 수 있다는 것은 참 행운이다.

대상 독자

이 책은 딥러닝의 고급 주제를 더 배우고자 하는 머신러닝 엔지니어와 학생을 대상으로 한다. 각 주제를 더 잘 이해할 수 있도록 케라스에서 코드로 구현해 볼 것이다. 이 책은 이론을 케라스에서 동작하는 코드로 구현하는 방법을 이해하고자 하는 독자를 위한 것이다. 이론을 이해하는 것 외에, 코드 구현도 머신러닝을 현실 세계 문제에 적용하는 어려운 작업 중 하나다.

이 책에서 다루는 내용

1장 '케라스를 활용한 고급 딥러닝 소개'에서는 최적화, 정규화, 손실 함수, 기본 계층, 신경망의 핵심 개념과 이를 케라스에서 구현하는 방법을 다룰 것이다. 또한 순차적 API를 사용해 딥러닝과 케라스를 모두 검토할 것이다.

2장 '심층 신경망'에서는 케라스의 함수형 API를 설명할 것이다. 그리고 함수형 API를 활용해 가장 광범위하게 사용되는 두 개의 심층 신경망 아키텍처인 ResNet과 DenseNet을 케라스에서 구현하고 검토할 것이다.

3장 '오토인코더'에서는 입력 데이터의 잠재 표현을 찾기 위해 사용된 오토인코더라는 일반적인 신경망 구조를 다룬다. 오토인코더의 두 가지 응용 분야인 잡음 제거(denoising)와 채색(colorization)을 설명하고 케라스에서 구현할 것이다.

4장 '생성적 적대 신경망(GAN)'에서는 딥러닝에서 최근 중요한 발전을 이룬 분야 중 하나를 설명한다. GAN은 실제처럼 보이는 새로운 합성 데이터를 생성하는 데 사용된다. 대표적인 GAN인 DCGAN과 CGAN을 케라스에서 구현하고 검토할 것이다.

5장 '개선된 GAN'에서는 기본 GAN을 개선한 알고리즘을 다룬다. 이 알고리즘들은 GAN을 훈련시킬 때 따르는 어려움을 해결하고 합성 데이터의 지각적 품질을 개선한다. 여기에서는 WGAN, LSGAN, ACGAN을 설명하고 케라스에서 구현해 볼 것이다.

6장 '분해된 표현 GAN'은 GAN에 의해 생성된 합성 데이터의 속성을 제어하는 방법을 설명한다. 이 속성은 잠재된 표현을 분해해서 제어할 수 있다. 표현을 분해하는 두 가지 기법인 InfoGAN과 StackedGAN을 설명하고 케라스에서 구현할 것이다.

7장 '교차 도메인 GAN'은 한 도메인의 이미지를 다른 도메인의 이미지로 변환하는 실용적 응용 분야를 다루며 보통 '교차 도메인 전이'라고도 한다. 널리 사용되는 교차 도메인 GAN인 CycleGAN을 설명하고 케라스에서 구현할 것이다. 또한 이 장에서는 CycelGAN이 채색과 스타일 전이를 수행하는 것을 보여준다.

8장 '변분 오토인코더(VAE)'에서는 딥러닝의 최근 주요 발전 사항을 설명한다. GAN과 비슷하게 VAE는 합성 데이터를 생성하기 위해 사용하는 생성 모델이다. 그러나 GAN과는 달리 VAE는 변분 추론(variational inference)에 적합한 디코딩이 가능한 연속적인 잠재 공간에 집중한다. VAE와 그 변형인 CVAE와 β −VAE를 설명하고 케라스에 구현할 것이다.

9장 '심층강화학습'은 강화학습과 Q−러닝의 원리를 설명한다. 이산 행동 공간을 위한 Q−러닝을 구현하는 두 가지 기법으로 Q 테이블을 업데이트하는 방법과 심층 Q−네트워크(DQN, Deep Q Network)를 보여준다. 여기서는 OpenAI gym 환경에서 파이썬으로 Q−러닝을 구현하는 방법과 케라스에서 DQN을 구현하는 방법을 보여준다.

10장 '정책 경사 방식'에서는 강화학습에서 의사결정을 위한 정책을 학습하기 위해 신경망을 사용하는 방법을 설명한다. 여기에서는 REINFORCE, 기준선을 적용한 REINFORCE, 액터−크리틱, 어드밴티지 액터−크리틱(A2C)의 네 가지 기법을 다루고 케라스와 OpenAI gym 환경에서 구현할 것이다. 이 장에서 보여준 예제는 연속적인 행동 공간에서의 정책 경사 방식을 보여준다.

이 책을 최대한 활용하려면

- **딥러닝과 파이썬:** 기본적으로 딥러닝과 파이썬에서 딥러닝을 구현하는 방법을 알고 있어야 한다. 딥러닝 알고리즘을 구현하기 위해 케라스를 사용해 본 경험이 중요하지만, 반드시 필요한 것은 아니다. 1장 '케라스를 활용한 고급 딥러닝 소개'에서 딥러닝 개념과 케라스에서 구현하는 방법을 검토할 것이다.
- **수학:** 이 책에서는 독자가 대학 수준의 미적분, 선형대수, 통계, 확률에 익숙하다고 가정하고 설명한다.
- **GPU:** 이 책에서 케라스로 구현한 대부분 구현물은 GPU가 필요하다. GPU가 없으면 시간이 너무 많이 소요되어(수 시간부터 수일에 이르기까지) 사실상 대부분 코드 예제를 실행하기가 어렵다. 이 책의 예제는 고성능 컴퓨터의 사용을 최소화하기 위해 가능한 한 합리적인 크기의 데이터를 사용한다. 최소한 NVIDIA GTX 1060을 사용할 수 있어야 한다.
- **편집기:** 이 책의 코드 예제는 우분투 리눅스 16.04 LTS, 우분투 리눅스 17.04, macOS High Sierra에서 vim을 사용해 편집했다. 파이썬 언어를 인지할 수 있는 텍스트 편집기라면 어떤 것이라도 사용할 수 있다.

- **텐서플로:** 케라스는 백엔드가 필요하다. 이 책의 코드 예제는 백엔드로 텐서플로를 사용하는 케라스에서 작성됐다. 따라서 GPU 드라이버와 텐서플로가 모두 적절하게 설치됐는지 확인해야 한다.
- **깃허브:** 이 책에서는 예제와 실험을 통해 배운다. 깃허브 저장소에서 이 책에서 사용한 코드를 가져오자(git pull 또는 fork 사용). 코드를 가져왔으면 확인해야 한다. 그리고 실행한다. 코드를 변경한다. 그리고 다시 실행한다. 코드 예제를 변경하면서 창의적인 실험을 모두 해보라. 이것이 이 책에서 설명한 모든 원리를 제대로 이해할 수 있는 유일한 방법이다. 이 책의 깃허브 저장소에 별표를 눌러준다면 매우 고맙겠다.

예제 코드 파일 내려받기

이 책의 예제 코드 파일은 아래 사이트에서 내려받을 수 있다.

- **깃허브:**
  https://github.com/PacktPublishing/Advanced-Deep-Learning-with-Keras
- **위키북스:**
  https://wikibook.co.kr/keras/

컬러 이미지 내려 받기

이 책에 사용된 화면과 도표의 컬러 이미지는 아래 사이트에서 내려받을 수 있다.

- **원서 출판사:**
  http://www.packtpub.com/sites/default/files/downloads/9781788629416_ColorImages.pdf
- **위키북스:**
  https://wikibook.co.kr/keras/

표기법

이 책의 코드 예제는 파이썬으로 작성했다. 구체적으로 말하면 파이썬 3로 작성했다. 색 구성은 vim 구문 강조를 기반으로 한다. 다음 예제를 생각해 보자.

```
def encoder_layer(inputs,
                  filters=16,
                  kernel_size=3,
                  strides=2,
```

```
                     activation='relu',
                     instance_norm=True):
    """Builds a generic encoder layer made of Conv2D-IN-LeakyReLU
    IN is optional, LeakyReLU may be replaced by ReLU
    """

    conv = Conv2D(filters=filters,
                  kernel_size=kernel_size,
                  strides=strides,
                  padding='same')
    x = inputs
    if instance_norm:
        x = InstanceNormalization()(x)
    if activation == 'relu':
        x = Activation('relu')(x)
    else:
        x = LeakyReLU(alpha=0.2)(x)
    x = conv(x)
    return x
```

가능한 경우라면 독스트링을 항상 포함시켰다. 텍스트 주석은 공간 사용을 최소화하는 방향으로 사용했다.

명령줄 코드 실행은 다음과 같이 작성했다.

```
$ python3 dcgan-mnist-4.2.1.py
```

예제 코드의 파일명은 '알고리즘-데이터세트-장.절.번호.py'다. 명령줄 예제의 파일명은 4장 2절 첫 번째 목록에 나온 MNIST 데이터세트를 활용한 DCGAN이다. 경우에 따라 실행할 명시적인 명령줄을 보여주지 않을 때는 다음 명령어를 실행했다고 보면 된다.

```
$ python3 name-of-the-file-in-listing
```

코드 예제의 파일명은 목록 캡션에 포함돼 있다.

케라스를 활용한 고급 딥러닝 소개 1장

첫 장에서는 이 책에서 사용할 세 가지 딥러닝 인공 신경망을 소개할 것이다. 이 딥러닝 모델은 MLP, CNN, RNN으로, 오토인코더와 GAN처럼 이 책에서 다룰 고급 딥러닝 주제의 기본 구성 요소다.

이 장에서는 케라스 라이브러리를 사용해 이 딥러닝 모델을 구현할 것이다. 먼저 왜 케라스가 딥러닝을 구현하는 데 탁월한 도구인지 살펴본다. 다음으로 세 가지 딥러닝 모델 내의 설치와 구현 세부사항을 자세히 알아볼 것이다.

이 장에서는 다음 내용을 다룰 것이다.

- 고급 딥러닝 모델을 사용하는 데 케라스가 탁월한 도구인 이유를 알아본다.
- 이 책에서 사용할 최고급 딥러닝 모델의 기본 구성 요소인 MLP, CNN, RNN을 소개한다.
- 예제를 통해 케라스와 텐서플로를 사용해 MLP, CNN, RNN을 구현하는 방법을 보여준다.
- 최적화, 정규화, 손실 함수를 포함해 딥러닝의 주요 개념을 소개한다.

이 장이 끝날 때면 케라스로 구현된 기본 딥러닝 모델을 갖게 될 것이다. 다음 장에서는 이 기본 모델을 기반으로 구성한 심층 신경망, 오토인코더, GAN과 같은 고급 딥러닝 주제를 살펴본다.

왜 케라스가 딥러닝 라이브러리로 완벽한가?

케라스[프랑소와 숄레, "Keras(2015)"]는 이 글을 쓰는 시점에 25만 명 이상의 개발자들이 사용하고 있으며 그 수가 매해 두 배씩 증가하는 유명한 딥러닝 라이브러리다. 600여 명 이상의 개발자들이 이 라이브러리를 유지하기 위해 활발하게 활동하고 있다. 이 책에서 사용하는 예제 중 일부는 공식 케라스 깃허브 저장소에도 제공됐다. 유명한 오픈 소스 딥러닝 라이브러리인 구글 **텐서플로(TensorFlow)**는 고차원 API로 케라스를 사용한다. 업계에서는 구글, 넷플릭스, 우버, 엔비디아 같은 주요 IT 기업에서 케라스를 활용하고 있다. 이 장에서는 **케라스 순차형**(Keras Sequential) **API** 사용법을 소개하겠다.

케라스가 딥러닝 모델을 빨리 구현하는 것을 목적으로 설계됐으므로 이 책에서 작업을 수행하는 도구로 케라스를 선택했다. 케라스는 이 책에서 고급 딥러닝 개념을 탐구할 때처럼 실제적이면서 실용적인 실체를 구현하기에 이상적인 도구다. 케라스와 딥러닝은 서로 밀접하게 연관되어 있기 때문에 케라스 라이브러리 활용을 극대화하기 전에 딥러닝의 핵심 개념을 알아두는 것이 매우 중요하다.

이 책에 나오는 모든 예제는 다음 링크의 깃허브에서 확인할 수 있다. https://github.com/PacktPublishing/Advanced-Deep-Learning-with-Keras

케라스는 모델을 효율적으로 구축하고 훈련시킬 수 있게 하는 딥러닝 라이브러리다. 이 라이브러리에서는 계층이 레고 블록처럼 서로 연결돼 있어 모델을 깔끔하고 이해하기 쉽게 구현할 수 있다. 모델을 훈련시키는 일은 데이터만 있으면 몇 세대(epoch)를 거쳐 훈련시키고 지표를 모니터링만 하면 되기 때문에 간단하다. 그 결과 대부분의 딥러닝 모델을 상당히 적은 코드로 구현할 수 있게 되었다. 케라스를 사용함으로써 코드 구현 시간을 절약하고 대신 더 나은 딥러닝 알고리즘을 만드는 중요한 일에 시간을 사용할 수 있어 생산성을 높일 수 있다. 앞으로 소개할 세 가지 딥러닝 신경망을 다룰 때 효율성을 높이기 위해 케라스와 딥러닝을 결합할 것이다.

또한 케라스는 이 책에서 사용하는 모델을 포함해 딥러닝 모델을 빠르게 구현하기에 이상적인 도구다. 일반적인 모델이라면 **순차형 모델 API**를 사용해 단 몇 줄이면 구현할 수 있다. 그렇지만 그 단순함에 호도돼서는 안 된다. 케라스는 특수한 요구사항을 만족시키기 위해 맞춤 변경이 가능한 API와 `Model`, `Layer` 클래스를 사용해 더 진화된 복잡한 모델도 구현할 수 있다. 함수형(Functional) API는 그래프와 유사한 모델 작성, 계층 재활용, 파이썬 함수처럼 작동하는 모델을 지원한다. 한편 `Model`과 `Layer` 클래스는 보편적이지 않거나 실험적인 딥러닝 모델과 계층을 구현하기 위한 프레임워크를 제공한다.

케라스와 텐서플로 설치하기

케라스는 독립적으로 동작하는 딥러닝 라이브러리가 아니다. 그림 1.1.1에서 보다시피, 케라스는 다른 딥러닝 라이브러리 또는 백엔드 위에서 동작한다. 그 다른 라이브러리는 구글 **텐서플로**(TensorFlow), 밀라(MILA)의 **테아노**(Theano), 혹은 마이크로소프트의 **CNTK**일 수 있다. 곧 아파치 **MXNet**도 지원될 것이다. 이 책에서는 **텐서플로 백엔드**에서 **파이썬 3를 사용해** 예제를 테스트할 것이다. 텐서플로가 워낙 유명해서 백엔드로 보편적으로 사용되기 때문이다.

백엔드는 리눅스나 macOS에서 케라스 설정 파일 `.keras/keras.json`을 변경해서 쉽게 바꿀 수 있다. 백엔드에 따라 하위 수준의 알고리즘 구현 방식이 다르기 때문에 백엔드가 달라지면 신경망 수행 속도에 차이가 날 수 있다.

하드웨어의 경우, 케라스는 CPU, GPU, 구글 TPU에서 실행된다. 이 책에서는 CPU와 엔비디아 GPU(특히, GTX 1060과 GTX 1080Ti 모델)에서 테스트한다.

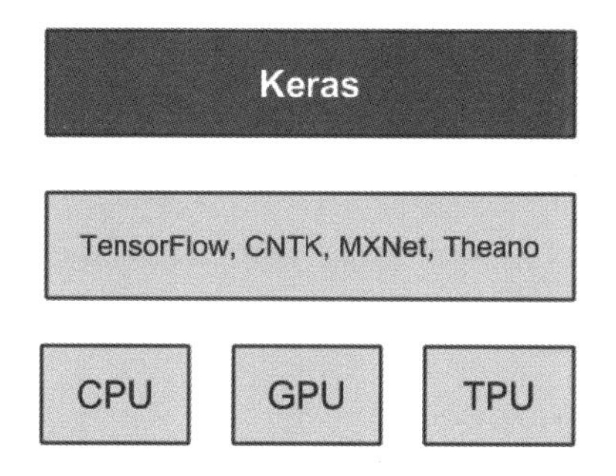

그림 1.1.1 케라스는 다른 딥러닝 모델 위에 위치한 고차원 라이브러리다. 케라스는 CPU, GPU, TPU에서 지원된다.

우선 케라스와 텐서플로가 제대로 설치됐는지 확인하자. 설치하는 방법에는 여러 가지가 있지만, 그중 하나는 `pip3`를 사용하는 것이다.

```
$ sudo pip3 install tensorflow
```

지원되는 엔비디아 GPU가 장착돼 있고 드라이버와 엔비디아 **CUDA** 툴킷과 **cuDNN Deep Neural Network** 라이브러리가 제대로 설치돼 있다면 모델 훈련과 예측 속도를 높일 수 있게 GPU를 활용할 수 있는 텐서플로를 설치하는 것이 좋다.

```
$ sudo pip3 install tensorflow-gpu
```

다음 단계로 케라스를 설치한다.

```
$ sudo pip3 install keras
```

이외에도 이 책에서 보여주는 예제는 `pydot`, `pydot_ng`, `vizgraph`, `python3-tk`, `matplotlib` 같은 패키지가 추가로 필요하다. 이 장을 넘어가기 전에 이 패키지를 설치해야 한다.

텐서플로와 케라스가 모두 종속성과 함께 제대로 설치됐다면 다음을 실행했을 때 에러가 발생하지 않을 것이다.

```
$ python3
>>> import tensorflow as tf
>>> message = tf.constant('Hello world!')
>>> session = tf.Session()
>>> session.run(message)
b'Hello world!'
>>> import keras.backend as K
Using TensorFlow backend.
>>> print(K.epsilon())
1e-07
```

다음과 비슷한 SSE4.2 AVX AVX2 FMA에 대한 경고 메시지는 무시해도 된다. 경고 메시지를 없애려면 https://github.com/tensorflow/tensorflow에서 텐서플로 소스 코드를 내려받아 다시 컴파일해서 설치해야 한다.

```
tensorflow/core/platform/cpu_feature_guard.cc:137] Your CPU supports instructions that this
TensorFlow binary was not compiled to use: SSE4.2 AVX AVX2 FMA
```

이 책에서 케라스 API를 전부 다루지는 않는다. 이 책에서 다루는 고급 딥러닝 주제를 설명하는 데 필요한 부분만 다룬다. 따라서 더 배우고 싶다면 https://keras.io의 케라스 공식 문서를 확인하라.

핵심 딥러닝 모델 구현하기 – MLP, CNN, RNN

앞에서 이미 말했듯이 다음의 세 가지 고급 딥러닝 모델을 사용할 것이다.

- MLP: 다층 퍼셉트론(Multilayer Perceptrons)
- RNN: 순환 신경망(Recurrent neural network)
- CNN: 합성곱 신경망(Convolutional neural networks)

이 세 개의 신경망이 이 책에서 사용할 구성 요소다. 이 세 개의 신경망은 서로 별개지만, 각 모델의 강점을 활용하기 위해 서로 결합되기도 한다는 점을 알게 될 것이다.

다음 절부터는 이 구성 요소들을 하나씩 자세히 살펴보겠다. MLP를 손실 함수, 최적화, 정규화와 같은 중요한 주제와 함께 다룰 것이다. 그다음으로 CNN과 RNN을 알아본다.

MLP, CNN, RNN의 차이점

다층 퍼셉트론 또는 MLP는 완전 연결 신경망이다. 이 신경망은 종종 심층 전방 전달 네트워크(deep feedforward network) 혹은 전방 전달 신경망(feedforward neural network)이라고 부르기도 한다. 알려진 타깃 애플리케이션 관점에서 이 신경망을 이해하면 고급 딥러닝 모델 설계의 근본적인 이유에 대한 통찰력을 얻을 수 있다. MLP는 단순한 로지스틱 회귀와 선형 회귀 문제에 보편적으로 사용된다. 하지만 MLP는 순차적인 다차원 데이터 패턴을 처리하기에 적합하지 않다. 설계상 MLP는 순차적 데이터의 패턴을 기억하려면 엄청난 노력을 들여야 하고, 다차원 데이터를 처리하려면 상당수의 매개변수를 필요로 한다.

순차적 데이터 입력의 경우, 예측하는 데 필요한 데이터 이력에서 종속성을 발견할 수 있도록 내부적으로 설계된 신경망인 RNN을 보편적으로 사용한다. 이미지와 동영상 같은 다차원 데이터의 경우에는 CNN이 분류, 분할, 생성, 기타 목적으로 활용할 특징 맵을 추출하는 데 탁월하다. 경우에 따라 1차원 합성곱 형식의 CNN이 순차적 입력 데이터를 받는 신경망에서도 사용된다. 하지만 대부분 딥러닝 모델에서는 MLP, RNN, CNN을 결합해 각 신경망의 장점을 최대한 활용한다.

MLP, RNN, CNN만으로 전체 심층 신경망을 완성할 수는 없다. **목적 함수**나 **손실 함수**, **최적화**, **정규화** 방법도 정의해야 한다. 손실 함숫값은 모델이 학습하는 데 좋은 참고가 되므로 모델을 훈련시킬 때는 손실 함숫값을 줄이는 것을 목표로 한다. 이 값을 최소화하기 위해 모델은 최적화 방법을 사용한다. 이것은 훈련 단계마다 가중치와 편향 값을 어떻게 조정할지 정하는 알고리즘이다. 훈련된 모델은 훈련 데이터뿐만 아니라 테스트 데이터와 아직 본 적이 없는 입력 데이터에서도 작동해야 한다. 정규화는 훈련된 모델을 새로운 데이터에서 활용할 수 있도록 일반화한다.

다층 퍼셉트론(MLP)

처음으로 살펴볼 신경망은 **다층 퍼셉트론**, 즉 MLP(multilayer perceptron)다. 손으로 쓴 숫자가 무엇인지 식별하는 신경망을 만드는 것이 목표라고 하자. 예를 들어, 신경망의 입력이 손으로 쓴 숫자 8의 이미지라면 그에 따른 예측은 숫자 8이어야 한다. 이것은 로지스틱 회귀를 사용해 훈련할 수 있는 분류 신경망의 전형적인 작업이다. 분류 신경망을 훈련시키고 검증하기 위해서는 손으로 쓴 숫자 데이터세트가 충분히 커야 한다. MNIST(Modified National Institute of Standards and Technology) 데이터세트는 딥러닝 분야의 가장 기초가 되는 데이터세트로 손으로 쓴 숫자 분류에 적합하다.

다층 퍼셉트론 모델을 설명하기 전에 먼저 MNIST 데이터세트를 이해하는 것이 중요하다. 이 책에서 다루는 수많은 예제에서 MNIST 데이터세트를 사용한다. MNIST는 작지만 정보가 충분한 7만 개의 샘플을 포함하고 있어 딥러닝 이론을 설명하고 검증하는 데 사용된다.

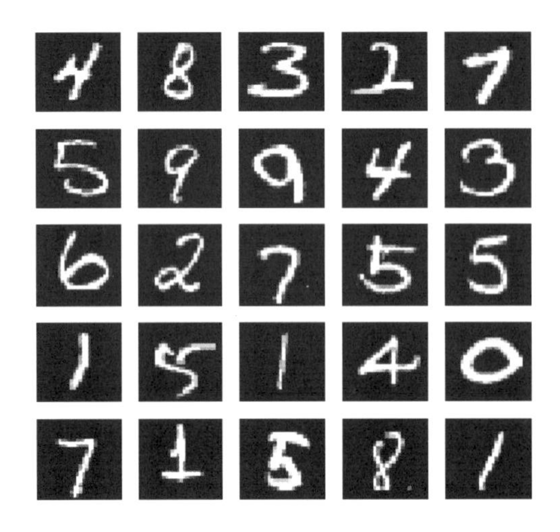

그림 1.3.1 MNIST 데이터세트의 예제 이미지. 각 이미지는 28x28픽셀 크기의 흑백 이미지다.

MNIST 데이터세트

MNIST는 0부터 9까지 손으로 쓴 숫자를 모아둔 데이터세트다. 이 데이터세트는 각 숫자에 해당하는 카테고리 혹은 레이블로 분류된 이미지로 6만 개 훈련 집합과 1만 개 테스트 집합으로 구성된다. 어떤 자료에서는 **레이블(label)**을 **타깃(target)**이나 **실제 값(ground truth)**이라는 용어로 부르기도 한다.

앞에서 MNIST 숫자 집합의 샘플 이미지의 각 숫자가 28x28픽셀 크기의 흑백 이미지로 구성돼 있음을 봤다. 케라스에서는 MNIST 데이터세트를 사용하기 위해 자동으로 이미지를 내려받고 추출해서 레이블을 달 수 있는 API가 제공된다. 목록 1.3.1은 단 한 줄의 코드로 MNIST 데이터세트를 로딩하고 훈련/테스트 레이블을 세고 임의의 숫자 이미지를 표시하는 방법을 보여준다.

목록 1.3.1 mnist-sampler-1.3.1.py. 케라스 코드는 MNIST 데이터세트에 접속해서 그중 임의로 25개의 샘플 이미지를 표시하고 훈련/테스트 데이터세트의 레이블 개수를 세는 방법을 보여준다.

```
import numpy as np
from keras.datasets import mnist
import matplotlib.pyplot as plt

# 데이터세트 로딩
(x_train, y_train), (x_test, y_test) = mnist.load_data()

# 고유한 훈련 레이블 개수 세기
unique, counts = np.unique(y_train, return_counts=True)
print("Train labels: ", dict(zip(unique, counts)))

# 고유한 테스트 레이블 개수 세기
unique, counts = np.unique(y_test, return_counts=True)
print("Test labels: ", dict(zip(unique, counts)))

# 훈련 데이터세트에서 25개의 mnist 숫자 샘플 추출하기
indexes = np.random.randint(0, x_train.shape[0], size=25)
images = x_train[indexes]
labels = y_train[indexes]

# 25개의 mnist 숫자 그리기
plt.figure(figsize=(5,5))
for i in range(len(indexes)):
    plt.subplot(5, 5, i + 1)
    image = images[i]
    plt.imshow(image, cmap='gray')
    plt.axis('off')

plt.show()
plt.savefig("mnist-samples.png")
plt.close('all')
```

mnist.load_data() 메서드를 사용하면 7만 개 이미지를 모두 로딩해서 각각에 레이블을 달아 배열에 저장할 필요가 없으므로 편리하다. 명령줄에서 python3 mnist-sampler-1.3.1.py를 실행하면 훈련과 테스트 데이터세트의 레이블 분포를 출력한다.

```
Train labels: {0: 5923, 1: 6742, 2: 5958, 3: 6131, 4: 5842, 5: 5421, 6:
5918, 7: 6265, 8: 5851, 9: 5949}
Test labels: {0: 980, 1: 1135, 2: 1032, 3: 1010, 4: 982, 5: 892, 6: 958,
7: 1028, 8: 974, 9: 1009}
```

그다음에 코드는 그림 1.3.1에서 보는 것처럼 임의의 숫자 25개를 표시한다.

다층 퍼셉트론 분류 모델을 설명하기 전에 MNIST 데이터는 2차원 텐서지만 입력 계층의 형식에 따라 형상을 바꿔야 한다는 사실을 알아두는 것이 중요하다. 다음 그림은 3x3의 흑백 이미지 형상을 MLP, CNN, RNN 입력 계층에 맞게 바꾸는 방법을 보여준다.

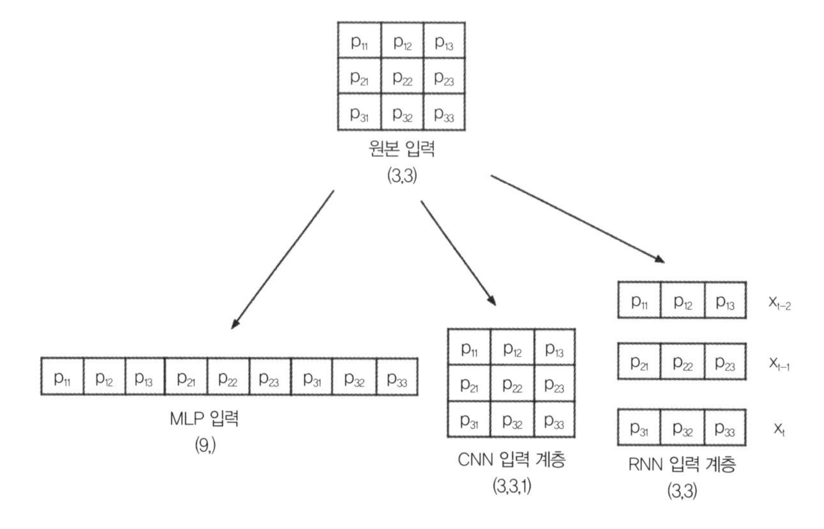

그림 1.3.2 MNIST 데이터와 비슷한 입력 이미지는 입력 계층의 형식에 따라 형상이 변경된다. 여기서는 간단하게 3x3의 흑백 이미지 형상을 바꾸는 방법을 보여준다.

MNIST 숫자 분류 모델

그림 1.3.3의 MLP 모델은 MNIST 숫자 분류에 사용될 수 있다. 유닛 혹은 퍼셉트론 단위로 표시해 보면 MLP 모델은 그림 1.3.4에서 보듯이 완전 연결 네트워크다. 또한 입력으로부터 퍼셉트론의 출력을 계산하는 방법을 가중치 w_i와 n번째 유닛에 대한 편향 값 b_n의 함수로 보여준다. 이 함수를 케라스로 구현하면 목록 1.3.2와 같다.

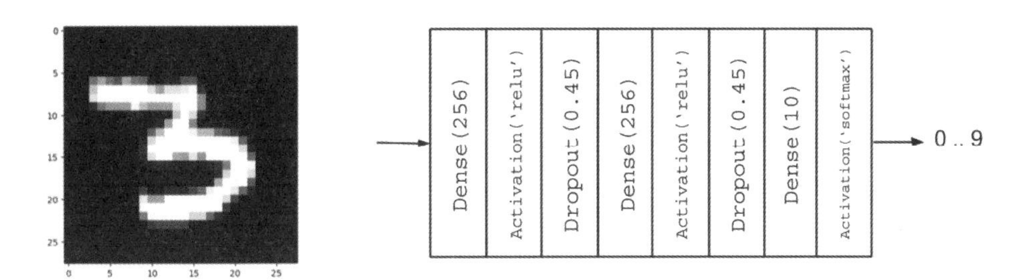

그림 1.3.3 MLP MNIST 숫자 분류 모델

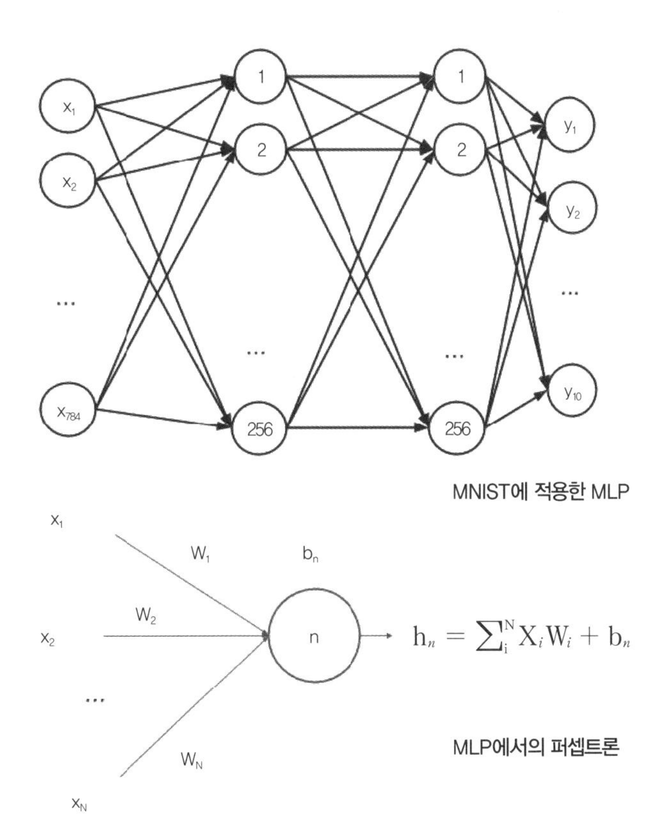

그림 1.3.4 그림 1.3.3의 MLP MNIST 숫자 분류 모델은 완전 연결 계층으로 구성된다. 간단하게 보여주기 위해 활성화 함수와 드롭아웃은 생략했다. 하나의 유닛 또는 퍼셉트론도 함께 보여준다.

목록 1.3.2 mlp-mnist-1.3.2.py는 케라스에서 MLP를 사용해 MNIST 숫자 분류 모델을 구현한다.

```
import numpy as np
from keras.models import Sequential
from keras.layers import Dense, Activation, Dropout
from keras.utils import to_categorical, plot_model
from keras.datasets import mnist

# MNIST 데이터세트 로딩
(x_train, y_train), (x_test, y_test) = mnist.load_data()

# 레이블 개수 계산
num_labels = len(np.unique(y_train))

# 원-핫 벡터(one-hot vector)로 변환
y_train = to_categorical(y_train)
y_test = to_categorical(y_test)

# 이미지 차원(정사각형으로 가정)
image_size = x_train.shape[1]
input_size = image_size * image_size

# 크기 조정, 정규화(normalize)
x_train = np.reshape(x_train, [-1, input_size])
x_train = x_train.astype('float32') / 255
x_test = np.reshape(x_test, [-1, input_size])
x_test = x_test.astype('float32') / 255

# 신경망 매개변수
batch_size = 128
hidden_units = 256
dropout = 0.45

# 모델: 3개의 계층으로 이루어진 MLP (각 계층 다음에는 ReLU와 드롭아웃을 적용)
model = Sequential()
model.add(Dense(hidden_units, input_dim=input_size))
model.add(Activation('relu'))
model.add(Dropout(dropout))
model.add(Dense(hidden_units))
```

```
model.add(Activation('relu'))
model.add(Dropout(dropout))
model.add(Dense(num_labels))

# 원-핫 벡터 출력
model.add(Activation('softmax'))
model.summary()
plot_model(model, to_file='mlp-mnist.png', show_shapes=True)

# 원-핫 벡터의 손실 함수
# adam 최적화 사용
# 분류 작업의 지표로 정확도(accuracy)를 사용하는 것이 적합함
model.compile(loss='categorical_crossentropy',
              optimizer='adam',
              metrics=['accuracy'])

# 신경망 훈련
model.fit(x_train, y_train, epochs=20, batch_size=batch_size)

# 일반화가 제대로 됐는지 확인하기 위해 테스트 데이터세트로 모델 검증
loss, acc = model.evaluate(x_test, y_test, batch_size=batch_size)
print("\nTest accuracy: %.1f%%" % (100.0 * acc))
```

모델 구현에 앞서, 데이터가 정확한 형상과 형식을 갖춰야 한다. 다음과 같이 MNIST 데이터세트를 로딩한 다음 레이블 개수를 계산하자.

```
# 레이블 개수 계산
num_labels = len(np.unique(y_train))
```

num_labels = 10으로 하드 코딩하는 방법도 있다. 그렇지만 언제나 컴퓨터가 직접 작업하게 하는 것이 가장 좋다. 코드는 y_train이 0부터 9까지의 레이블을 갖는다고 가정한다.

여기에서 레이블은 숫자 형식으로 0부터 9까지에 해당한다. 이렇게 레이블을 희박한 스칼라로 표현하는 것은 클래스별 확률을 출력하는 신경망 예측 계층에 적합하지 않다. 그보다 적합한 형식은 **원-핫 벡터(one-hot vector)** 즉, 해당 숫자 클래스의 인덱스를 제외하고는 모두 0으로 채워진 10차원 벡터다. 예를 들어, 레이블이 2라면 그에 해당하는 원-핫 벡터는 [0,0,1,0,0,0,0,0,0,0]이다. 여기에서 첫 번째 레이블의 인덱스는 0이다.

다음 코드는 각 레이블을 원-핫 벡터로 변환한다.

```
# 원-핫 벡터로 변환
y_train = to_categorical(y_train)
y_test = to_categorical(y_test)
```

딥러닝에서 데이터는 **텐서(tensor)**에 저장된다. 텐서라는 용어는 스칼라(0차원 텐서), 벡터(1차원 텐서), 행렬(2차원 텐서), 다차원 텐서에 모두 적용된다. 스칼라, 벡터, 행렬이라는 용어가 더 명확하겠지만, 지금부터는 텐서라는 용어를 사용하겠다.

나머지 코드에서는 이미지 차원, 첫 번째 `Dense` 계층의 `input_size`를 계산하고 각 픽셀값을 0~255 범위에서 0.0~1.0 범위의 값으로 척도를 변경한다. 원본 픽셀값을 직접 사용할 수도 있지만, 그렇게 되면 편향 값이 커져서 모델 훈련이 어려워지므로 입력 데이터를 정규화(normalize)하는 것이 좋다. 그에 따라 신경망의 출력도 정규화된다. 훈련이 끝나면 출력 텐서에 255를 곱해 정수 픽셀값으로 모두 되돌릴 수 있다.

제안 모델은 MLP 계층을 기반으로 한다. 따라서 입력은 1차원 텐서다. 이와 같이, `x_train`과 `x_test`의 형상을 각각 [60000, 28*28]과 [10000, 28*28]로 변경한다.

```
# 이미지 차원(정사각형으로 가정)
image_size = x_train.shape[1]
input_size = image_size * image_size

# 크기 조정, 정규화
x_train = np.reshape(x_train, [-1, input_size])
x_train = x_train.astype('float32') / 255
x_test = np.reshape(x_test, [-1, input_size])
x_test = x_test.astype('float32') / 255
```

MLP와 케라스로 모델 구축하기

데이터 준비가 끝났으면 모델을 구축하자. 제안 모델은 3개의 MLP 계층으로 구성된다. 케라스에서는 MLP 계층을 밀집 연결 계층(densely connected layer)의 약자인 **Dense**라고 부른다. 첫 번째와 두 번째 MLP 계층은 본질적으로 256개 유닛으로 구성돼 있으며 `relu` 활성화와 `dropout`이 뒤따라 나온다. 128개나 512개 1,024개 유닛을 선택하면 성능이 낮기 때문에 256을 사용한다. 128개 유닛을 사용하면 신경망이 빠르게 수렴하지만, 테스트 정확도가 낮다. 521개나 1,024개 유닛을 사용해도 테스트 정확도가 두드러지게 증가하지 않는다.

유닛의 개수는 **초매개변수(hyperparameter)**다. 이 값은 신경망의 '용량(capacity)'을 제어한다. 용량은 신경망이 근사할 수 있는 함수의 복잡도를 나타내는 지표다. 예를 들어, 다항식에서 차수는 초매개변수다. 차수가 증가할수록 함수 용량도 함께 증가한다.

다음 모델에서 보듯이, 분류 모델은 케라스의 순차형 모델 API를 사용해 구현된다. 모델이 일련의 계층에서 처리된 단일 입력과 단일 출력을 필요로 하는 경우라면 이 API를 사용하는 것으로도 충분하다. 당분간 간단하게 이것을 사용하겠다. 하지만 2장 '심층 신경망'에서는 고급 딥러닝 모델을 구현하기 위해 케라스의 함수형 API를 사용할 것이다.

```
# 모델: 3개의 계층으로 이루어진 MLP (각 계층 다음에는 ReLU와 드롭아웃을 적용)
model = Sequential()
model.add(Dense(hidden_units, input_dim=input_size))
model.add(Activation('relu'))
model.add(Dropout(dropout))
model.add(Dense(hidden_units))
model.add(Activation('relu'))
model.add(Dropout(dropout))
model.add(Dense(num_labels))
# 원-핫 벡터 출력
model.add(Activation('softmax'))
```

Dense 계층은 선형 작업이기 때문에 일련의 Dense 계층은 선형 함수로만 근사할 수 있다. 문제는 MNIST 숫자 분류가 기본적으로 비선형 절차라는 데 있다. MLP는 Dense 계층 사이에 relu 활성화를 삽입함으로써 비선형 매핑을 모델링한다. **ReLU(정류 선형 유닛, Rectified Linear Unit)**는 간단한 비선형 함수다. 이 함수는 양수 입력값은 변경 없이 통과시키고 나머지는 전부 0으로 고정시키는 필터와 매우 비슷하다. relu는 수학적으로 다음 방정식으로 표현되며 그림 1.3.5와 같은 그래프로 표현된다.

$$relu(x) = max(0, x)$$

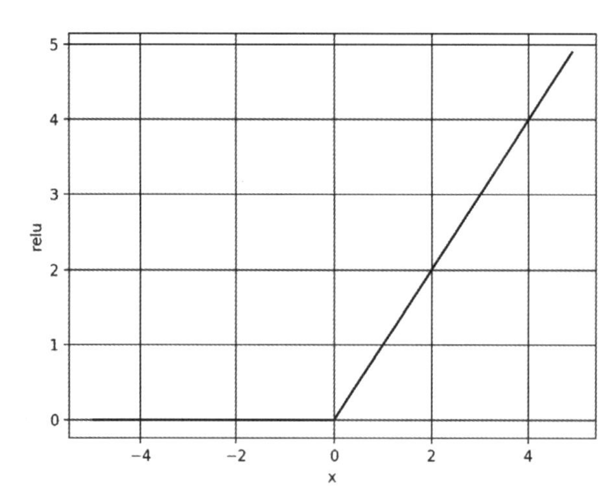

그림 1.3.5 ReLU 함수 그래프. ReLU 함수는 신경망에 비선형성을 도입한다.

`relu` 이외에 `elu`, `selu`, `softplus`, `sigmoid`, `tanh` 등의 다른 비선형 함수도 있다. 하지만 업계에서는 `relu`를 가장 일반적으로 사용하며, 계산이 단순하기 때문에 효율적이다. `sigmoid`와 `tanh`는 출력 계층에서 활성화 함수로 사용되는데, 이에 대해서는 나중에 설명하겠다. 표 1.3.1은 이 활성화 함수의 방정식을 보여준다.

표 1.3.1 일반적인 비선형 활성화 함수의 정의

relu	$relu(x) = max(0, x)$	1.3.1
softplus	$softplus(x) = \log(1 + e^x)$	1.3.2
elu	$elu(x, a) = \begin{cases} x & if\ x \geq 0 \\ a(e^x - 1) & otherwise \end{cases}$ 여기서, $a \geq 0$이며, 이는 조정 가능한 초매개변수다.	1.3.3
selu	$selu(x) = k \times elu(x, a)$ 여기서 $k = 1.0507009873554804934193349852946$이며 $a = 1.6732632423543772848170429916717$이다.	1.3.4

정규화

신경망은 특히 용량이 충분하지 않은 경우 훈련 데이터를 기억하는 경향이 있다. 그럴 경우, 신경망을 테스트 데이터에 적용하면 완전히 실패하고 만다. 이것이 신경망이 일반화에 실패하는 전형적인 경우다. 이러한 경향을 피하기 위해 모델은 정규화(regularization) 계층 혹은 함수를 사용한다. 일반적으로 사용하는 정규화 계층으로 **드롭아웃(dropout)**을 들 수 있다.

드롭아웃 개념은 단순하다. 드롭아웃률이 정해지면(여기서는 `dropout=0.45`로 정했다) `Dropout` 계층이 다음 계층으로 연결되는 유닛 중 일부를 임의로 제거한다. 예를 들어, 첫 번째 계층의 유닛 수가 256일 때 `dropout=0.45`를 적용하면 첫 번째 계층에서 $(1-0.45) \times 256 = 140$개의 유닛만 두 번째 계층으로 연결된다. `Dropout` 계층은 일부 유닛이 누락되더라도 신경망이 올바르게 예측할 수 있게 훈련시키기 때문에 아직 보지 못한 입력 데이터에도 신경망이 제대로 동작할 수 있도록 만들어준다. 주의할 점은 출력 계층에는 드롭아웃을 사용하지 않고 모델을 훈련시킬 때만 사용해야 한다는 점이다. 게다가 드롭아웃은 예측할 때는 나타나지 않는다.

드롭아웃 외에 l1이나 l2 같은 다른 정규화 방법을 사용할 수도 있다. 케라스에서 편향 값과 가중치, 활성화 함수 출력은 계층마다 정규화될 수 있다. l1과 l2는 페널티 함수를 추가함으로써 매개변수 값을 줄이려고 한다. l1과 l2는 매개변수의 절댓값(l1)이나 제곱값(l2)의 합의 일부를 사용해 페널티를 적용한다. 즉, 페널티 함수는 최적화를 적용해 작은 매개변수 값을 구한다. 매개변수 값이 작은 신경망은 입력 데이터에 잡음이 섞여 있어도 영향을 덜 받는다.

그 예로, `fraction=0.001`로 설정한 l2 가중치 정규화는 다음과 같이 구현될 수 있다.

```
from keras.regularizers import l2
model.add(Dense(hidden_units,
          kernel_regularizer=l2(0.001),
          input_dim=input_size))
```

l1과 l2 정규화를 사용했다면 더이상 계층은 추가되지 않는다. 정규화는 내부적으로 `Dense` 계층에 적용된다. 여기서 제안한 모델의 경우, 여전히 드롭아웃의 성능이 l2보다 더 좋다.

출력 활성화 함수와 손실 함수

출력 계층은 10개의 유닛으로 구성돼 있고 `softmax` 활성화 함수가 그 뒤를 따른다. 이 10개의 유닛은 10개의 레이블, 클래스, 혹은 카테고리에 해당한다. `softmax` 활성화 함수는 수학적으로 다음 방정식으로 표현할 수 있다.

$$softmax(x_i) = \frac{e^{x_i}}{\sum_{j=0}^{N-1} e^{x_j}}$$ (방정식 1.3.5)

이 방정식은 최종 예측을 위해 $i = 0,1 \cdots 9$일 때 x_i와 모든 $N=10$의 출력에 적용된다. softmax의 개념은 놀라울 정도로 단순하다. 이 함수는 예측을 정규화해서 출력을 확률로 밀어 넣는다. 여기에서 각 예측값은 인덱스가 해당 입력 이미지의 정확한 레이블일 확률이다. 전체 출력의 확률을 모두 더하면 1.0이 된다. 예를 들어 softmax 계층이 예측을 실행하면 10개 항목으로 이루어진 1차원 텐서로 다음 출력과 비슷하게 보여준다.

```
[ 3.57351579e-11 7.08998016e-08 2.30154569e-07 6.35787558e-07
  5.57471187e-11 4.15353840e-09 3.55973775e-16 9.99995947e-01
  1.29531730e-09 3.06023480e-06]
```

이 예측 출력 텐서는 입력 이미지가 가장 높은 확률을 갖는 7이라고 제시한다. 가장 높은 값을 갖는 요소의 인덱스를 구하려면 numpy.argmax() 메서드를 사용하면 된다.

linear, sigmoid, tanh처럼 다른 출력 활성화 계층을 사용할 수도 있다. 선형 활성화는 항등함수(identity function)다. 이 함수는 입력값을 출력값에 그대로 복사한다. sigmoid 함수는 좀 더 구체적으로 말하면 **로지스틱 시그모이드(logistic sigmoid)**라고 할 수 있다. 이 함수는 예측 텐서의 요소가 독립적으로 0.0~1.0 사이의 값에 매핑돼야 할 때 사용된다. 이 경우, softmax와 달리 예측 텐서의 모든 요소의 합이 1.0으로 제한되지 않는다. 예를 들어, sigmoid는 감성 예측(0.0은 부정, 1.0은 긍정)이나 이미지 생성(픽셀값으로 0.0에는 0, 1.0에는 255를 할당)의 마지막 계층으로 사용된다.

tanh 함수는 입력값을 −1.0~1.0 범위의 값으로 매핑한다. 이 함수는 출력값이 양수와 음수 사이를 왔다 갔다 할 수 있는 경우 중요하다. tanh 함수는 순환 신경망(RNN)의 내부 계층에서 더 널리 사용되지만, 출력 계층 활성화로 사용되기도 한다. tanh 함수가 출력 활성화에서 sigmoid 대신에 사용되면 사용된 데이터의 척도를 적절하게 변경해야 한다. 예를 들어 $x = \frac{x}{255}$를 사용해 각 회색조 픽셀의 척도를 [0.0 1.0]으로 변경하는 대신, $x = \frac{(x-127.5)}{127.5}$를 사용해 각 픽셀값을 [−1.0 1.0]에 할당한다.

다음 그래프는 sigmoid와 tanh 함수를 보여준다. 수학적으로 sigmoid는 다음 방정식으로 표현할 수 있다.

$$sigmoid(x) = \sigma(x) = \frac{1}{1+e^{-x}}$$ (방정식 1.3.6)

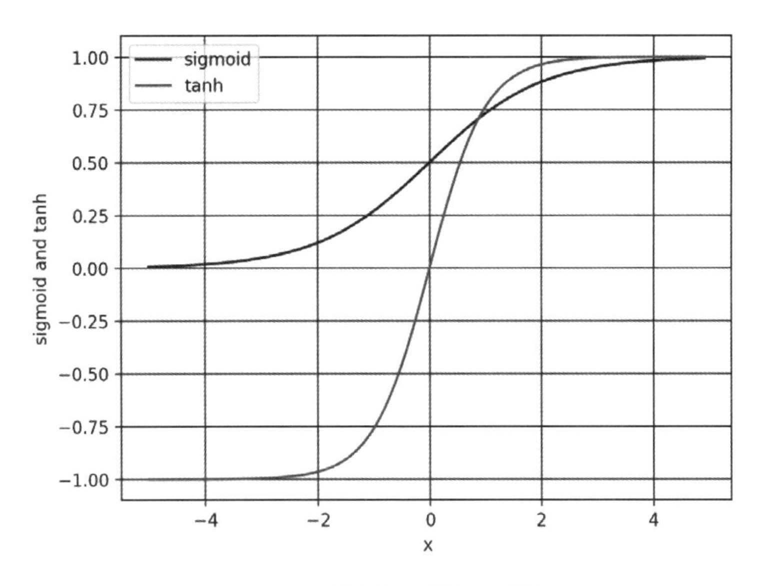

그림 1.3.6 sigmoid와 tanh 그래프

예측된 텐서가 실제 값을 가진 원-핫 벡터와 얼마나 멀리 떨어져 있는지를 손실이라고 한다. 손실 함수의 유형 중 하나로는 mean_squared_error(mse, **평균 제곱 오차**), 또는 목푯값과 예측값 사이의 차이를 제곱한 값의 평균을 들 수 있다. 이번 예제에서는 categorical_crossentropy를 사용한다. 이것은 목푯값과 예측값의 로그를 곱한 값의 합계에 음의 부호를 취한 값이다. 케라스에서는 mean_absolute_error와 binary_crossentropy 같은 다른 손실 함수를 사용할 수 있다. 손실 함수를 임의로 선택해서는 안 되며 모델을 학습시킬 때 기준이 돼야 한다. 카테고리별로 분류할 경우, softmax 활성화 계층 다음에 categorical_crossentropy나 mean_squared_error를 사용하는 것이 좋다. binary_crossentropy 손실 함수는 일반적으로 sigmoid 활성화 계층 다음에 사용되며, mean_squared_error는 tanh 출력에 적용하는 것이 좋다.

최적화

최적화는 손실 함수를 최소화하는 것을 목표로 한다. 손실 함수가 받아들일 만한 수준으로 줄어들면 모델이 입력을 출력으로 매핑하는 함수를 간접적으로 학습한 것이라는 개념이다. 성능 지표는 모델이 기반 데이터 분포를 학습했는지 여부를 결정하기 위해 사용된다. 케라스에서 기본으로 사용하는 지표는 **손실**(loss)이다. 훈련, 검증, 테스트하는 동안에는 **정확도**(accuracy) 같은 다른 지표도 함께 사용한다. 정확도는 실제 값을 기준으로 정확한 예측이 차지하는 백분율 또는 분수다. 딥러닝에는 다른 수많은 성능 지표가 있다. 그렇지만 그 지표는 모델을 적용할 애플리케이션이 무엇인지에 따라 다르다. 연구 논문에서는 다른 딥러닝 모델과 비교하기 위해 훈련된 모델을 테스트 데이터세트에 적용했을 때의 성능 지표를 함께 보고한다.

케라스에서는 다양한 최적화 기법을 사용할 수 있다. 가장 보편적으로 사용되는 최적화 기법에는 **확률적 경사 하강법**(Stochastic Gradient Descent, SGD), **적응 모멘트 추정**(Adaptive Moments, Adam), **제곱 평균 제곱근 편차 전파**(Root Mean Squared Propagation, RMSprop)가 있다. 각 최적화 기법은 학습 속도(learning rate), 모멘텀(momentum), 감소(decay) 같이 조정 가능한 매개변수를 특징으로 구분한다. Adam과 RMSprop은 적응형 학습 속도를 사용하는 SGD의 변형이다. 이 책에서 제안한 분류 네트워크에는 테스트 정확도가 가장 높은 Adam이 사용된다.

SGD는 가장 기본적인 최적화 기법이다. 이 기법은 미적분학에서 경사 하강법의 간단한 형태다. **경사 하강법**(gradient descent, GD)에서는 함수 내리막의 커브를 따라 내려가면서 최솟값을 구한다. 이는 바닥에 도착할 때까지 계곡의 내리막을 따라 내려가는 것과 같다.

GD 알고리즘은 그림 1.3.7과 같다. x가 y(예: 손실 함수)의 최솟값을 찾기 위해 조정되는 매개변수(예: 가중치)라고 하자. 임의의 점 $x=-0.5$를 시작으로 경사를 $\frac{dy}{dx}=-2.0$으로 하면 GD 알고리즘은 x를 $x=-0.5-\varepsilon(-2.0)$으로 업데이트한다. x의 새 값은 이전 값에 경사의 반대 값을 더한 값과 같다. 작은 값 ε을 학습 속도라고도 한다. $\varepsilon=0.01$이라면 x의 새 값은 -0.48이 될 것이다.

GD는 반복적으로 수행된다. 단계가 지날 때마다 y는 최솟값에 가까워질 것이다. $x=0.5$이고 $\frac{dy}{dx}=0.0$이면 GD가 구한 y의 절대 최솟값은 $y=-1.25$가 된다. 경사는 x를 더이상 변경하지 않을 것을 권장한다.

학습 속도를 정하는 것은 매우 중요하다. ε 값이 너무 크면 검색이 최솟값 중심으로 앞뒤로 움직이기 때문에 최솟값을 발견할 수 없다. 반면에 ε 값이 너무 작으면 최솟값을 구할 때까지 너무 많이 반복해야 한다. 최솟값이 여러 개가 존재하는 경우(multiple minima), 최솟값 검색이 극솟값(local minimum)에 갇히게 된다.

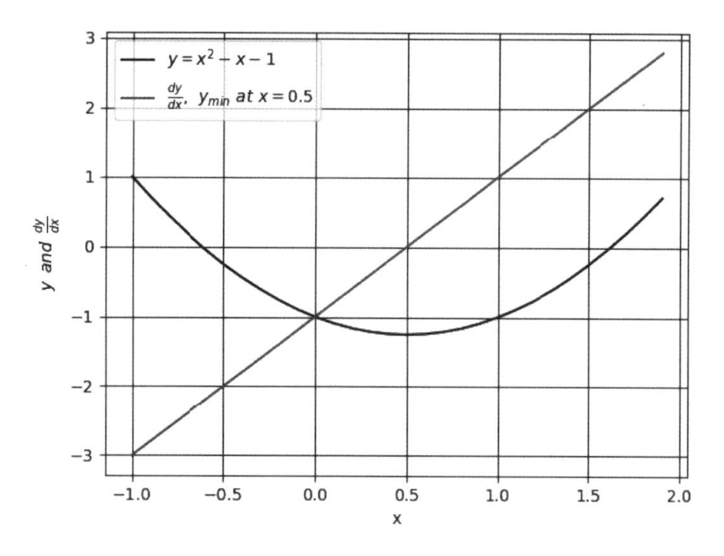

그림 1.3.7 경사 하강법은 가장 낮은 점에 도달할 때까지 함수 곡선을 따라 내려가는 방법이다. 이 그래프에서 최솟값은 $x=0.5$다.

그림 1.3.8은 최솟값이 여러 개 있는 예제다. 어떤 이유에서 검색이 그래프 왼편에서 시작하고 학습 속도가 매우 작다면 GD는 y의 최솟값으로 $x=\ -1.51$을 구할 것이다. 다시 말해 GD는 $x=1.66$일 때 최솟값을 구하지 못할 것이다. 학습 속도가 충분한 값을 갖는다면 GD는 $x=0.0$의 고개를 넘을 수 있을 것이다. 딥러닝을 실제 적용할 때는 일반적으로 학습 속도를 큰 값으로 시작해서(예를 들어, 0.1에서 0.001 사이) 손실이 최솟값에 가까워지도록 서서히 감소시키는 것이 좋다.

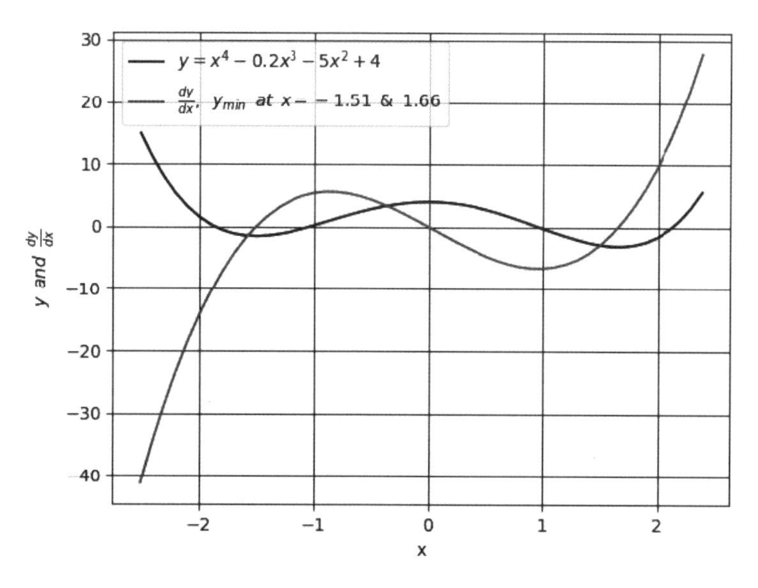

그림 1.3.8 최솟값이 2개($x=-1.51$과 $x=1.66$) 존재하는 함수의 그래프. 함수의 미분계수도 함께 보여준다.

경사 하강법을 사용하면 훈련시켜야 할 매개변수가 수백만 개가 될 수도 있기 때문에 일반적으로 심층 신경망에서는 사용하지 않는다. 완전한 경사 하강법을 수행하는 것은 계산 관점에서 비효율적이다. 대신 SGD를 사용한다. SGD에서는 샘플에서 미니 배치를 선택해 경사의 근삿값을 계산한다. 매개변수(예를 들어, 가중치와 편향 값)는 다음 방정식으로 조정된다.

$$\theta \leftarrow \theta - \in g \qquad \text{(방정식 1.3.7)}$$

이 방정식에서 θ와 $g = \frac{1}{m} \nabla_{\theta} \sum L$은 각각 손실 함수의 매개변수와 경사 텐서를 나타낸다. g는 손실 함수의 편도함수에서 계산된다. 미니 배치 크기는 GPU 최적화를 위해 2의 제곱 값으로 잡는 것이 좋다. 여기서 제안한 신경망에서는 `batch_size=128`로 정했다.

방정식 1.3.7은 마지막 계층의 매개변수를 업데이트할 값을 계산한다. 그렇다면 이전 계층의 매개변수는 어떻게 조정할까? 이 경우, 더 낮은 계층에 도함수를 전파하고 그에 맞춰 경사를 계산하기 위해 미분의 연쇄 법칙을 적용한다. 딥러닝에서 이 알고리즘을 **역전파(backpropagation)**라고 한다. 이 책에서 역전파를 상세히 설명하지는 않겠다. 다만 http://neuralnetworksanddeeplearning.com에 자세히 설명돼 있으니 참고하기 바란다.

최적화는 미분을 기반으로 하기 때문에 손실 함수의 중요한 기준은 매끄럽거나 미분 가능해야 한다는 것이다. 이는 새로운 손실 함수를 도입할 때 유념해야 할 중요한 제약 사항이다.

훈련 데이터세트가 주어지고 손실 함수, 최적화 기법, 정규화 방식을 선택했다면 이제 `fit()` 함수를 호출해 모델을 훈련시키면 된다.

```
# 원-핫 벡터를 위한 손실 함수
# adam 최적화 사용
# 분류 작업의 지표로 정확도(accuracy)가 적합함
model.compile(loss='categorical_crossentropy',
              optimizer='adam',
              metrics=['accuracy'])

# 신경망 훈련
model.fit(x_train, y_train, epochs=20, batch_size=batch_size)
```

이것이 케라스의 또 다른 유용한 특징이다. x, y 데이터와 훈련시킬 세대 수, 배치 크기만 제공하면 `fit()` 함수가 나머지 작업을 모두 수행한다. 다른 딥러닝 프레임워크를 사용한다면 이 함수가 하는 일이 입출력 데이터를 적절한 형식으로 준비하고 로딩해서 모니터링하는 등 여러 작업으로 나뉠 것이다. 그리고 그 모든 작업이 `for` 루프 내부에서 이뤄져야 한다! 반면 케라스에서는 그 모든 작업이 코드 한 줄로 이루어진다.

`fit()` 함수에서 한 세대는 훈련시킬 때 사용한 훈련 데이터의 샘플이 전체 훈련 데이터가 되는 기간을 뜻한다. `batch_size` 매개변수는 각 훈련 단계에서 처리할 입력 데이터 개수를 뜻하는 샘플 크기다. 한 세대를 완성하기 위해 `fit()` 함수는 훈련 데이터세트의 크기를 배치 크기로 나누고 마지막에 일부분이 남는 경우를 보완하기 위해 1을 더한다.

성능 평가

이제 MNIST 숫자 분류 모델이 완성됐다. 다음으로 중요한 단계는 제안 모델이 만족할 만한 정답을 찾았는지를 결정하기 위한 성능 평가 단계다. 모델을 20세대 동안 훈련시키면 비교할 만한 성능 지표를 얻는 데 충분하다.

다음 표 1.3.2는 다양한 신경망 설정과 그에 해당하는 성능 측정 결과를 보여준다. '계층 구성 항목' 아래 유닛 개수는 각각 첫 번째 계층부터 세 번째 계층까지의 유닛 개수를 뜻한다. 각 최적화 기법에 대해 케라스의 기본 매개변수가 사용된다. 이로써 정규화, 최적화, 계층별 유닛 개수를 바꿈으로써 미치는 영향을 확인할 수 있다. 이 외에도 표 1.3.2를 보면 신경망이 커진다고 성능이 개선되는 것은 아니라는 점을 알 수 있다.

이 신경망의 깊이를 증가시켜도 훈련 및 테스트 데이터세트의 정확도 측면에서 얻는 이점이 없다. 반면 128처럼 유닛 개수가 적으면 테스트 정확도와 훈련 정확도 모두 낮아질 수도 있다. 정규화 과정을 없애고 계층별 256개 유닛을 사용하면 최고의 훈련 정확도 99.93%를 얻을 수 있다. 하지만 이 경우 신경망이 과적합되어 테스트 정확도는 98.0%로 훨씬 낮다.

테스트 정확도는 Adam 최적화를 사용하고 `Dropout(0.45)`를 적용할 때 98.5%로 가장 높다. 엄밀히 말하면 훈련 정확도가 99.39%라는 점을 고려했을 때 어느 정도 과적합이 있음을 알 수 있다. 256-512-256, `Dropout(0.45)`, SGD일 경우 훈련 정확도와 테스트 정확도 모두 98.2%로 동일하다. 정규화와 ReLU 계층을 모두 제거했을 때 최악의 성능을 보여준다. 일반적으로 `Dropout` 계층이 l2보다 더 나은 성능을 보여준다는 것을 알 수 있다.

다음 표는 튜닝하는 동안의 일반적인 심층 신경망 성능을 보여준다. 예제는 신경망 아키텍처를 개선할 필요가 있음을 보여준다. 다음 절에서 CNN을 사용하는 다른 모델이 테스트 정확도를 상당히 개선하는 것을 보여줄 것이다.

표 1.3.2 다양한 MLP 신경망 설정과 성능 지표

계층 구성	정규화	최적화	ReLU	훈련 정확도, %	테스트 정확도, %
256–256–256	None	SGD	None	93.65	92.5
256–256–256	L2(0.001)	SGD	Yes	99.35	98.0
256–256–256	L2(0.01)	SGD	Yes	96.90	96.7
256–256–256	None	SGD	Yes	99.93	98.0
256–256–256	Dropout(0.4)	SGD	Yes	98.23	98.1
256–256–256	Dropout(0.45)	SGD	Yes	98.07	98.1
256–256–256	Dropout(0.5)	SGD	Yes	97.68	98.1
256–256–256	Dropout(0.6)	SGD	Yes	97.11	97.9
256–512–256	Dropout(0.45)	SGD	Yes	98.21	98.2
512–512–512	Dropout(0.2)	SGD	Yes	99.45	98.3
512–512–512	Dropout(0.4)	SGD	Yes	98.95	98.3
512–1024–512	Dropout(0.45)	SGD	Yes	98.90	98.2
1024–1024–1024	Dropout(0.4)	SGD	Yes	99.37	98.3
256–256–256	Dropout(0.6)	Adam	Yes	98.64	98.2
256–256–256	Dropout(0.55)	Adam	Yes	99.02	98.3
256–256–256	Dropout(0.45)	Adam	Yes	99.39	98.5
256–256–256	Dropout(0.45)	RMSprop	Yes	98.75	98.1
128–128–128	Dropout(0.45)	Adam	Yes	98.70	97.7

모델 요약

케라스 라이브러리를 사용하면 다음 코드를 호출해서 모델 설명을 간단하게 다시 확인할 수 있다.

```
model.summary()
```

목록 1.3.2는 제안 신경망의 모델을 요약해 보여준다. 이 모델은 총 269,322개의 매개변수가 필요하다. 단순히 MNIST 숫자를 분류하는 작업이라는 점을 고려하면 이 개수는 너무 많다. MLP는 매개변수 측면에서 보면 효율적이지 않다. 매개변수 개수는 퍼셉트론의 출력을 계산하는 방법에 초점을 맞춰 그림 1.3.4로부터 계산할 수 있다. 입력 계층에서 밀집 계층까지 784×256+256=200,960개다. 첫 번째 밀집 계층에서 두 번째 밀집 계층까지는 256×256+256=65,792개다. 두 번째 밀집 계층에서 출력 계층까지는 10×256+10=2,570개다. 이를 모두 합하면 총 269,322개다.

목록 1.3.2는 MLP MNIST 숫자 분류 모델의 요약 정보를 보여준다.

```
_________________________________________________________________
Layer (type)                 Output Shape              Param #
=================================================================
dense_1 (Dense)              (None, 256)               200960
_________________________________________________________________
activation_1 (Activation)    (None, 256)               0
_________________________________________________________________
dropout_1 (Dropout)          (None, 256)               0
_________________________________________________________________
dense_2 (Dense)              (None, 256)               65792
_________________________________________________________________
activation_2 (Activation)    (None, 256)               0
_________________________________________________________________
dropout_2 (Dropout)          (None, 256)               0
_________________________________________________________________
dense_3 (Dense)              (None, 10)                2570
_________________________________________________________________
activation_3 (Activation)    (None, 10)                0
=================================================================
Total params: 269,322
Trainable params: 269,322
Non-trainable params: 0
```

신경망을 확인하는 다른 방법으로 다음을 호출하는 방법도 있다.

```
plot_model(model, to_file='mlp-mnist.png', show_shapes=True)
```

그림 1.3.9는 이 그래프를 보여준다. 이는 `summary()` 결과와 비슷하지만, 각 계층 사이의 연결과 I/O를 그래프로 보여준다.

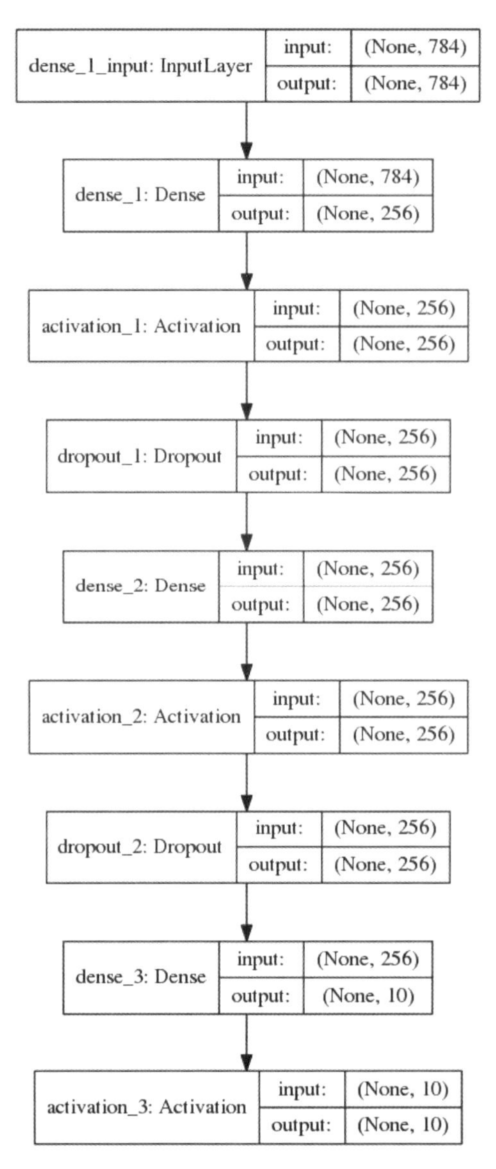

그림 1.3.9 MLP MNIST 숫자 분류 모델을 그래프로 보여준다.

합성곱 신경망(CNN)

이제 두 번째 인공 신경망인 **합성곱 신경망**(Convolutional Neural Networks, CNN)으로 옮겨가 보자. 이 절에서도 동일한 MNIST 숫자 분류 문제를 해결하겠지만, 이번에는 CNN을 사용할 것이다.

그림 1.4.1은 MNIST 숫자 분류에 사용할 CNN 모델을 보여주며, 이를 구현한 코드는 목록 1.4.1에 있다. CNN 모델을 구현하려면 이전 모델을 약간 변경해야 한다. 이제 회색조 MNIST 이미지에 대해 입력 벡터 대신 입력 텐서가 새로운 차원(높이, 너비, 채널) 또는 (image_size, image_size, 1) = (28, 28, 1)을 갖게 된다. 이 입력 형상의 요건을 만족하려면 훈련/테스트 이미지 크기를 재조정해야 한다.

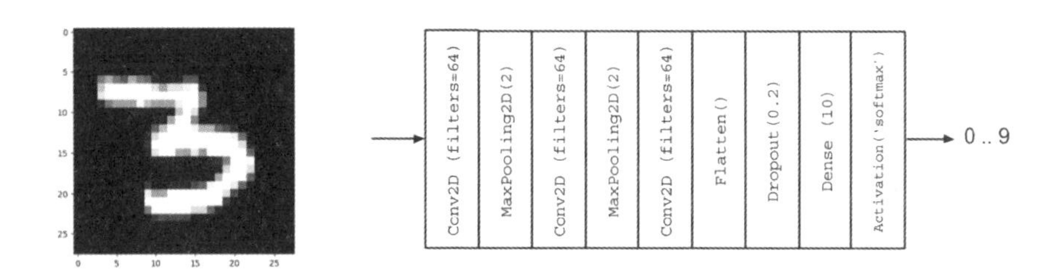

그림 1.4.1 MNIST 숫자 분류를 위한 CNN 모델

목록 1.4.1 cnn-mnist-1.4.1.py는 CNN을 활용해 MNIST 숫자를 분류하는 케라스 코드를 보여준다.

```
import numpy as np
from keras.models import Sequential
from keras.layers import Activation, Dense, Dropout
from keras.layers import Conv2D, MaxPooling2D, Flatten
from keras.utils import to_categorical, plot_model
from keras.datasets import mnist

# mnist 데이터세트 로딩
(x_train, y_train), (x_test, y_test) = mnist.load_data()

# 레이블 개수 계산
num_labels = len(np.unique(y_train))

# 원-핫 벡터로 변환
y_train = to_categorical(y_train)
y_test = to_categorical(y_test)
```

```
# 입력 이미지 차원
image_size = x_train.shape[1]
# 크기 재조정 및 정규화
x_train = np.reshape(x_train,[-1, image_size, image_size, 1])
x_test = np.reshape(x_test,[-1, image_size, image_size, 1])
x_train = x_train.astype('float32') / 255
x_test = x_test.astype('float32') / 255

# 신경망 매개변수
# 이미지는 그대로 (정사각형 회색조) 처리됨
input_shape = (image_size, image_size, 1)
batch_size = 128
kernel_size = 3
pool_size = 2
filters = 64
dropout = 0.2

# 모델은 CNN-ReLU-MaxPooling의 스택
model = Sequential()
model.add(Conv2D(filters=filters,
                 kernel_size=kernel_size,
                 activation='relu',
                 input_shape=input_shape))
model.add(MaxPooling2D(pool_size))
model.add(Conv2D(filters=filters,
                 kernel_size=kernel_size,
                 activation='relu'))
model.add(MaxPooling2D(pool_size))
model.add(Conv2D(filters=filters,
                 kernel_size=kernel_size,
                 activation='relu'))
model.add(Flatten())
# 정규화로 드롭아웃 추가
model.add(Dropout(dropout))
# 출력 계층은 10개 요소로 구성된 원-핫 벡터임
model.add(Dense(num_labels))
model.add(Activation('softmax'))
model.summary()
plot_model(model, to_file='cnn-mnist.png', show_shapes=True)
```

```
# 원-핫 벡터를 위한 손실 함수
# adam 최적화 사용
# 분류 작업의 지표로 정확도를 사용하는 것이 좋음
model.compile(loss='categorical_crossentropy',
              optimizer='adam',
              metrics=['accuracy'])

# 신경망 훈련
model.fit(x_train, y_train, epochs=10, batch_size=batch_size)

loss, acc = model.evaluate(x_test, y_test, batch_size=batch_size)
print("\nTest accuracy: %.1f%%" % (100.0 * acc))
```

여기에서 주요 변경 사항은 `Conv2D` 계층을 사용하는 것이다. `relu` 활성화 함수는 이미 `Conv2D`의 인수로 포함돼 있다. `relu` 함수는 **배치 정규화**(batch normalization) 계층이 모델에 포함될 때 `Activation` 계층으로 가져올 수 있다. 배치 정규화는 심층 CNN에서 사용되므로 모델을 훈련하는 동안 불안정을 야기하지 않고도 큰 값의 학습 속도를 사용할 수 있다.

합성곱

MLP 모델에서 유닛 개수가 `Dense` 계층의 특성이라면 커널은 CNN 연산의 특성이다. 그림 1.4.2에서 보듯이 커널은 전체 이미지를 오른쪽에서 왼쪽으로, 위에서 아래로 미끄러지듯 움직이는 직사각형 패치 혹은 윈도로 시각화될 수 있다. 이 연산이 **합성곱**(convolution)이다. 이 연산은 입력 이미지를 커널이 입력 이미지로부터 학습했던 내용을 표현하는 **특징 맵**(feature map)으로 변환한다. 그런 다음 특징 맵은 다음에 잇따라 나오는 계층의 또 다른 특징 맵으로 변환된다. `Conv2D`마다 생성된 특징 맵의 개수는 `filters` 인수에 의해 제어된다.

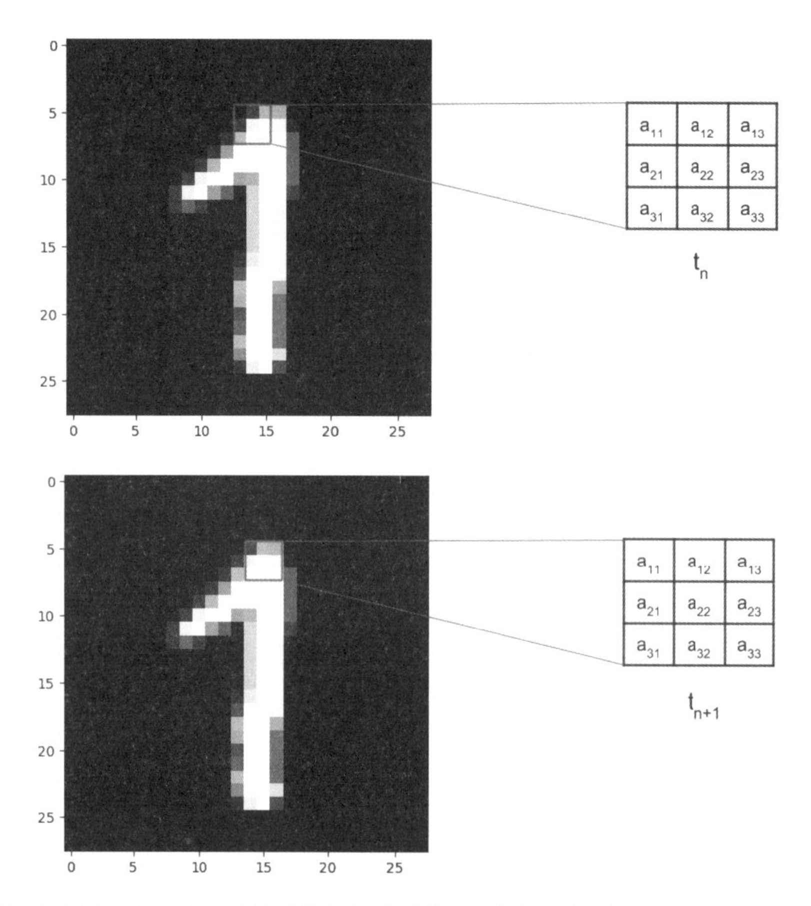

그림 1.4.2 3×3 커널을 MNIST 숫자 이미지에 적용한다. 커널이 오른쪽으로 1픽셀씩 움직일 때 t_n과 t_{n+1} 단계의 합성곱을 보여준다.

합성곱에 연관된 계산은 그림 1.4.3에서 볼 수 있다. 간단하게 표현하기 위해 5×5 입력 이미지(혹은 입력 특징 맵)에 3×3 커널이 적용된 것을 보여준다. 이 그림은 합성곱 연산 결과로 얻은 특징 맵을 보여준다. 특징 맵 요소 중 하나의 값에 해당하는 부분을 음영 처리했다. 결과로 얻은 특징 맵이 원본 입력 이미지보다 작다는 것을 알아챘을 것이다. 이는 합성곱이 유효한 요소에 대해서만 수행되기 때문이다. 커널은 이미지 경계를 넘어갈 수 없다. 입력의 차원이 출력 특징 맵과 동일하다면 `Conv2D`는 `padding='same'` 옵션을 받는다. 합성곱을 수행한 다음에도 차원이 변하지 않도록 입력의 경계를 0으로 채운다.

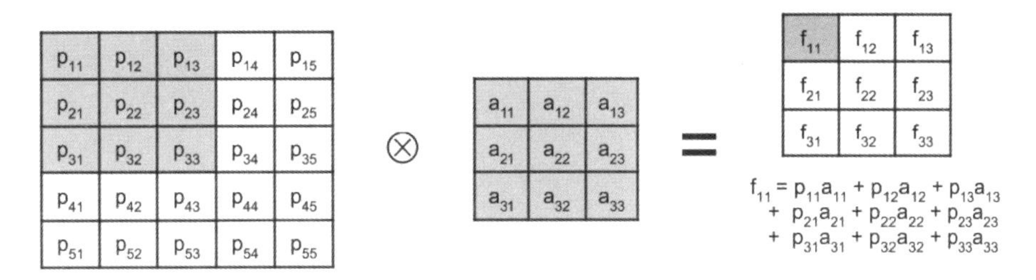

그림 1.4.3 합성곱 연산은 특징 맵의 한 요소를 계산하는 방법을 보여준다.

풀링 연산

마지막으로 pool_size=2 인수를 갖는 MaxPooling2D 계층을 추가한다. MaxPooling2D 계층은 각 특징 맵을 압축한다. pool_size×pool_size 크기의 패치가 모두 픽셀 하나로 축소된다. 그 값은 패치 내의 최대 픽셀값과 같다. 두 개의 패치에 대한 MaxPooling2D는 다음 그림과 같다.

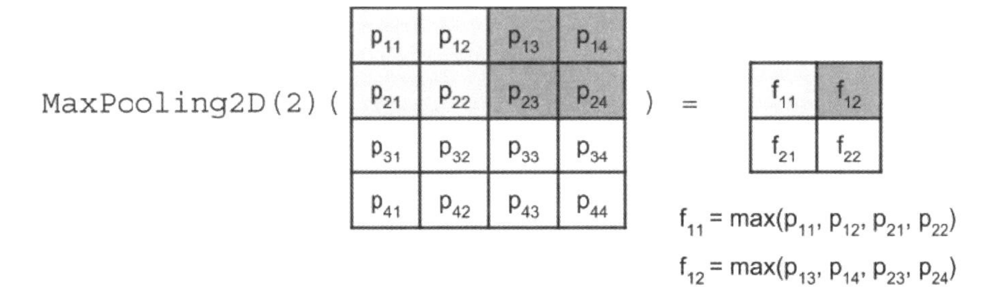

그림 1.4.4 MaxPooling2D 연산. 간단하게, 입력 특징 맵은 4x4, 결과 특징 맵은 2x2로 정함.

MaxPooling2D는 특징 맵 크기를 줄인다는 점에서 중요하다. 이는 커널의 적용 범위가 늘어남을 뜻한다. 예를 들어 MaxPooling2D(2) 이후 2×2 커널은 대략 4×4 패치를 사용해 합성곱을 적용할 수 있게 된다. CNN은 다른 범위에 대한 새로운 특징 맵의 집합을 학습했다.

풀링과 압축에 다른 방법을 사용할 수도 있다. 예를 들어, MaxPooling2D(2)처럼 패치 크기를 50%로 줄이기 위해 AveragePooling2D(2)는 패치 내에서 최댓값을 찾는 대신 평균값을 취한다. 이동하는 합성곱인 Conv2D(strides = 2,…)는 합성곱을 적용하는 동안 두 픽셀마다 건너뛰며 여전히 크기는 50% 감소하는 효과를 낸다. 각 축소 기법의 효과에는 미묘한 차이가 있다.

Conv2D와 MaxPooling2D에서 pool_size와 kernel은 정사각형이 아닐 수 있다. 이런 경우, 행과 열의 크기를 지정해야 한다. 그 예로 pool_size=(1, 2)와 kernel=(3, 5)를 들 수 있다.

마지막 MaxPooling2D의 출력은 특징 맵의 스택이다. Flatten 계층은 특징 맵 스택을 MLP 모델 출력 계층과 유사한 Dropout이나 Dense 계층에 적합한 벡터 형식으로 변환한다.

성능 평가 및 모델 요약

목록 1.4.2에서 보듯이, 목록 1.4.1의 CNN 모델은 MLP 계층을 사용할 때의 269,322개와 비교하면 훨씬 작은 80,226개의 매개변수가 필요하다. conv2d_1 계층에는 각 커널에 3×3=9개의 매개변수가 있고 64개의 특징 맵 각각이 하나의 커널과 하나의 편향 값 매개변수를 갖기 때문에 640개의 매개변수를 갖는다. 다른 합성곱 계층의 매개변수 개수도 비슷한 방식으로 계산할 수 있다. CNN MNIST 숫자 분류 모델을 그래프로 표현하면 그림 1.4.5와 같다.

표 1.4.1은 Adam 최적화와 dropout=0.2를 사용해 계층마다 64개 특징 맵이 있는 3개의 계층으로 이루어진 신경망이 달성할 수 있는 최고의 테스트 정확도가 99.4%임을 보여준다. CNN은 MLP보다 매개변수가 더 적어 효율적이며 정확도가 더 높다. 마찬가지로 CNN은 순차적 데이터, 이미지, 동영상에서 표현을 학습하기에 적합하다.

목록 1.4.2 CNN MNIST 숫자 분류 모델 요약

```
_________________________________________________________________
Layer (type)                 Output Shape              Param #
=================================================================
conv2d_1 (Conv2D)            (None, 26, 26, 64)        640
_________________________________________________________________
max_pooling2d_1 (MaxPooling2 (None, 13, 13, 64)        0
_________________________________________________________________
conv2d_2 (Conv2D)            (None, 11, 11, 64)        36928
_________________________________________________________________
max_pooling2d_2 (MaxPooling2 (None, 5, 5, 64)          0
_________________________________________________________________
conv2d_3 (Conv2D)            (None, 3, 3, 64)          36928
_________________________________________________________________
flatten_1 (Flatten)          (None, 576)               0
_________________________________________________________________
dropout_1 (Dropout)          (None, 576)               0
```

```
_________________________________________________________________
dense_1 (Dense)              (None, 10)                5770
_________________________________________________________________
activation_1 (Activation)    (None, 10)                0
=================================================================
Total params: 80,266
Trainable params: 80,266
Non-trainable params: 0
```

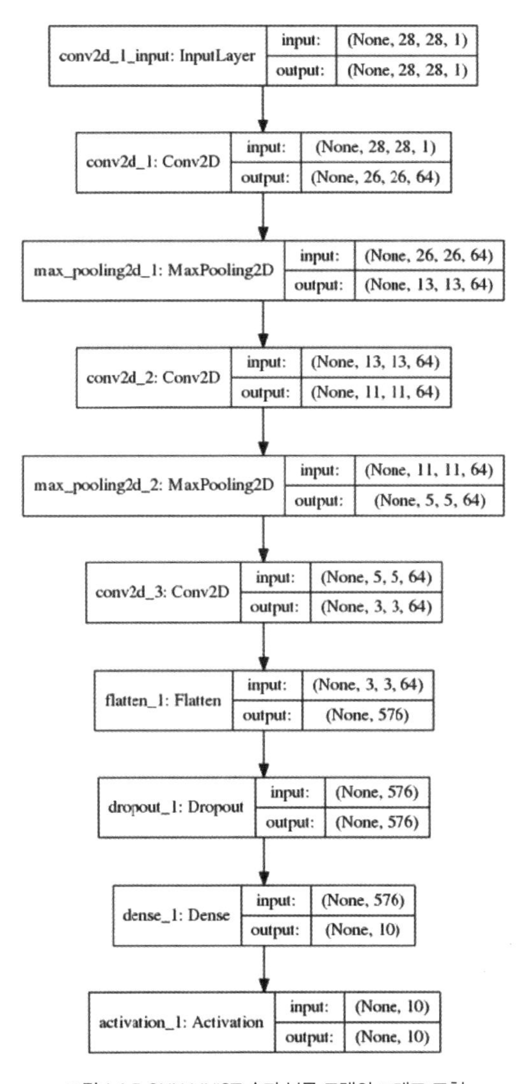

그림 1.4.5 CNN MNIST 숫자 분류 모델의 그래프 표현

표 1.4.1 MNIST 숫자 분류를 위한 다양한 CNN 신경망 설정과 성능 지표

계층 구성	최적화	정규화	훈련 정확도, %	테스트 정확도, %
64-64-64	SGD	Dropout(0.2)	97.76	98.50
64-64-64	RMSprop	Dropout(0.2)	99.11	99.00
64-64-64	Adam	Dropout(0.2)	99.75	99.40
64-64-64	Adam	Dropout(0.4)	99.64	99.30

순환 신경망(RNN)

이제 세 가지 인공 신경망 중 마지막으로 순환 신경망(Recurrent neural network, RNN)을 살펴보겠다.

RNN은 **자연어 처리(Natural Language Processing, NLP)**에서 텍스트나 기기 장치의 센서 데이터 스트림 같은 순차적 데이터의 표현을 학습하기에 적합한 신경망이다. MNIST 데이터 샘플이 본질적으로 순차적이지는 않지만, 모든 이미지가 픽셀의 행 또는 열의 시퀀스로 해석될 수 있다는 점은 쉽게 떠올릴 수 있다. 따라서 RNN을 기반으로 한 모델은 각 MNIST 이미지를 시간 단계(timestep)가 28인 28개 요소를 가진 입력 벡터의 시퀀스로 처리할 수 있다. 다음 목록은 그림 1.5.1의 RNN 모델의 코드다.

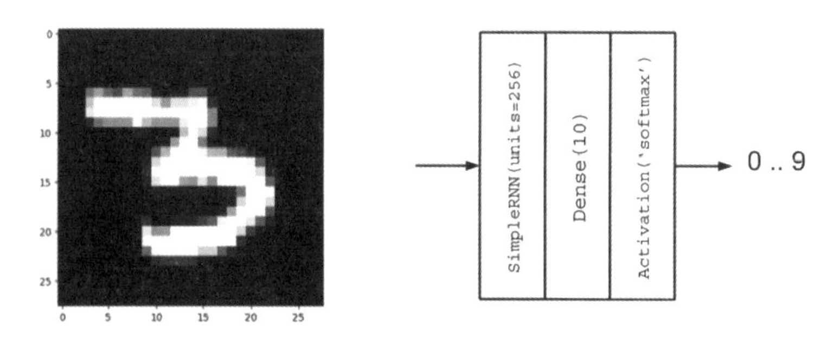

그림 1.5.1 MNIST 숫자 분류를 위한 RNN 모델

목록 1.5.1 rnn-mnist-1.5.1.py는 RNN을 사용해 MNIST 숫자를 분류하는 케라스 코드를 보여준다.

```
import numpy as np
from keras.models import Sequential
```

```
from keras.layers import Dense, Activation, SimpleRNN
from keras.utils import to_categorical, plot_model
from keras.datasets import mnist

# mnist 데이터세트 로딩
(x_train, y_train), (x_test, y_test) = mnist.load_data()

# 레이블 개수 계산
num_labels = len(np.unique(y_train))

# 원-핫 벡터로 변환
y_train = to_categorical(y_train)
y_test = to_categorical(y_test)

# 크기 재조정 및 정규화
image_size = x_train.shape[1]
x_train = np.reshape(x_train,[-1, image_size, image_size])
x_test = np.reshape(x_test,[-1, image_size, image_size])
x_train = x_train.astype('float32') / 255
x_test = x_test.astype('float32') / 255

# 신경망 매개변수
input_shape = (image_size, image_size)
batch_size = 128
units = 256
dropout = 0.2

# 모델: 256개 유닛으로 구성된 RNN, 입력: 28 시간 단계, 28 항목으로 구성된 벡터
model = Sequential()
model.add(SimpleRNN(units=units,
                    dropout=dropout,
                    input_shape=input_shape))
model.add(Dense(num_labels))
model.add(Activation('softmax'))
model.summary()
plot_model(model, to_file='rnn-mnist.png', show_shapes=True)

# 원-핫 벡터를 위한 손실 함수
# SGD 최적화 사용
```

```
# 분류 작업에 대한 지표로는 정확도가 바람직함
model.compile(loss='categorical_crossentropy',
              optimizer='sgd',
              metrics=['accuracy'])

# 신경망 훈련
model.fit(x_train, y_train, epochs=20, batch_size=batch_size)

loss, acc = model.evaluate(x_test, y_test, batch_size=batch_size)
print("\nTest accuracy: %.1f%%" % (100.0 * acc))
```

RNN과 앞의 두 모델 사이의 주요 차이점은 두 가지다. 첫 번째는 `input_shape = (image_size, image_size)`로 실제로 `input_shape = (timesteps, input_dim)` 또는 `input_dim`의 시퀀스(`timesteps` 길이의 차원 벡터)다. 두 번째로 RNN 셀을 표현하기 위해 `units=256`으로 된 `SimpleRNN` 계층을 사용한다는 점이다. `units` 변수는 출력 유닛 개수를 뜻한다. CNN이 입력 특징 맵에 커널을 합성곱하는 것이 특징이라면 RNN의 출력은 현재 입력뿐만 아니라 이전 출력이나 은닉 상태로 구성된 함수다. 이전 출력도 이전 입력의 함수이므로 현재 출력도 이전 출력과 입력이 연쇄적으로 구성된 함수다. 케라스의 `SimpleRNN` 계층은 기본 RNN의 단순한 형태다. 다음 방정식은 SimpleRNN의 출력을 설명한다.

$$\boldsymbol{h}_t = \tanh(\boldsymbol{b} + W\boldsymbol{h}_t - 1 + U\boldsymbol{x}_t) \quad \text{(방정식 1.5.1)}$$

이 방정식에서 $\boldsymbol{b}$는 편향 값이고, $\boldsymbol{W}$와 $\boldsymbol{U}$는 각각 순환 커널(이전 출력의 가중치)과 커널(현재 입력의 가중치)이다. 아래 첨자 t는 시퀀스에서의 위치를 가리킨다. `units=256`인 `SimpleRNN` 계층에 대해 매개변수의 총 개수는 $\boldsymbol{b}$, $\boldsymbol{W}$, $\boldsymbol{U}$의 기여도에 따라 $256 + 256 \times 256 + 256 \times 28 = 72{,}960$개다.

다음 그림은 MNIST 숫자 분류에 사용된 SimpleRNN과 RNN의 다이어그램이다. SimpleRNN이 RNN보다 간단한 이유는 소프트맥스 계산 전에 $\boldsymbol{O}_t = \boldsymbol{V}\boldsymbol{h}_t + \boldsymbol{c}$ 출력값이 없기 때문이다.

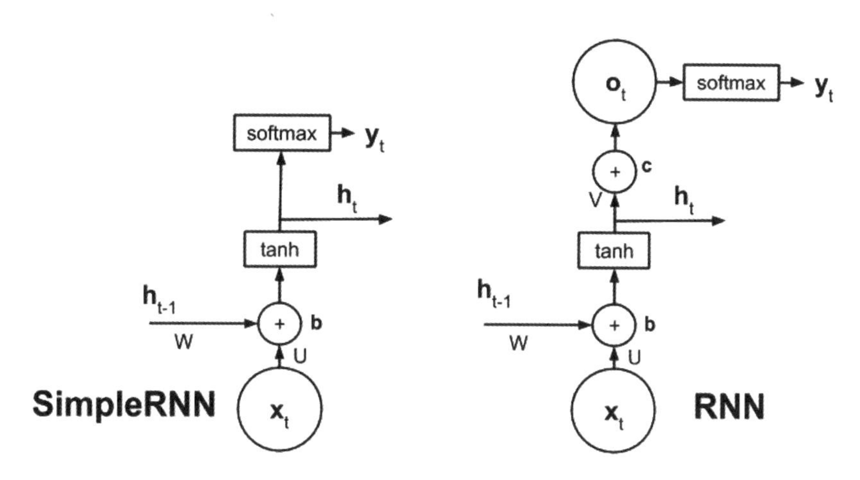

그림 1.5.2 SimpleRNN과 RNN 다이어그램

RNN은 MLP나 CNN과 비교하면 단번에 이해하기 어려울 수 있다. MLP에서 퍼셉트론은 기본 유닛이다. 퍼셉트론의 개념을 이해하고 나면 MLP는 단순한 퍼셉트론의 네트워크일 뿐이다. CNN에서 커널은 다른 특징 맵을 생성하기 위해 특징 맵을 미끄러지듯 이동하는 패치 혹은 윈도다. RNN에서 가장 중요한 것은 루프라는 개념이다. 실제로 셀은 하나뿐이다.

시간 단계마다 셀이 하나 존재하지만, 실제로 네트워크를 펼치지 않으면 똑같은 셀을 반복적으로 재사용하기 때문에 셀이 여러 개 존재한다는 착각을 불러일으키게 된다. RNN의 기본 신경망은 모든 셀에 공유된다.

목록 1.5.2의 요약 정보를 보면 `SimpleRNN`이 더 적은 매개변수를 필요로 한다는 사실을 알 수 있다. 그림 1.5.3은 RNN MNIST 숫자 분류 모델을 그래프로 표현했다. 이 모델은 매우 간결하다. 표 1.5.1을 보면 `SimpleRNN`이 그동안 봤던 네트워크 중 정확도가 가장 낮다는 것을 알 수 있다.

목록 1.5.2 RNN MNIST 숫자 분류 모델 요약

```
_________________________________________________________________
Layer (type)                 Output Shape              Param #
=================================================================
simple_rnn_1 (SimpleRNN)     (None, 256)               72960
_________________________________________________________________
dense_1 (Dense)              (None, 10)                2570
_________________________________________________________________
activation_1 (Activation)    (None, 10)                0
```

```
=================================================================
Total params: 75,530
Trainable params: 75,530
Non-trainable params: 0
```

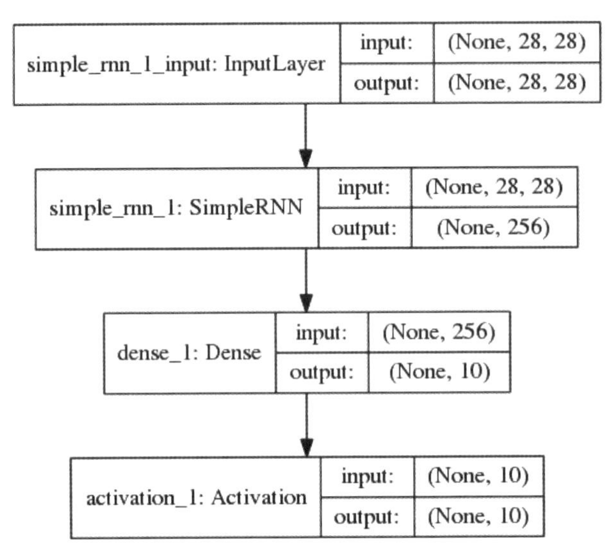

그림 1.5.3 RNN MNIST 숫자 분류 모델의 그림

표 1.5.1 다양한 SimpleRNN 신경망 구성과 성능 지표

계층 구성	최적화	정규화	훈련 정확도, %	테스트 정확도, %
256	SGD	Dropout(0.2)	97.26	98.00
256	RMSprop	Dropout(0.2)	96.72	97.60
256	Adam	Dropout(0.2)	96.79	97.40
512	SGD	Dropout(0.2)	97.88	98.30

수많은 심층 신경망에서 RNN군에 있는 다른 모델들이 더 보편적으로 사용된다. 예를 들어 **장단기 메모리(Long Short-Term Memory, LSTM)** 신경망은 기계 번역과 Q&A 문제에 사용돼 왔다. LSTM 네트워크는 장기 종속성 문제를 해결하거나 현재 출력과 관련한 과거 정보를 기억한다.

RNN이나 SimpleRNN과 달리 LSTM 셀의 내부 구조는 좀 더 복잡하다. 그림 1.5.4는 MNIST 숫자 분류 문제를 해결하는 LSTM 다이어그램을 보여준다. LSTM은 현재 입력과 과거 출력, 혹은 은닉 상태만 사용하는 것이 아니라 하나의 셀에서 다른 셀로 정보를 옮기는 셀 상태인 s_t도 도입한다. 셀 상태 사이의 정보 흐름은 세 개의 게이트인 f_t, i_t, q_t에 의해 제어된다. 이 세 개의 게이트는 어떤 정보를 보존하고 어떤 정보를 교체할지와 현재의 셀 상태나 출력에 기여할 과거 및 현재 입력의 정보의 양을 결정한다. 이 책에서는 LSTM 셀의 내부 구조를 자세히 다루지 않는다. 그에 관해서는 `http://colah.github.io/posts/2015-08-Understanding-LSTMs`에서 자세한 내용을 확인할 수 있다.

`LSTM()` 계층은 `SimpleRNN()` 자리를 간단하게 대신할 수 있다. 당면한 작업을 해결하는 데 LSTM이 과하다면 **게이트 순환 유닛**(Gated Recurrent Unit, GRU)이라는 단순한 형태를 사용하면 된다. GRU는 셀 상태와 은닉 상태를 함께 결합해 LSTM을 단순화한다. 또한 GRU는 게이트 개수를 하나씩 줄인다. `GRU()` 함수는 `SimpleRNN()`을 간단하게 대체할 수 있다.

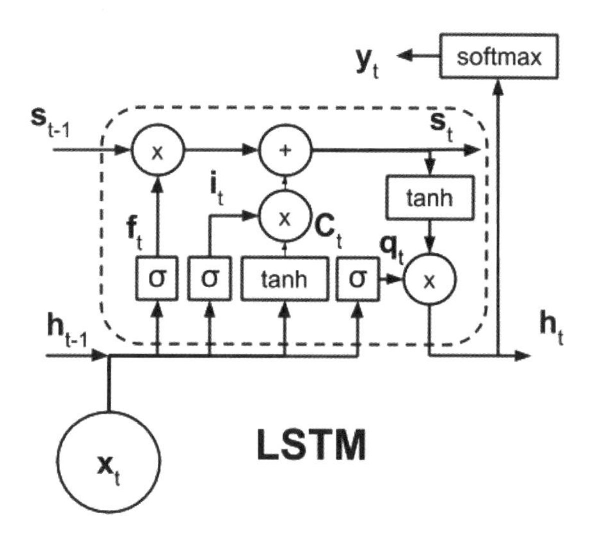

그림 1.5.4 LSTM 다이어그램. 명확하게 표현하기 위해 매개변수는 생략한다.

RNN을 구성하는 방법은 다양하다. 그중 한 가지 방법은 양방향 RNN 모델을 만드는 것이다. 기본적으로 RNN은 현재 출력이 과거 상태와 현재 입력에 의해서만 영향받는다는 점에서 단방향이다. 양방향 RNN에서는 정보를 뒤로 흐르게 함으로써 미래 상태가 현재 상태와 과거 상태에도 영향을 미칠 수 있다. 필요하면 과거 출력은 받은 새로운 정보에 따라 업데이트된다. RNN은 래퍼 함수를 호출함으로써 양방향으로 만들 수 있다. 예를 들어, 양방향 LSTM은 `Bidirectional(LSTM())`으로 구현된다.

RNN의 모든 유형은 유닛 수를 증가시키면 용량도 함께 증가한다. 용량을 증가시키는 다른 방법은 RNN 계층을 연결하는 것이다. 모델의 용량은 필요할 때만 증가시켜야 한다는 점을 상식적으로 알아둬야 한다. 용량을 과도하게 증가시키면 모델이 과적합될 위험이 있고, 그 결과 예측하는 동안 훈련 시간이 길어지고 성능이 느려진다.

결론

이 장에서는 MLP, RNN, CNN의 세 가지 딥러닝 모델의 개요를 설명하고 그 딥러닝 모델을 빠르게 개발하고 훈련 및 테스트하기 위한 라이브러리로 케라스를 소개했다. 케라스의 순차형 API도 함께 설명했다. 다음 장에서는 특히 고급 심층 신경망을 위해 좀 더 복잡한 모델을 구축할 수 있도록 지원하는 함수형 API를 설명하겠다.

또한 이 장에서는 최적화, 정규화, 손실 함수 같은 딥러닝의 주요 개념을 알아봤다. 이해를 돕기 위해 MNIST 숫자 분류를 예로 들어 그 개념을 설명했다. 인공 신경망, 특히 심층 신경망의 중요한 구성 요소인 MLP, CNN, RNN을 사용해 MNIST 숫자 분류를 해결하는 다양한 방법을 설명했으며 그와 관련한 성능 지표도 함께 살펴봤다.

딥러닝 개념과 이를 케라스로 구현하는 방법을 이해했다면 이제 고급 딥러닝 모델을 분석할 능력을 갖춘 것이다. 다음 장에서는 함수형 API를 설명한 다음, 계속해서 유명한 딥러닝 모델을 구현할 것이다. 그다음 장부터는 오토인코더, GAN, VAE, 강화학습 같은 고급 주제를 차례대로 알아보겠다. 관련해서 케라스로 구현한 코드가 이 주제를 이해하는 데 중요한 역할을 할 것이다.

참고 문헌

1. LeCun, Yann, Corinna Cortes, and C. J. Burges. MNIST handwritten digit database. AT&T Labs [Online]. Available: http://yann.lecun.com/exdb/mnist (2010).

심층 신경망 2장

이 장에서는 심층 신경망을 알아보자. 이 신경망은 ImageNet, CIFAR10(https://www.cs.toronto.edu/~kriz/learning-features-2009-TR.pdf), CIFAR100 같이 더 어렵고 진화된 데이터세트에서의 분류 작업의 정확도 측면에서 탁월한 성능을 보인다. 이 장에서는 간결하게 두 개의 신경망 **ResNet**[2][4]과 **DenseNet**[5]만 집중해서 살펴보겠다. 앞으로 좀 더 자세히 알아보겠지만, 우선 간단히 이 신경망을 소개한다.

ResNet은 잔차 학습 개념을 도입해 심층 합성곱 신경망에서 경사 소실(vanishing gradient) 문제를 해결함으로써 매우 깊은 신경망을 구축할 수 있게 해준다.

DenseNet은 모든 합성곱에서 입력과 더 낮은 계층의 특징 맵에 직접 접근할 수 있게 함으로써 ResNet 기법을 개선했다. 또한 DenseNet은 **병목(Bottleneck)**과 **전이(Transition)** 계층을 모두 활용함으로써 심층 신경망에서 매개변수 개수를 낮게 유지한다.

왜 다른 모델이 아니라 이 두 모델을 다룰까? 이 두 모델이 소개된 이후로, **ResNeXt**[6]와 **FractalNet**[7] 같은 수많은 모델이 이 두 신경망에 사용된 기법에서 영감을 받았다. 게다가 ResNet과 DenseNet을 모두 이해하면 이 신경망의 설계 지침을 활용해 자신만의 모델을 구축할 수 있다. 또한 전이 학습을 사용하면 고유의 목적을 위해 미리 훈련된 ResNet과 DenseNet 모델을 활용할 수도 있다. 이러한 이유와 함께 케라스와의 호환성 덕분에 이 두 모델은 이 책에서 다루는 고급 딥러닝 범위를 살펴보고 보완하는 데 이상적이다.

이 장에서는 심층 신경망을 집중적으로 살펴보겠지만, 그 전에 먼저 **함수형 API(Functional API)**라는 케라스의 중요한 기능을 알아보자. 이 API는 케라스에서 신경망을 구축하는 또 다른 방법으로 순차형 모델(Sequential Model)로는 구축할 수 없는 더 복잡한 신경망을 구축할 수 있게 해준다. 이 API를 중점적으로 다루는 이유는 이 장에서 집중적으로 다룰 두 모델 같은 심층 신경망을 구축하는 데 매우 유용한 도구가 되기 때문이다. 이 장을 계속 진행하기 전에 1장 '케라스를 활용한 고급 딥러닝 소개'를 먼저 읽는 것이 좋다. 1장에서 살펴봤던 입문 수준의 코드와 개념을 참고해 고급 수준의 개념과 코드를 설명할 것이기 때문이다.

이 장은 다음 내용을 소개하는 것을 목표로 한다.

- 케라스의 함수형 API와 이를 실행한 신경망 예제 알아보기
- 케라스에서 심층 잔차 신경망(ResNet 버전 1, 2) 구현하기
- 케라스에 완전 연결 합성곱 신경망(DenseNet) 구현하기
- ResNet과 DenseNet의 유명한 딥러닝 모델 살펴보기

함수형 API

1장 '케라스를 활용한 고급 딥러닝 소개'에서 처음 소개했던 순차형 모델에서는 하나의 계층이 다른 계층 위에 쌓인다. 일반적으로 입력과 출력 계층을 통해 이 모델에 접속한다. 또한 신경망 중간에 보조 입력을 추가하거나 최종 계층 전에 보조 출력을 추출해야 한다면 이를 해결할 간단한 방법은 없다는 사실을 배웠다.

그 모델에는 단점도 있는데, 예를 들어 이 모델은 그래프 같은 모델이나 파이썬 함수처럼 동작하는 모델을 지원하지 않는다. 게다가 두 모델 사이에 계층을 공유하기도 어렵다. 그러한 한계는 함수형 API로 해결할 수 있으며 그렇기 때문에 이 API가 딥러닝 모델을 활용하고자 하는 사람에게는 필수 도구다.

함수형 API는 다음 두 개념을 따른다.

- 계층은 텐서를 인수로 받는 인스턴스다. 한 계층의 출력은 또 다른 텐서다. 모델을 구성하는 계층 인스턴스는 입력과 출력 텐서를 통해 서로 연결되는 객체다. 이렇게 하면 순차형 모델에서 여러 계층을 쌓아 올리는 것과 비슷한 최종 결과를 얻게 된다. 그렇지만 계층 인스턴스를 사용하면 각 계층의 입출력에 손쉽게 접근할 수 있기 때문에 모델이 보조 입출력 혹은 여러 입출력을 갖기 쉽다.
- 모델은 하나 이상의 입력 텐서와 출력 텐서 사이의 함수다. 모델 입출력 사이에서 텐서는 계층의 입출력 텐서로 서로 연결될 계층 인스턴스다. 그러므로 모델은 하나 이상의 입력 계층과 하나 이상의 출력 계층의 함수다. 모델 인스턴스는 입력에서 출력으로 데이터가 흐르는 방법을 계산 그래프로 구성한다.

함수형 API 모델 구성이 끝났으면 순차형 모델에서 사용한 것과 동일한 함수를 사용해 모델을 훈련시키고 평가한다. 이를 묘사하면, 함수형 API에서 32개의 필터를 갖는 2차원 합성곱 계층을 Conv2D, 계층 입력 텐서를 x, 계층 출력 텐서를 y라 할 때 다음과 같이 쓸 수 있다.

```
y = Conv2D(32)(x)
```

또한 모델을 구축하기 위해 여러 계층을 쌓아 올릴 수 있다. 예를 들어, 1장에서 작성한 것과 동일한 MNIST 코드의 CNN을 다시 쓰면 다음 코드와 같다.

목록 2.1.1 cnn-functional-2.1.1.py는 함수형 API를 사용해 cnn-mnist-1.4.1.py 코드를 변환하는 방법을 보여준다.

```
import numpy as np
from keras.layers import Dense, Dropout, Input
from keras.layers import Conv2D, MaxPooling2D, Flatten
from keras.models import Model
from keras.datasets import mnist
from keras.utils import to_categorical

# 레이블 개수 계산
num_labels = len(np.unique(y_train))

# 원-핫 벡터로 변환
y_train = to_categorical(y_train)
y_test = to_categorical(y_test)

# 입력 이미지 형상 재조정 및 정규화
image_size = x_train.shape[1]
x_train = np.reshape(x_train,[-1, image_size, image_size, 1])
x_test = np.reshape(x_test,[-1, image_size, image_size, 1])
x_train = x_train.astype('float32') / 255
x_test = x_test.astype('float32') / 255

# 신경망 매개변수
# 이미지는 그대로 처리 (회색조, 정사각형 이미지)
input_shape = (image_size, image_size, 1)
batch_size = 128
kernel_size = 3
filters = 64
```

```
dropout = 0.3

# 함수형 API를 사용해 cnn 계층 구축
inputs = Input(shape=input_shape)
y = Conv2D(filters=filters,
           kernel_size=kernel_size,
           activation='relu')(inputs)
y = MaxPooling2D()(y)
y = Conv2D(filters=filters,
           kernel_size=kernel_size,
           activation='relu')(y)
y = MaxPooling2D()(y)
y = Conv2D(filters=filters,
           kernel_size=kernel_size,
           activation='relu')(y)
# 밀집 계층에 연결하기 전 이미지를 벡터로 변환
y = Flatten()(y)
# 드롭아웃 정규화
y = Dropout(dropout)(y)
outputs = Dense(num_labels, activation='softmax')(y)

# 입력/출력을 제공해 모델 구축
model = Model(inputs=inputs, outputs=outputs)
# 텍스트로 신경망 모델 요약
model.summary()

# 분류 모델 손실 함수, Adam 최적화, 정확도
model.compile(loss='categorical_crossentropy',
              optimizer='adam',
              metrics=['accuracy'])

# 입력 이미지와 레이블로 모델 훈련
model.fit(x_train,
          y_train,
          validation_data=(x_test, y_test),
          epochs=20,
          batch_size=batch_size)
```

```
# 테스트 데이터세트에 대한 모델 정확도
score = model.evaluate(x_test, y_test, batch_size=batch_size)
print("\nTest accuracy: %.1f%%" % (100.0 * score[1]))
```

기본적으로 MaxPooling2D는 pool_size=2를 사용하므로 인수가 제거됐다.

앞의 코드에서 모든 계층은 텐서의 함수다. 각 계층은 다음 계층의 입력이 될 출력으로 텐서를 생성한다. 이 모델을 생성하기 위해 inputs 텐서와 outputs 텐서를 공급하거나 텐서 리스트를 제공해 Model()을 호출하면 된다. 다른 모든 것은 동일하다.

순차형 모델과 비슷하게, 같은 코드를 fit()과 evaluate() 함수를 사용해 훈련 및 평가할 수 있다. sequential 클래스는 실제로 Model 클래스의 하위 클래스다. 모델을 훈련시키는 동안 검증 정확도가 어떻게 진화하는지 확인하기 위해 fit() 함수에 validation_data 인수를 삽입했다는 사실을 기억해야 한다. 20세대를 훈련시키면 99.3%에서 99.4% 사이의 정확도를 얻게 된다.

입력이 두 개, 출력이 하나인 모델 생성하기

이제부터 정말 흥미로운 일을 할 텐데, 두 개의 입력과 하나의 출력을 갖는 고급 모델을 만들 것이다. 시작하기 전에 이 작업은 순차형 모델에서 단순하지 않다는 점을 아는 것이 중요하다.

MNIST 숫자 분류를 하는 새로운 모델을 만들고 그 모델을 그림 2.1.1 같은 **Y-Network**라고 가정하자. Y-Network는 동일한 입력을 CNN의 왼쪽과 오른쪽 가지에 두 번 사용한다. 신경망은 concatenate 계층을 사용해 결과를 결합한다. 결합 연산인 concatenate는 연결축을 따라 동일한 형상을 갖는 두 개의 텐서를 연결해 하나의 텐서를 구성하는 것과 비슷하다. 예를 들어 형상이 (3, 3, 16)인 두 개의 텐서를 마지막 축을 따라 연결하면 그 결과로 형상이 (3, 3, 32)인 텐서를 얻게 된다.

concatenate 계층 이후의 다른 모든 계층, 즉 Flatten-Dropout-Dense 계층은 이전 CNN 모델과 똑같다.

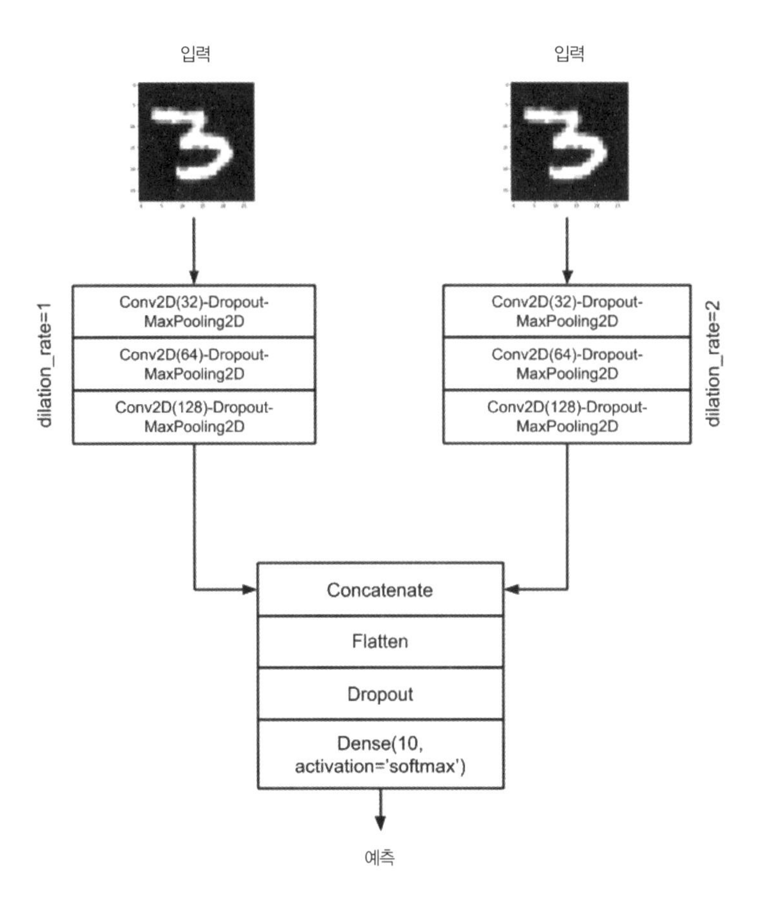

그림 2.1.1 Y-Network는 동일한 입력을 두 번 받아 합성곱 신경망의 두 가지에서 입력을 처리한다. 가지에서 나온 출력은 concatenate 계층을 사용해 결합된다. 마지막 예측 계층은 앞에서 본 CNN 예제와 비슷하다.

목록 2.1.1의 모델 성능을 개선하기 위해 몇 가지 변경 사항을 제안할 수 있다. 우선 Y-Network의 가지에서 필터 수를 두 배로 늘려 `MaxPooling2D()` 다음에서 특징 맵 크기가 절반으로 줄어든 것을 보완한다. 예를 들어, 첫 번째 합성곱의 출력이 (28, 28, 32)이면 맥스 풀링 이후에 형상이 (14, 14, 32)가 된다. 다음 합성곱 계층의 필터 크기는 64이고 출력 차원은 (14, 14, 64)다.

두 번째로 양쪽 가지의 커널 크기는 3으로 같지만, 오른쪽 가지에서는 팽창률(dilation rate)을 2로 적용한다. 그림 2.1.2는 크기가 3인 커널에 팽창률을 다르게 적용했을 때 미치는 영향을 보여준다. 개념은 팽창률을 사용해 커널의 적용 범위를 증가시키면 이 CNN 모델에서 오른쪽 가지가 다양한 특징 맵을 학습시킬 수 있다는 것이다. 여기에서 `padding='same'` 옵션을 사용해 팽창된 CNN을 사용할 때 텐서 차원이 음수가 되지 않게 만든다. `padding='same'`을 사용함으로써 입력 차원을 출력인 특징 맵과 동일하게 유지할 것이다. 출력과 '같은' 크기를 갖도록 하기 위해 입력의 나머지 부분을 0으로 채우면 (padding) 된다.

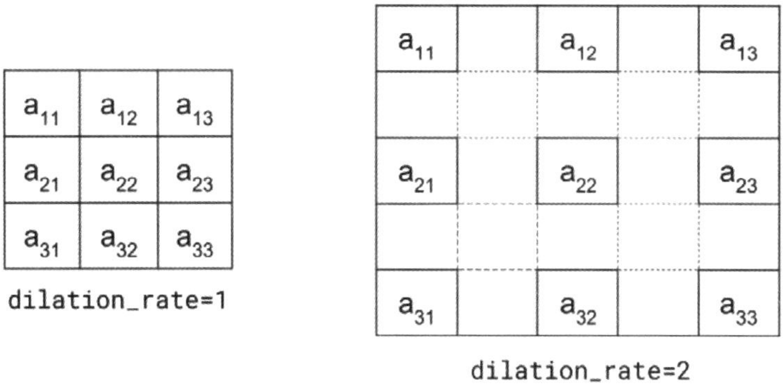

a_{11}	a_{12}	a_{13}
a_{21}	a_{22}	a_{23}
a_{31}	a_{32}	a_{33}

dilation_rate=1

a_{11}		a_{12}		a_{13}
a_{21}		a_{22}		a_{23}
a_{31}		a_{32}		a_{33}

dilation_rate=2

그림 2.1.2 팽창률을 1에서 증가시키면 커널의 적용 범위도 증가한다.

다음 목록은 Y-Network를 구현한 것이다. Y-Network의 두 가지는 두 개의 for 루프로 구현된다. 두 가지는 동일한 형상의 입력을 받는다. 두 개의 for 루프는 Conv2D-Dropout-MaxPooling2D의 세 개 계층을 쌓아 올린 네트워크 두 개를 생성한다. concatenate 계층을 사용해 왼쪽과 오른쪽 가지의 출력을 결합하는 한편 add, dot, multiply 같은 다른 병합 함수를 사용할 수도 있다. 어떤 병합 함수를 사용할지를 완전히 임의로 결정해서는 안 되며, 신중하게 결정한 모델 설계를 기반으로 해야 한다.

Y-Network에서 concatenate는 특징 맵의 어떤 부분도 버리지 않는다. 대신 Dense 계층에서 연결된 특징 맵을 어떻게 처리할지 알아내게 한다.

목록 2.1.2 cnn-y-network-2.1.2.py는 함수형 API를 사용해 Y-Network를 구현하는 방법을 보여준다.

```
import numpy as np

from keras.layers import Dense, Dropout, Input
from keras.layers import Conv2D, MaxPooling2D, Flatten
from keras.models import Model
from keras.layers.merge import concatenate
from keras.datasets import mnist
from keras.utils import to_categorical
from keras.utils import plot_model
```

```
# MNIST 데이터세트 로딩
(x_train, y_train), (x_test, y_test) = mnist.load_data()

    # 레이블 개수 계산
    num_labels = len(np.unique(y_train))

    # 원-핫 벡터로 변환
    y_train = to_categorical(y_train)
    y_test = to_categorical(y_test)

# 입력 이미지 형상 재조정 및 정규화
image_size = x_train.shape[1]
x_train = np.reshape(x_train,[-1, image_size, image_size, 1])
x_test = np.reshape(x_test,[-1, image_size, image_size, 1])
x_train = x_train.astype('float32') / 255
x_test = x_test.astype('float32') / 255

# 신경망 매개변수
input_shape = (image_size, image_size, 1)
batch_size = 32
kernel_size = 3
dropout = 0.4
n_filters = 32

# Y-Network의 왼쪽 가지
left_inputs = Input(shape=input_shape)
x = left_inputs
filters = n_filters
# Conv2D-Dropout-MaxPooling2D 3계층으로 구성
# 계층이 지날 때마다 필터 개수를 두 배로 증가시킴(32-64-128)
for i in range(3):
    x = Conv2D(filters=filters,
               kernel_size=kernel_size,
               padding='same',
               activation='relu')(x)
    x = Dropout(dropout)(x)
    x = MaxPooling2D()(x)
    filters *= 2
```

```
# Y-Network의 오른쪽 가지
right_inputs = Input(shape=input_shape)
y = right_inputs
filters = n_filters
# Conv2D-Dropout-MaxPooling2D 3계층으로 구성
# 계층이 지날 때마다 필터 개수를 두 배로 증가시킴(32-64-128)
for i in range(3):
    y = Conv2D(filters=filters,
               kernel_size=kernel_size,
               padding='same',
               activation='relu',
               dilation_rate=2)(y)
    y = Dropout(dropout)(y)
    y = MaxPooling2D()(y)
    filters *= 2

# 왼쪽 가지와 오른쪽 가지의 출력을 병합
y = concatenate([x, y])
# Dense 계층에 연결하기 전 특징 맵을 벡터로 변환
y = Flatten()(y)
y = Dropout(dropout)(y)
outputs = Dense(num_labels, activation='softmax')(y)

# 함수형 API에서 모델 구축
model = Model([left_inputs, right_inputs], outputs)
# 그래프를 사용해 모델 확인
plot_model(model, to_file='cnn-y-network.png', show_shapes=True)
# 계층 텍스트 설명을 사용해 모델 확인
model.summary()

# 분류 모델 손실 함수, Adam 최적화, 분류 정확도
model.compile(loss='categorical_crossentropy',
              optimizer='adam',
              metrics=['accuracy'])

# 입력 이미지와 레이블로 모델 훈련
model.fit([x_train, x_train],
          y_train,
          validation_data=([x_test, x_test], y_test),
```

```
              epochs=20,
              batch_size=batch_size)

# 테스트 데이터세트에서 모델 정확도 측정
score = model.evaluate([x_test, x_test], y_test, batch_size=batch_
size)
print("\nTest accuracy: %.1f%%" % (100.0 * score[1]))
```

한걸음 물러서서 보면, Y-Network에서는 훈련과 검증에 두 개의 입력이 필요하다는 점을 알 수 있다. 두 입력은 동일하므로 [x_train, x_train]이 제공된다.

20세대가 지나면 Y-Network의 정확도는 99.4%~99.5% 사이에 도달한다. 이는 정확도가 99.3%~99.4% 사이에 위치했던 세 개의 계층으로 이루어진 CNN보다 약간 개선된 결과다. 그렇지만 이 약간의 개선을 위해 복잡도가 높아지고 두 배 이상의 많은 매개변수를 처리해야 한다. 다음 그림 2.1.3은 케라스가 이해한 바를 plot_model() 함수를 통해 생성한 Y-Network의 아키텍처를 보여준다.

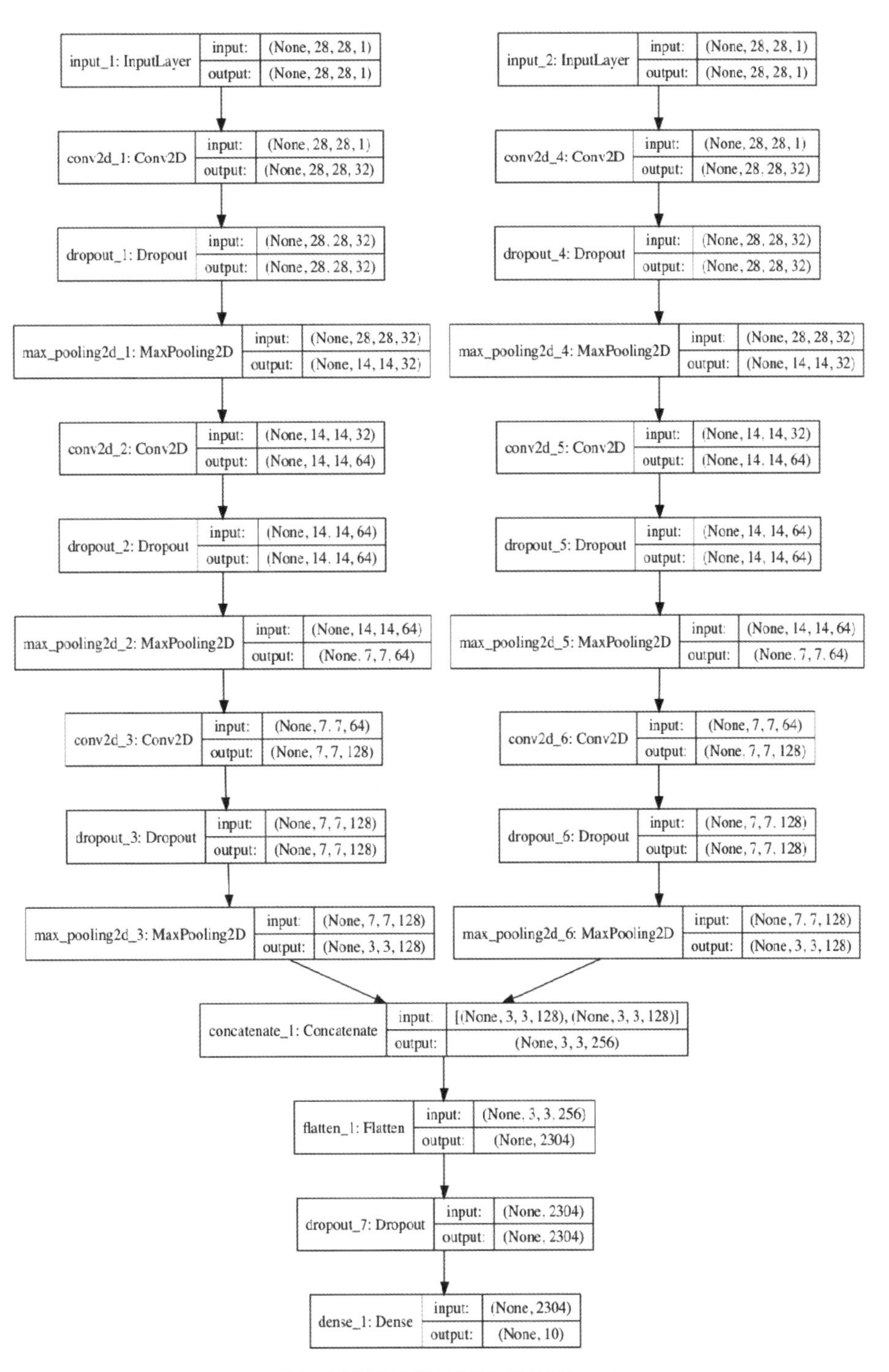

그림 2.1.3 목록 2.1.2에서 구현한 CNN Y-Network

여기까지 함수형 API를 살펴봤다. 이 장의 핵심 주제는 심층 신경망, 특히 ResNet과 DenseNet을 구축하는 방법이다. 따라서 전체 API를 다루는 것은 이 책의 범위를 벗어나는 일이며, 여기서는 이 신경망을 구성하는 데 필요한 정도로만 함수형 API를 다룰 것이다.

함수형 API에 대한 자세한 내용은 https://keras.io/에서 확인할 수 있다.

심층 잔차 신경망(ResNet)

심층 신경망의 주요 이점은 입력과 특징 맵에서 다양한 수준의 표현을 학습하는 데 탁월하다는 점이다. 분류(classification), 분할(segmentation), 탐지(detetion) 등 다양한 컴퓨터 비전 문제에서 다양한 수준의 특징을 학습할 수 있으면 일반적으로 더 나은 성능을 끌어낼 수 있다.

하지만 역전파하는 동안 얕은 계층에서 깊이에 따라 경사가 소실(gradient vanishing)되거나 발산(gradient exploding)되기 때문에 심층 신경망을 훈련시키기가 쉽지 않다는 점을 알게 될 것이다. 그림 2.2.1은 경사 소실의 문제를 보여준다. 네트워크 매개변수는 출력 계층에서 이전의 모든 계층으로 역전파되면서 업데이트된다. 역전파는 연쇄 법칙을 기반으로 하므로 경사는 얕은 계층에 도달할 때 줄어드는 경향을 보인다. 이는 특히 오차와 매개변수의 절댓값이 매우 작을 경우, 거기에 작은 수를 곱하기 때문에 생기는 현상이다.

곱셈 연산의 횟수는 네트워크 깊이에 비례한다. 또한 경사가 줄어들면 매개변수가 적절히 업데이트되지 않는다는 점을 알아야 한다.

그렇게 네트워크는 성능을 개선할 수 없게 된다.

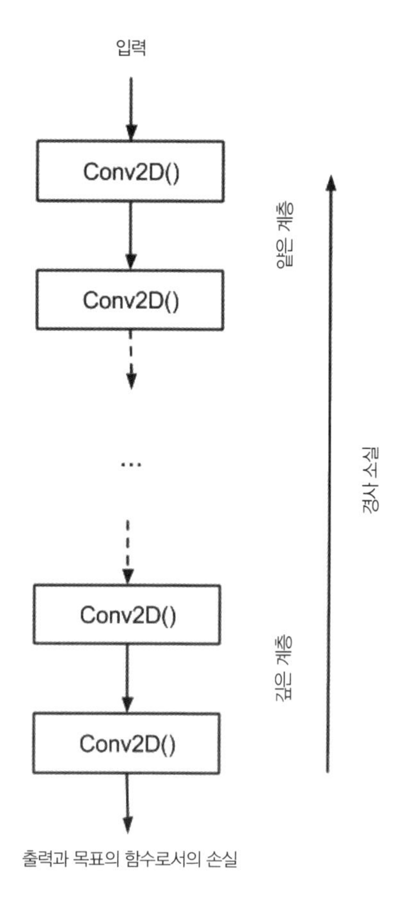

그림 2.2.1 심층 신경망에서 흔히 발생하는 문제는 역전파가 이루어지는 동안 얕은 계층에 도달하면서 경사가 소실되는 것이다.

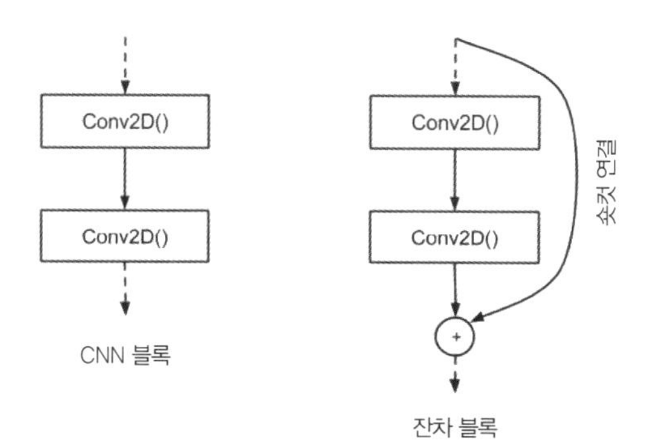

그림 2.2.2 전형적인 CNN 블록과 ResNet 블록의 비교. 역전파 중 경사가 소실되는 문제를 피하기 위해 숏컷 연결을 도입한다.

심층 신경망에서 경사가 줄어드는 것을 완화하기 위해 ResNet은 심층 잔차 학습 프레임워크라는 개념을 도입했다. 예제 심층 신경망의 작은 부분인 블록을 분석해 보자.

앞 그림은 전형적인 CNN 블록과 ResNet 잔차 블록을 비교해 보여준다. ResNet은 경사가 줄어드는 것을 방지하면서 얕은 계층에 도달하기 위해 숏컷 연결(shortcut connection)을 통해 정보가 이동하게 만든다.

다음으로 이 두 블록 사이의 차이점을 좀 더 자세히 살펴보겠다. 그림 2.2.3은 보편적으로 사용되는 또 다른 심층 신경망인 VGG[3]의 CNN 블록과 ResNet 사이의 차이점을 더 자세히 보여준다. 계층 특징 맵을 $\boldsymbol{x}$라 하고, 계층 l의 특징 맵을 $\boldsymbol{x}_l$이라 하자. CNN 계층의 연산은 **Conv2D – 배치 정규화(BN) – ReLU**이다.

이러한 연산 집합을 H()=Conv2D−Batch Normalization(BN)−ReLU로 표현한다고 가정하자. 이는 다음 방정식을 뜻한다.

$$\boldsymbol{x}_{l-1} = H(\boldsymbol{x}_{l-2}) \quad \text{(방정식 2.2.1)}$$

$$\boldsymbol{x}_l = H(\boldsymbol{x}_{l-1}) \quad \text{(방정식 2.2.2)}$$

바꿔 말하면, 계층 $l-2$의 특징 맵은 H()=Conv2D−Batch Normalization(BN)−ReLU에 의해 $\boldsymbol{x}_{l-1}$로 변환된다. $\boldsymbol{x}_{l-1}$을 $\boldsymbol{x}_l$로 변환할 때도 동일한 연산 집합이 적용된다. 다시 말하면 18계층으로 구성된 VGG가 있을 때 입력 이미지가 18번째 계층의 특징 맵으로 변환되기까지 18번의 H() 연산이 필요하다는 뜻이다.

일반적으로 말하면 계층 l의 출력 특징 맵은 이전 특징 맵에 의해서만 직접적으로 영향받는다. 반면 ResNet의 경우는 다음과 같은 방정식으로 표현할 수 있다.

$$\boldsymbol{x}_{l-1} = H(\boldsymbol{x}_{l-2}) \quad \text{(방정식 2.2.3)}$$

$$\boldsymbol{x}_l = ReLU(F(\boldsymbol{x}_{l-1}) + \boldsymbol{x}_{l-2}) \quad \text{(방정식 2.2.4)}$$

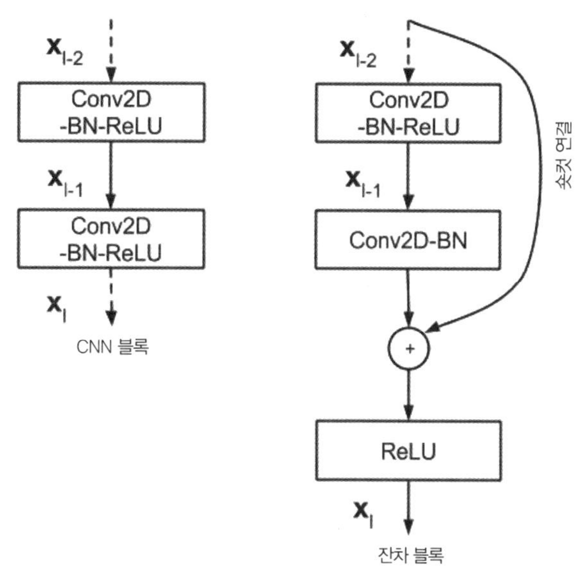

그림 2.2.3 일반 CNN 블록과 잔차 블록의 계층 연산의 세부 내용

$F(\boldsymbol{x}_{l-1})$은 `Conv2D-BN`으로 구성되며, 이를 잔차 매핑(residual mapping)이라고도 한다. + 기호는 숏컷 연결과 $F(\boldsymbol{x}_{l-1})$의 출력 사이의 텐서 요소 단위의 덧셈이다. 숏컷 연결에 의해 추가 매개변수나 계산 복잡도가 높아지지는 않는다.

덧셈 연산은 케라스에서 `add()` 병합 연산으로 구현될 수 있다. 그렇지만 $F(\boldsymbol{x}_{l-1})$ 방정식과 x 모두 동일한 차원을 가져야 한다. 두 차원이 다르면, 예를 들어 특징 맵 크기를 바꿨다면 $F(\boldsymbol{x}_{l-1})$의 크기와 맞추기 위해 $\boldsymbol{x}$에 선형 사영(linear projection)을 수행해야 한다. 최초 논문에서 특징 맵의 크기가 절반으로 줄어든 경우에 선형 사영은 1×1의 커널 크기와 `strides = 2`로 설정한 `Conv2D`에 의해 이루어진다.

1장 '케라스를 활용한 고급 딥러닝 소개'에서 `stride > 1`이면 합성곱을 적용할 때 픽셀을 건너뛴다는 것을 의미한다고 설명했다. 예를 들어, `strides = 2`이면 합성곱을 적용할 때 픽셀을 하나씩 건너뛰면서 커널을 적용한다.

앞의 방정식 2.2.3과 2.2.4는 모두 ResNet 모델의 잔차 블록 연산이다. 이 방정식은 더 깊은 계층에서 더 적은 오차를 갖도록 훈련될 수 있다면 더 얕은 계층에서 오차가 높아야 할 이유가 없다는 것을 의미한다.

ResNet의 기본 구성 요소를 알면 이미지 분류를 위한 심층 잔차 신경망을 설계할 수 있다. 그렇지만 이번에는 좀 더 진화된 어려운 데이터세트를 사용할 것이다.

예제에서는 논문 원본이 검증된 데이터세트의 하나인 CIFAR10을 활용할 것이다. 이 예제에서 케라스는 다음과 같이 CIFAR10 데이터세트에 쉽게 접근할 수 있는 API를 제공한다.

```
from keras.datasets import cifar10
(x_train, y_train), (x_test, y_test) = cifar10.load_data()
```

CIFAR10은 MNIST와 마찬가지로 10개의 카테고리로 이루어져 있다. 이 데이터세트는 그 10개의 카테고리에 해당하는 비행기(airplane), 자동차(automobile), 새(bird), 고양이(cat), 사슴(deer), 개(dog), 개구리(frog), 말(horse), 양(ship), 트럭(truck)의 작은 크기(32 x 32)의 RGB로 된 실제 이미지의 집합이다. 그림 2.2.4는 CIFAR10의 샘플 이미지를 보여준다.

이 데이터세트에는 5만 개의 레이블이 달린 훈련 이미지와 검증에 사용할 1만 개의 레이블이 달린 테스트 이미지가 있다.

그림 2.2.4 CIFAR10 데이터세트의 샘플 이미지. 전체 데이터세트에는 검증에 사용될 5만 개의 훈련 이미지와 1만 개의 테스트 이미지가 있고 각 이미지에는 레이블이 달려 있다.

CIFAR10 데이터의 경우, ResNet은 표 2.2.1에서 보는 것처럼 다양한 신경망 아키텍처를 사용해 구성될 수 있다. *n*과 그에 대응하는 ResNet 아키텍처의 값은 표 2.2.2에서 검증했다. 표 2.2.1은 잔차 블록 집합이 세 개 있다는 뜻이다. 각 집합에는 *n*개의 잔차 블록이 있는 경우 2*n*개의 계층이 있다. 32x32에서 추가 계층은 입력 이미지를 받을 첫 번째 계층이다.

선형 매핑을 구현하는 서로 다른 크기의 두 특징 맵 사이의 전이를 제외하면 커널 크기는 3이다. 예를 들면 커널 크기가 1이고 `strides = 2`일 때의 `Conv2D`다. DenseNet과 일관성을 유지하기 위해 서로 다른 크기의 두 잔차 블록을 연결할 때 전이(Transition) 계층이라는 용어를 사용한다.

ResNet은 역전파가 일어날 때 수렴될 수 있게 `kernel_initializer='he_normal'`을 사용한다[1]. 마지막 계층은 `AveragePooling2D - Flatten - Dense`로 구성된다. 여기에서 ResNet은 드롭아웃을 사용하지 않는다는 점을 알아두자. 또한 덧셈 연산과 1×1 합성곱을 적용하면 자신을 정규화하는 효과가 있다. 그림 2.2.4는 표 2.2.1에서 기술한 CIFAR10 데이터세트에 대한 ResNet 모델 아키텍처를 보여준다.

다음 목록은 케라스에서 ResNet을 구현한 내용 일부를 보여준다. 이 코드는 케라스 깃허브 저장소에서도 찾아볼 수 있다. 또한 표 2.2.2에서 `n` 값을 수정함으로써 네트워크 깊이를 증가시킬 수 있음을 알 수 있다. 예를 들어 `n = 18`이면 ResNet110, 즉 110개 계층으로 구성된 심층 신경망을 구축한다. ResNet20을 구축하려면 `n = 3`을 사용한다.

```
n = 3

# 모델 버전
# 최초 논문: version = 1 (ResNet v1),
# 개선된 ResNet: version = 2 (ResNet v2)
version = 1

# 제공된 모델 매개변수 n으로부터 계산된 네트워크 깊이
if version == 1:
    depth = n * 6 + 2
elif version == 2:
    depth = n * 9 + 2
…
if version == 2:
    model = resnet_v2(input_shape=input_shape, depth=depth)
else:
    model = resnet_v1(input_shape=input_shape, depth=depth)
```

resnet_v1() 메서드는 ResNet 모델을 구축한다. 이 메서드는 Conv2D - BN - ReLU 스택을 구축하기 위해 유틸리티 함수 resnet_layer()를 사용한다.

여기서는 버전 1로 지정했지만, 다음 절에서는 개선된 ResNet, 즉 ResNet 버전 2(ResNet v2)를 제안한다. ResNet v2는 ResNet의 잔차 블록 설계를 개선해 성능을 높였다.

표 2.2.1 ResNet 네트워크 아키텍처 구성

계층 구성	결과 크기	필터 크기	연산
합성곱	32x32	16	$3 \times 3\ \ Conv2D$
잔차 블록(1)	32x32		$\begin{Bmatrix} 3 \times 3\ \ Conv2D \\ 3 \times 3\ \ Conv2D \end{Bmatrix} \times n$
전이 계층(1)	32x32 16x16		$\{1 \times 1\ \ Conv2D, strides = 2\}$
잔차 블록(2)	16x16	32	$\begin{Bmatrix} 3 \times 3\ \ Conv2D, strides = 2\ if\ 1st\ Conv2D \\ 3 \times 3\ \ Conv2D \end{Bmatrix} \times n$
전이 계층(2)	16x16 8x8		$\{1 \times 1\ \ Conv2D, strides = 2\}$
잔차 블록(3)	8x8	64	$\begin{Bmatrix} 3 \times 3\ \ Conv2D, strides = 2\ if\ 1st\ Conv2D \\ 3 \times 3\ \ Conv2D \end{Bmatrix} \times n$
평균 풀링	1x1		$8 \times 8\ \ AveragePooling2D$

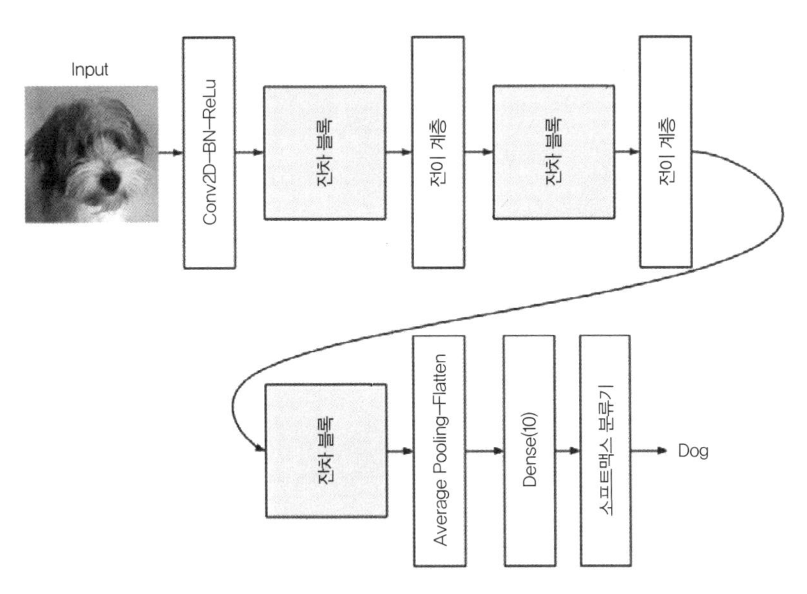

그림 2.2.4 CIFAR10 데이터세트 분류를 위한 ResNet 모델 아키텍처

표 2.2.2 CIFAR10으로 검증된 ResNet 아키텍처

계층 수	n	CIFAR10에서의 정확도 (%, 최초 논문)	CIFAR10에서의 정확도 (%, 이 책)
ResNet20	3	91.25	92.16
ResNet32	5	92.49	92.46
ResNet44	7	92.83	92.50
ResNet56	9	93.03	92.71
ResNet110	18	93.57	92.65

다음 목록은 ResNet v1을 케라스에서 구현한 `resnet-cifar10-2.2.1.py` 코드의 일부분이다.

```
def resnet_v1(input_shape, depth, num_classes=10):
    if (depth - 2) % 6 != 0:
        raise ValueError('depth should be 6n+2 (eg 20, 32, 44 in [a])')
    # 모델 정의 시작
    num_filters = 16
    num_res_blocks = int((depth - 2) / 6)

    inputs = Input(shape=input_shape)
```

```
x = resnet_layer(inputs=inputs)
# 잔차 유닛 인스턴스화
for stack in range(3):
    for res_block in range(num_res_blocks):
        strides = 1
        if stack > 0 and res_block == 0:
            strides = 2 # downsample
        y = resnet_layer(inputs=x,
                         num_filters=num_filters,
                         strides=strides)
        y = resnet_layer(inputs=y,
                         num_filters=num_filters,
                         activation=None)
        if stack > 0 and res_block == 0
            # 변경된 차원을 맞추기 위해 잔차 숏컷 연결을 선형 사영
            x = resnet_layer(inputs=x,
                             num_filters=num_filters,
                             kernel_size=1,
                             strides=strides,
                             activation=None,
                             batch_normalization=False)
        x = add([x, y])
        x = Activation('relu')(x)
    num_filters *= 2

# 분류기 추가
# v1은 마지막 숏컷 연결-ReLU 후에는 BN을 사용하지 않는다.
x = AveragePooling2D(pool_size=8)(x)
y = Flatten()(x)
outputs = Dense(num_classes,
                activation='softmax',
                kernel_initializer='he_normal')(y)

# 모델 인스턴스화
model = Model(inputs=inputs, outputs=outputs)
return model
```

초기 논문의 ResNet 구현과는 다소 차이가 있다. 특히 여기서는 SGD를 사용하지 않고 대신 Adam 최적화를 사용한다. ResNet이 Adam 최적화 알고리즘을 사용할 때 수렴이 더 잘되기 때문이다. 또한 학습 속도(learning rate, lr) 스케줄러인 lr_schedule()을 사용해 80, 120, 160, 180 세대에서 lr을 얼마씩 감소시킬지 계획하는데, 기본값은 1e−3이다. lr_schedule() 함수는 모델을 훈련시키는 동안 한 세대가 지날 때마다 callbacks 변수의 일부로 호출된다.

또 다른 콜백은 검증 정확도에 진전이 있을 때마다 체크포인트를 저장한다. 심층망을 훈련시킬 때 모델 또는 가중치 체크포인트를 저장하는 것이 좋다. 심층망을 훈련시키는 데는 상당한 시간이 소요되기 때문이다. 신경망을 사용하고 싶을 때 그 체크포인트를 다시 로딩만 하면 되며 훈련된 모델은 재저장된다. 이 작업은 케라스의 load_model()을 호출해 수행한다. lr_reducer() 함수도 함께 호출한다. 학습 속도 감소 스케줄 전에 지표 개선이 정체되는 경우, 이 콜백은 검증 손실이 patience=5 세대 후에 개선되지 않으면 인수만큼 학습 속도를 감소시킨다.

callbacks 변수는 model.fit() 메서드가 호출될 때 제공된다. 최초 논문과 비슷하게 케라스 구현에서는 정규화 기법의 일부로 추가 훈련 데이터를 제공하기 위해 데이터 확장(data augmentation) 함수인 ImageDataGenerator()를 사용한다. 훈련 데이터 개수가 증가할수록 일반화가 개선된다.

예를 들어, 간단하게 데이터를 확장하려면 다음 그림에서 보는 것처럼 개 사진을 대칭으로 회전하면 (horizontal_flip=True) 된다. 원본 이미지가 개 이미지라면 대칭 이미지도 개 이미지다. 척도 변경, 회전, 흰색으로 색 변경 등 다른 변환을 수행할 수도 있지만, 레이블은 항상 똑같이 남는다.

원본 이미지 대칭 이미지

그림 2.2.5 원본 이미지를 대칭으로 회전하면 간단히 데이터를 확장할 수 있다.

전체 코드는 깃허브(https://github.com/PacktPublishing/Advanced-Deep-Learning-with-Keras)에서 내려받을 수 있다.

대체로 최초 논문에서 구현한 내용을 정확하게 똑같이 구현하기는 어렵다. 특히 여기서 사용된 최적화 기법과 데이터 확장 부분에서 그렇다. 이 책의 케라스 ResNet 구현 성능과 최초 논문 모델의 성능이 약간 다르기 때문이다.

ResNet v2

ResNet에 대한 두 번째 논문[4]이 나온 이후부터는 이전 절에서 설명한 최초 모델을 ResNet v1이라고 부른다. 개선된 ResNet을 일반적으로 ResNet v2라고 부른다. 모델은 주로 다음 그림에서 보듯이 잔차 블록의 계층 배열 방식에 따라 개선된다.

ResNet v2에서 주로 변경된 내용은 다음과 같다.

- 1×1-3×3-1×1 BN-ReLU-Conv2D 스택을 사용한다.
- 배치 정규화와 ReLU 활성화 함수를 2D 합성곱 전에 위치시킨다.

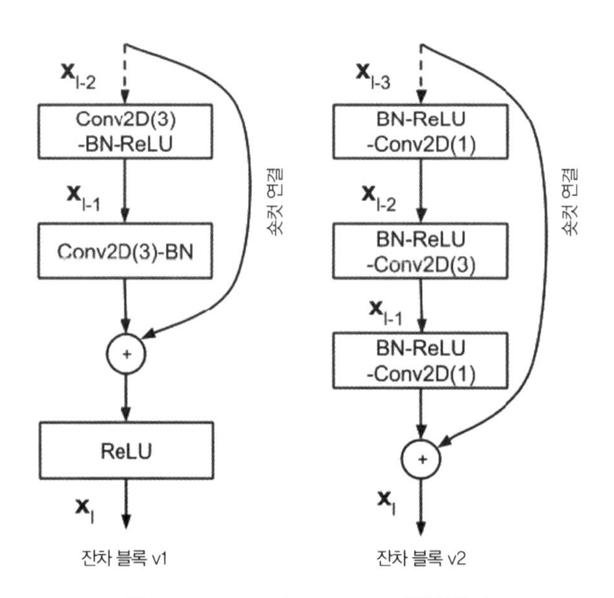

그림 2.3.1 ResNet v1과 ResNet v2의 잔차 블록 비교

ResNet v2는 resnet-cifar10-2.2.1.py와 같은 코드에 구현돼 있다.

```
def resnet_v2(input_shape, depth, num_classes=10):
    if (depth - 2) % 9 != 0:
        raise ValueError('depth should be 9n+2 (eg 56 or 110 in [b])')
    # 모델 정의 시작
    num_filters_in = 16
    num_res_blocks = int((depth - 2) / 9)

    inputs = Input(shape=input_shape)
    # v2에서는 2 경로로 나뉘기 전에 입력에 BN-ReLU와 함께 Conv2D를 수행함
    x = resnet_layer(inputs=inputs,
                     num_filters=num_filters_in,
                     conv_first=True)

    # 잔차 유닛의 스택을 인스턴스화함
    for stage in range(3):
        for res_block in range(num_res_blocks):
            activation = 'relu'
            batch_normalization = True
            strides = 1
            if stage == 0:
                num_filters_out = num_filters_in * 4
                if res_block == 0: # first layer and first stage
                    activation = None
                    batch_normalization = False
            else:
                num_filters_out = num_filters_in * 2
                if res_block == 0: # 1st layer but not 1st stage
                    strides = 2 # downsample
            # 병목 잔차 유닛(bottleneck residual unit)
            y = resnet_layer(inputs=x,
                             num_filters=num_filters_in,
                             kernel_size=1,
                             strides=strides,
                             activation=activation,
                             batch_normalization=batch_normalization,
                             conv_first=False)
            y = resnet_layer(inputs=y,
```

```
                            num_filters=num_filters_in,
                            conv_first=False)
            y = resnet_layer(inputs=y,
                            num_filters=num_filters_out,
                            kernel_size=1,
                            conv_first=False)
            if res_block == 0:
                # 변경된 차원에 맞추기 위해 잔차 숏컷 커넥션을 선형 사영함
                x = resnet_layer(inputs=x,
                                num_filters=num_filters_out,
                                kernel_size=1,
                                strides=strides,
                                activation=None,
                                batch_normalization=False)
            x = add([x, y])

        num_filters_in = num_filters_out

    # 상단에 분류 모델 추가
    # v2에서는 풀링 전에 BN-ReLU를 위치시킴
    x = BatchNormalization()(x)
    x = Activation('relu')(x)
    x = AveragePooling2D(pool_size=8)(x)
    y = Flatten()(x)
    outputs = Dense(num_classes,
                    activation='softmax',
                    kernel_initializer='he_normal')(y)
    # 모델 인스턴스화
    model = Model(inputs=inputs, outputs=outputs)
    return model
```

ResNet v2 모델은 다음 코드에서 구성된다. 예를 들어, 여기서는 ResNet110 v2를 구성하기 위해 `n = 12`를 사용한다.

```
n = 12

# 모델 버전
# 최초 논문: version = 1 (ResNet v1), 개선된 ResNet: version = 2
```

```
(ResNet v2)
version = 2

# 주어진 모델 매개변수 n에서 계산된 네트워크 깊이
if version == 1:
    depth = n * 6 + 2
elif version == 2:
    depth = n * 9 + 2
...
if version == 2:
    model = resnet_v2(input_shape=input_shape, depth=depth)
else:
    model = resnet_v1(input_shape=input_shape, depth=depth)
```

ResNet v2의 정확도는 다음 표와 같다.

계층 수	n	CIFAR10의 정확도(%, 최초 논문)	CIFAR10의 정확도(%, 이 책)
ResNet56	9	NA	93.01
ResNet110	18	93.63	93.15

케라스 애플리케이션 패키지에서 ResNet50은 재사용할 수 있도록 해당 체크포인트와 함께 구현됐다. 이것은 대체 구현한 결과지만, 50계층으로 구성된 ResNet v1과 연결된다.

밀집 연결 합성곱 네트워크(DenseNet)

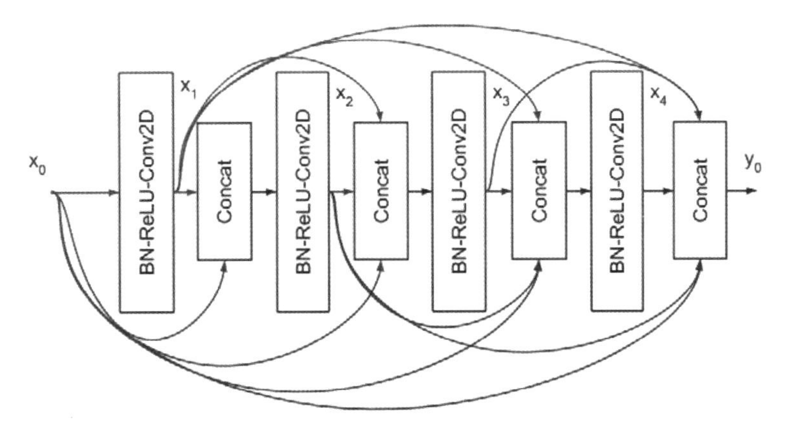

그림 2.4.1 DenseNet의 4계층 밀집 블록 - 각 계층의 입력은 이전 특징 맵 전부로 구성된다.

DenseNet은 다른 방식을 사용해 경사 소실 문제를 해결한다. 숏컷 연결을 사용하는 대신, 이전 특징 맵 전체가 다음 계층의 입력이 된다. 앞의 그림은 하나의 Dense 블록에서 밀집된 상호 연결의 예를 보여준다.

간결하게 설명하기 위해 이 그림에서는 네 개의 계층만 보여준다. 계층 1의 입력은 이전 특징 맵 전체를 결합한 것이다. BN-ReLU-Conv2D를 $H(x)$ 연산으로 지정하면 계층 1의 출력은 다음과 같다.

$$\boldsymbol{x}_l = H(\boldsymbol{x}_0, \boldsymbol{x}_1, \boldsymbol{x}_2, \cdots, \boldsymbol{x}_{l-1}) \quad \text{(방정식 2.4.1)}$$

Conv2D는 크기가 3인 커널을 사용한다. 계층마다 생성되는 특징 맵의 개수를 성장률 k라고 한다. 일반적으로 $k=12$를 사용하지만, 논문 "Densely Connected Convolutional Networks"(Huang 외. 2017)[5]에서는 $k=24$도 사용했다. 따라서 특징 맵 x_0의 개수가 k_0일 때 그림 2.4.1의 4개 계층으로 구성된 밀집 계층의 끝에서 특징 맵의 전체 개수는 $4 \times k + k_0$가 된다.

DenseNet도 BN-ReLU-Conv2D 뒤에 밀집 블록을 배치하고 성장률 $k_0 = 2 \times k$로 특징 맵의 개수를 두 배로 한다. 따라서 밀집 블록의 끝에서 특징 맵의 전체 개수는 72가 될 것이다. 여기서도 동일한 커널 크기 3을 사용할 것이다. DenseNet은 출력 계층에서 Dense()와 softmax 분류 모델 전에 애버리지 풀링(average pooling)을 수행하기를 권장한다. 데이터 확장을 사용하지 않는다면 드롭아웃 계층이 밀집 블록 Conv2D 다음에 와야 한다.

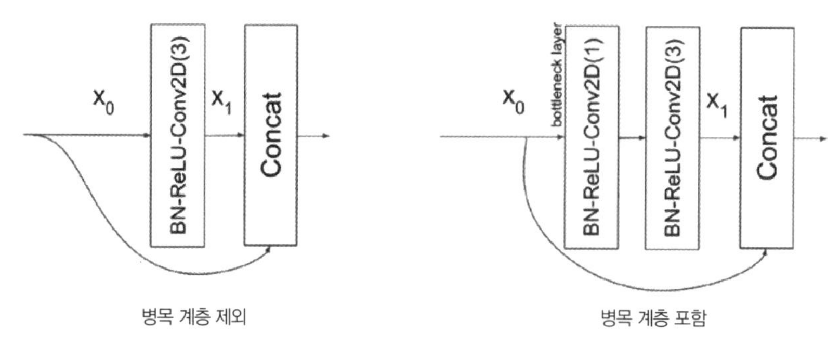

그림 2.4.2 DenseNet에서 병목 계층 BN-ReLU-Conv2D(1)의 유무에 따른 Dense 블록의 계층. 명확한 표현을 위해 커널 크기를 Conv2D의 인수로 포함시켰다.

네트워크가 깊어질수록 두 가지 새로운 문제가 발생한다. 먼저, 모든 계층은 k개의 특징 맵을 생성하기 때문에 계층 l에서의 입력 개수는 $(l-1) \times k + k_0$이다. 그에 따라 특징 맵이 깊은 계층에서 급속도로 커지기 때문에 계산 속도가 느려진다. 예를 들어, 101계층으로 구성된 네트워크의 경우, 입력 개수는 $k=12$일 때 $1200+24=1224$가 될 것이다.

둘째로, ResNet과 유사하게 네트워크가 깊어질수록 특징 맵 크기가 줄어들면서 커널의 범위가 늘어난다. DenseNet이 병합 연산에서 연결(concatenation)을 사용한다면 크기의 차이를 일치시켜야 한다.

특징 맵의 개수가 계산상 비효율적인 지점까지 증가하는 것을 막기 위해 DenseNet은 그림 2.4.2처럼 병목 계층을 도입했다. 모든 연결 후에 필터 크기가 $4k$인 1×1 합성곱이 적용된다. 이 차원 축소 기법은 Conv2D(3)에서 처리되는 특징 맵의 개수가 빠르게 증가하는 것을 방지한다.

병목 계층은 DenseNet 계층을 BN-ReLU-Conv2D(3) 대신에 BN-ReLU-Conv2D(1)-BN-ReLU-Conv2D(3)으로 수정한다. 명확한 표현을 위해 커널 크기를 Conv2D의 인수로 포함시켰다. 병목 계층을 사용하면 모든 Conv2D(3)는 계층 l에 대해 $(l-1)\times k+k_0$ 대신 $4k$ 특징 맵만 처리하면 된다. 예를 들어, 101계층 네트워크의 경우 마지막 Conv2D(3)에서는 $k=12$일 때 이전에 계산한 대로 1224 대신에 48개 특징 맵을 입력으로 받는다.

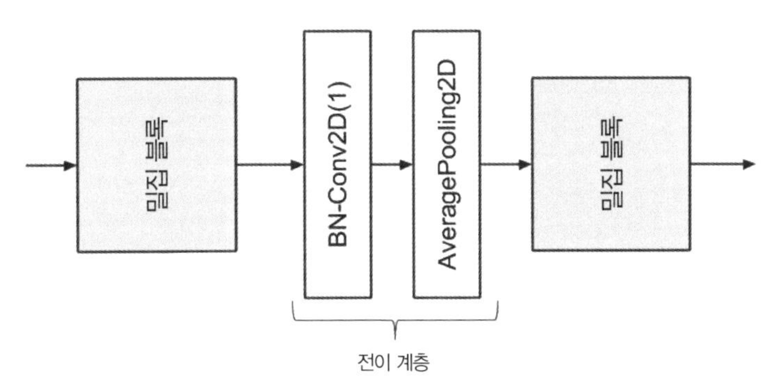

그림 2.4.3 두 개의 밀집 블록 사이의 전이 계층

특징 맵 크기가 서로 다른 문제를 해결하기 위해 DenseNet은 심층 신경망을 여러 밀집 블록으로 나누고 앞의 그림에서 보듯이 전이 계층을 통해 서로 연결되게 만들었다. 각 밀집 블록 내에서 특징 맵 크기(즉, 너비와 높이)는 일정하다.

'전이' 계층의 역할은 두 밀집 블록 사이에서 한 특징 맵 크기에서 더 작은 특징 맵 크기로 바꾸는 것이다. 크기를 줄일 때는 일반적으로 반으로 줄인다. 이는 애버리지 풀링 계층에 의해 수행된다. 예를 들어, 기본 pool_size=2를 적용한 AveragePooling2D를 사용하면 특징 맵 크기가 (64, 64, 256)에서 (32, 32, 256)으로 줄어든다. 전이 계층의 입력은 이전 밀집 블록의 마지막 연결 계층의 출력이다.

그러나 특징 맵이 애버리지 풀링으로 전달되기 전에 Conv2D(1)을 사용해 그 개수를 특정 압축비 $0<\theta<1$로 줄인다. DenseNet은 실험할 때 $\theta=0.5$를 사용한다. 가령 이전 밀집 블록의 마지막 연결

계층의 출력이 (64, 64, 512)라면 `Conv2D(1)` 다음에서 새로운 특징 맵 차원은 (64, 64, 256)이 된다. 압축과 차원 축소를 함께 사용하면 전이 계층이 `BN-Conv2D(1)-AveragePooling2D` 계층으로 구성된다. 실제로 배치 정규화를 합성곱 계층 앞에 배치한다.

CIFAR10을 위한 100계층 DenseNet-BC 구성하기

이제 위에서 설명한 설계 원칙을 사용해 CIFAR10 데이터세트에 대해 100개의 계층으로 구성된 **DenseNet-BC(Bottleneck-Compression, 병목-압축)**를 구성해 보자.

그림 2.4.3에서 모델 아키텍처를 보여줬다면 다음 표는 모델 구성을 보여준다. 목록 2.4.1은 100개의 계층으로 이뤄진 DenseNet-BC를 케라스로 구현한 코드의 일부를 보여준다. 여기서 DenseNet을 사용할 때 SGD나 Adam보다 더 잘 수렴하는 `RMSprop`을 사용한다는 점을 기억해두자.

표 2.4.1 CIFAR10 분류를 위한 100계층으로 구성된 DenseNet-BC

계층	출력 크기	DenseNet-100 BC
합성곱	32x32	$3 \times 3 \;\; Conv2D$
밀집 블록(1)	32x32	$\begin{Bmatrix} 1 \times 1 & Conv2D \\ 3 \times 3 & Conv2D \end{Bmatrix} \times 16$
전이 계층	32x32 16x16	$\begin{Bmatrix} 1 \times 1 & Conv2D \\ 2 \times 2 & AveragePooling2D \end{Bmatrix}$
밀집 블록(2)	16x16	$\begin{Bmatrix} 1 \times 1 & Conv2D \\ 3 \times 3 & Conv2D \end{Bmatrix} \times 16$
전이 계층	16x16 8x8	$\begin{Bmatrix} 1 \times 1 & Conv2D \\ 2 \times 2 & AveragePooling2D \end{Bmatrix}$
밀집 블록(3)	8x8	$\begin{Bmatrix} 1 \times 1 & Conv2D \\ 3 \times 3 & Conv2D \end{Bmatrix} \times 16$
애버리지 풀링	1x1	$8 \times 8 \;\; AveragePooling2D$
분류 계층		`Flatten - Dense(10) - softmax`

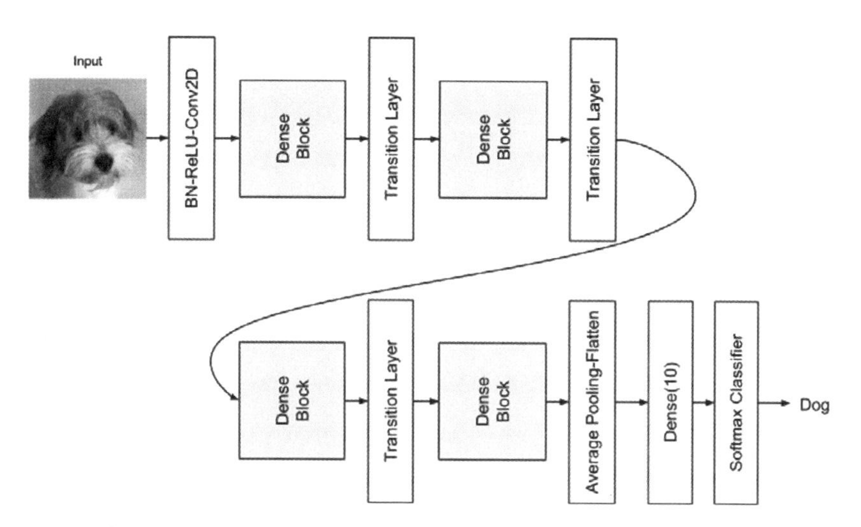

그림 2.4.4 CIFAR10 분류를 위한 100계층으로 구성된 DenseNet-BC 모델 아키텍처

목록 2.4.1 densenet-cifar10-2.4.1.py. 표 2.4.1에서 보듯이 100계층으로 구성된 DenseNet-BC를 케라스로 구현한 코드 일부.

```
# 모델 정의 시작
# densenet CNNs(합성 함수)는 BN-ReLU-Conv2D로 구성됨
inputs = Input(shape=input_shape)
x = BatchNormalization()(inputs)
x = Activation('relu')(x)
x = Conv2D(num_filters_bef_dense_block,
           kernel_size=3,
           padding='same',
           kernel_initializer='he_normal')(x)
x = concatenate([inputs, x])

# 전이층으로 연결된 밀집 블록의 스택
for i in range(num_dense_blocks):
    # 밀집 블록은 병목 계층의 스택임
    for j in range(num_bottleneck_layers):
        y = BatchNormalization()(x)
        y = Activation('relu')(y)
        y = Conv2D(4 * growth_rate,
                   kernel_size=1,
                   padding='same',
                   kernel_initializer='he_normal')(y)
```

```
            if not data_augmentation:
                y = Dropout(0.2)(y)
            y = BatchNormalization()(y)
            y = Activation('relu')(y)
            y = Conv2D(growth_rate,
                       kernel_size=3,
                       padding='same',
                       kernel_initializer='he_normal')(y)
            if not data_augmentation:
                y = Dropout(0.2)(y)
            x = concatenate([x, y])

        # 마지막 밀집 블록 다음에는 전이 계층이 없음
        if i == num_dense_blocks - 1:
            continue

        # 전이 계층에서 특징 맵 개수를 압축하고 크기를 1/2로 줄임
        num_filters_bef_dense_block += num_bottleneck_layers * growth_rate
        num_filters_bef_dense_block = int(num_filters_bef_dense_block * compression_factor)
        y = BatchNormalization()(x)
        y = Conv2D(num_filters_bef_dense_block,
                   kernel_size=1,
                   padding='same',
                   kernel_initializer='he_normal')(y)
        if not data_augmentation:
            y = Dropout(0.2)(y)
        x = AveragePooling2D()(y)

    # 애버리지 풀링 다음으로 상단에 분류 모델 추가
    # 특징 맵의 크기는 1 x 1
    x = AveragePooling2D(pool_size=8)(x)
    y = Flatten()(x)
    outputs = Dense(num_classes,
                    kernel_initializer='he_normal',
                    activation='softmax')(y)

    # 모델을 인스턴스화하고 컴파일함
    # 최초 논문에서는 SGD를 사용했지만 DenseNet에서는 RMSprop가 더 성능이 좋다.
    model = Model(inputs=inputs, outputs=outputs)
```

```
model.compile(loss='categorical_crossentropy',
              optimizer=RMSprop(1e-3),
              metrics=['accuracy'])
model.summary()
```

목록 2.4.1에서 케라스로 구현한 모델을 200세대에 걸쳐 훈련시키면 정확도가 93.74%에 이르지만, 논문에서는 95.49%의 정확도를 보여준다. 데이터 확장이 사용된 것이다. 여기서는 DenseNet을 위해 ResNet v1/v2에 동일한 콜백 함수를 사용했다.

더 깊은 계층에서는 파이썬 코드의 표를 사용해 growth_rate와 depth 변수가 변경돼야 한다. 그렇지만 논문처럼 250 혹은 190 계층의 깊이에서 신경망을 훈련시키려면 상당한 시간이 걸린다. 훈련 시간에 있어서, 1060Ti GPU에서 한 세대가 실행되는 데 한 시간 정도 걸린다. DenseNet을 케라스 애플리케이션 모듈에서 구현했고 ImageNet에서 구현된 모델을 훈련시켰다.

결론

이 장에서는 케라스를 사용해 복잡한 심층 신경망 모델을 구성하는 고급 메서드로 함수형 API를 설명했다. 또한 다중 입력-단일 출력의 Y 네트워크를 구성하기 위해 함수형 API를 사용하는 방법을 보여줬다. 이 네트워크는 단일 줄기를 갖는 CNN 네트워크에 비하면 더 높은 정확도를 얻을 수 있다. 이 책의 나머지 부분을 통해 더 복잡하면서 진화된 모델을 구현하는 데 함수형 API가 반드시 필요하다는 것을 알게 될 것이다. 예를 들어, 다음 장에서는 함수형 API를 사용해 모듈식으로 인코더, 디코더, 오토인코더를 구성한다.

또한 상당한 시간을 들여 두 가지 중요한 심층 신경망인 ResNet과 DenseNet을 살펴봤다. 이 두 네트워크는 분류뿐만 아니라 분할(segmentation), 탐지(detection), 추적(tracking), 생성(generation), 시각/의미 이해와 같은 다른 영역에도 사용된다. 원래의 구현을 단순히 따라하는 것보다 ResNet과 DenseNet에서의 모델 설계 의사결정 사항을 자세히 이해하는 것이 더 중요하다. 그래야 목적에 따라 ResNet과 DenseNet의 핵심 개념을 사용할 수 있다.

참고 문헌

1. Kaiming He and others. Delving Deep into Rectifers: Surpassing Human-Level Performance on ImageNet Classifcation. Proceedings of the IEEE international conference on computer vision, 2015 (https://www.cv-foundation.org/openaccess/content_iccv_2015/papers/He_Delving_Deep_into_ICCV_2015_paper.pdf?spm=5176.100239.blogcont55892.28.pm8zm1&file=He_Delving_Deep_into_ICCV_2015_paper.pdf).

2. Kaiming He and others. Deep Residual Learning for Image Recognition. Proceedings of the IEEE conference on computer vision and pattern recognition, 2016a(http://openaccess.thecvf.com/content_cvpr_2016/papers/He_Deep_Residual_Learning_CVPR_2016_paper.pdf).

3. Karen Simonyan and Andrew Zisserman. Very Deep Convolutional Networks for Large-Scale Image Recognition. ICLR, 2015(https://arxiv.org/pdf/1409.1556/).

4. Kaiming He and others. Identity Mappings in Deep Residual Networks. European Conference on Computer Vision. Springer International Publishing, 2016b(https://arxiv.org/pdf/1603.05027.pdf).

5. Gao Huang and others. Densely Connected Convolutional Networks. Proceedings of the IEEE conference on computer vision and pattern recognition, 2017(http://openaccess.thecvf.com/content_cvpr_2017/papers/Huang_Densely_Connected_Convolutional_CVPR_2017_paper.pdf).

6. Saining Xie and others. Aggregated Residual Transformations for Deep Neural Networks. Computer Vision and Pattern Recognition (CVPR), 2017 IEEE Conference on. IEEE, 2017(http://openaccess.thecvf.com/content_cvpr_2017/papers/Xie_Aggregated_Residual_Transformations_CVPR_2017_paper.pdf).

7. Gustav Larsson, Michael Maire and Gregory Shakhnarovich. Fractalnet: Ultra-Deep Neural Networks Without Residuals. arXiv preprint arXiv:1605.07648, 2016 (https://arxiv.org/pdf/1605.07648.pdf).

오토인코더 3장

2장 '심층 신경망'에서 심층 신경망 개념을 소개했다. 이제 오토인코더를 소개할 차례다. 오토인코더는 주어진 입력 데이터의 압축된 표현을 찾으려는 심층 신경망 아키텍처다.

이전 장과 비슷하게, 입력 데이터는 음성, 텍스트, 이미지, 동영상 등 다양한 형태를 띨 수 있다. 오토인코더는 입력 데이터에 유용한 변환을 수행하기 위해 표현 혹은 코드를 찾으려고 한다. 예를 들어, 오토인코더에서 잡음을 제거할 때 심층 신경망은 잡음이 섞인 데이터를 깨끗한 데이터로 변환하기 위해 사용될 수 있는 코드를 찾으려고 한다. 잡음이 섞인 데이터는 정적인 잡음이 섞인 오디오 녹음 형태일 수도 있으며, 이 데이터는 깨끗한 소리로 변환된다. 오토인코더는 사람이 레이블을 직접 달지 않아도 데이터만 가지고 코드를 자동으로 학습할 것이다. 이런 이유로 오토인코더는 **비지도** 학습 알고리즘(**unsupervised** learning algorithm)으로 분류된다.

이 책 후반부에서는 비지도 학습 알고리즘의 대표적인 형태인 **생성적 적대 신경망**(Generative Adversarial Networks, GAN)과 **변분 오토인코더**(Variational Autoencoders, VAE)를 살펴볼 것이다. 이 비지도 학습 알고리즘은 이전 장에서 설명했던 사람의 주석이 필요한 지도 학습 알고리즘과 반대된다.

가장 간단한 형태로, 오토인코더는 입력을 출력에 복사함으로써 표현 또는 코드를 학습한다. 그렇지만 오토인코더를 사용하는 것은 입력을 출력으로 복사하는 것처럼 간단하지는 않다. 그렇게 간단해서는 심층 신경망이 입력 분포에서 숨겨진 구조를 밝혀낼 수 없을 것이다.

오토인코더는 입력 분포를 일반적으로 벡터 형태를 띠는 저차원의 텐서로 인코딩한다. 이는 보통 잠재 표현이나 코드, 벡터로 불리는 입력 분포의 숨겨진 구조에 근사한다. 이 과정이 인코딩 부분을 구성한다. 그런 다음 잠재 벡터(latent vector)는 원본 입력을 복원하기 위해 디코더 부분에서 디코딩된다.

잠재 벡터가 입력 분포의 저차원 압축 표현이기 때문에 디코더에서 복원된 출력은 입력 데이터에 근사할 수만 있다. 입력과 출력의 차이는 손실 함수로 측정한다.

그렇다면 왜 오토인코더를 사용할까? 간단히 설명하면, 오토인코더가 원래 형태로나 더 복잡한 신경망의 일부로 실제적인 애플리케이션을 가지고 있기 때문이다. 오토인코더는 저차원의 잠재 벡터를 제공하기 때문에 딥러닝의 고급 주제를 이해하는 핵심 도구다. 게다가 오토인코더를 효율적으로 사용하면 입력 데이터에 구조적 연산을 수행할 수 있다. 일반적으로 사용되는 연산으로 몇 가지만 언급하자면 잡음 제거, 채색(colorization), 특징-수준의 연산, 탐지, 추적, 분할 등을 들 수 있다.

이 장의 목표를 요약하면 다음과 같다.

- 오토인코더의 원리
- 케라스 신경망 라이브러리에서 오토인코더를 구현하는 방법
- 잡음 제거 및 채색 오토인코더의 주요 기능

오토인코더의 원리

이 절에서는 오토인코더의 원리를 알아볼 것이다. 앞에서 소개한 MNIST 데이터세트를 가지고 오토인코더를 살펴보겠다.

우선 오토인코더에는 두 개의 연산자가 있다.

- **인코더**: 입력 x를 저차원 잠재 벡터 $z=f(x)$로 변환한다. 잠재 벡터는 저차원이기 때문에 인코더가 입력 데이터에서 가장 중요한 특징만 학습하게 된다. 예를 들어, MNIST 숫자 데이터세트의 경우 학습에 중요한 특징으로 필체, 경사각, 획의 둥글기, 두께 등이 포함될 것이다. 기본적으로 이 특징들은 숫자 0부터 9까지를 표현하는 데 필요한 핵심 정보다.
- **디코더**: 잠재 벡터 $g(z)=\tilde{x}$로부터 입력 데이터를 복원한다. 잠재 벡터는 저차원이기는 해도 디코더가 입력 데이터를 복원하기에 충분한 크기를 갖고 있다.

디코더는 $\tilde{x}$를 가능한 한 x에 가깝게 만드는 것을 목표로 한다. 일반적으로 인코더와 디코더는 모두 비선형 함수다. z의 차원은 그것이 나타낼 수 있는 핵심 특징 개수를 측정한 것이다. 이 차원은 효율성 및 입력 분포의 가장 두드러진 특성을 학습할 수 있도록 잠재 코드(latent code)를 제한하기 위해 입력 차원보다 훨씬 작은 게 일반적이다[1].

오토인코더는 잠재 코드의 차원이 x보다 상당히 클 때 입력을 기억하려는 경향이 있다.

적절한 손실 함수 $L(\boldsymbol{x}, \tilde{\boldsymbol{x}})$는 입력 x가 복원된 입력 $\tilde{\boldsymbol{x}}$인 출력과 얼마나 다른지를 나타내는 지표다. 다음 방정식에서 보듯이 **평균 제곱 오차**(Mean Squared Error, MSE)가 그런 손실 함수의 한 예다.

$$L(\boldsymbol{x}, \tilde{\boldsymbol{x}}) = MSE = \frac{1}{m}\sum_{i=1}^{i=m}(x_i - \tilde{x}_i)^2 \quad \text{(방정식 3.1.1)}$$

이 예제에서 m은 출력 차원(예를 들어, MNIST에서 $m = width \times height \times channels = 28 \times 28 \times 1 = 784$)이다. x_i와 $\tilde{x}_i$는 각각 x와 $\tilde{x}$의 요소다. 손실 함수는 입력과 출력 사이의 차이를 측정하기 때문에 이진 교차 엔트로피(binary cross entropy) 또는 **구조적 유사도(structural similarity index, SSIM)** 같은 재구성 손실 함수를 대신 사용할 수 있다.

다른 신경망과 유사하게, 오토인코더는 훈련하는 동안 이 오차 또는 손실 함수를 최소화하려고 한다. 그림 3.1.1은 오토인코더를 보여준다. 인코더는 입력 x를 저차원 잠재 벡터 z로 압축하는 함수다. 이 잠재 벡터는 입력 분포의 중요한 특징을 나타낸다. 그런 다음 디코더는 이 잠재 벡터로부터 원래 입력을 $\tilde{x}$ 형태로 복원한다.

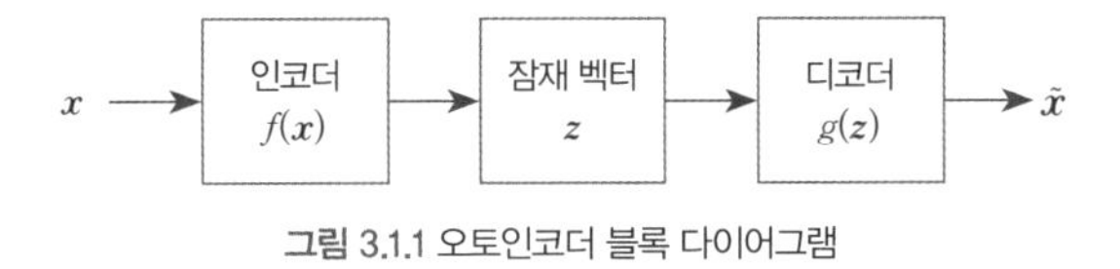

그림 3.1.1 오토인코더 블록 다이어그램

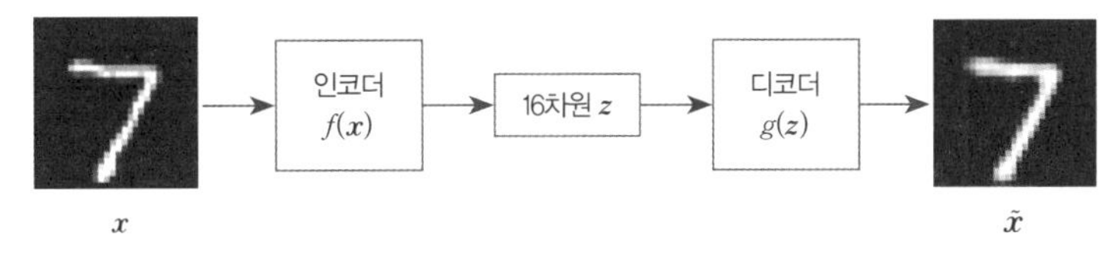

그림 3.1.2 MNIST 숫자 입력과 출력을 사용한 오토인코더. 잠재 벡터는 16차원으로 구성된다.

오토인코더에 대입해 보면 x는 $28 \times 28 \times 1 = 784$차원을 갖는 MNIST 숫자가 될 수 있다. 인코더는 입력을 16차원의 잠재 벡터인 저차원 z로 변환한다. 시각적으로 모든 MNIST 숫자 x는 $\tilde{x}$와 비슷해 보인다. 그림 3.1.2는 이 오토인코딩 절차를 보여준다. 디코딩된 숫자 7을 보면 완전히 똑같지는 않지만 거의 비슷하다.

인코더와 디코더는 모두 비선형 함수이기 때문에 이 둘을 모두 구현하기 위해 신경망을 사용할 수 있다. 예를 들어, MNIST 데이터세트에서 오토인코더는 MLP나 CNN으로 구현될 수 있다. 오토인코더는 역전파를 통해 손실 함수를 최소화하면서 훈련된다. 다른 신경망과 유사하게, 손실 함수는 미분 가능하기만 하면 된다.

입력을 분포로 다루면 인코더는 그 분포의 인코더 $p(z|x)$로, 디코더는 분포의 디코더 $p(x|z)$로 해석할 수 있다. 오토인코더의 손실 함수를 다음처럼 표현할 수 있다.

$$L = -\log p(\boldsymbol{x} \mid \boldsymbol{z}) \qquad \text{(방정식 3.1.2)}$$

손실 함수는 단순히 잠재 벡터 분포가 주어졌을 때 입력 분포를 복원할 가능성을 극대화하고자 함을 뜻한다. 디코더 출력 분포가 가우시안 분포를 따른다고 가정하면 손실 함수는 다음 방정식에 따라 MSE로 귀결된다.

$$L = -\log p(\boldsymbol{x} \mid \boldsymbol{z}) = -\log \prod_{i=1}^{m} N(x_i; \tilde{x}_i, \sigma^2) = -\sum_{i=1}^{m} \log N(x_i; \tilde{x}_i, \sigma^2) \, \alpha \sum_{i=1}^{m} (x_i - \tilde{x}_i)^2 \qquad \text{(방정식 3.1.2)}$$

이 예제에서 $N(x_i; \tilde{x}_i, \sigma^2)$은 평균이 $\tilde{x}_i$이고 분산이 σ^2인 가우시안 분포를 나타낸다. 이때 상수 분산을 가정한다. 디코더 출력 $\tilde{x}_i$는 독립적이라고 가정한다. m은 출력 차원이다.

케라스로 오토인코더 구성하기

이제 정말 재미있는 주제로 넘어가서, 케라스 라이브러리를 사용해 오토인코더를 만들어보자. 설명을 간단하게 하기 위해 첫 예제 집합으로 MNIST 데이터세트를 사용할 것이다. 그런 다음 오토인코더가 입력 데이터로부터 잠재 벡터를 생성하고 디코더를 사용해 입력을 복원한다. 이 첫 예제에서 잠재 벡터는 16차원이다.

먼저 인코더를 만들어 오토인코더를 구현하겠다. 목록 3.2.1은 MNIST 숫자를 16차원 잠재 벡터로 압축하는 인코더를 보여준다. 이 인코더는 두 개의 `Conv2D`의 스택이다. 마지막에 잠재 벡터를 생성하는 16개의 유닛으로 구성된 `Dense` 계층이 온다. 그림 3.2.1은 동일한 `plot_model()`에 의해 생성된 아키텍처 모델 다이어그램을 보여주는데, 그것은 `encoder.summary()`에 의해 만들어진 텍스트 버전과 같은 내용이다. 마지막 `Conv2D`의 출력 형상은 MNIST 이미지 복원을 쉽게 하도록 디코더 입력 계층의 차원을 계산하기 위해 저장된다.

목록 3.2.1 `autoencoder-mnist-3.2.1.py`는 케라스를 사용해 오토인코더를 구현한 것이다. 잠재 벡터는 16차원이다.

```
from keras.layers import Dense, Input
from keras.layers import Conv2D, Flatten
from keras.layers import Reshape, Conv2DTranspose
```

```
from keras.models import Model
from keras.datasets import mnist
from keras.utils import plot_model
from keras import backend as K

import numpy as np
import matplotlib.pyplot as plt

# MNIST 데이터세트 로딩
(x_train, _), (x_test, _) = mnist.load_data()

# 형상을 (28, 28, 1)로 조정, 입력 이미지 정규화
image_size = x_train.shape[1]
x_train = np.reshape(x_train, [-1, image_size, image_size, 1])
x_test = np.reshape(x_test, [-1, image_size, image_size, 1])
x_train = x_train.astype('float32') / 255
x_test = x_test.astype('float32') / 255

# 네트워크 매개변수
input_shape = (image_size, image_size, 1)
batch_size = 32
kernel_size = 3
latent_dim = 16
# CNN 계층당 필터의 인코더/디코더 개수
layer_filters = [32, 64]
# 오토인코더 모델 구성
# 먼저 인코더 모델 구성
inputs = Input(shape=input_shape, name='encoder_input')
x = inputs
# Conv2D(32)-Conv2D(64)의 스택
for filters in layer_filters:
    x = Conv2D(filters=filters,
               kernel_size=kernel_size,
               activation='relu',
               strides=2,
               padding='same')(x)
# 디코더 모델 구성에 필요한 형상 정보
# 따라서 손으로 계산할 필요가 없음
# 디코더의 첫 Conv2DTranspose의 입력은 이 형상을 갖게 됨
```

```
# 형상은 (7, 7, 64)로 디코더에 의해 처리되면 (28, 28, 1)로 돌아감
shape = K.int_shape(x)

# 잠재 벡터 생성
x = Flatten()(x)
latent = Dense(latent_dim, name='latent_vector')(x)

# 인코더 모델 인스턴스화
encoder = Model(inputs, latent, name='encoder')
encoder.summary()
plot_model(encoder, to_file='encoder.png', show_shapes=True)

# 디코더 모델 구성
latent_inputs = Input(shape=(latent_dim,), name='decoder_input')
# 앞서 저장한 (7, 7, 64) 형상을 사용
x = Dense(shape[1] * shape[2] * shape[3])(latent_inputs)
# 벡터에서 전치 합성곱에 사용할 적절한 형상으로 변환
x = Reshape((shape[1], shape[2], shape[3]))(x)

# Conv2DTranspose(64)-Conv2DTranspose(32)의 스택
for filters in layer_filters[::-1]:
    x = Conv2DTranspose(filters=filters,
                        kernel_size=kernel_size,
                        activation='relu',
                        strides=2,
                        padding='same')(x)
# 입력을 재구성
outputs = Conv2DTranspose(filters=1,
                          kernel_size=kernel_size,
                          activation='sigmoid',
                          padding='same',
                          name='decoder_output')(x)

# 디코더 모델 인스턴스화
decoder = Model(latent_inputs, outputs, name='decoder')
decoder.summary()
plot_model(decoder, to_file='decoder.png', show_shapes=True)
```

```
# autoencoder = encoder + decoder
# 오토인코더 모델 인스턴스화
autoencoder = Model(inputs,
                    decoder(encoder(inputs)),
                    name='autoencoder')
autoencoder.summary()
plot_model(autoencoder,
           to_file='autoencoder.png',
           show_shapes=True)

# 평균 제곱 오차(Mean Square Error, MSE) 손실 함수, Adam 최적화
autoencoder.compile(loss='mse', optimizer='adam')

# 오토인코더 훈련
autoencoder.fit(x_train,
                x_train,
                validation_data=(x_test, x_test),
                epochs=1,
                batch_size=batch_size)

# 테스트 데이터에서 오토인코더 출력 예측
x_decoded = autoencoder.predict(x_test)

# 첫 9개 테스트 입력과 디코딩된 이미지 표시
imgs = np.concatenate([x_test[:8], x_decoded[:8]])
imgs = imgs.reshape((4, 4, image_size, image_size))
imgs = np.vstack([np.hstack(i) for i in imgs])
plt.figure()
plt.axis('off')
plt.title('Input: 1st 2 rows, Decoded: last 2 rows')
plt.imshow(imgs, interpolation='none', cmap='gray')
plt.savefig('input_and_decoded.png')
plt.show()
```

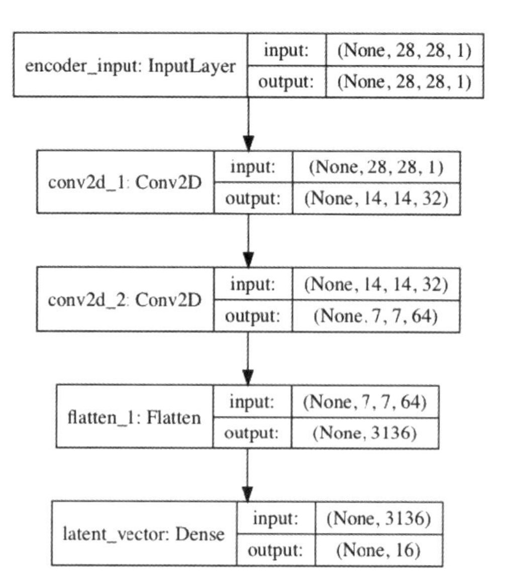

그림 3.2.1 인코더 모델은 저차원 잠재 벡터를 생성하기 위해 Conv2D(32)-Conv2D(64)-Dense(16)로 구성된다.

목록 3.2.1에서 디코더는 MNIST 숫자를 복원하기 위해 잠재 벡터 압축을 해제한다. 디코더의 입력 단계는 잠재 벡터를 받는 `Dense` 계층이다. 유닛 개수는 인코더의 저장된 `Conv2D` 출력 차원의 제곱과 같다. 이렇게 하면 최종적으로 `Conv2DTranspose`가 원본 MNIST 이미지 차원을 복원하도록 `Dense` 계층의 출력 크기를 쉽게 재조정할 수 있다.

디코더는 세 개의 `Conv2DTranspose`의 스택으로 구성된다. 이 예제에서는 디코더에서 흔히 사용되는 **전치 CNN**(경우에 따라 디컨볼루션[deconvolution]이라고 함)을 사용하겠다. 전치 CNN(`Conv2DTranspose`)은 CNN의 과정을 역으로 수행한다고 생각하면 된다. 간단한 예제에서 CNN이 이미지를 특징 맵으로 전환한다면 전치 CNN은 주어진 특징 맵에서 이미지를 생성할 것이다. 그림 3.2.2는 디코더 모델을 보여준다.

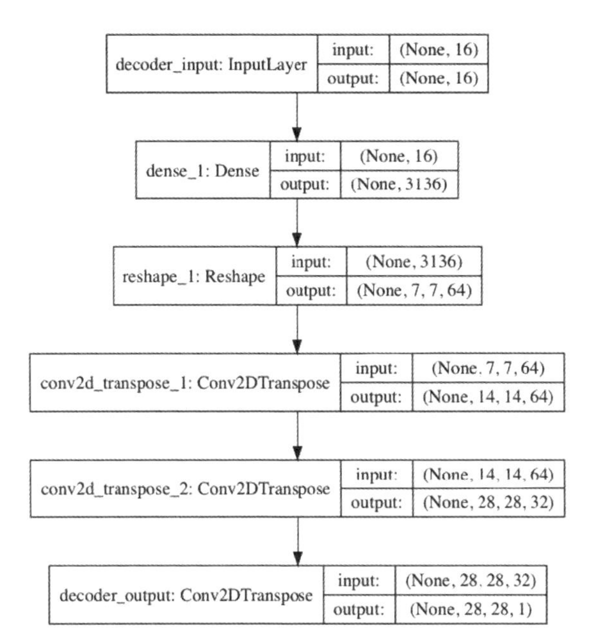

그림 3.2.2 디코더 모델은 Dense(16)–Conv2DTranspose(64)–Conv2DTranspose(32)–Conv2DTranspose(1)로 구성된다. 입력은 원본 입력을 복원하기 위해 디코딩된 잠재 벡터다.

인코더와 디코더를 함께 결합하면 오코인코더를 구성할 수 있다. 그림 3.2.3은 오토인코더의 모델 다이어그램을 보여준다. 인코더의 텐서 출력은 오토인코더의 출력을 생성하는 디코더의 입력이 되기도 한다. 이 예제에서는 MSE 손실 함수와 Adam 최적화 기법을 사용한다. 훈련하는 동안 입력은 출력 `x_train`과 똑같다. 이 예제에서는 한 세대에 검증 손실을 0.01로 만들 수 있을 정도의 계층만 있음을 밝혀둔다. 데이터세트가 복잡해지면 훈련 세대도 많아지고 인코더와 디코더의 계층도 깊어져야 할 것이다.

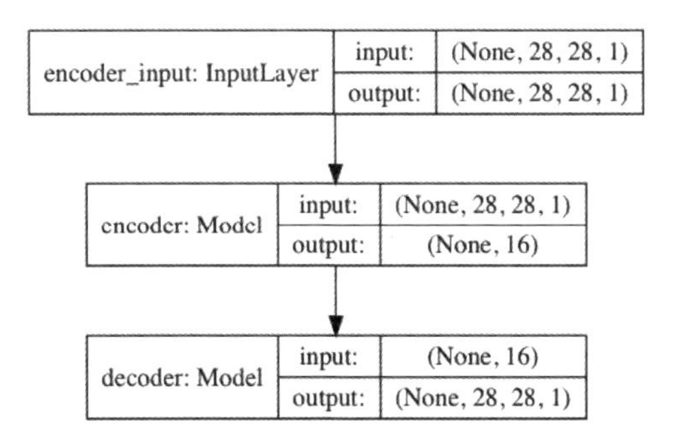

그림 3.2.3 오토인코더 모델은 인코더 모델과 디코더 모델을 함께 연결해 구성된다. 이 오토인코더에는 178k개의 매개변수가 있다.

한 세대 동안 검증 손실이 0.01이 되도록 오토인코더를 훈련시키고 나면 이 오토인코더가 이전에 보지 못했던 MNIST 데이터를 인코딩하고 디코딩할 수 있는지를 확인할 수 있다. 그림 3.2.4는 테스트 데이터에서 샘플링한 8개 이미지와 그에 대응하는 디코딩된 이미지를 보여준다. 이미지가 약간 흐려졌지만, 오토인코더가 입력을 훌륭한 품질로 복원할 수 있음을 쉽게 알 수 있다. 더 많은 세대를 훈련시킬수록 결과는 개선된다.

입력: 첫 두 줄, 디코딩된 결과: 마지막 두 줄

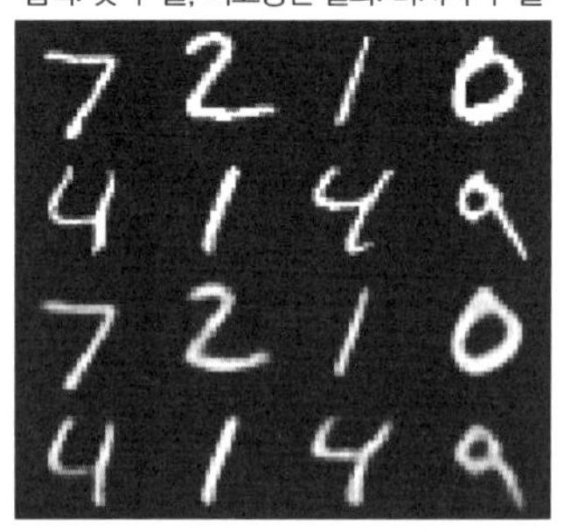

그림 3.2.4 테스트 데이터에서 얻은 오토인코더의 예측 데이터. 첫 두 줄은 원본 입력 테스트 데이터고 마지막 두 줄은 예측 데이터다.

이쯤에서 어떻게 하면 잠재 벡터를 공간에 시각화할 수 있을지 궁금할 것이다. 간단하게는 오토인코더가 이차원 잠재 벡터를 사용해 MNIST 숫자 특징을 학습하도록 하는 것이다. 거기에서 이 잠재 벡터를 2차원 공간에 사영하면 MNIST 코드 분포를 확인할 수 있다. `autoencoder-mnist-3.2.1.py` 코드에서 `latent_dim = 2`로 설정하고, `plot_results()`를 사용해 2차원 잠재 벡터의 함수로 MNIST 숫자를 그리면 그림 3.2.5와 그림 3.2.6처럼 잠재 코드의 함수로서 MNIST 숫자의 분포를 보여준다. 이 그림은 20세대 훈련시킨 후 생성된다. 편의상 이 프로그램을 목록 3.2.2에서 보여주는 부분 코드를 포함해 `autoencoder-2dim-mnist-3.2.2.py`로 저장한다.

목록 3.2.2 `autoencoder-mnist-3.2.2.py`는 2차원 잠재 코드상에 MNIST 숫자 분포를 시각화하는 함수를 보여준다. 나머지 코드는 실질적으로 목록 3.2.1과 비슷하므로 여기서 다시 보여주지는 않는다.

```
def plot_results(models,
                 data,
                 batch_size=32,
                 model_name="autoencoder_2dim"):
"""2차원 잠재 값을 색상 경사로 플로팅한 다음
    MNIST 숫자를 2차원 잠재 벡터의 함수로 플로팅
```

```
인수:
    models (list): 인코더와 디코더 모델
    data (list): 테스트 데이터와 레이블
    batch_size (int): 예측 배치 크기
    model_name (string): 어느 모델이 이 함수를 사용하는지 지정
"""

encoder, decoder = models
x_test, y_test = data
os.makedirs(model_name, exist_ok=True)

filename = os.path.join(model_name, "latent_2dim.png")
# 잠재 공간에 숫자 클래스의 2차원 플롯을 표시함
z = encoder.predict(x_test,
                    batch_size=batch_size)
plt.figure(figsize=(12, 10))
plt.scatter(z[:, 0], z[:, 1], c=y_test)
plt.colorbar()
plt.xlabel("z[0]")
plt.ylabel("z[1]")
plt.savefig(filename)
plt.show()

filename = os.path.join(model_name, "digits_over_latent.png")
# 30x30 2차원 숫자 매니폴드를 표시
n = 30
digit_size = 28
figure = np.zeros((digit_size * n, digit_size * n))
# 잠재 공간에 숫자 클래스의 2차원 플롯에 대응하는
# 선형적으로 일정하게 간격을 띄운 좌표

grid_x = np.linspace(-4, 4, n)
grid_y = np.linspace(-4, 4, n)[::-1]

for i, yi in enumerate(grid_y):
    for j, xi in enumerate(grid_x):
        z = np.array([[xi, yi]])
        x_decoded = decoder.predict(z)
        digit = x_decoded[0].reshape(digit_size, digit_size)
```

```
        figure[i * digit_size: (i + 1) * digit_size,
                j * digit_size: (j + 1) * digit_size] = digit

plt.figure(figsize=(10, 10))
start_range = digit_size // 2
end_range = n * digit_size + start_range + 1
pixel_range = np.arange(start_range, end_range, digit_size)
sample_range_x = np.round(grid_x, 1)
sample_range_y = np.round(grid_y, 1)
plt.xticks(pixel_range, sample_range_x)
plt.yticks(pixel_range, sample_range_y)
plt.xlabel("z[0]")
plt.ylabel("z[1]")
plt.imshow(figure, cmap='Greys_r')
plt.savefig(filename)
plt.show()
```

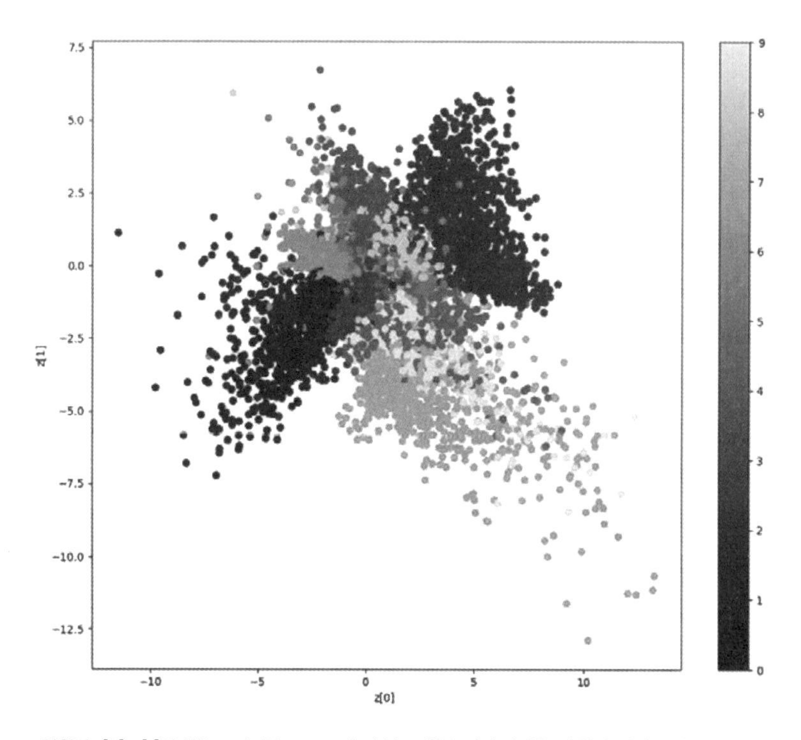

그림 3.2.5 잠재 코드 차원인 z[0], z[1]의 함수로 나타낸 MNIST 숫자 분포. 원본 컬러 사진은 이 책의 깃허브 저장소 https://github.com/PacktPublishing/Advanced-Deep-Learning-with-Keras/blob/master/chapter3-autoencoders/README.md에서 확인할 수 있다.

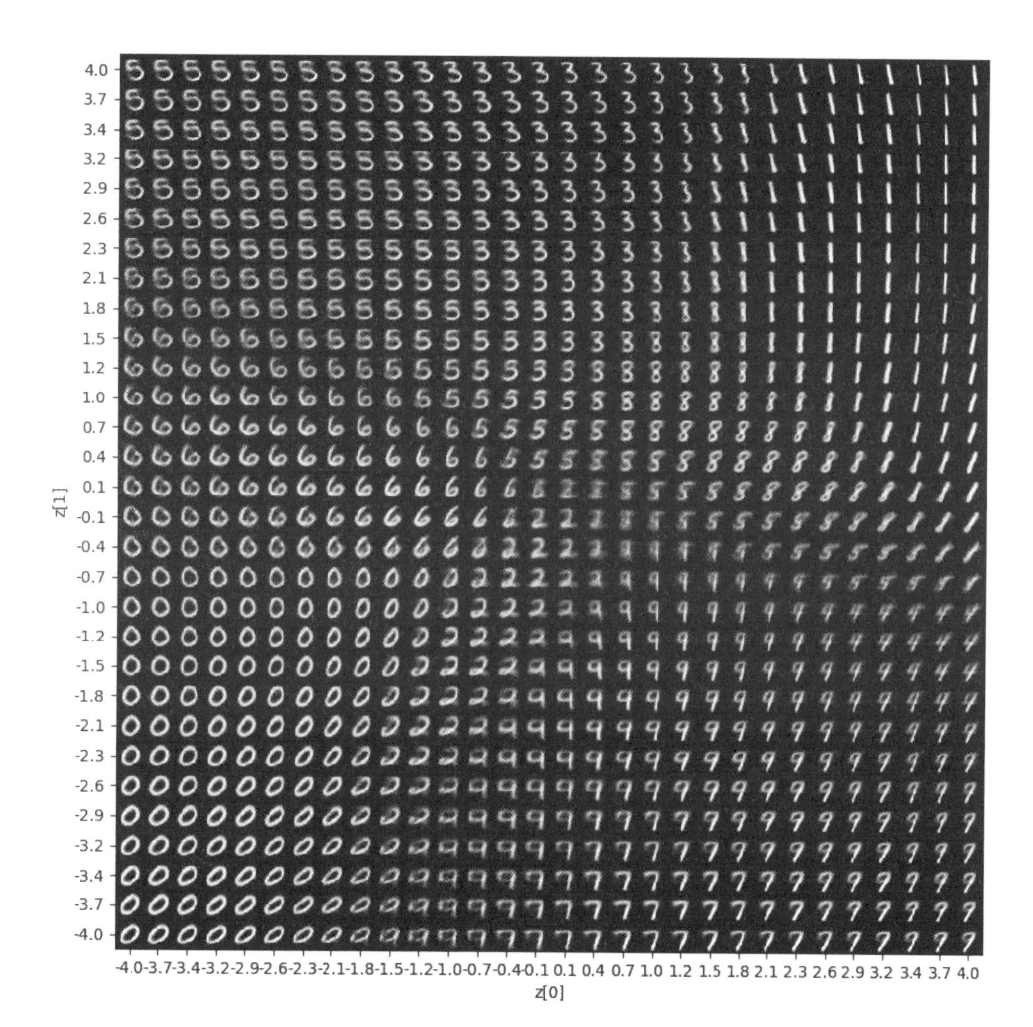

그림 3.2.6 2차원 잠재 벡터 공간으로 생성된 숫자를 검색할 수 있다.

그림 3.2.5에서 특정 숫자를 위한 잠재 코드가 공간 내의 한 구역에 클러스터링된다. 예를 들어 숫자 0은 왼쪽 아래 사분면에 위치하고 1은 오른쪽 위 사분면에 위치한다. 이러한 클러스터링은 그림 3.2.6에서도 확인할 수 있다. 실제로 동일한 그림은 그림 3.2.5에서 보는 것처럼 잠재 공간에서 새로운 숫자를 검색하거나 생성한 결과를 보여준다.

예를 들어 중앙에서 시작해 왼쪽 아래 사분면을 향해 2차원 잠재 벡터의 값에 변화를 주면 숫자 0 코드 클러스터가 왼쪽 아래 사분면에 위치하는 것처럼 숫자 2 클러스터를 위한 코드가 중심 근처에 위치한다는 것을 알 수 있다. 그림 3.2.6에서는 각 잠재 차원에 대해 −4.0과 +4.0 사이의 영역만 탐색했다.

그림 3.2.5에서 보면 잠재 코드 분포가 연속적이지 않으며, ±4.0 범위를 벗어났다. 이상적으로는 모든 곳에 유효한 값이 있는 원처럼 보여야 한다. 이 비연속성 때문에 잠재 벡터를 디코딩했을 때 알아보기 어려운 숫자가 생성되는 영역이 있다.

잡음 제거 오토인코더(DAE)

이제 실제 애플리케이션을 활용해 오토인코더를 구성하겠다. 우선 그림에 색을 칠해 MNIST 숫자 이미지가 잡음에 의해 훼손되어 사람이 읽기 어려워졌다고 해 보자. 이 이미지에서 잡음을 제거하기 위해 **DAE(Denoising Autoencoder)**를 구성할 수 있다. 그림 3.3.1은 세 개의 MNIST 숫자 집합을 보여준다. 각 집합의 첫 번째 줄(예를 들어, MNIST 숫자 7, 2, 1, 9, 0, 6, 3, 4, 9)은 원본 이미지다. 중간 줄은 원본 이미지를 잡음으로 훼손시킨 DAE에 입력될 이미지를 보여준다. 마지막 줄은 DAE 출력을 보여준다.

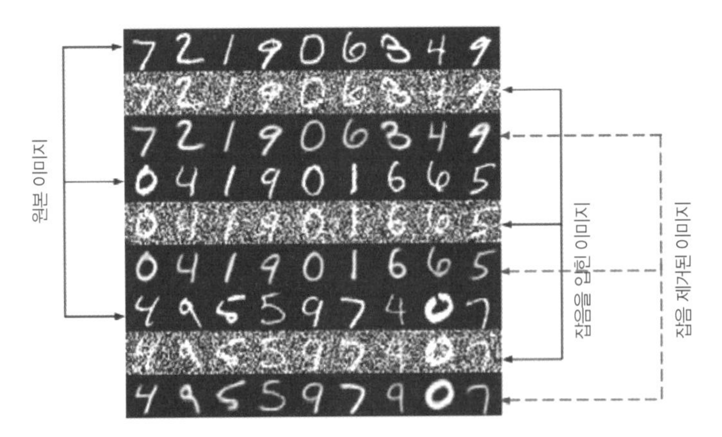

그림 3.3.1 원본 MNIST 숫자(첫 번째 줄), 잡음으로 훼손된 원본 이미지(중간 줄), 잡음이 제거된 이미지(마지막 줄)

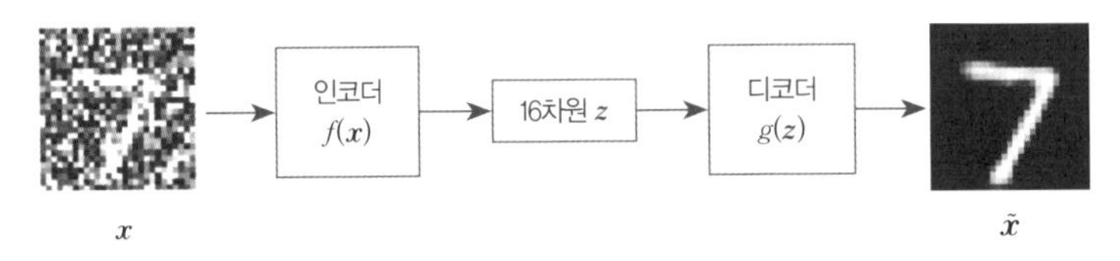

그림 3.3.2 잡음 제거 오토인코더의 입력은 잡음으로 훼손된 이미지다. 출력은 잡음이 제거된 깨끗한 이미지다. 잠재 벡터는 16차원이다.

그림 3.3.2에서 잡음 제거 오토인코더는 실제 이전 절에서 설명했던 MNIST 오토인코더와 동일한 구조를 갖는다. 입력은 다음과 같이 정의된다.

$$\boldsymbol{x} = \boldsymbol{x}_{orig} + noise \quad \text{(방정식 3.3.1)}$$

이 공식에서 $\boldsymbol{x}_{orig}$는 $noise$에 의해 훼손된 원본 MNIST 이미지다.

인코더는 잠재 벡터 z를 생성하는 방법을 찾아 디코더가 MSE 같은 차이 손실 함수를 최소화해 $\boldsymbol{x}_{orig}$를 복원하는 것을 목표로 한다.

$$L = (x_{orig}, \tilde{x}) = MSE = \frac{1}{m}\sum_{i=1}^{m}(x_{orig_i} - \tilde{x}_i)^2 \quad \text{(방정식 3.3.2)}$$

이 예제에서 m은 출력 차원이다(예를 들어, MNIST에서 $m = width \times height \times channels = 28 \times 28 \times 1 = 784$다). x_{orig_i}와 $\tilde{x}_i$는 각각 $\boldsymbol{x}_{orig}$와 $\tilde{\boldsymbol{x}}$의 요소다.

DAE를 구현하려면 이전 절에서 소개한 오토인코더에서 몇 가지 사항을 바꿔야 한다. 우선 훈련 입력 데이터는 훼손된 MNIST 숫자 이미지여야 한다. 훈련 출력 데이터는 깨끗한 형태의 동일한 원본 MNIST 숫자다. 이것은 오토인코더에 정정된 이미지가 무엇이어야 하는지 알려주고 잡음으로 훼손된 이미지가 주어졌을 때 잡음을 제거하는 방법을 알아내라고 요청하는 것과 같다. 마지막으로 훼손된 MNIST 테스트 데이터에서 오토인코더를 검증해야 한다.

그림 3.3.2의 왼쪽에 보이는 MNIST 숫자 7은 실제 훼손된 이미지 입력이다. 오른쪽에 있는 숫자는 훈련된 잡음 제거 오토인코더에서 출력된 깨끗한 이미지다.

목록 3.3.1은 케라스 깃허브 저장소에도 등록된 디노이징 오토인코더를 보여준다. 동일한 MNIST 데이터세트를 사용해 랜덤 잡음을 추가해 훼손된 이미지를 시뮬레이션할 수 있다. 이미지에 추가된 잡음은 평균 $\mu = 0.5$이고 표준 편차 $\sigma = 0.5$인 가우시안 분포를 따른다. 랜덤 잡음을 추가하면 픽셀 데이터가 0보다 작거나 1보다 큰 유효하지 않은 값이 되어버릴 수 있으므로 픽셀값을 [0.1, 1.0] 범위로 고정시킨다.

나머지는 모두 이전 절의 오토인코더와 실질적으로 동일하다. 여기서도 똑같은 MSE 손실 함수와 Adam 최적화 기법을 오토인코더로 사용할 것이다. 하지만 훈련 세대 수는 10으로 증가시킨다. 이렇게 하면 충분히 매개변수를 최적화할 수 있다.

그림 3.3.1은 MNIST 숫자에서 훼손된 이미지와 잡음이 제거된 테스트 데이터를 사용한 실제 검증 데이터를 보여준다. 사람도 훼손된 MNIST 숫자를 읽기 어렵다. 그림 3.3.3은 잡음 수준이 $\sigma=0.75$에서 $\sigma=1.0$으로 증가해도 DAE가 얼마나 성능이 좋은지 보여준다. $\sigma=0.75$일 때도 DAE는 원래 이미지를 복원할 수 있다. 그렇지만 $\sigma=1.0$일 때는 두 번째와 세 번째 집합의 4와 5 같은 숫자는 제대로 복원되지 못한다.

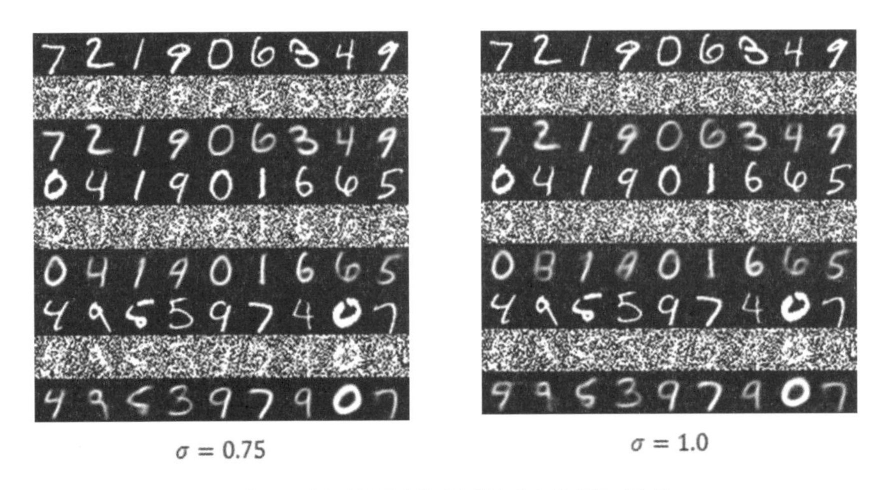

그림 3.3.3 잡음 수준 증가에 따른 잡음 제거 오토인코더의 성능

목록 3.3.1 denoising-autoencoder-mnist-3.3.1.py는 잡음 제거 오토인코더를 보여준다.

```
from keras.layers import Dense, Input
from keras.layers import Conv2D, Flatten
from keras.layers import Reshape, Conv2DTranspose
from keras.models import Model
from keras import backend as K
from keras.datasets import mnist
import numpy as np
import matplotlib.pyplot as plt
from PIL import Image

np.random.seed(1337)

# MNIST 데이터세트 로딩
(x_train, _), (x_test, _) = mnist.load_data()
```

```
# 형상을 (28, 28, 1)로 변경하고 입력 이미지를 정규화
image_size = x_train.shape[1]
x_train = np.reshape(x_train, [-1, image_size, image_size, 1])
x_test = np.reshape(x_test, [-1, image_size, image_size, 1])
x_train = x_train.astype('float32') / 255
x_test = x_test.astype('float32') / 255

# 평균 0.5, std=0.5의 정규 분포를 따르는 잡음을 추가해
# 훼손된 MNIST 이미지 생성
noise = np.random.normal(loc=0.5, scale=0.5, size=x_train.shape)
x_train_noisy = x_train + noise
noise = np.random.normal(loc=0.5, scale=0.5, size=x_test.shape)
x_test_noisy = x_test + noise

# 잡음을 추가하면 정규화된 픽셀값이 1.0보다 커지거나 0.0보다 작아질 수 있음
# 1.0보다 큰 픽셀값은 1.0으로, 0.0보다 작은 값은 0.0으로 고정시킴
x_train_noisy = np.clip(x_train_noisy, 0., 1.)
x_test_noisy = np.clip(x_test_noisy, 0., 1.)

# 네트워크 매개변수
input_shape = (image_size, image_size, 1)
batch_size = 32
kernel_size = 3
latent_dim = 16
# CNN 계층의 인코더/디코더 개수와 계층당 필터 개수
layer_filters = [32, 64]

# 오토인코더 모델 구성
# 먼저 인코더 모델 구성
inputs = Input(shape=input_shape, name='encoder_input')
x = inputs

# Conv2D(32)-Conv2D(64) 스택
for filters in layer_filters:
x = Conv2D(filters=filters,
             kernel_size=kernel_size,
             strides=2,
             activation='relu',
             padding='same')(x)
```

```
# 디코더 모델 구성을 위해서는 형상 정보가 필요
# 따라서 손으로 직접 계산하지 않는다.
# 디코더의 첫 번째 Conv2DTranspose에 들어올 입력은 이 형상을 가짐
# 그 형상은 (7, 7, 64)이며 디코더에 의해 처리되어
# (28, 28, 1)의 형상으로 돌아옴
shape = K.int_shape(x)

# 잠재 벡터 생성
x = Flatten()(x)
latent = Dense(latent_dim, name='latent_vector')(x)

# 인코더 모델 인스턴스화
encoder = Model(inputs, latent, name='encoder')
encoder.summary()

# 디코더 모델 구성
latent_inputs = Input(shape=(latent_dim,), name='decoder_input')
# 앞에서 저장된 형상 (7, 7, 64) 사용
x = Dense(shape[1] * shape[2] * shape[3])(latent_inputs)
# 벡터에서 전치 벡터에 적합한 형상으로 변환
x = Reshape((shape[1], shape[2], shape[3]))(x)

# Conv2DTranspose(64)-Conv2DTranspose(32) 스택
for filters in layer_filters[::-1]:
x = Conv2DTranspose(filters=filters,
                        kernel_size=kernel_size,
                        strides=2,
                        activation='relu',
                        padding='same')(x)

# 잡음이 제거된 입력 재구성
outputs = Conv2DTranspose(filters=1,
                          kernel_size=kernel_size,
                          padding='same',
                          activation='sigmoid',
                          name='decoder_output')(x)

# 디코더 모델 인스턴스화
decoder = Model(latent_inputs, outputs, name='decoder')
decoder.summary()
```

```
# 오토인코더 = 인코더 + 디코더
# 오토인코더 모델 인스턴스화
autoencoder = Model(inputs, decoder(encoder(inputs)),
name='autoencoder')
autoencoder.summary()

# 평균 제곱 오차(Mean Square Error, MSE) 손실 함수, Adam 최적화 기법
autoencoder.compile(loss='mse', optimizer='adam')

# 오토인코더 훈련
autoencoder.fit(x_train_noisy,
                x_train,
                validation_data=(x_test_noisy, x_test),
                epochs=10,
                batch_size=batch_size)

# 훼손된 테스트 이미지에서 오토인코더 출력을 예측
x_decoded = autoencoder.predict(x_test_noisy)

# 9개의 MNIST 숫자로 만든 3개의 이미지 집합
# 첫 번째 줄 - 원본 이미지
# 두 번째 줄 - 잡음으로 훼손된 이미지
# 세 번째 줄 - 잡음이 제거된 이미지
rows, cols = 3, 9
num = rows * cols
imgs = np.concatenate([x_test[:num], x_test_noisy[:num], x_
decoded[:num]])
imgs = imgs.reshape((rows * 3, cols, image_size, image_size))
imgs = np.vstack(np.split(imgs, rows, axis=1))
imgs = imgs.reshape((rows * 3, -1, image_size, image_size))
imgs = np.vstack([np.hstack(i) for i in imgs])
imgs = (imgs * 255).astype(np.uint8)
plt.figure()
plt.axis('off')
plt.title('Original images: top rows, '
          'Corrupted Input: middle rows, '
          'Denoised Input: third rows')
plt.imshow(imgs, interpolation='none', cmap='gray')
Image.fromarray(imgs).save('corrupted_and_denoised.png')
plt.show()
```

자동 채색 오토인코더

이제 오토인코더를 실제 적용한 또 다른 애플리케이션을 만들어볼 것이다. 흑백 사진이 있고 거기에 자동으로 색을 입히는 도구를 만들고 싶다고 해 보자. 바다와 하늘을 파란색, 풀밭과 나무를 녹색, 구름은 흰색 등으로 사물을 제 색으로 식별하는 사람의 능력을 복제하고자 한다.

그림 3.4.1에서 보듯이 앞에 논이 펼쳐져 있고 뒤로 화산이 보이며 그 위로 하늘이 있는 흑백 사진이 있는 경우 적절한 색을 덧입힐 수 있다.

그림 3.4.1 필리핀 마욘 화산의 흑백 사진에 색을 입혔다. 채색 네트워크는 흑백 사진에 색을 입히는 사람의 능력을 복제해야 한다. 왼쪽은 흑백 사진이고 오른쪽은 컬러 사진이다. 원본 컬러 사진은 이 책의 깃허브 저장소 `https://github.com/PacktPublishing/Advanced-Deep-Learning-with-Keras/blob/master/chapter3-autoencoders/README.md`에 있다.

단순한 자동 채색 알고리즘은 오토인코더에 적절한 문제로 보인다. 충분한 양의 흑백 사진을 입력으로 하고 그에 대응하는 채색된 사진을 출력으로 해서 오토인코더를 훈련시킬 수 있다면 아마 적절하게 색을 입히는 숨겨진 구조를 발견할 수 있을 것이다. 대략적으로 잡음을 제거하는 절차를 거꾸로 밟는다고 보면 된다. 질문은 오토인코더가 색(좋은 잡음)을 원본 흑백 이미지에 추가할 수 있느냐다.

목록 3.4.1은 채색 오토인코더 네트워크를 보여준다. 채색 오토인코더 네트워크는 MNIST 데이터세트에 사용했던 잡음 제거 오토인코더를 수정한 버전이다. 먼저 흑백 사진 - 컬러 사진 데이터세트가 필요하다. 이전에 사용했던 CIFAR10 데이터베이스에는 흑백으로 변환될 수 있는 32×32 RGB 사진이 5만 개의 훈련 집합과 1만 개의 테스트 집합으로 구성돼 있다. 다음 목록에서 보듯이 컬러를 흑백으로 변환하기 위해 `rgb2gray()` 함수를 사용해 R, G, B 요소에 가중치를 적용한다.

목록 3.4.1 colorization-autoencoder-cifar10-3.4.1.py는 CIFAR10 데이터세트를 사용하는 채색 오토인코더를 보여준다.

```
from keras.layers import Dense, Input
from keras.layers import Conv2D, Flatten
from keras.layers import Reshape, Conv2DTranspose
from keras.models import Model
from keras.callbacks import ReduceLROnPlateau, ModelCheckpoint
from keras.datasets import cifar10
from keras.utils import plot_model
from keras import backend as K

import numpy as np
import matplotlib.pyplot as plt
import os

# 컬러 이미지(RGB)를 흑백으로 변환
# 출처: opencv.org
# grayscale = 0.299*red + 0.587*green + 0.114*blue
def rgb2gray(rgb):
return np.dot(rgb[...,:3], [0.299, 0.587, 0.114])

# CIFAR10 데이터 로딩
(x_train, _), (x_test, _) = cifar10.load_data()

# 입력 이미지 차원
# 데이터 형식이 '마지막에 채널이 온다'고 가정함
img_rows = x_train.shape[1]
img_cols = x_train.shape[2]
channels = x_train.shape[3]

# saved_images 폴더 생성
imgs_dir = 'saved_images'
save_dir = os.path.join(os.getcwd(), imgs_dir)
if not os.path.isdir(save_dir):
        os.makedirs(save_dir)

# 처음 100개의 입력 이미지(컬러와 흑백)를 표시
imgs = x_test[:100]
imgs = imgs.reshape((10, 10, img_rows, img_cols, channels))
```

```
imgs = np.vstack([np.hstack(i) for i in imgs])
plt.figure()
plt.axis('off')
plt.title('Test color images (Ground Truth)')
plt.imshow(imgs, interpolation='none')
plt.savefig('%s/test_color.png' % imgs_dir)
plt.show()

# 컬러 훈련/테스트 이미지를 흑백으로 변환
x_train_gray = rgb2gray(x_train)
x_test_gray = rgb2gray(x_test)

# 테스트 이미지의 흑백 버전을 표시
imgs = x_test_gray[:100]
imgs = imgs.reshape((10, 10, img_rows, img_cols))
imgs = np.vstack([np.hstack(i) for i in imgs])
plt.figure()
plt.axis('off')
plt.title('Test gray images (Input)')
plt.imshow(imgs, interpolation='none', cmap='gray')
plt.savefig('%s/test_gray.png' % imgs_dir)
plt.show()

# 출력 훈련/테스트 컬러 이미지를 정규화
x_train = x_train.astype('float32') / 255
x_test = x_test.astype('float32') / 255

# 입력 훈련/테스트 흑백 이미지를 정규화
x_train_gray = x_train_gray.astype('float32') / 255
x_test_gray = x_test_gray.astype('float32') / 255

# CNN 출력/검증을 위해 이미지 형상을 row x col x channel로 변경
x_train = x_train.reshape(x_train.shape[0], img_rows, img_cols, channels)
x_test = x_test.reshape(x_test.shape[0], img_rows, img_cols, channels)

# CNN 입력을 위해 이미지 형상을 row x col x channel로 변경
x_train_gray = x_train_gray.reshape(x_train_gray.shape[0], img_rows,
img_cols, 1)
x_test_gray = x_test_gray.reshape(x_test_gray.shape[0], img_rows, img_
cols, 1)
```

```
# 네트워크 매개변수
input_shape = (img_rows, img_cols, 1)
batch_size = 32
kernel_size = 3
latent_dim = 256
# CNN 계층의 인코더/디코더 개수와 계층별 필터 수
layer_filters = [64, 128, 256]
# 오토인코더 모델 구성
# 우선 인코더 모델 구성
inputs = Input(shape=input_shape, name='encoder_input')
x = inputs
# Conv2D(64)-Conv2D(128)-Conv2D(256) 스택
for filters in layer_filters:
    x = Conv2D(filters=filters,
               kernel_size=kernel_size,
               strides=2,
               activation='relu',
               padding='same')(x)

# 디코더 모델을 구성하기 위해 형상 정보가 필요함
# 따라서 손으로 계산하지 않음
# 디코더의 첫 Conv2DTranspose에 들어갈 입력은 이 형상을 가짐
# 그 형상은 (4, 4, 256)이며
# 디코더에서 (32, 32, 3)으로 처리됨
shape = K.int_shape(x)

# 잠재 벡터 생성
x = Flatten()(x)
latent = Dense(latent_dim, name='latent_vector')(x)

# 인코더 모델 인스턴스화
encoder = Model(inputs, latent, name='encoder')
encoder.summary()

# 디코더 모델 구성
latent_inputs = Input(shape=(latent_dim,), name='decoder_input')
x = Dense(shape[1]*shape[2]*shape[3])(latent_inputs)
x = Reshape((shape[1], shape[2], shape[3]))(x)
```

```
# Conv2DTranspose(256)-Conv2DTranspose(128)-Conv2DTranspose(64) 스택
for filters in layer_filters[::-1]:
    x = Conv2DTranspose(filters=filters,
                        kernel_size=kernel_size,
                        strides=2,
                        activation='relu',
                        padding='same')(x)

outputs = Conv2DTranspose(filters=channels,
                          kernel_size=kernel_size,
                          activation='sigmoid',
                          padding='same',
                          name='decoder_output')(x)

# 디코더 모델 인스턴스화
decoder = Model(latent_inputs, outputs, name='decoder')
decoder.summary()

# 오토인코더 = 인코더 + 디코더
# 오토인코더 모델 인스턴스화
autoencoder = Model(inputs, decoder(encoder(inputs)), name='autoencoder')
autoencoder.summary()

# 모델 저장 디렉터리 준비
save_dir = os.path.join(os.getcwd(), 'saved_models')
model_name = 'colorized_ae_model.{epoch:03d}.h5'
if not os.path.isdir(save_dir):
        os.makedirs(save_dir)
filepath = os.path.join(save_dir, model_name)

# 손실이 5세대 내에 개선되지 않으면
# 학습 속도를 sqrt(0.1)을 사용해 감소시킴
lr_reducer = ReduceLROnPlateau(factor=np.sqrt(0.1),
                               cooldown=0,
                               patience=5,
                               verbose=1,
                               min_lr=0.5e-6)
```

```
# 앞으로 사용할 수 있도록 가중치를 저장
# (즉, 훈련 없이 매개변수를 리로딩)
checkpoint = ModelCheckpoint(filepath=filepath,
                             monitor='val_loss',
                             verbose=1,
                             save_best_only=True)

# 평균 제곱 오차(Mean Square Error, MSE) 손실 함수, Adam 최적화
autoencoder.compile(loss='mse', optimizer='adam')

# 세대마다 호출
callbacks = clr_reducer, checkpoint]

# 오토인코더를 훈련시킴
autoencoder.fit(x_train_gray,
                x_train,
                validation_data=(x_test_gray, x_test),
                epochs=30,
                batch_size=batch_size,
                callbacks=callbacks)

# 테스트 데이터로부터 오토인코더 출력을 예측
x_decoded = autoencoder.predict(x_test_gray)

# 첫 100개 채색된 이미지 표시
imgs = x_decoded[:100]
imgs = imgs.reshape((10, 10, img_rows, img_cols, channels))
imgs = np.vstack([np.hstack(i) for i in imgs])
plt.figure()
plt.axis('off')
plt.title('Colorized test images (Predicted)')
plt.imshow(imgs, interpolation='none')
plt.savefig('%s/colorized.png' % imgs_dir)
plt.show()
```

오토인코더에 합성곱과 전치 합성곱 블록을 하나 더 추가해 용량을 늘렸다. 또한 CNN 블록마다 필터 개수를 두 배로 늘렸다. 잠재 벡터는 이제 오토인코더 절에서 설명했듯이 표현할 수 있는 핵심 속성의 개수를 늘리기 위해 256차원이 됐다. 마지막으로 출력 필터 크기는 3으로 증가하거나 예상된 채색된 출력의 RGB의 채널 개수인 3과 같아졌다.

채색 오토인코더는 이제 입력으로 흑백 이미지를, 출력으로 원본 RGB 이미지를 써서 훈련된다. 훈련은 더 많은 세대를 거치게 될 것이고 검증 손실이 개선되지 않으면 학습 속도를 줄이기 위해 학습 속도 감소 기법을 사용한다. 이는 케라스의 `fit()` 함수에서 `callbacks` 인수에 `lr_reducer()` 함수를 호출하라고 말하면 쉽게 수행된다.

그림 3.4.2는 CIFAR10의 테스트 데이터세트에서 흑백 이미지의 채색을 보여준다. 그림 3.4.3은 실측 정보를 채색 오토인코더 예측과 비교한다. 오토인코더는 채색 작업을 만족스럽게 수행한다. 바다나 하늘은 파란색, 동물은 다양한 갈색 음영으로 표현하고 구름은 하얀색으로 해서 사물에 맞게 색을 입힌다.

일부 눈에 띄게 잘못 예측된 부분도 있다. 예를 들어 빨간 자전거가 파란 자전거로 돼 있거나 파란 자전거가 빨간색으로 돼 있고 녹색 풀밭이 파란 하늘로 바뀌거나 어둡거나 황금색 하늘이 파란 하늘로 변해 있기도 하다.

그림 3.4.2 오토인코더로 흑백 이미지를 컬러 이미지로 자동 변환. CIFAR10 테스트 흑백 입력 이미지(왼쪽)와 예측된 컬러 이미지(오른쪽). 원본 컬러 사진은 이 책의 깃허브 저장소 https://github.com/PacktPublishing/Advanced-Deep-Learning-with-Keras/blob/master/chapter3-autoencoders/README.md에서 확인할 수 있다.

채색된 테스트 이미지(예측된 이미지)

그림 3.4.3 실제 컬러 이미지와 예측 결과인 채색된 이미지 비교. 원본 컬러 사진은 이 책의 깃허브 저장소 https://github.com/PacktPublishing/Advanced-Deep-Learning-with-Keras/blob/master/chapter3-autoencoders/README.md에서 확인할 수 있다.

결론

이 장에서는 오토인코더를 소개했다. 오토인코더는 잡음 제거 및 채색 같은 구조적 변환을 효율적으로 수행하기 위해 입력 데이터를 저차원 코드로 압축하는 신경망이다. 여기에서는 더 진화된 주제인 GAN과 VAE의 기초를 닦았다. GAN과 VAE에 대해서는 뒷부분에서 오토인코더가 어떻게 케라스를 활용하는지 살펴보면서 함께 소개하겠다. 두 개의 기본 모델, 인코더와 디코더를 가지고 오토인코더를 구현하는 방법도 보여줬다. 또한 입력 분포의 숨겨진 구조를 추출하는 것이 AI에서 일반적인 작업 중 하나라는 것도 배웠다.

잠재 코드를 밝혀내면 원본 입력 분포에서 수행할 수 있는 수많은 구조적 연산을 찾을 수 있다. 입력 분포를 더 잘 이해하려면 이 장과 비슷하지만, t-SNE나 PCA 같은 더 정교한 차원 축소 기법을 통해 저차원 임베딩을 사용해 잠재 벡터 형태의 숨겨진 구조를 시각화하면 된다.

잡음 제거와 채색 외에 오토인코더는 입력 분포를 분할, 탐지, 추적, 재구성, 시각적 이해 등 다른 작업을 위해 추가 처리할 수 있는 저차원 잠재 코드로 변환하는 데 사용된다. 8장 변분 오토인코더(VAE)에서 구조적으로는 오토인코더와 같지만 연속 잠재 코드 사영을 만들 수 있는 해석 가능한 잠재 코드를 갖는다는 점에서 다른 변분 오토인코더에 관해 알아볼 것이다. 다음 장에서는 최근 AI의 가장 중요한 돌파구 중 하나인 GAN을 소개하면서 GAN의 핵심 강점과 실제처럼 보이는 데이터 또는 신호를 합성하는 방법을 배울 것이다.

참고 문헌

1. Ian Goodfellow and others. Deep learning. Vol. 1. Cambridge: MIT press, 2016 (http://www.deeplearningbook.org/). 《심층학습》(제이펍 2018).

생성적 적대 신경망 (GAN)

4장

이 장에서는 앞으로 알아볼 세 가지 인공지능 알고리즘 중 첫 번째로 **생성적 적대 신경망**(Generative Adversarial Networks, GAN)[1]을 알아보겠다. GAN은 생성 모델군에 속한다. 생성 모델은 오토인코더와는 달리 임의의 인코딩이 주어졌을 때 새롭고 의미 있는 출력을 생성할 수 있다.

이 장에서는 GAN의 동작 원리를 설명한다. 또한 초기 케라스에 구현된 GAN을 살펴볼 것이다. 이 장 후반부에서는 GAN을 안정적으로 훈련시키기 위해 필요한 기법을 보여준다. 이 장에서는 GAN의 유명한 두 가지 모델인 **심층 합성곱 GAN**(DCGAN)[2]과 **조건부 GAN**(CGAN)[3]을 다루겠다.

요약하면, 이 장은 다음을 목표로 한다.

- GAN의 원리를 소개한다.
- 케라스에서 DCGAN과 CGAN처럼 GAN을 구현하는 방법을 설명한다.

GAN의 개요

GAN의 고급 개념으로 넘어가기 전에, 먼저 GAN에 관해 알아보고 그 기본 개념을 소개하겠다. GAN은 매우 강력하다. 이 말은 잠재 공간 보간법(latent space interpolation)을 수행해 실존 인물이 아닌 새로운 유명 인사의 얼굴을 생성할 수 있다는 사실로 증명됐다.

GAN[4]의 고급 기능의 훌륭한 예제는 다음 유튜브 동영상(`https://youtu.be/G06dEcZ-QTg`)에서 확인할 수 있다. GAN이 현실적인 얼굴을 생성하기 위해 어떻게 활용되는지 보여주는 이 동영상은 GAN이 얼마나 강력해질 수 있는지 보여준다. 이 주제는 앞에서 봤던 어떤 모델보다도 훨씬 진화된 모델이다. 예를 들어, 위의 동영상은 3장 '오토인코더'에서 다뤘던 오토인코더로는 쉽게 할 수 없는 것이다.

GAN은 **생성기**와 **판별기(감정기**라고도 함)라고 하는 두 적대 관계(이면서도 협동 관계인)의 네트워크를 훈련시킴으로써 입력 분포를 모델링하는 방법을 학습할 수 있다. 생성기의 역할은 판별기를 속일 수 있는 위조 데이터 또는 신호(여기에는 오디오와 이미지가 포함된다)를 생성하는 방법을 계속해서 알아내는 것이다. 반면 판별기는 위조와 실제 신호를 구분하도록 훈련된다. 훈련이 진행될수록 판별기는 더 이상 합성으로 생성된 데이터와 실제 데이터의 차이를 구분할 수 없게 될 것이다. 그렇게 되면 판별기를 기각하고, 이제 생성기를 사용해 이전에 관찰된 적 없는 새로운 현실적인 신호를 생성할 수 있다.

GAN의 기본 개념은 단순하다. 하지만 가장 어려운 부분은 생성기 – 판별기 네트워크를 안정적으로 훈련시키는 방법에 있다는 것을 알게 될 것이다. 두 네트워크가 동시에 학습할 수 있도록 생성기와 판별기 사이의 건전한 경쟁이 있어야 한다. 손실 함수는 판별기의 출력에서 계산될 수 있기 때문에 매개변수 업데이트가 빠르다. 판별기의 수렴 속도가 더 빨라지면 생성기는 매개변수에 쓰일 충분한 경사 업데이트를 더이상 받지 못해 수렴에 실패하게 된다. 훈련시키기 어렵다는 점 외에도 GAN은 부분적으로나 전체적으로 모드가 붕괴(modal collapse)될 수 있다는 문제가 있다. 모드가 붕괴된다는 것은 생성기가 서로 다른 잠재 인코딩에 대해서도 거의 비슷한 출력을 생성하는 상황을 말한다.

GAN 원리

그림 4.1.1에서 보듯이, GAN은 위조범(생성기) – 경찰(판별기) 시나리오와 유사하다. 경찰 학교에서는 경찰에게 지폐의 진위를 감별하는 방법을 가르친다. 은행에서 가져온 실제 지폐 샘플과 위조범이 만든 위조 지폐 샘플을 사용해 경찰을 훈련시킨다. 하지만 수시로 위조범은 자신이 실제 지폐를 인쇄한 척하려고 할 것이다. 처음에 경찰은 속지 않고 위조범에게 그 지폐가 위조 지폐인 이유를 말해준다. 이 피드백을 참고해 위조범은 자신의 기술을 다시 갈고 닦아 새로운 위조 지폐를 만든다. 예상처럼 경찰은 그 지폐가 가짜인 이유를 찾아내고 왜 그 지폐가 가짜인지 보여준다.

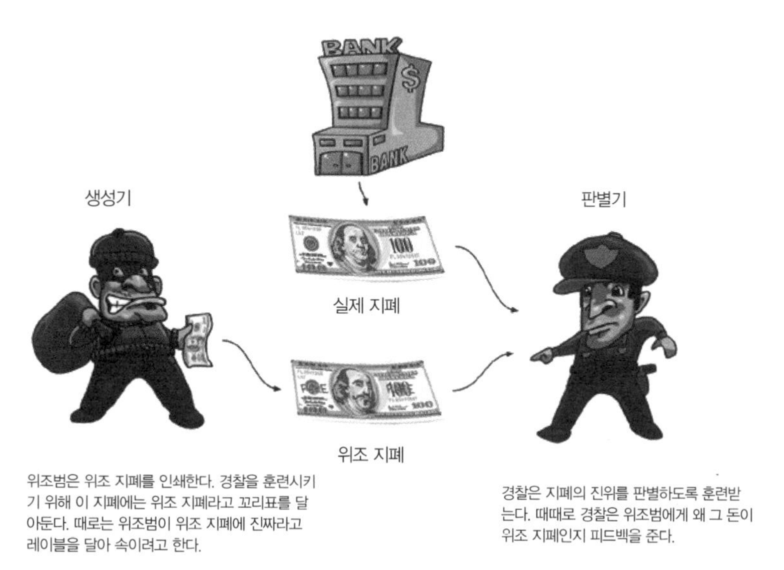

BANK
생성기
판별기
실제 지폐
위조 지폐
위조범은 위조 지폐를 인쇄한다. 경찰을 훈련시키기 위해 이 지폐에는 위조 지폐라고 꼬리표를 달아둔다. 때로는 위조범이 위조 지폐에 진짜라고 레이블을 달아 속이려고 한다.
경찰은 지폐의 진위를 판별하도록 훈련받는다. 때때로 경찰은 위조범에게 왜 그 돈이 위조 지폐인지 피드백을 준다.

그림 4.1.1 GAN의 생성기와 판별기는 위조범과 경찰의 관계와 비슷하다. 위조범은 경찰을 속여 그 지폐가 진짜라고 믿게 하는 것을 목표로 한다.

이 시나리오는 무한정 계속되지만, 결국 위조범이 실제 지폐와 구분이 가지 않는 위조 지폐를 만드는 기술을 완벽하게 익히는 때가 올 것이다. 그러면 위조범을 더이상 위조범으로 밝혀낼 수 없으므로 위조범이 경찰에게 잡히지 않고 무한정 지폐를 인쇄할 수 있다.

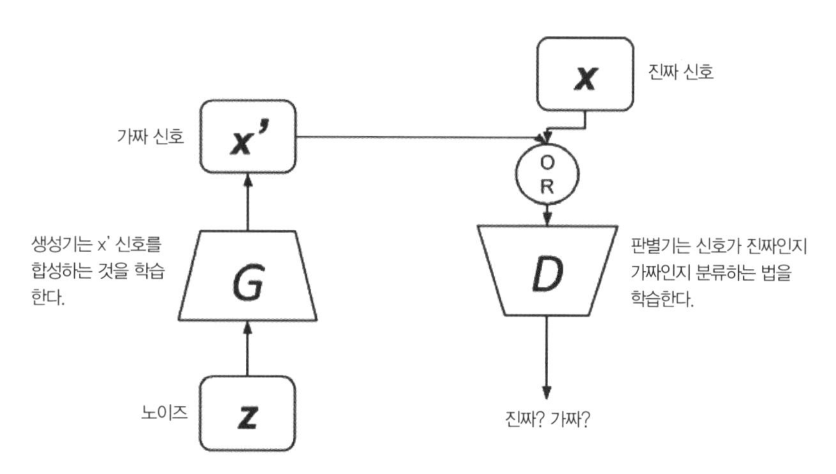

그림 4.1.2 GAN은 생성기와 판별기라는 두 네트워크로 구성된다. 판별기는 진짜와 가짜 신호 혹은 데이터 사이를 구별하기 위해 훈련된다. 생성기는 결국 판별기를 속일 수 있는 가짜 신호나 데이터를 생성한다.

그림 4.1.2에서 보듯이, GAN은 생성기와 판별기라는 두 네트워크로 구성된다. 생성기의 입력은 노이즈고 출력은 합성된 신호다. 반면 판별기의 입력은 진짜 신호이거나 합성된 신호다. 진짜 신호는 실제

데이터에서 샘플링하지만, 가짜 신호는 생성기로부터 받는다. 유효 신호의 레이블은 1.0이고(즉, 진짜 신호일 확률이 100%라는 뜻), 합성된 신호의 레이블은 모두 0.0이다(즉, 진짜 신호일 확률이 0%라는 뜻). 레이블을 다는 절차가 자동화돼 있어 GAN은 딥러닝에서 비지도 학습 방식으로 여겨진다.

판별기는 이 공급된 데이터세트에서 진짜 신호와 가짜 신호를 구분하는 방법을 학습하는 것을 목표로 한다. 이같은 GAN 훈련 과정 중 일부에서는 판별기 매개변수만 업데이트된다. 전형적인 이진 분류 모델처럼 판별기는 주어진 입력 신호가 실제 신호에 얼마나 가까운지에 대해 0.0~1.0 범위 내에서 신뢰도를 예측하도록 훈련된다. 하지만 이는 전체 이야기 중 절반에만 해당한다.

정기적으로 생성기는 자기가 만든 출력이 진짜 신호인 척하면서 GAN에게 그 출력에 1.0으로 레이블을 붙일 것을 요청한다. 그런 다음 가짜 신호를 판별기에게 보이면 자연적으로 그 신호는 0.0에 가까운 레이블을 붙여 가짜 신호로 분류된다. 최적화 모델은 표시된 레이블(즉, 1.0)을 기반으로 업데이트할 생성기 매개변수 값을 계산한다. 또한 이 새로운 데이터에 대해 훈련할 때 자신이 예측한 값을 포함시킨다. 즉, 판별기가 자신의 예측을 의심하고 있으므로 GAN은 예측이 빗나갈 가능성을 염두에 둔다. 이때 GAN은 이 경사를 판별기의 마지막 계층에서 생성기의 첫 번째 계층으로 역전파시킨다. 그렇지만 대부분의 경우 이 단계에서 판별기 매개변수는 일시적으로 고정된다. 생성기는 이 경사를 활용해 매개변수를 업데이트하고 가짜 신호를 합성하는 능력을 개선한다.

전체 프로세스를 종합적으로 보면 두 네트워크가 서로 경쟁하는 동시에 협업하는 과정과 비슷하다. GAN 훈련이 수렴하면, 최종 결과로 신호를 합성할 수 있는 생성기를 얻게 된다. 판별기는 이 합성된 신호가 진짜라고 생각하고 1.0에 가까운 레이블을 부여한다. 그렇게 되면 판별기는 폐기된다. 생성기 부분은 임의의 노이즈 입력으로부터 유의미한 출력을 생성하는 데 유용할 것이다.

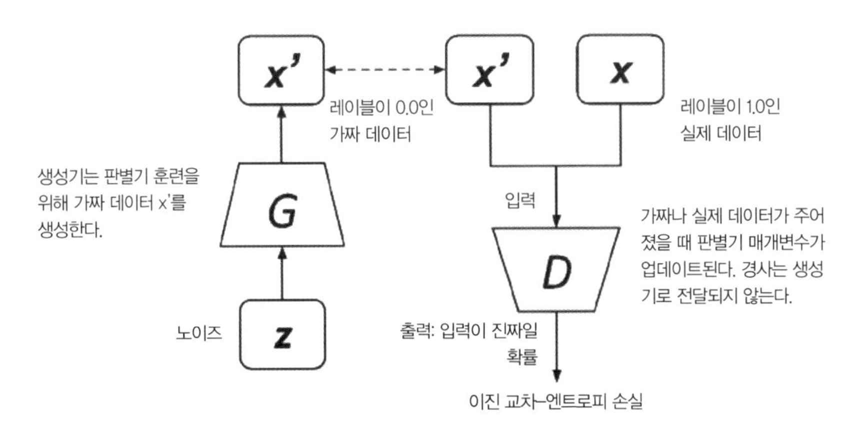

그림 4.1.3 판별기를 훈련시키는 과정은 이진 교차-엔트로피 손실을 사용해 이진 분류 네트워크를 훈련시키는 것과 비슷하다. 가짜 데이터는 생성기에 의해 제공되고 실제 데이터는 진짜 데이터 샘플로부터 공급된다.

앞의 그림에서 보듯이 판별기는 다음 방정식의 손실 함수를 최소화시킴으로써 훈련된다.

$$L^{(D)}(\theta^{(G)}, \theta^{(D)}) - \mathbb{E}_{x\sim P_{data}} \log D(x) - \mathbb{E}_z \log(1 - D(G(z)))$$ (방정식 4.1.1)

이 방정식은 표준 이진 교차-엔트로피 비용 함수다. 손실은 실제 데이터 $D(x)$를 정확히 식별할 확률의 기댓값과 1에서 합성 데이터를 정확히 식별할 확률을 뺀 $1-D(G(z))$의 기댓값을 합한 값의 음수다. 로그는 극솟값의 위치를 바꾸지 않는다. 훈련하는 동안 판별기에 두 개의 데이터 미니배치가 제공된다.

1. 레이블이 1인 샘플 데이터($x\sim P_{data}$)에서 추출한 실제 데이터
2. 레이블이 0인 생성기 출력 데이터인 가짜 데이터 $x'=G(z)$

손실 함수를 최소화하기 위해 판별기 매개변수 $\theta^{(D)}$는 실제 데이터 $D(x)$를 정확히 식별하고 합성 데이터 $1-D(G(z))$를 정확히 식별함으로써 역전파 과정을 통해 업데이트된다. 실제 데이터를 정확히 식별한다는 것은 $D(x)\rightarrow1.0$과 같고 가짜 데이터를 정확하게 분류하는 것은 $D(G(z))\rightarrow0.0$ 또는 $1-D(G(z))\rightarrow1.0$과 같다. 이 방정식에서 z는 새로운 신호를 합성하기 위해 생성기가 사용하는 임의의 인코딩 혹은 노이즈 벡터다. 이 둘은 모두 손실 함수를 최소화한다.

생성기를 훈련시키기 위해 GAN은 판별기와 생성기 손실의 합을 제로섬 게임으로 간주한다. 생성기 손실 함수는 단순히 판별기 손실 함수의 음의 값이다.

$$L^{(G)}(\theta^{(G)}, \theta^{(D)}) = -L^{(D)}(\theta^{(G)}, \theta^{(D)})$$ (방정식 4.1.2)

이 방정식은 가치 함수(value function)로 더 적절하게 다시 쓸 수 있다.

$$V^{(G)}(\theta^{(G)}, \theta^{(D)}) = -L^{(D)}(\theta^{(G)}, \theta^{(D)})$$ (방정식 4.1.3)

생성기 관점에서 방정식 4.1.3이 최소화돼야 한다. 그리고 판별기 관점에서 가치 함수는 최대화돼야 한다. 따라서 생성기 훈련 기준은 최소최대(minimax) 문제로 정리할 수 있다.

$$\theta^{(G)*} = \text{argmin}_{\theta^{(G)}} \min_{\theta^{(D)}} V^{(D)}(\theta^{(G)}, \theta^{(D)})$$ (방정식 4.1.4)

경우에 따라 합성 데이터에 레이블 1.0을 붙여 실제 데이터인 것처럼 판별기를 속이려고 한다. 최적화 모델은 $\theta^{(D)}$ 관점에서 최대화함으로써 합성 데이터를 실제 데이터로 간주하기 위해 판별기 매개변수에

경사를 전달한다. 그와 동시에 $\theta^{(G)}$ 관점에서 최소화함으로써 최적화 모델은 생성기의 매개변수에 판별기를 속이는 방법을 훈련시킨다. 그렇지만 실제로 판별기는 합성 데이터를 가짜로 분류하는 자신의 예측을 확신하고 매개변수를 업데이트하지 않는다. 게다가 업데이트된 경사는 작고 생성기 계층에 전파되면서 크게 줄어든다. 그 결과 생성기가 수렴하지 못한다.

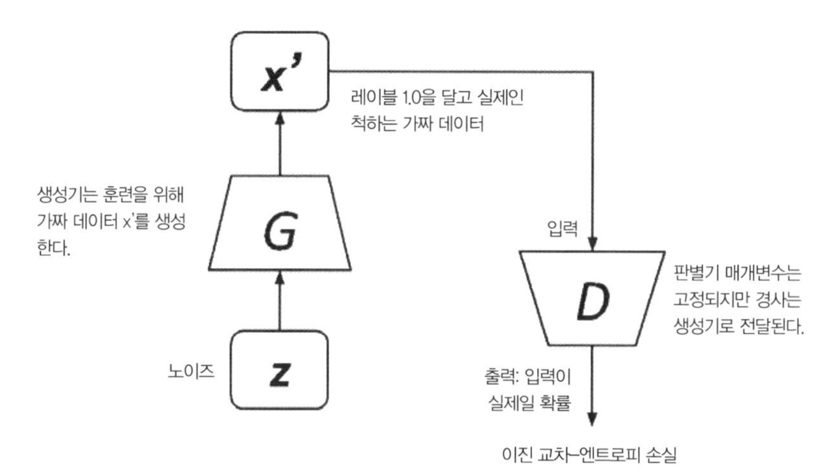

그림 4.1.4 생성기를 훈련시키는 것은 이진 교차-엔트로피 손실 함수를 사용해 네트워크를 훈련시키는 것과 같다. 생성기의 가짜 데이터는 진짜 데이터로 표시된다.

해법은 생성기의 손실 함수 공식을 다음처럼 다시 만드는 것이다.

$$L^{(G)}(\theta^{(G)}, \theta^{(D)}) = -\mathbb{E}_z \log D(G(z)) \quad \text{(방정식 4.1.5)}$$

이 손실 함수는 단순히 생성기를 훈련시켜 판별기가 합성 데이터를 실제라고 믿을 가능성을 극대화한다. 새로운 공식은 더이상 제로섬이 아니며 순전히 휴리스틱 기반으로 이루어진다. 그림 4.1.4는 훈련하는 동안의 생성기를 보여준다. 이 그림에서 생성기 매개변수는 적대적 신경망 전체가 훈련될 때만 업데이트된다. 경사가 판별기에서 생성기로 전달되기 때문이다. 그렇지만 판별기 가중치는 실제로 적대적 훈련 중에만 일시적으로 고정된다.

딥러닝에서 생성기와 판별기는 적절한 신경망 아키텍처를 사용해 구현될 수 있다. 데이터나 신호가 이미지라면 생성기와 판별기 네트워크는 CNN을 사용할 것이다. NLP처럼 일차원 시퀀스의 경우, 두 네트워크는 일반적으로 순환 신경망(RNN, LSTM, 또는 GRU)이 될 것이다.

케라스로 구현한 GAN

이전 절에서 GAN의 기본 원리가 간단해서 이해하기 쉽다는 점을 알아봤다. 또한 GAN이 어떻게 CNN과 RNN처럼 익숙한 네트워크 계층에 의해 구현되는지 배웠다. GAN이 다른 네트워크와 다른 점은 훈련시키기가 매우 까다롭다는 것이다. 계층을 약간 변경하는 것처럼 간단한 이유로도 이 네트워크의 훈련 과정을 불안정하게 만들 수 있다.

이 절에서는 초기에 심층 CNN을 사용해 GAN을 성공적으로 구현한 사례 중 하나를 살펴본다. 이 네트워크 이름을 DCGAN[3]이라고 한다.

그림 4.2.1은 가짜 MNIST 이미지를 생성하는 데 사용된 DCGAN을 보여준다. DCGAN은 다음의 설계 원칙을 가지고 있다.

- `MaxPooling2D`나 `UpSampling2D` 대신 $strides > 1$ 합성곱을 사용한다. $strides > 1$이면 CNN은 특징 맵 크기를 조정하는 방법을 학습한다.
- `Dense` 계층 사용을 피한다. 모든 계층에서 CNN을 사용한다. `Dense` 계층은 생성기의 첫 번째 계층에서만 z-vector를 받기 위해 사용된다. `Dense` 계층의 출력 크기는 조정되어 뒤따라 나오는 CNN 계층의 입력이 된다.
- 각 계층의 입력이 평균 0에 단위 분산을 가져서 학습을 안정화시키도록 **배치 정규화**(Batch Normalization, BN)를 사용한다. 생성기 출력 계층과 판별기 입력 계층에는 BN을 사용하지 않는다. 여기서 구현하는 예에서는 판별기에 배치 정규화를 사용하지 않는다.
- **정류 선형 유닛**(Rectified Linear Unit, ReLU)은 tanh 활성화 함수를 사용하는 출력 계층을 제외하고 생성기 전 계층에서 사용된다. 여기서 소개하는 구현 예제에서는 생성기 출력 계층에서 'tanh' 대신 'sigmoid'가 사용되는데, 일반적으로 MNIST 숫자에 대해 더 안정적으로 훈련시킬 수 있기 때문이다.
- 판별기 전 계층에 Leaky ReLU를 사용한다. 입력이 0보다 작으면 출력 전부를 0으로 만드는 ReLU와 달리, Leaky ReLU는 $alpha \times input$처럼 작은 경사 값을 생성한다. 다음 예에서 $alpha = 0.2$다.

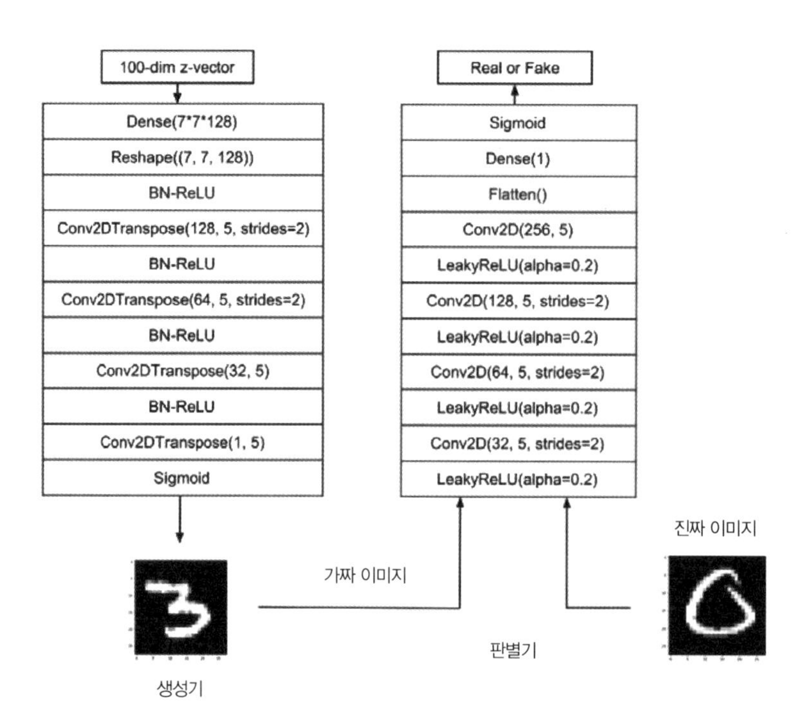

그림 4.2.1 DCGAN 모델

생성기는 100차원 입력 벡터([-1.0, 1.0] 범위에서 균등 분포로 생성된 100차원 랜덤 노이즈)로부터 가짜 이미지를 생성하는 방법을 학습한다. 판별기는 진짜 이미지와 가짜 이미지를 분류하지만, 적대적 네트워크가 훈련될 때 우연히 생성기에게 진짜 이미지를 생성하는 방법을 가르친다. 여기서 구현한 DCGAN에서 사용한 커널 크기는 5이며, 이렇게 설정하면 합성곱의 범위와 표현력이 증대된다.

생성기는 -1.0에서 1.0 사이에서 균등 분포에 의해 생성된 100차원 z-벡터를 받는다. 생성기의 첫 번째 계층은 7×7×128=6,272 유닛의 `Dense` 계층이다. 유닛 개수는 최종 출력 이미지의 차원(28×28×1, 28은 7의 배수)과 첫 번째 `Conv2DTranspose`의 필터 개수 128을 기준으로 계산된다. 전치 CNN(`Conv2DTranspose`)은 CNN 절차의 역순으로 생각하면 된다. 간단한 예로, CNN이 이미지를 특징 맵으로 변환하면 전치 CNN은 주어진 특징 맵에서 이미지를 생성한다. 따라서 전치 CNN이 이전 장의 디코더에서 사용되고 여기서는 생성기에 사용됐다.

`strides = 2`인 `Conv2DTranspose` 두 계층을 거치고 나면 특징 맵의 크기는 28×28×'필터 개수'가 된다. 각각의 `Conv2DTranspose` 앞에는 배치 정규화와 ReLU가 온다. 마지막 계층에는 28×28×1의 가짜 MNIST 이미지를 생성하는 시그모이드(sigmoid) 활성화 함수가 있다. 각 픽셀은 [0, 255] 회색조 레벨에 대응하는 [0.0, 1.0]으로 정규화된다. 다음 목록은 케라스로 구현한 생성기 네트워크를 보여준다.

여기서는 생성기 모델을 구성하기 위해 함수를 정의했다. 전체 코드가 길기 때문에 여기서 논의할 부분만 발췌해 보여줄 것이다.

전체 코드는 다음 깃허브에서 확인할 수 있다. https://github.com/PacktPublishing/Advanced-Deep-Learning-with-Keras

목록 4.2.1 dcgan-mnist-4.2.1.py에서는 DCGAN의 생성기 네트워크를 구성하는 함수를 보여준다.

```
def build_generator(inputs, image_size):
    """생성기 모델 구성

    가짜 이미지 생성을 위한 BN-ReLU-Conv2DTranpose 스택
    출력 계층 활성화 함수로는 참고문헌[1]의 tanh 대신 sigmoid 사용.
    Sigmoid가 수렴이 쉽다.
    # 인수
        inputs (Layer): 생성기의 입력 계층 (z-vector)
        image_size: 이미지 한 변의 목표 크기(정사각형으로 가정)

    # 반환 결과
        Model: 생성기 모델
    """

    image_resize = image_size // 4
    # 네트워크 매개변수
    kernel_size = 5
    layer_filters = [128, 64, 32, 1]

    x = Dense(image_resize * image_resize * layer_filters[0])(inputs)
    x = Reshape((image_resize, image_resize, layer_filters[0]))(x)

    for filters in layer_filters:
        # 첫 두 합성곱 계층이 strides = 2를 사용
        # 마지막 두 계층은 strides = 1을 사용
        if filters > layer_filters[-2]:
            strides = 2
        else:
            strides = 1
        x = BatchNormalization()(x)
```

```
        x = Activation('relu')(x)
        x = Conv2DTranspose(filters=filters,
                            kernel_size=kernel_size,
                            strides=strides,
                            padding='same')(x)

    x = Activation('sigmoid')(x)
    generator = Model(inputs, x, name='generator')
    return generator
```

판별기는 수많은 CNN 기반의 분류 모델과 유사하다. 입력은 28×28×1 MNIST 이미지이며 진짜(1.0)이나 가짜(0.0), 둘 중 하나로 분류된다. 여기에는 네 개의 CNN 계층이 있다. 마지막 합성곱 계층을 제외한 모든 Conv2D는 strides = 2를 사용해 특징 맵을 1/2로 다운샘플링한다. 그런 다음 각 Conv2D를 Leaky ReLU 계층 뒤에 놓는다. 초기 필터 크기는 32이며 합성곱 계층마다 두 배씩 늘어 최종 필터 크기가 256이 된다. 마지막 필터 크기가 128이어도 동작한다. 그렇지만 생성된 이미지는 필터 크기가 256일 때 더 낫다. 최종 출력 계층은 일차원으로 변환되고 단일 유닛 Dense 계층은 sigmoid 활성화 계층에 의해 척도를 조정한 다음 0.0과 1.0 사이로 예측을 생성한다. 결과는 베르누이 분포(Bernoulli distribution)로 모델링된다. 따라서 이진 교차-엔트로피 손실 함수가 사용된다.

생성기와 판별기 모델을 구성한 다음, 생성기와 판별기 네트워크를 결합해 적대적 모델을 구성한다. 판별기와 적대적 네트워크는 모두 RMSprop 최적화 기법을 사용한다. 판별기의 학습 속도는 2e-4이지만, 적대적 네트워크의 학습 속도는 1e-4이다. RMSprop 감소율은 판별기에는 6e-8이고 적대적 네트워크에는 3e-8이 적용된다. 적대적 신경망의 학습 속도를 판별기 학습 속도의 반으로 설정하면 더 안정적으로 훈련시킬 수 있다. 그림 4.1.3과 4.1.4에서 보듯이 GAN 훈련은 판별기 훈련과 생성기 훈련의 두 부분으로 나뉘며 판별기 가중치를 고정시켜 적대적으로 훈련시킨다.

목록 4.2.2는 케라스에서 판별기를 구현하는 방법을 보여준다. 판별기 모델을 구성하기 위해 함수가 정의된다. 목록 4.2.3에서는 GAN 모델을 구성하는 방법을 보여준다. 우선 판별기 모델이 구성되고 생성기 모델이 인스턴스화된다. 적대적 모델은 생성기와 판별기를 결합하기만 하면 된다. 수많은 GAN에서 배치 크기를 64로 설정하는 것이 가장 일반적이다. 네트워크 매개변수는 목록 4.2.3에서 확인할 수 있다.

목록 4.2.1과 4.2.2에서 볼 수 있듯이, DCGAN 모델은 단순하다. 이 모델을 구성하는 데 있어 어려운 점은 네트워크 설계를 조금만 변경해도 훈련 중 수렴이 쉽게 깨질 수 있다는 것이다. 예를 들어, 판별기에서 배치 정규화가 사용되거나 생성기의 strides = 2가 뒤따르는 CNN 계층으로 전달되면 DCGAN은 수렴에 실패한다.

목록 4.2.2 dcgan-mnist-4.2.1.py는 DCGAN에서의 판별기 네트워크 구성 함수를 보여준다.

```
def build_discriminator(inputs):
    """판별기 모델 구성

    진짜와 가짜를 판별하는 LeakyReLU-Conv2D 스택
    BN으로는 네트워크가 수렴하지 않으므로
    [1] 또는 최초 논문과는 달리 BN을 사용하지 않음

    # 인수
        inputs (Layer): 판별기의 입력 계층(이미지)

    # 반환 결과
        Model: 판별기 모델
    """
    kernel_size = 5
    layer_filters = [32, 64, 128, 256]

    x = inputs
    for filters in layer_filters:
        # 첫 3개의 합성곱 계층은 strides = 2를 사용
        # 마지막 한 계층은 strides = 1을 사용
        if filters == layer_filters[-1]:
            strides = 1
        else:
            strides = 2
        x = LeakyReLU(alpha=0.2)(x)
        x = Conv2D(filters=filters,
                   kernel_size=kernel_size,
                   strides=strides,
                   padding='same')(x)

    x = Flatten()(x)
    x = Dense(1)(x)
    x = Activation('sigmoid')(x)
    discriminator = Model(inputs, x, name='discriminator')
    return discriminator
```

목록 4.2.3 dcgan-mnist-4.2.1.py. DCGAN 모델을 구성하는 함수로 훈련 루틴을 호출한다.

```
def build_and_train_models():
    # MNIST 데이터세트 로딩
    (x_train, _), (_, _) = mnist.load_data()

    # CNN을 위한 데이터 형상을 (28, 28, 1)로 조정하고 정규화
    image_size = x_train.shape[1]
    x_train = np.reshape(x_train, [-1, image_size, image_size, 1])
    x_train = x_train.astype('float32') / 255

    model_name = "dcgan_mnist"
    # 네트워크 매개변수
    # 잠재 혹은 z 벡터는 100차원임
    latent_size = 100
    batch_size = 64
    train_steps = 40000
    lr = 2e-4
    decay = 6e-8
    input_shape = (image_size, image_size, 1)

    # 판별기 모델 구성
    inputs = Input(shape=input_shape, name='discriminator_input')
    discriminator = build_discriminator(inputs)
    # [1] 또는 최초 논문은 Adam 최적화 기법을 사용하지만
    # 판별기는 RMSprop로 쉽게 수렴한다.
    optimizer = RMSprop(lr=lr, decay=decay)
    discriminator.compile(loss='binary_crossentropy',
                          optimizer=optimizer,
                          metrics=['accuracy'])
    discriminator.summary()

    # 생성기 모델 구성
    input_shape = (latent_size, )
    inputs = Input(shape=input_shape, name='z_input')
    generator = build_generator(inputs, image_size)
    generator.summary()
```

```
    # 적대적 모델 구성
    optimizer = RMSprop(lr=lr * 0.5, decay=decay * 0.5)
    # 적대적 모델을 훈련하는 동안 판별기 가중치 고정
    discriminator.trainable = False
    # adversarial = generator + discriminator
    adversarial = Model(inputs,
                        discriminator(generator(inputs)),
                        name=model_name)
    adversarial.compile(loss='binary_crossentropy',
                        optimizer=optimizer,
                        metrics=['accuracy'])
    adversarial.summary()

    # 판별기와 적대적 네트워크를 훈련
    models = (generator, discriminator, adversarial)
    params = (batch_size, latent_size, train_steps, model_name)
    train(models, x_train, params)
```

목록 4.2.4는 판별기와 적대적 네트워크를 훈련시키는 함수를 보여준다. 맞춤 훈련을 위해 일반적인 fit() 함수를 사용하지 않는다. 대신 데이터 배치가 주어졌을 때 단일 경사 업데이트를 실행하기 위해 train_on_batch()가 호출된다. 그런 다음 생성기는 적대적 네트워크를 통해 훈련된다. 훈련할 때 가장 먼저 임의로 데이터세트에서 실제 이미지로 구성된 배치를 선택한다. 여기에는 레이블이 진짜(1.0)로 붙는다. 그런 다음 생성기에서 가짜 이미지로 구성된 배치가 생성된다. 여기에는 가짜(0.0)로 레이블이 붙는다. 이 두 배치를 연결해 판별기 훈련에 사용한다.

여기까지 완료되면 생성기가 새로운 가짜 이미지 배치를 생성하고 거기에 진짜(1.0)로 레이블을 붙인다. 이 배치는 적대적 네트워크를 훈련시키기 위해 사용된다. 이 두 네트워크는 약 40,000단계 동안 교대로 훈련된다. 주기적 간격으로 특정 노이즈 벡터를 기반으로 생성된 MNIST 숫자는 파일 시스템에 저장된다. 마지막 훈련 단계에서 이 네트워크가 수렴한다. 생성기 모델도 파일에 저장되기 때문에 향후에 MNIST 숫자를 생성할 때도 훈련된 모델을 쉽게 재사용할 수 있다. 그렇지만 GAN에서 새로운 MNIST 숫자를 생성하는 데 있어 유용한 부분은 생성기 모델이므로 생성기 모델만 저장된다. 예를 들어 다음 명령을 실행함으로써 임의의 새로운 MNIST 숫자를 생성할 수 있다.

```
python3 dcgan-mnist-4.2.1.py --generator=dcgan_mnist.h5
```

목록 4.2.4 dcgan-mnist-4.2.1.py는 판별기와 적대적 네트워크 훈련 함수를 보여준다.

```
def train(models, x_train, params):
    """판별기와 적대적 네트워크를 훈련
    배치 단위로 판별기와 적대적 네트워크를 교대로 훈련
    우선 판별기는 제대로 레이블이 붙은 진짜와 가짜 이미지를 가지고 훈련시킴
    다음으로 적대적 네트워크를 진짜인 척하는 가짜 이미지로 훈련시킴
    save_interval 단위로 샘플 이미지 생성
    # 인수
        models (list): 생성기, 판별기, 적대적 모델
        x_train (tensor): 훈련 이미지
        params (list): 네트워크 매개변수
    """
    # GAN 모델
    generator, discriminator, adversarial = models
    # 네트워크 매개변수
    batch_size, latent_size, train_steps, model_name = params
    # 500단계마다 생성기 이미지가 저장됨
    save_interval = 500
    # 훈련 기간 동안 생성기 출력 이미지가 어떻게 진화하는지 보기 위한 노이즈 벡터
    noise_input = np.random.uniform(-1.0, 1.0, size=[16, latent_size])
    # 훈련 데이터세트에 포함된 요소 개수
    train_size = x_train.shape[0]
    for i in range(train_steps):
        # 1 배치에 대해 판별기 훈련
        # 진짜 (label=1.0)와 가짜 (label=0.0) 이미지로 구성된 1 배치
        # 데이터세트에서 임의로 진짜 이미지를 선택
        rand_indexes = np.random.randint(0, train_size, size=batch_size)
        real_images = x_train[rand_indexes]
        # 생성기를 사용해 노이즈로부터 가짜 이미지 생성
        # 균등 분포를 사용해 노이즈 생성
        noise = np.random.uniform(-1.0, 1.0, size=[batch_size, latent_size])
        # 가짜 이미지 생성
        fake_images = generator.predict(noise)
        # 진짜 이미지 + 가짜 이미지 = 훈련 데이터의 1 배치(batch)
        x = np.concatenate((real_images, fake_images))
        # 진짜와 가짜 이미지에 레이블을 붙임
        # 진짜 이미지의 레이블은 1.0
        y = np.ones([2 * batch_size, 1])
```

```
    # 가짜 이미지의 레이블은 0.0
    y[batch_size:, :] = 0.0
    # 판별기 네트워크 훈련, 손실과 정확도 기록(log)
    loss, acc = discriminator.train_on_batch(x, y)
    log = "%d: [discriminator loss: %f, acc: %f]" % (i, loss, acc)

    # 1 배치에 대해 적대적 네트워크 훈련
    # label=1.0인 가짜 이미지로 구성된 1 배치
    # 적대적 네트워크에서 판별기 가중치가 고정되므로
    # 생성기만 훈련됨
    # 균등 분포를 사용해 노이즈 생성
    noise = np.random.uniform(-1.0, 1.0, size=[batch_size, latent_size])
    # 가짜 이미지에 진짜 혹은 1.0으로 레이블을 붙임
    y = np.ones([batch_size, 1])
    # 적대적 네트워크 훈련
    # 판별기를 훈련시키는 것과 달리
    # 변수에 가짜 이미지를 저장하지 않음
    # 가짜 이미지는 분류를 위해 적대적 네트워크의 판별기 입력으로 전달됨
    # 손실과 정확도 기록
    loss, acc = adversarial.train_on_batch(noise, y)
    log = "%s [adversarial loss: %f, acc: %f]" % (log, loss, acc)
    print(log)
    if (i + 1) % save_interval == 0:
        if (i + 1) == train_steps:
            show = True
        else:
            show = False

        # 주기적으로 생성기 이미지를 그림
        plot_images(generator,
                    noise_input=noise_input,
                    show=show,
                    step=(i + 1),
                    model_name=model_name)
# 생성기를 훈련시킨 다음 모델을 저장
# 훈련된 생성기 모델은 향후에 MNIST 숫자를 생성할 때 재로딩될 수 있다.
generator.save(model_name + ".h5")
```

그림 4.2.1은 훈련 단계의 함수로 생성기가 만들어낸 가짜 이미지가 어떻게 진화하는지 보여준다. 5,000단계에 이르면 생성기는 이미 식별 가능한 이미지를 생성한다. 이는 숫자를 그리는 방법을 아는 에이전트를 갖는 것과 같다. 어떤 숫자는 하나의 인식 가능한 형태(예를 들어, 마지막 줄 2번째 열의 8)에서 다른 형태(예를 들어, 0)로 바뀐다는 점에 유의할 필요가 있다. 훈련이 수렴하면 다음 같이 판별기의 손실은 0.5에 가까워지는 반면, 적대적 네트워크의 손실은 1.0에 가까워진다.

```
39997: [discriminator loss: 0.423329, acc: 0.796875] [adversarial loss: 0.819355, acc: 0.484375]
39998: [discriminator loss: 0.471747, acc: 0.773438] [adversarial loss: 1.570030, acc: 0.203125]
39999: [discriminator loss: 0.532917, acc: 0.742188] [adversarial loss: 0.824350, acc: 0.453125]
```

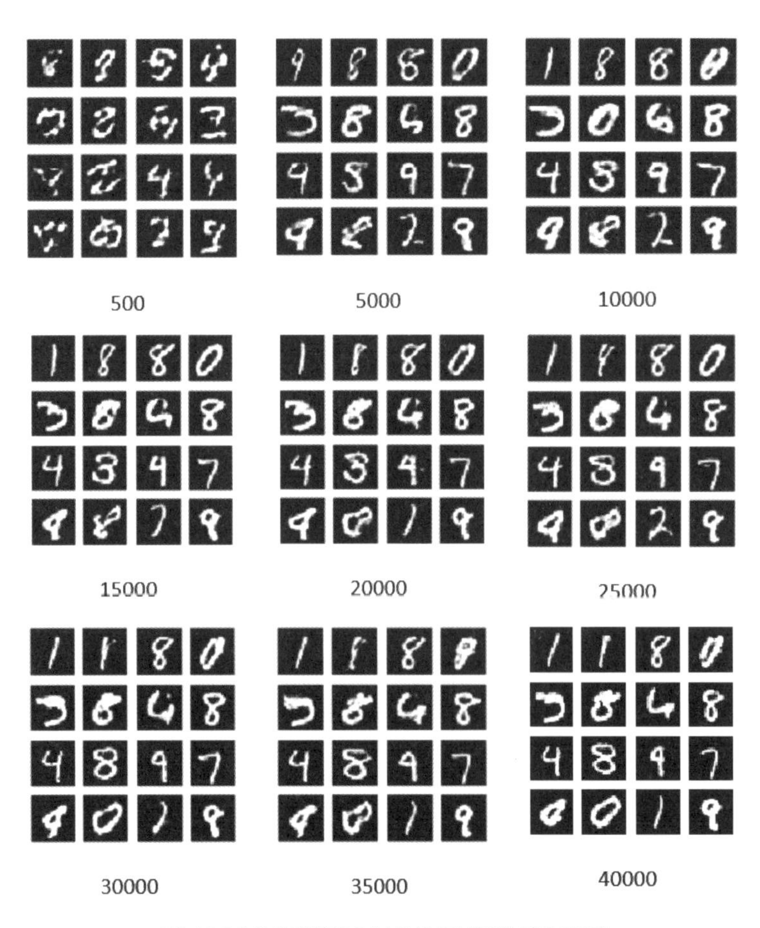

그림 4.2.2 훈련 단계별 DCGAN 생성기가 생성한 가짜 이미지

조건부 GAN

이전 절의 DCGAN에서 가짜 이미지는 임의로 생성된다. 생성기에서 어떤 숫자를 생성할지는 제어할 수 없다. 생성기에 특정 숫자를 요청할 방법이 없다. 이 문제는 GAN을 변형한 **조건부 GAN(Conditional GAN, CGAN)**을 사용해 해결할 수 있다[4].

동일한 GAN을 사용하지만 생성기와 판별기 입력 모두에 조건을 부여한다. 그 조건은 숫자를 원-핫 벡터 형태로 변환한 것이다. 이 조건은 생성기에서는 생성할 이미지와 관련이 있으며 판별기에서는 진짜 혹은 가짜로 분류하는 것과 관련이 있다. 그림 4.3.1에서 CGAN 모델을 볼 수 있다.

CGAN은 DCGAN과 유사하지만, 입력으로 원-핫 벡터를 추가로 받는다는 점이 다르다. 생성기의 경우, 원-핫 레이블은 `Dense` 계층 앞에서 잠재 벡터와 연결된다. 판별기에서는 새로운 `Dense` 계층이 추가된다. 이 새로운 계층은 원-핫 벡터를 처리하고 뒤따라 나오는 CNN 계층의 다른 입력과 연결하기에 적합한 형상으로 변경하기 위해 사용된다.

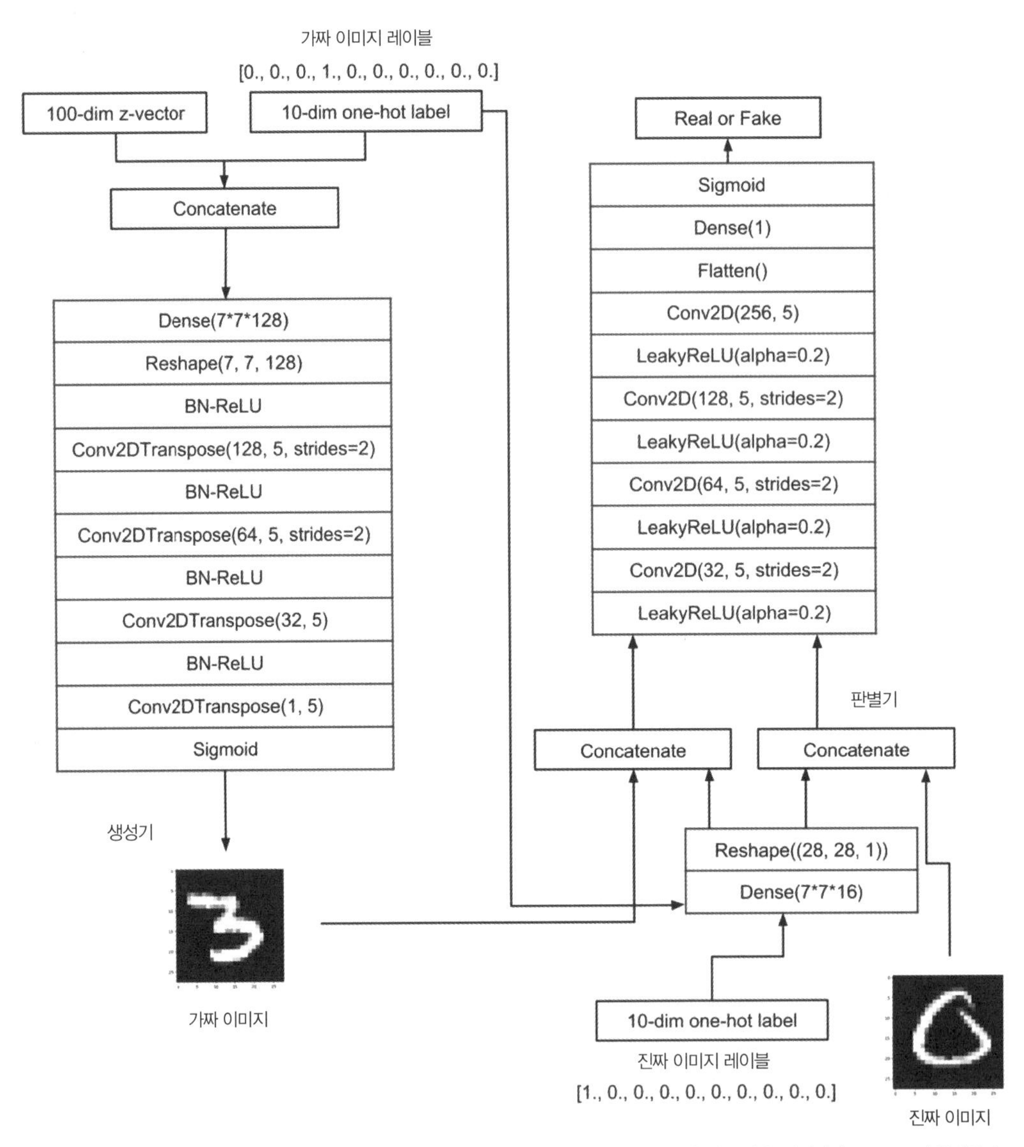

그림 4.3.1 CGAN 모델은 생성기와 판별기 출력에 조건을 부여하기 위해 원-핫 벡터를 사용하는 것을 제외하면 DCGAN과 유사하다.

생성기는 100차원 입력 벡터와 특정 숫자로부터 가짜 이미지를 생성하는 것을 학습한다. 판별기는 진짜와 가짜 이미지, 그리고 그에 대응하는 레이블을 기반으로 진짜와 가짜 이미지를 분류한다.

CGAN의 기본 원리는 원본 GAN 이론과 동일하지만, 판별기와 생성기 입력에 원-핫 레이블 y라는 조건이 부여된다는 점이 다르다. 이 조건을 방정식 4.1.1과 4.1.5에 포함시키면 각각 방정식 4.3.1과 4.3.2처럼 판별기와 생성기의 손실 함수가 된다.

그림 4.3.2에서 보듯이 손실 함수는 다음과 같이 작성하는 것이 더 적절하다.

$$L^{(D)}(\theta^{(G)}, \theta^{(D)}) = -\mathbb{E}_{x\sim P_{data}} \log D(x \mid y) - \mathbb{E}_z \log(1 - D(G(z \mid y') \mid y'))$$

그리고

$$L^{(G)}(\theta^{(G)}, \theta^{(D)}) = -\mathbb{E}_z \log D(G(z \mid y') \mid y')$$

$$L^{(D)}(\theta^{(G)}, \theta^{(D)}) = -\mathbb{E}_{x\sim P_{data}} \log D(x \mid y) - \mathbb{E}_z \log(1 - D(G(z \mid y'))) \quad \text{(방정식 4.3.1)}$$

$$L^{(G)}(\theta^{(G)}, \theta^{(D)}) = -\mathbb{E}_z \log D(G(z \mid y')) \quad \text{(방정식 4.3.2)}$$

판별기의 새로운 손실 함수는 주어진 원-핫 레이블에 대해 데이터세트에서 나온 진짜 이미지와 생성기에서 나온 가짜 이미지를 예측하는 데 있어 오차를 최소화하는 것을 목표로 한다. 그림 4.3.2는 판별기를 훈련하는 방법을 보여준다.

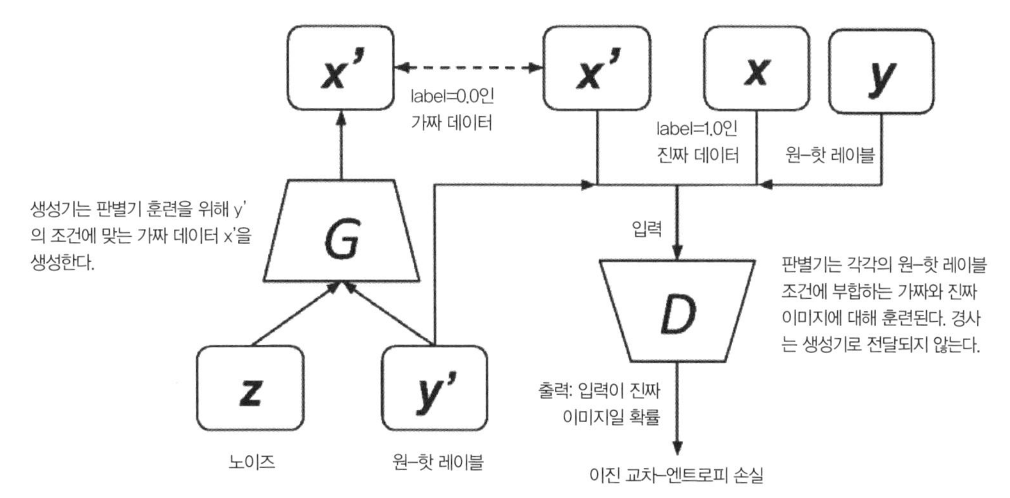

그림 4.3.2 CGAN 판별기를 훈련하는 것은 GAN 판별기를 훈련하는 것과 비슷하다. 한 가지 다른 점은 생성된 가짜 이미지와 데이터세트에서 나온 진짜 이미지 모두 그에 대응하는 원-핫 레이블 조건이 부여된다는 점이다.

생성기의 새로운 손실 함수는 특정 원-핫 레이블 조건이 붙은 가짜 이미지에 대해 판별기가 정확하게 예측할 가능성을 최소화한다. 생성기는 원-핫 벡터가 주어졌을 때 판별기를 속일 수 있는 특정 MNIST 숫자를 생성하는 방법을 배운다. 다음 그림은 생성기를 훈련하는 방법을 보여준다.

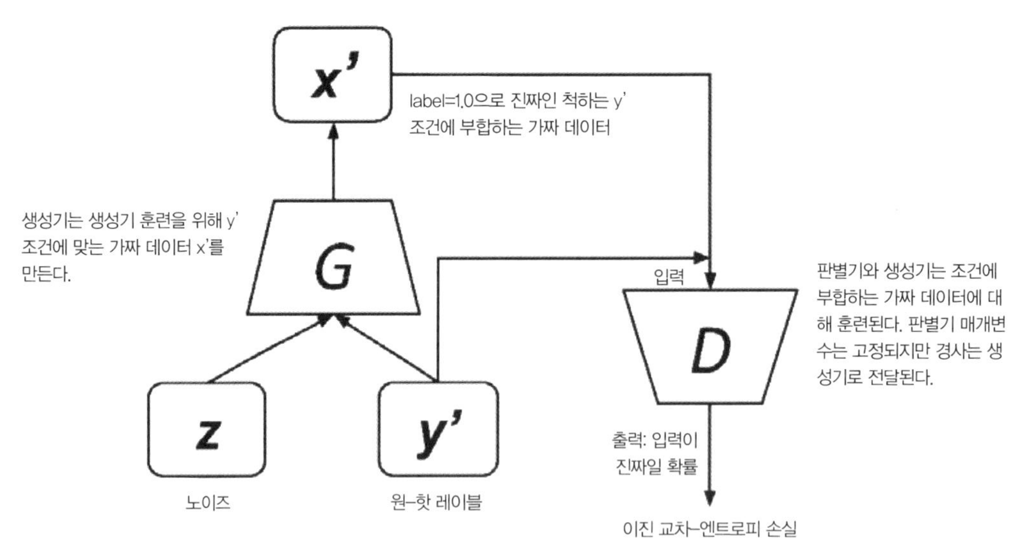
x'
label=1.0으로 진짜인 척하는 y'
조건에 부합하는 가짜 데이터
생성기는 생성기 훈련을 위해 y'
조건에 맞는 가짜 데이터 x'를
만든다.
G
입력
판별기와 생성기는 조건에
부합하는 가짜 데이터에 대
해 훈련된다. 판별기 매개변
수는 고정되지만 경사는 생
성기로 전달된다.
D
z
y'
출력: 입력이
진짜일 확률
노이즈
원-핫 레이블
이진 교차-엔트로피 손실

그림 4.3.3 CGAN 생성기를 적대적 네트워크를 통해 훈련시키는 것은 GAN 생성기를 훈련시키는 것과 비슷하다. 유일한 차이는 생성된 가짜 이미지가 원-핫 레이블로 조건이 부여된다는 점이다.

다음 목록은 판별기 모델에서 변경된 부분을 강조해 표시한다. 이 코드는 Dense 계층을 사용해 원-핫 벡터를 처리하고 이미지 입력과 처리한 원-핫 벡터를 연결한다. Model 인스턴스는 이미지와 원-핫 벡터 입력에 맞게 수정된다.

목록 4.3.1 cgan-mnist-4.3.1.py는 CGAN 판별기를 보여준다. DCGAN에서 변경된 부분은 굵은 글씨체로 강조했다.

```
def build_discriminator(inputs, y_labels, image_size):
    """판별기 모델 구성
    입력은 Dense 계층 다음에서 연결됨
    진짜와 가짜를 판별하기 위한 LeakyReLU-Conv2D 스택
    네트워크는 BN으로 수렴하지 않으므로
    DCGAN 논문과는 달리 BN을 사용하지 않음

    # 인수
        inputs (Layer): 판별기의 입력 계층(이미지)
        y_labels (Layer): 입력에 조건을 부여하는 원-핫 벡터를 위한 입력 계층
        image_size: 한 변에 대한 목표 크기(정사각형 이미지로 가정)

    # 반환 결과
        Model: 판별기 모델
    """
```

```
    kernel_size = 5
    layer_filters = [32, 64, 128, 256]

    x = inputs

    y = Dense(image_size * image_size)(y_labels)
    y = Reshape((image_size, image_size, 1))(y)
    x = concatenate([x, y])

    for filters in layer_filters:
        # 첫 3개의 합성곱 계층은 strides = 2를 사용
        # 마지막 한 계층은 strides = 1을 사용
        if filters == layer_filters[-1]:
            strides = 1
        else:
            strides = 2
        x = LeakyReLU(alpha=0.2)(x)
        x = Conv2D(filters=filters,
                   kernel_size=kernel_size,
                   strides=strides,
                   padding='same')(x)

    x = Flatten()(x)
    x = Dense(1)(x)
    x = Activation('sigmoid')(x)
    # 입력은 y_labels에 의해 조건이 부여됨
    discriminator = Model([inputs, y_labels],
                          x,
                          name='discriminator')
    return discriminator
```

다음 목록에서는 생성기 구성 함수에서 조건을 부여하는 원-핫 레이블을 포함시키기 위해 변경된 부분을 강조 표시했다. Model 인스턴스는 z-벡터와 원-핫 벡터 입력을 받도록 수정된다.

목록 4.3.2 cgan-mnist-4.3.1.py는 CGAN 생성기를 보여준다. 굵은 글씨체로 강조된 부분은 DCGAN에서 변경된 부분이다.

```
def build_generator(inputs, y_labels, image_size):
    """생성기 모델 구성
    입력은 Dense 계층 전에 연결됨
```

```
    가짜 이미지를 생성하기 위한 BN-ReLU-Conv2DTranpose 스택
    출력 계층의 활성화 함수로 최초 DCGAN의 tanh 대신 sigmoid를 사용함
    Sigmoid는 수렴이 쉬움

    # 인수
        inputs (Layer): 생성기의 입력 계층(z-벡터)
        y_labels (Layer): 입력에 조건을 부여하는 원-핫 벡터를 위한 입력 계층
        image_size: 한 변의 목표 크기(정사각형 이미지를 가정)

    # 반환 결과
        Model: 생성기 모델
    """
    image_resize = image_size // 4
    # 네트워크 매개변수
    kernel_size = 5
    layer_filters = [128, 64, 32, 1]

    x = concatenate([inputs, y_labels], axis=1)
    x = Dense(image_resize * image_resize * layer_filters[0])(x)
    x = Reshape((image_resize, image_resize, layer_filters[0]))(x)

    for filters in layer_filters:
        # 처음 두 합성곱 계층은 strides = 2를 사용
        # 마지막 두 계층은 strides = 1을 사용
        if filters > layer_filters[-2]:
            strides = 2
        else:
            strides = 1
        x = BatchNormalization()(x)
        x = Activation('relu')(x)
        x = Conv2DTranspose(filters=filters,
                            kernel_size=kernel_size,
                            strides=strides,
                            padding='same')(x)

    x = Activation('sigmoid')(x)
    # 입력은 y_labels에 의해 조건이 부여됨
    generator = Model([inputs, y_labels], x, name='generator')
    return generator
```

목록 4.3.3은 판별기와 생성기에 조건부 원-핫 벡터를 추가하기 위해 `train()` 함수를 변경한 부분을 강조한 것이다. CGAN 판별기는 우선 각각의 원-핫 레이블 조건에 부합되는 진짜와 가짜 데이터 배치를 사용해 훈련된다. 그런 다음 원-핫 레이블 조건에 부합되는 진짜인 척하는 가짜 데이터가 주어졌을 때 적대적 네트워크를 훈련함으로써 생성기 매개변수가 업데이트된다. DCGAN과 비슷하게 적대적 신경망을 훈련시키는 동안 판별기 가중치는 고정된다.

목록 4.3.3 cgan-mnist-4.3.1.py는 CGAN 훈련을 보여준다. 강조된 부분은 DCGAN에서 변경된 부분이다.

```
def train(models, data, params):
    """판별기와 적대적 네트워크 훈련
    배치 단위로 판별기와 적대적 네트워크를 교대로 훈련시킴
    판별기는 우선 적절한 레이블을 붙인 진짜와 가짜 이미지를 사용해 훈련됨
    다음으로 적대적 네트워크는 진짜인 척하는 가짜 이미지를 사용해 훈련됨
    판별기 입력은 진짜 이미지에 대한 훈련 레이블과 가짜 이미지에 대한 랜덤 레이블에 의해 조건이 부
여됨
    적대적 네트워크의 입력은 랜덤 레이블에 의해 조건이 부여됨
    save_interval마다 샘플 이미지를 생성함

    # 인수
        models (list): Generator, Discriminator, Adversarial models
        data (list): x_train, y_train 데이터
        params (list): 네트워크 매개변수
    """
    # GAN 모델
    generator, discriminator, adversarial = models
    # 이미지와 레이블
    x_train, y_train = data
    # 네트워크 매개변수
    batch_size, latent_size, train_steps, num_labels, model_name = params
    # 생성기 이미지는 500 단계마다 저장됨
    save_interval = 500
    # 훈련하는 동안 생성기 출력이 진화하는 모습을 보여주기 위한 노이즈 벡터
    noise_input = np.random.uniform(-1.0, 1.0, size=[16, latent_size])
    # 노이즈에 조건을 부여할 원-핫 레이블
    noise_class = np.eye(num_labels)[np.arange(0, 16) % num_labels]
    # 훈련 데이터세트의 요소 개수
    train_size = x_train.shape[0]
```

```
print(model_name,
      "Labels for generated images: ",
      np.argmax(noise_class, axis=1))

for i in range(train_steps):
    # 1 배치에 대해 판별기 훈련
    # 진짜(Label=1.0)와 가짜(label=0.0) 이미지로 구성된 1 배치
    # 데이터세트에서 진짜 이미지를 임의로 선정
    rand_indexes = np.random.randint(0, train_size, size=batch_size)
    real_images = x_train[rand_indexes]
    # 그에 대응하는 진짜 이미지의 원-핫 레이블
    real_labels = y_train[rand_indexes]
    # 생성기를 사용해 노이즈로부터 가짜 이미지 생성
    # 균등 분포를 사용해 노이즈 생성
    noise = np.random.uniform(-1.0, 1.0, size=[batch_size, latent_size])
    # 임의의 원-핫 레이블 할당
    fake_labels = np.eye(num_labels)[np.random.choice(num_labels, batch_size)]
    # 가짜 레이블을 조건으로 하는 가짜 이미지 생성
    fake_images = generator.predict([noise, fake_labels])
    # 진짜 이미지 + 가짜 이미지 = 1 배치 훈련 데이터
    x = np.concatenate((real_images, fake_images))
    # 진짜 + 가짜 원-핫 레이블 = 1 배치 훈련 원-핫 레이블
    y_labels = np.concatenate((real_labels, fake_labels))

    # 진짜와 가짜 이미지에 레이블 붙임
    # 진짜 이미지 레이블은 1.0
    y = np.ones([2 * batch_size, 1])
    # 가짜 이미지 레이블은 0.0
    y[batch_size:, :] = 0.0
    # 판별기 네트워크 훈련, 손실과 정확도 기록
    loss, acc = discriminator.train_on_batch([x, y_labels], y)
    log = "%d: [discriminator loss: %f, acc: %f]" % (i, loss, acc)
    # 1 배치에 대해 적대적 네트워크 훈련
    # 레이블이 1.0인 가짜 원-핫 레이블을 조건으로 하는 가짜 이미지의 1배치
    # 적대적 네트워크에서 판별기 가중치는 고정되기 때문에
    # 생성기만 훈련됨
    # 균등 분포를 사용해 노이즈 생성
    noise = np.random.uniform(-1.0, 1.0, size=[batch_size, latent_size])
    # 임의의 원-핫 레이블 할당
```

```
        fake_labels = np.eye(num_labels)[np.random.choice(num_labels,batch_size)]
        # 가짜 이미지에 진짜(1.0)로 레이블을 붙임
        y = np.ones([batch_size, 1])
        # 적대적 네트워크 훈련
        # 판별기 훈련과 달리, 변수에 가짜 이미지를 저장하지 않음
        # 분류를 위해 가짜 이미지는 적대적 네트워크의 판별기 입력으로 전달됨
        # 손실과 정확도 기록
        loss, acc = adversarial.train_on_batch([noise, fake_labels], y)
        log = "%s [adversarial loss: %f, acc: %f]" % (log, loss, acc) print(log)
        if (i + 1) % save_interval == 0:
            if (i + 1) == train_steps:
                show = True
            else:
                show = False

            # 주기적으로 생성기 이미지 그림
            plot_images(generator,
                        noise_input=noise_input,
                        noise_class=noise_class,
                        show=show,
                        step=(i + 1),
                        model_name=model_name)

    # 생성기를 훈련시킨 다음 모델을 저장
    # 훈련된 생성기는 향후에 MNIST 숫자 생성을 위해 재로딩될 수 있음
    generator.save(model_name + ".h5")
```

그림 4.3.4는 생성기가 다음 레이블로 숫자를 생성하도록 제한됐을 때 생성된 MNIST 숫자가 어떻게 진화하는지 보여준다.

```
[0 1 2 3
 4 5 6 7
 8 9 0 1
 2 3 4 5]
```

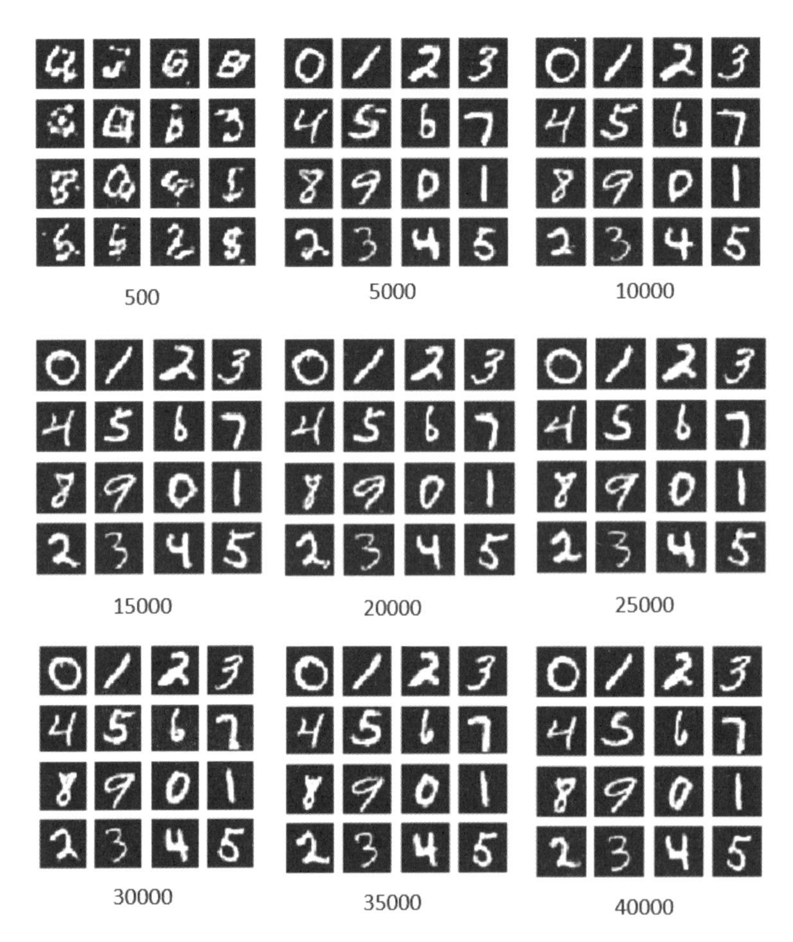

그림 4.3.4 훈련 단계별 CGAN에 의해 생성된 가짜 이미지. 레이블 조건은 [0 1 2 3 4 5 6 7 8 9 0 1 2 3 4 5].

훈련된 생성기 모델을 실행해 새로 합성된 MNIST 숫자 이미지를 확인하는 것이 좋다.

```
python3 cgan-mnist-4.3.1.py --generator=cgan_mnist.h5
```

교대로 특정 숫자(예를 들면 8) 생성을 요청할 수 있다.

```
cgan-mnist-4.3.1.py --generator=cgan_mnist.h5 --digit=8
```

CGAN을 사용하면 사람이 숫자를 쓰는 방법과 비슷하게 숫자 그리기를 요청할 수 있는 에이전트를 두는 것과 같다. CGAN이 DCGAN보다 좋은 점은 에이전트에게 원하는 숫자를 그리도록 지정할 수 있다는 것이다.

결론

이 장에서는 GAN의 일반 원리를 설명해 앞으로 다룰 개선된 GAN 모델, 분해된 표현 GAN 모델(Disentangled Representations GANs), 교차 도메인 GAN 모델(Cross-Domain GANs)을 포함한 고급 주제를 이해할 수 있는 기반 지식을 제공한다. 먼저 GAN이 어떻게 생성기와 판별기라 불리는 두 네트워크로 구성되는지 설명했다. 판별기의 역할은 진짜와 가짜 신호를 구분하는 것이다. 생성기는 판별기를 속이는 것을 목표로 한다. 일반적으로 생성기와 판결기를 결합해 적대적 네트워크를 구성한다. 이는 생성기가 판별기를 속일 수 있는 가짜 신호를 생성하는 방법을 학습하는 적대적 네트워크를 훈련시킴으로써 가능하다.

또한 GAN이 구축하기는 쉽지만 훈련하기는 상당히 어렵다는 점도 배웠다. 두 예제를 케라스에서 구현했다. DCGAN은 심층 CNN을 사용해 가짜 이미지를 생성하도록 GAN을 훈련시킬 수 있음을 보여줬다. 가짜 이미지는 MNIST 숫자다. 그렇지만 DCGAN 생성기가 어느 숫자를 그릴지 제어할 수는 없다. CGAN은 생성기에 특정 숫자를 그리도록 조건을 부여함으로써 이 문제를 해결했다. 이 조건은 원-핫 레이블 형태를 띤다. CGAN은 특정 범주의 데이터를 생성할 수 있는 에이전트를 구성하고자 할 때 유용하다.

다음 장에서는 DCGAN과 CGAN을 개선한 모델을 소개한다. 특히, DCGAN의 훈련 과정을 안정화하는 방법과 CGAN의 인지 품질을 높이는 방법을 중점적으로 알아보겠다. 이것은 새로운 손실 함수를 도입하고 모델 아키텍처를 약간 변형하는 것으로 할 수 있다.

참고문헌

1. Ian Goodfellow. NIPS 2016 Tutorial: Generative Adversarial Networks. arXiv preprint arXiv:1701.00160, 2016 (https://arxiv.org/pdf/1701.00160.pdf).

2. Alec Radford, Luke Metz, and Soumith Chintala. Unsupervised Representation Learning with Deep Convolutional Generative Adversarial Networks. arXiv preprint arXiv:1511.06434, 2015 (https://arxiv.org/pdf/1511.06434.pdf).

3. Mehdi Mirza and Simon Osindero. Conditional Generative Adversarial Nets. arXiv preprint arXiv:1411.1784, 2014 (https://arxiv.org/pdf/1411.1784.pdf).

4. Tero Karras and others. Progressive Growing of GANs for Improved Quality, Stability, and Variation. ICLR, 2018 (https://arxiv.org/pdf/1710.10196.pdf).

5장 개선된 GAN 모델

2014년 GAN[1]이 소개된 후로 그 인기는 급속히 높아졌다. GAN은 실제처럼 보이는 새로운 데이터를 합성할 수 있는 유용한 생성 모델임이 입증됐다. 뒤따라 나온 수많은 딥러닝 연구 논문에서 최초 제안한 GAN이 갖는 문제점과 한계를 해결할 수단을 제안했다.

이전 장에서 설명했듯이, GAN은 훈련하기가 매우 까다롭고 모드가 붕괴(mode collapse)될 가능성이 높다. 모드 붕괴란 생성기에서 손실 함수가 이미 최적화됐는데도 똑같아 보이는 출력을 생성하는 상황을 뜻한다. MNIST 숫자의 경우에 비춰보면 모드 붕괴가 되면 생성기가 비슷해 보인다는 이유로 숫자 4와 9만 생산할 수 있다. **베셔슈타인 GAN(Wasserstein GAN, WGAN)**[2]은 안정적인 훈련과 모드 붕괴는 단순히 베셔슈타인 1이나 **EMD(Earth-Mover Distance)**를 기반으로 한 GAN 손실 함수를 교체함으로써 피할 수 있다는 점을 입증함으로써 이 문제를 해결했다.

그렇지만 GAN에는 안정성 문제만 있는 것은 아니다. 그 외에도 생성된 이미지의 인지 품질을 개선할 필요성이 증가하고 있다. **최소 제곱 GAN(Least Square GAN, LSGAN)**[3]은 이 두 문제를 동시에 해결할 수 있는 방법을 제시한다. 이 방식은 시그모이드 교차 엔트로피 손실 함수를 적용하면 훈련하는 동안 경사가 소실된다는 것을 기본 전제로 한다. 그러면 이미지 품질이 나빠진다. 최소 제곱 손실은 경사를 소실시키지 않는다. 따라서 결과적으로 생성된 이미지는 최초의 GAN에서 생성된 이미지에 비해 인지 품질이 더 높다.

이전 장에서 CGAN은 생성기의 출력에 조건을 부여하는 방법을 도입했다. 예를 들어, 숫자 8을 얻고 싶다면 생성기 입력에 조건부 레이블을 포함시킨다. CGAN에서 착안해 **ACGAN(Auxiliary Classifier GAN)**[4]은 인지 품질을 향상시키고 다양한 출력을 낼 수 있는 수정된 조건부 알고리즘을 제안한다.

요약하면, 이 장에서는 이와 같이 개선된 GAN 모델을 소개하고 다음 내용을 설명한다.

- WGAN의 이론적 방정식
- LSGAN 이론
- ACGAN 이론
- 케라스를 사용해 개선된 GAN 모델(WGAN, LSGAN, ACGAN)을 구현하는 방법

베셔슈타인 GAN

앞서 말했듯이 GAN은 훈련시키기가 상당히 까다롭다. 판별기와 생성기의 두 네트워크는 서로 상반된 목표를 가지고 있기 때문에 훈련할 때 쉽게 불안정해진다. 판별기는 진짜 데이터에서 가짜 데이터를 정확하게 분류해내려고 한다. 반면 생성기는 최선을 다해 판별기를 속이려 한다. 판별기가 생성기보다 더 빠르게 학습하면 생성기 매개변수는 최적화에 실패한다. 반면에 판별기 학습 속도가 더 느리면 경사는 생성기에 도달하기 전에 소실된다. 최악의 경우, 판별기는 수렴하지 못하고 생성기는 의미 있는 피드백을 얻지 못한다.

거리 함수

GAN을 훈련시킬 때의 안정성은 그 손실 함수를 실험해 보면 이해할 수 있다. GAN 손실 함수를 더 잘 이해하기 위해 두 확률 분포 사이의 공통 거리 혹은 발산 함수에 관해 알아보자. 우리의 관심은 진짜 데이터 분포인 p_{data}와 생성기 데이터 분포인 p_g 사이의 거리다. GAN의 목표는 $p_g \rightarrow p_{data}$를 만드는 것이다. 표 5.1.1은 발산 함수를 보여준다.

이 책에서는 대부분 최우 추정 작업(maximum likelihood tasks)에서 예제 신경망 모델 예측이 실제 분포 함수와 얼마나 떨어져 있는지 측정하는 지표로 **Kullback-Leibler(KL)** 발산 혹은 D_{KL}을 사용한다. 방정식 5.1.1에서 보듯이 D_{KL}은 $D_{KL}(p_{data} \| p_g) \neq D_{KL}(p_g \| p_{data})$이기 때문에 비대칭적이다.

Jensen-Shannon(JS), 즉 D_{JS}는 D_{KL}을 기반으로 한 발산 함수다. 그렇지만 D_{KL}과는 달리 D_{JS}는 대칭적이며 유한하다. 이 절에서는 GAN 손실 함수를 최적화하는 것이 D_{JS}를 최적화하는 것과 같음을 보여줄 것이다.

표 5.1.1 두 확률 분포 함수 p_{data}와 p_g 사이의 발산 함수

발산 함수	표현식
Kullback-Leibler(KL) 5.1.1	$D_{KL}(p_{data} \parallel p_g) = \mathbb{E}_{x \sim p_{data}} \log \frac{p_{data}(x)}{p_g(x)}$ $\neq D_{KL}(p_g \parallel p_{data}) = \mathbb{E}_{x \sim p_g} \log \frac{p_{data}(x)}{p_g(x)}$
Jensen-Shannon(JS) 5.1.2	$D_{JS}(p_{data} \parallel p_g) = \frac{1}{2}\mathbb{E}_{x \sim p_{data}} \log \frac{p_{data}(x)}{\frac{p_{data}(x)+p_g(x)}{2}} + \frac{1}{2}\mathbb{E}_{x \sim p_g} \log \frac{p_g(x)}{\frac{p_{data}(x)+p_g(x)}{2}} = D_{JS}(p_g \parallel p_{data})$
Earth-Mover Distance(EMD) 또는 Wesserstein 1 5.1.3	$W(p_{data}, p_g) = \inf_{\gamma \in \prod(p_{data}, p_g)} \mathbb{E}_{(x, y) \sim \gamma}[\parallel x - y \parallel]$ 여기에서 $\prod(p_{data}, p_g)$는 주변 확률 분포가 p_{data}와 p_g인 결합 분포 $y(x, y)$의 전체 집합이다.

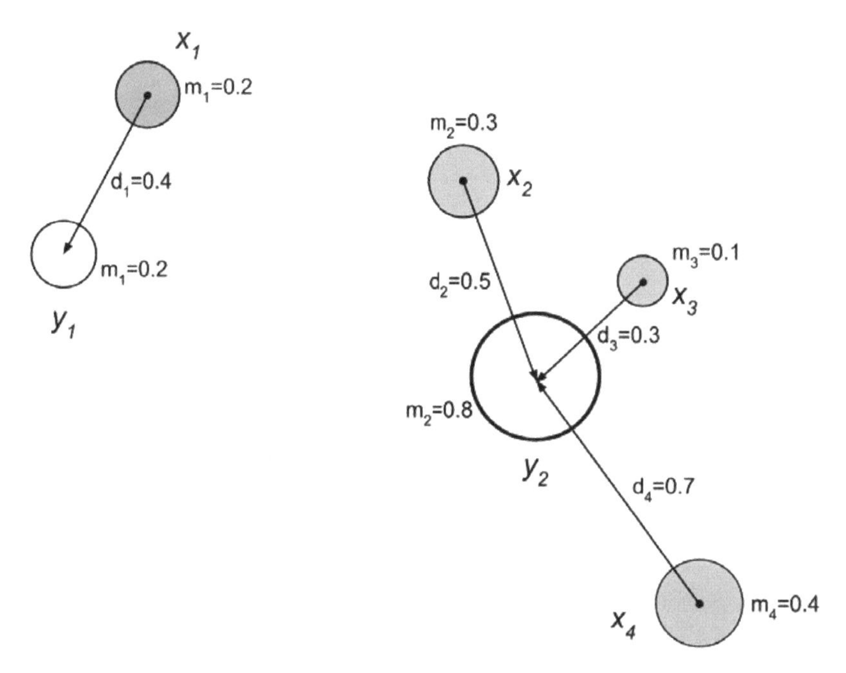

그림 5.1.1 EMD는 목표 분포 y와 일치시키기 위해 이동할 가중치가 적용된 x의 질량이다.

직관적으로 보면 EMD는 확률 분포 p_{data}를 확률 분포 p_g와 일치시키기 위해 얼마나 많은 질량 $\gamma(x, y)$를 $d = \parallel x - y \parallel$만큼 옮겨야 하는지를 나타내는 지표다. $\gamma(x, y)$는 가능한 모든 결합 분포 $\prod(p_{data}, p_g)$의 공간에 존재하는 결합 분포다. $\gamma(x, y)$는 두 확률 분포를 일치시키기 위해 질량을 옮

기는 전략을 반영하기 위한 이동 계획으로도 알려져 있다. 두 확률 분포가 주어졌을 때 적용할 수 있는 이동 계획은 다양하다. 대략적으로 보면 inf는 최소 비용을 갖는 이동 계획을 말한다.

예를 들어 그림 5.1.1은 두 개의 간단한 이산 분포 x와 y를 보여준다. x는 i가 1, 2, 3, 4일 때 위치 x_i에서 i가 1, 2, 3, 4일 때 m_i의 질량을 갖는다. 반면 y는 i가 1, 2일 때 위치 y_i에서 i가 1, 2일 때 m_i의 질량을 갖는다. 화살표는 분포 y에 일치시키기 위해 각 질량 x_i를 d_i만큼 옮기는 최소 이동 계획을 보여준다. EMD는 다음 방정식과 같이 계산된다.

$$EMD = \sum_{i=1}^{4} x_i d_i = 0.2(0.4) + 0.3(0.5) + 0.1(0.3) + 0.4(0.7) = 0.54 \quad \text{(방정식 5.1.4)}$$

그림 5.1.1에서 EMD는 구멍 y를 채우기 위해 흙더미 x를 옮기는 데 필요한 최소한의 작업량으로 해석될 수 있다. 이 예제에서 inf는 그림에서 추론해볼 수 있지만, 대부분의 경우 특히 연속 분포의 경우 가능한 이동 계획을 모두 시도해 보기는 상당히 어렵다. 이 문제에 대해서는 이 장 뒷부분에서 다시 다루겠다. 지금은 GAN 손실 함수가 실제로 어떻게 Jensen-Shannon(JS) 발산을 최소화하는지 설명하겠다.

GAN의 거리 함수

이제 이전 장에서 설명했던 손실 함수를 가지고 임의의 생성기가 주어졌을 때 최적의 판별기를 계산해 볼 것이다. 이전 장에서 배웠던 다음 방정식을 기억할 것이다.

$$L^{(D)} = -\mathbb{E}_{x \sim P_{data}} \log D(x) - \mathbb{E}_z \log(1 - D(G(z))) \quad \text{(방정식 4.1.1)}$$

이 방정식은 노이즈 분포에서 샘플링하는 방식이 아니라 생성기 분포에서 샘플링하는 것으로 표현할 수도 있다.

$$L^{(D)} = -\mathbb{E}_{x \sim p_{data}} \log D(x) - \mathbb{E}_{x \sim p_g} \log(1 - D(x)) \quad \text{(방정식 5.1.5)}$$

여기에서 최솟값을 갖는 $L^{(D)}$를 구하면 다음과 같다.

$$L^{(D)} = -\int_x p_{data}(x) \log D(x)\, dx - \int_x p_g(x) \log(1 - D(x))\, dx \quad \text{(방정식 5.1.6)}$$

$$L^{(D)} = -\int_x (p_{data}(x)\log D(x) + p_g(x)\log(1 - D(x)))\,dx$$ (방정식 5.1.7)

적분 안의 항은 {0,0}을 포함하지 않는 $a, b \in \mathbb{R}^2$에 대해 $y \in [0, 1]$일 경우, $\frac{a}{a+b}$에서 이미 알고 있는 최댓값을 갖는 $y \to a\log y + b\log(1-y)$ 형태다. 이 적분이 최댓값(또는 $L^{(D)}$ 최솟값)의 위치를 바꾸지 않기 때문에 최적의 판별기는 다음과 같이 계산할 수 있다.

$$D^*(x) = \frac{p_{data}}{p_{data} + p_g}$$ (방정식 5.1.8)

따라서 손실 함수는 최적의 판별기를 갖게 된다.

$$L^{(D^*)} = -\mathbb{E}_{x\sim p_{data}}\log\frac{p_{data}}{p_{data}+p_g} - \mathbb{E}_{x\sim p_g}\log\left[1 - \frac{p_{data}}{p_{data}+p_g}\right]$$ (방정식 5.1.9)

$$L^{(D^*)} = -\mathbb{E}_{x\sim p_{data}}\log\frac{p_{data}}{p_{data}+p_g} - \mathbb{E}_{x\sim p_g}\log\left[\frac{p_g}{p_{data}+p_g}\right]$$ (방정식 5.1.10)

$$L^{(D^*)} = 2\log 2 - D_{KL}\left[p_{data} \,\|\, \frac{p_{data}+p_g}{2}\right] - D_{KL}\left[p_g \,\|\, \frac{p_{data}+p_g}{2}\right]$$ (방정식 5.1.11)

$$L^{(D^*)} = 2\log 2 - 2D_{JS}(p_{data} \,\|\, p_g)$$ (방정식 5.1.12)

방정식 5.1.12에서 보면 최적 판별기의 손실 함수는 실제 분포 p_{data}와 생성기 분포 p_g 사이의 젠슨-섀넌(Jensen-Shannon) 발산에 2를 곱한 값을 상수에서 뺀다. $L^{(D^*)}$를 최소화한다는 것은 $D_{JS}(p_{data} \| p_g)$를 최대화한다는 것, 즉 판별기가 실제 데이터에서 가짜 데이터를 정확하게 분류한다는 것을 뜻한다.

반면 최적의 생성기는 생성기 분포가 실제 데이터 분포와 동일한 경우라고 말할 수 있다.

$$G^*(x) \to p_g = p_{data}$$ (방정식 5.1.13)

이는 생성기의 목표가 실제 데이터 분포를 학습함으로써 판별기를 속이는 것이라는 점을 생각하면 당연하다. D_{JS}를 최소화하거나 $p_g \to p_{data}$로 만듦으로써 효과적으로 최적의 생성기를 만들 수 있다. 최적의 생성기가 주어졌을 때 최적의 판별기는 $D^*(x) = \frac{1}{2}$이며, 여기서 $L^{(D^*)} = 2\log 2 = 0.60$다.

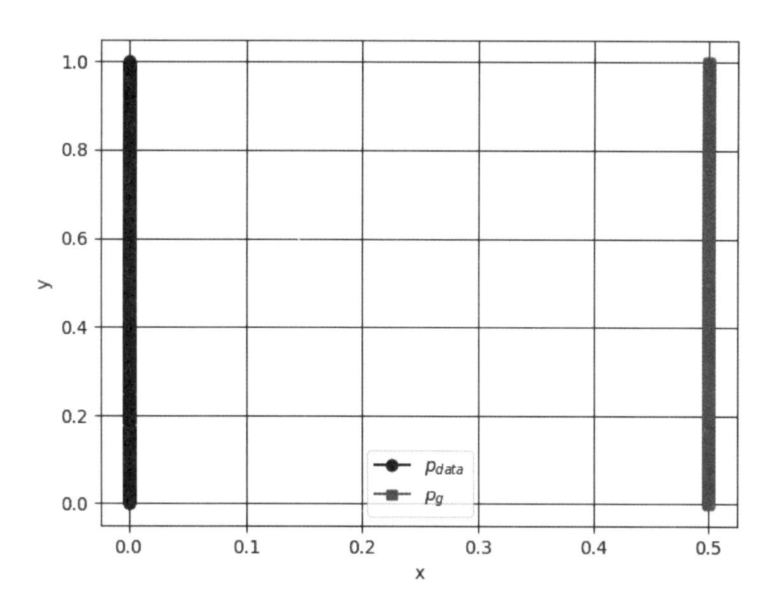

그림 5.1.2 겹치는 영역이 없는 두 분포의 예. p_g에 대해 $\theta = 0.5$.

문제는 두 분포가 겹치는 영역이 없는 경우다. 이 경우 둘 사이의 차이를 좁히는 데 도움이 될 만한 매끄러운 함수(smooth function)가 없다. GAN 훈련은 경사 하강법에 의해 수렴하지 않을 것이다. 예를 들어 다음의 경우를 가정해 보자.

$$p_{data} = (x, y), \text{ 여기에서 } x = 0, y \sim U(0, 1) \quad \text{(방정식 5.1.14)}$$

$$p_g = (x, y), \text{ 여기에서 } x = \theta, y \sim U(0, 1) \quad \text{(방정식 5.1.15)}$$

그림 5.1.2에서 보듯이, $U(0, 1)$은 균등 분포를 띤다. 각 거리 함수의 발산은 다음과 같다.

- $D_{KL}(p_g \| p_{data}) = \mathbb{E}_{x=\theta, y\sim U(0,1)} \log \frac{p_g(x, y)}{p_{data}(x, y)} = \sum 1 \log \frac{1}{0} = +\infty$
- $D_{JS}(p_{data} \| p_g) = \frac{1}{2}\mathbb{E}_{x=0, y\sim U(0,1)} \log \frac{p_{data}(x, y)}{\frac{p_{data}(x, y) + p_g(x, y)}{2}} + \frac{1}{2}\mathbb{E}_{x=\theta, y\sim U(0,1)} \log \frac{p_g}{\frac{p_{data}(x, y) + p_g(x, y)}{2}}$
  $= \frac{1}{2}\sum 1 \log \frac{1}{\frac{1}{2}} + \frac{1}{2}\sum 1 \log \frac{1}{\frac{1}{2}} = \log 2$
- $W(p_{data}, p_g) = |\theta|$

D_{JS}가 상수이기 때문에 GAN은 $p_g \rightarrow p_{data}$를 유도하기에 충분한 경사를 갖지 못한다. 또한 D_{KL}이나 D_{KL}의 역 모두 도움이 되지 않음을 알게 될 것이다. 그렇지만 $W(p_{data}, p_g)$이면 경사 하강법에 의해 $p_g \rightarrow p_{data}$를 얻기 위한 매끄러운 함수를 가질 수 있다. D_{JS}는 두 분포가 겹치지 않는 최솟값을 가지는 상황에서는 실패하기 때문에 EMD나 베셔슈타인 1이 GAN을 최적화하기에는 더 논리적인 손실 함수로 보인다.

거리 함수에 대해 더 자세히 알고 싶다면 `https://lilianweng.github.io/lil-log/2017/08/20/from-GAN-to-WGAN.html`에 잘 설명돼 있으니 참고하기 바란다.

베셔슈타인 손실 함수 사용하기

EMD나 베셔슈타인 1을 사용하기 전에 해결해야 할 문제가 하나 더 있다. $\gamma \in \prod(p_{data}, p_g)$를 구하기 위해 $\prod(p_{data}, p_g)$공간을 모두 활용하는 것은 거의 불가능하다. 이에 대해 제안된 해결책은 칸토로비치-루빈스타인(Kantorovich-Rubinstein) 쌍을 사용하는 것이다.

$$W(p_{data}, p_g) = \frac{1}{K} \sup_{\|f\|_L \leq K} \mathbb{E}_{x\sim p_{data}}[f(x)] - \mathbb{E}_{x\sim p_g}[f(x)] \quad \text{(방정식 5.1.16)}$$

마찬가지로 EMD, $\sup_{\|f\|_L \leq K}$은 모든 K-립시츠(K-Lipschitz) 함수 $f: x \rightarrow \mathbb{R}$에 대한 상한(간단히 말하면, 최댓값)이다. K-립시츠 함수는 다음 제약을 만족한다.

$$|f(x_1) - f(x_2)| \leq K|x_1 - x_2| \quad \text{(방정식 5.1.17)}$$

$x_1, x_2 \in \mathbb{R}$인 모든 x_1, x_2에 대해 K-립시츠 함수는 유계 도함수를 가지며, 거의 항상 연속적으로 미분 가능하다(예를 들어 $f(x) = |x|$는 유계 도함수를 가지고 연속적이지만, $x=0$에서 미분 가능하지 않다).

방정식 5.1.16은 K-립시츠 함수족 $\{f_w\}_{w \in W}$를 구해 해결할 수 있다.

$$W(p_{data}, p_g) = \max_{w \in W} \mathbb{E}_{x\sim p_{data}}[f_w(x)] - \mathbb{E}_{x\sim p_g}[f_w(x)] \quad \text{(방정식 5.1.18)}$$

GAN의 경우 방정식 5.1.18은 z-노이즈 분포에서 샘플링해서 f_w를 판별기 함수 D_w로 대체해 쓸 수 있다.

$$W(p_{data}, p_g) = \max_{w \in W} \mathbb{E}_{x \sim p_{data}}[D_w(x)] - \mathbb{E}_z[D_w(G(z))]$$ (방정식 5.1.19)

여기서는 다차원 샘플의 일반성을 강조하기 위해 굵은 글씨체를 사용한다. 마지막으로 해결할 문제는 함수족 $w \in W$를 구하는 방법이다. 여기에서 제안하는 방법은 경사를 업이트할 때마다 분류기의 가중치 w를 하한과 상한(예를 들면, -0.01과 0.01) 사이의 값으로 제한하는 것이다.

$$w \leftarrow clip(w, -0.01, 0.01)$$ (방정식 5.1.20)

w 값이 작으면 판별기를 작은 매개변수 공간에 제한해 립시츠 연속성을 보장할 수 있다.

여기서 방정식 5.1.19를 새로운 GAN 손실 함수의 기반으로 사용할 수 있다. EMD나 베셔슈타인 1은 생성기가 최소화하려는 손실 함수이며 판별기는 최대화하려는(혹은 $-W(p_{data}, p_g)$를 최소화하려는) 비용 함수다.

$$L^{(D)} = -\mathbb{E}_{x \sim p_{data}} D_w(x) + \mathbb{E}_z D_w(G(z))$$ (방정식 5.1.21)

$$L^{(G)} = -\mathbb{E}_z D_w(G(z))$$ (방정식 5.1.22)

생성기 손실 함수에서 첫 번째 항은 사라지는데, 실제 데이터 관점에서 직접 최적화하지 않기 때문이다.

다음 표는 GAN의 손실 함수와 WGAN의 손실 함수의 차이를 보여준다. 간단하게 설명할 수 있게, $L^{(D)}$와 $L^{(G)}$ 표기법을 단순화했다. 이 손실 함수는 '알고리즘 5.1.1'에서 보여주는 대로 WGAN을 훈련하는 데 사용된다. 그림 5.1.3은 WGAN 모델이 가짜/진짜 데이터 레이블과 손실 함수를 제외하면 실질적으로 DCGAN 모델과 동일함을 보여준다.

표 5.1.1 GAN과 WGAN의 손실 함수 비교

네트워크 모델	손실 함수	방정식
GAN	$L^{(D)} = -\mathbb{E}_{x \sim p_{data}} \log D(x) - \mathbb{E}_z \log(1 - D(G(z)))$	4.1.1
	$L^{(G)} = -\mathbb{E}_z \log D(G(z))$	4.1.5
WGAN	$L^{(D)} = -\mathbb{E}_{x \sim p_{data}} D_w(x) + \mathbb{E}_z D_w(G(z))$	5.1.21
	$L^{(G)} = -\mathbb{E}_z D_w(G(z))$	5.1.22
	$w \leftarrow clip(w, -0.01, 0.01)$	5.1.20

알고리즘 5.1.1 WGAN

매개변수 값은 $\alpha=0.00005$, $c=0.01$, $m=64$, $n_{critic}=5$다.

요건: α - 학습 속도, c - 클리핑 매개변수, m - 배치 크기, n_{critic} - 생성기가 1회 반복하는 동안 감정기(판별기)의 반복 횟수

요건: w_0 - 초기 감정기(판별기) 매개변수, θ_0 - 초기 생성기 매개변수

1. while θ가 수렴하지 않는 동안 do
2. for $t=1, \cdots, n_{critic}$ do
3. 실제 데이터에서 배치 $\{x^{(i)}\}_{i=1}^{m} \sim p_{data}$를 샘플링
4. 균등 노이즈 분포에서 배치 $\{z^{(i)}\}_{i=1}^{m} \sim p(z)$를 샘플링
5. 판별기 경사를 계산, $g_w \leftarrow \nabla_w \left[-\frac{1}{m}\sum_{i=1}^{m} D_w(x^{(i)}) + \frac{1}{m}\sum_{i=1}^{m} D_w(G_\theta(z^{(i)}))\right]$
6. 판별기 매개변수를 업데이트, $w \leftarrow w - \alpha \times RMSProp(w, g_w)$
7. 판별기 가중치 제한, $w \leftarrow clip(w, -c, c)$
8. end for
9. 균등 노이즈 분포에서 배치 $\{z^{(i)}\}_{i=1}^{m} \sim p(z)$를 샘플링
10. 생성기 경사 계산, $g_\theta \leftarrow \nabla_\theta \frac{1}{m}\sum_{i=1}^{m} D_w(G_\theta(z^{(i)}))$
11. 생성기 매개변수 업데이트, $\theta \leftarrow \theta - \alpha \times RMSProp(\theta, G_\theta)$
12. end while

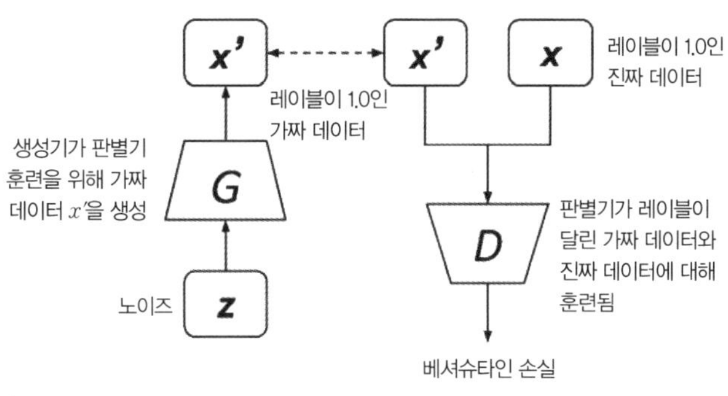

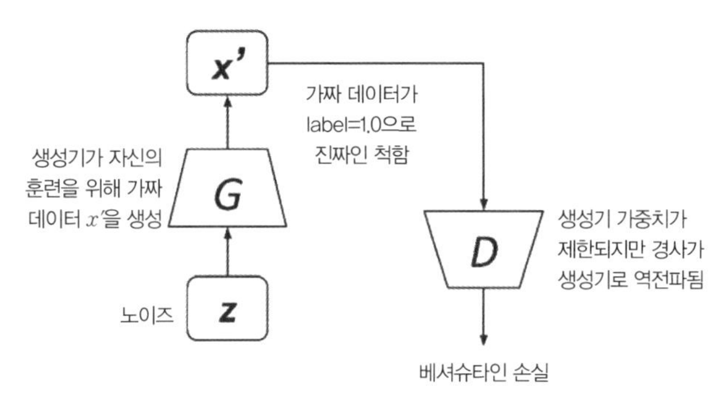

그림 5.1.3 위: WGAN 판별기를 훈련시킬 때는 생성기가 생성한 가짜 데이터와 진짜 데이터에서 추출한 실제 데이터가 필요. 아래: WGAN 생성기 훈련에는 생성기가 생성한 진짜인 척하는 가짜 데이터가 필요.

GAN과 유사하게, WGAN은 판별기와 생성기를 (적대적 망을 통해) 교대로 훈련시킨다. 그렇지만 WGAN에서는 생성기를 1회 훈련(9번~11번)시키기 전에 판별기(감정기라고도 함)를 n_{critic}회 훈련(2번~8번)시킨다. 이는 생성기와 판별기를 동일한 횟수로 훈련시키는 GAN과 다른 점이다. 판별기를 훈련시킨다는 것은 판별기의 매개변수(가중치와 편향 값)를 학습한다는 것을 뜻한다. 따라서 실제 데이터에서 배치를 샘플링(3번)하고 가짜 데이터에서 배치를 샘플링(4번)해서 샘플링된 데이터를 판별기 네트워크에 공급한 다음, 판별기 매개변수의 경사를 계산(5번)해야 한다. 판별기 매개변수는 RMSProp를 사용해 최적화(6번)된다. 5번과 6번은 모두 방정식 5.1.21을 최적화한다. 아담 최적화 기법은 WGAN에서 불안정한 것으로 나타났다.

마지막으로 EMD 최적화에서 판별기 매개변수를 특정 범위 내로 제한해서 립시츠의 제약 조건을 적용한다(7번). 7번에서 방정식 5.1.20을 구현한다. 판별기를 n_{critic}회 반복하고 나면 판별기 매개변수는 고정된다. 생성기 훈련은 가짜 데이터 배치를 샘플링(9번)하는 것으로 시작된다. 샘플링된 데이터는 레이블을 진짜(1.0)로 해서 판별기 네트워크를 속이려고 한다. 생성기 경사는 10번에서 계산되고 11

번에서 RMSProp를 사용해 최적화된다. 10번과 11번은 방정식 5.1.22를 최적화하기 위해 경사 업데이트를 수행한다.

생성기 훈련이 끝나면, 판별기 매개변수를 고정했던 것을 풀고 다시 판별기 훈련을 n_{critic}회 시작한다. 여기에서 주목할 부분은 생성기는 데이터 위조에만 관여하기 때문에 판별기를 훈련하는 동안 생성기 매개변수를 고정할 필요는 없다는 점이다. GAN과 유사하게 판별기는 별도 네트워크로 훈련될 수 있다. 생성기 훈련에는 적대적 네트워크를 통해 판별기가 항상 참여해야 하는데 손실이 생성기 네트워크의 출력에서 계산되기 때문이다.

GAN과 달리, WGAN에서는 5번에서 경사를 계산할 때 차선책으로 실제 데이터의 레이블은 1.0이지만 가짜 데이터의 레이블은 −1.0이 된다. 5번~6번과 10번~11번은 방정식 5.1.21과 5.1.22 각각을 최적화하기 위해 경사 업데이트를 수행한다. 5번과 6번의 각 항은 다음으로 모델링된다.

$$L = -y_{label}\frac{1}{m}\sum_{i=1}^{m} y_{prediction} \quad \text{(방정식 5.1.23)}$$

여기에서 진짜 데이터의 경우 $y_{label}=1.0$이고 가짜 데이터의 경우 $y_{label}=-1.0$이다. 표기법을 단순화하기 위해 위첨자 (i)를 제거했다. 판별기의 경우, WGAN은 실제 데이터를 사용해 훈련할 때 손실 함수를 최소화하기 위해 $y_{prediction}=D_w(x)$를 증가시킨다. 가짜 데이터를 사용해 훈련시키는 경우, WGAN은 $y_{prediction}=D_w(G(z))$를 감소시켜 손실 함수를 최소화한다. 생성기의 경우, WGAN은 $y_{prediction}=D_w(G(z))$를 증가시켜 훈련하는 동안 가짜 데이터에 진짜 레이블이 달려 있을 때 손실 함수를 최소화한다. y_{label}은 부호를 제외하고는 손실 함수에 직접 영향을 주지 않는다는 점에 주의하자. 케라스에서 방정식 5.1.23은 다음처럼 구현된다.

```
def wasserstein_loss(y_label, y_pred):
    return -K.mean(y_label * y_pred)
```

케라스에서 WGAN 구현하기

케라스에서 WGAN을 구현하기 위해서는 이전 장에서 소개했던 DCGAN을 구현한 코드를 재사용하면 된다. DCGAN 빌더(builder) 함수와 유틸리티 함수는 `lib` 폴더의 `gan.py`에 모듈로 구현돼 있다.

함수에는 다음이 포함된다.

- generator(): 생성기 모델 빌더
- discriminator(): 판별기 모델 빌더
- train(): DCGAN 훈련기
- plot_images(): 일반적인 생성기 출력 그래프를 그리는 함수
- test_generator(): 일반적인 생성기 테스트 유틸리티

목록 5.1.1에서 보듯이 다음과 같이 단순히 함수를 호출해서 판별기를 구성할 수 있다.

```
discriminator = gan.discriminator(inputs, activation='linear')
```

WGAN은 선형 출력 활성화를 사용한다. 생성기의 경우 다음을 실행한다.

```
generator = gan.generator(inputs, image_size)
```

케라스에서 전체 네트워크 모델은 그림 4.2.1에서 보여준 DCGAN과 비슷하다.

목록 5.1.1에서 RMSProp 최적화와 베셔슈타인 손실 함수를 사용하는 부분을 강조해 표시했다. 알고리즘 5.1.1의 초매개변수는 훈련하는 동안 사용된다. 목록 5.1.2는 이 알고리즘 바로 다음에 나오는 훈련 함수다. 그중 판별기 훈련 부분을 약간 변경했다. 진짜와 가짜 데이터 모두로 구성된 단일 결합 배치에 가중치를 훈련하는 대신, 처음에는 진짜 데이터 배치를 사용해 훈련하고 그다음에 가짜 데이터 배치를 사용해 훈련한다. 이렇게 바꿈으로써 진짜와 가짜 데이터의 레이블에 반대 신호가 붙고 범위 제한(클리핑)으로 가중치의 크기가 작아서 경사가 소실되는 것을 방지할 수 있다.

전체 코드는 다음 깃허브에서 확인할 수 있다. https://github.com/PacktPublishing/Advanced-Deep-Learning-with-Keras

그림 5.1.4는 MNIST 데이터세트에서 WGAN 출력이 어떻게 진화하는지 보여준다.

목록 5.1.1 wgan-mnist-5.1.2.py. WGAN 모델 인스턴스화 및 훈련. 판별기와 생성기 모두 베셔슈타인 1 손실 함수 wasserstein_loss()를 사용한다.

```
def build_and_train_models():
    # MNIST 데이터세트 로딩
    (x_train, _), (_, _) = mnist.load_data()
```

```
# CNN 데이터를 (28,28,1)로 형상을 변경하고 정규화함
image_size = x_train.shape[1]
x_train = np.reshape(x_train, [-1, image_size, image_size, 1])
x_train = x_train.astype('float32') / 255

model_name = "wgan_mnist"
# 네트워크 매개변수
# 잠재 혹은 z 벡터 차원은 100
latent_size = 100
# WGAN 논문[2]에서 참조한 매개변수
n_critic = 5
clip_value = 0.01
batch_size = 64
lr = 5e-5
train_steps = 40000
input_shape = (image_size, image_size, 1)

# 판별기 모델 구성
inputs = Input(shape=input_shape, name='discriminator_input')
# WGAN은 논문[2]의 선형 활성화를 사용
discriminator = gan.discriminator(inputs, activation='linear')
optimizer = RMSprop(lr=lr)
# WGAN 판별기는 베셔슈타인 손실을 사용
discriminator.compile(loss=wasserstein_loss,
                      optimizer=optimizer,
                      metrics=['accuracy'])
discriminator.summary()

# 생성기 모델 구성
input_shape = (latent_size, )
inputs = Input(shape=input_shape, name='z_input')
generator = gan.generator(inputs, image_size)
generator.summary()

# 적대적 모델 생성 = 생성기 + 판별기
# 적대적 네트워크를 훈련하는 동안 판별기의 가중치는 고정
discriminator.trainable = False
adversarial = Model(inputs,
                    discriminator(generator(inputs)),
```

```
                        name=model_name)
    adversarial.compile(loss=wasserstein_loss,
                        optimizer=optimizer,
                        metrics=['accuracy'])
    adversarial.summary()
    # 판별기와 적대적 네트워크를 훈련
    models = (generator, discriminator, adversarial)
    params = (batch_size,
              latent_size,
              n_critic,
              clip_value,
              train_steps,
              model_name)
    train(models, x_train, params)
```

목록 5.1.2 wgan-mnist-5.1.2.py. WGAN 훈련 절차는 알고리즘 5.1.1 바로 다음에 실행된다. 생성기 훈련을 1회 반복할 때마다 판별기는 n_{critic}회 반복 훈련된다.

```
def train(models, x_train, params):
    """판별기와 적대적 네트워크 훈련

    판별기와 적대적 네트워크를 배치 단위로 교대로 훈련
    먼저 판별기가 제대로 레이블이 붙은 진짜와 가짜 이미지를 사용해 n_critic회 훈련됨
    판별기 가중치는 립시츠 제약 조건에 따라 범위가 제한됨
    다음으로 생성기가 진짜인 척하는 가짜 이미지를 사용해(적대적 네트워크를 통해) 훈련됨
    save_interval마다 샘플 이미지를 생성

    # 인수
        models (list): Generator, Discriminator, Adversarial 모델
        x_train (tensor): 이미지 훈련
        params (list): 네트워크 매개변수
    """
    # GAN 모델
    generator, discriminator, adversarial = models
    # 네트워크 매개변수
    (batch_size, latent_size, n_critic,
        clip_value, train_steps, model_name) = params
    # 생성기 이미지는 500 단계마다 저장됨
    save_interval = 500
```

```
# 훈련하는 동안 생성기 출력이 어떻게 진화하는지 보기 위한 노이즈 벡터
noise_input = np.random.uniform(-1.0, 1.0, size=[16, latent_size])
# 훈련 데이터세트의 요소 개수
train_size = x_train.shape[0]
# 실제 데이터의 레이블
real_labels = np.ones((batch_size, 1))
for i in range(train_steps):
    # 판별기를 n_critic회 훈련시킴
    loss = 0
    acc = 0
    for _ in range(n_critic):
        # 1 배치에 대해 판별기를 훈련
        # 실제 이미지(label=1.0)와 가짜 이미지(label=-1.0)으로 구성된 1 배치
        # 데이터세트에서 실제 이미지를 임의로 선정
        rand_indexes = np.random.randint(0,
                                         train_size,
                                         size=batch_size)
        real_images = x_train[rand_indexes]
        # 생성기를 사용해 노이즈에서 가짜 이미지 생성
        # 균등 분포를 사용해 노이즈 생성
        noise = np.random.uniform(-1.0,
                                  1.0,
                                  size=[batch_size,
                                  latent_size])
        fake_images = generator.predict(noise)

        # 판별기 네트워크 훈련
        # 진짜 데이터 레이블 =1, 가짜 데이터 레이블=-1
        # 진짜와 가짜 이미지를 결합해 하나의 배치를 만드는 대신
        # 처음에는 진짜 데이터로 구성된 하나의 배치로 훈련한 다음
        # 가짜 이미지로 구성된 하나의 배치로 훈련
        # 이렇게 바꿈으로써
        # 진짜와 가짜 데이터 레이블의 부호가 반대고(+1과 -1)
        # 범위 제한(클리핑)으로 인해 가중치의 크기가 작아서
        # 경사가 소실되는 것을 방지
        real_loss, real_acc =
                    discriminator.train_on_batch(real_images,
                                                 real_labels)
        fake_loss, fake_acc =
```

```
                    discriminator.train_on_batch(fake_images,
                                                 real_labels)
        # 평균 손실과 정확도를 누적
        loss += 0.5 * (real_loss + fake_loss)
        acc += 0.5 * (real_acc + fake_acc)

        # 립시츠 제약 사항을 만족하기 위해 판별치 가중치 범위 제한
        for layer in discriminator.layers:
            weights = layer.get_weights()
            weights = [np.clip(weight,
                               -clip_value,
                               clip_value) for weight in weights]
            layer.set_weights(weights)
    # n_critic회 반복 훈련하는 동안 평균 손실과 정확도
    loss /= n_critic
    acc /= n_critic
    log = "%d: [discriminator loss: %f, acc: %f]" % (i, loss, acc)

    # 1 배치 동안 적대적 네트워크 훈련
    # label=1.0인 가짜 이미지의 1 배치
    # 적대적 네트워크의 판별기 가중치가 고정되어 있으므로
    # 생성기만 훈련됨
    # 균등 분포를 사용해 노이즈 생성
    noise = np.random.uniform(-1.0, 1.0,
                              size=[batch_size, latent_size])
    # 적대적 네트워크 훈련
    # 판별기 훈련과 달리
    # 변수에 가짜 이미지를 저장하지 않음
    # 가짜 이미지는 분류를 위해 적대적 네트워크의 판별기 입력으로 전달됨
    # 가짜 이미지는 진짜 레이블을 가지고 있음
    # 손실과 정확도를 기록
    loss, acc = adversarial.train_on_batch(noise, real_labels)
    log = "%s [adversarial loss: %f, acc: %f]" % (log, loss, acc)
    print(log)
    if (i + 1) % save_interval == 0:
        if (i + 1) == train_steps:
            show = True
        else:
            show = False
```

```
            # 주기적으로 생성기 이미지를 그림
            gan.plot_images(generator,
                            noise_input=noise_input,
                            show=show,
                            step=(i + 1),
                            model_name=model_name)
    # 생성기 훈련이 끝나면 모델을 저장
    # 훈련된 생성기는 향후 MNIST 숫자 생성을 위해 재로딩될 수 있음
    generator.save(model_name + ".h5")
```

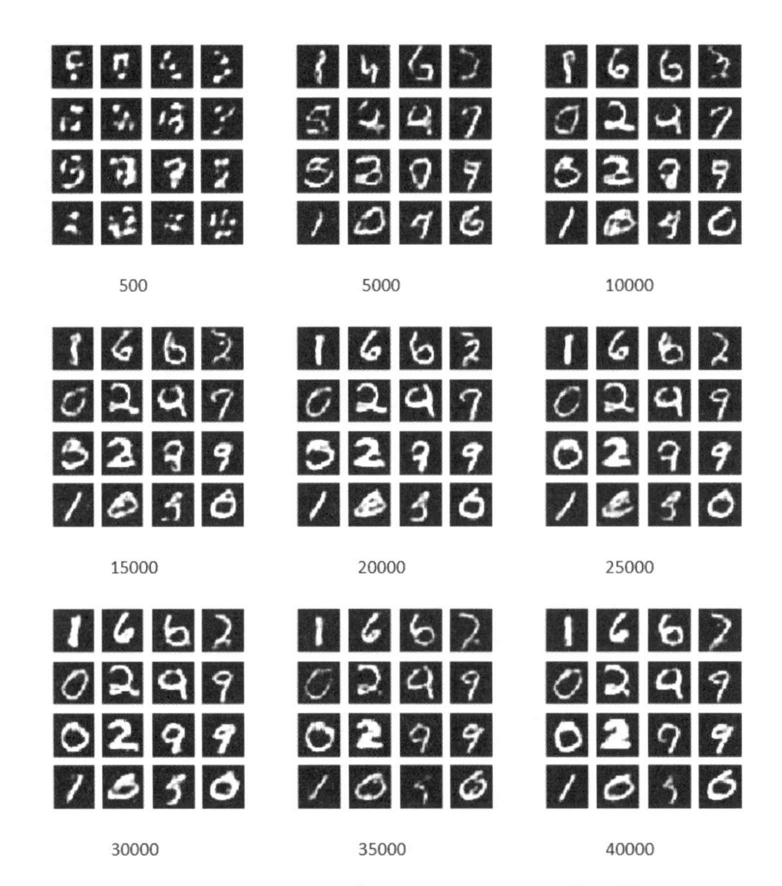

그림 5.1.4 훈련 단계별 WGAN 출력 샘플. WGAN에서는 훈련 및 테스트하는 동안 모든 출력에서 모드 붕괴가 일어나지 않는다.

WGAN은 네트워크 구성이 바뀌어도 안정적이다. 예를 들어 DCGAN은 판별기 네트워크에서 ReLU 앞에 배치 정규화를 삽입하면 불안정해진다고 알려져 있는데, 같은 구성에서 WGAN은 안정적이다.

다음 그림은 판별기 네트워크에서 배치 정규화를 사용했을 때 DCGAN과 WGAN의 출력을 보여준다.

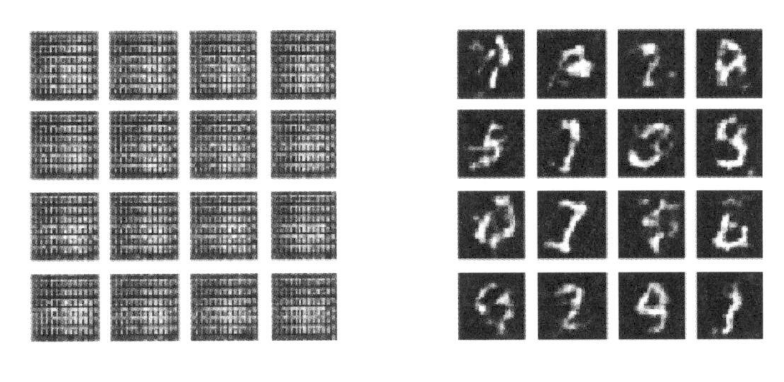

그림 5.1.5 판별기 네트워크에서 ReLU 활성화 앞에 배치 정규화를 삽입했을 때 DCGAN(왼쪽)과 WGAN(오른쪽)의 출력 비교.

이전 장의 GAN 훈련과 마찬가지로, 훈련된 모델은 4만 단계의 훈련 후에 파일에 저장된다. 훈련된 생성기 모델을 실행해 새로 합성된 MNIST 숫자 이미지를 확인하는 것이 좋다.

```
python3 wgan-mnist-5.1.2.py --generator=wgan_mnist.h5
```

최소 제곱 GAN(LSGAN)

이전 절에서 설명했듯이, 최초의 GAN은 훈련시키기가 어렵다. 문제는 GAN이 손실 함수를 최적화할 때 발생한다. 여기에서 실제로는 젠슨-섀넌 발산(Jensen-Shannon divergence) D_{JS}를 최적화한다. 두 분포 함수가 중첩되는 부분이 거의 없을 때는 D_{JS}를 최적화하기가 어렵다.

WGAN은 두 분포 사이에 중첩되는 영역이 거의 없을 때도 매끄러운 미분 가능 함수를 갖는 EMD나 배셔슈타인 1 손실 함수를 사용함으로써 이 문제를 해결한다. 그렇지만 WGAN은 생성된 이미지의 품질에 신경 쓰지 않는다. 안정성 문제를 제외하고도 최초 GAN 모델에서 생성된 이미지의 인지 품질 관점에서 개선해야 할 부분이 아직도 있다. LSGAN은 두 문제를 동시에 해결할 수 있는 이론을 제시한다.

LSGAN은 최소 제곱 손실을 제안한다. 그림 5.2.2은 GAN에서 시그모이드 교차 엔트로피 손실함수를 사용했을 때 생성된 데이터의 품질이 나쁜 이유를 보여준다. 이상적으로 보면 가짜 샘플 분포는 진짜 샘플 분포와 가능한 한 가까워야 한다. 그렇지만 GAN에서 가짜 샘플이 이미 결정 경계(decision boundary)에서 진짜로 분류됐다면 경사는 소실된다.

이는 생성기가 생성된 가짜 데이터의 품질을 개선하려고 더 노력할 필요가 없게 만든다. 결정 경계로부터 멀리 떨어져 있는 가짜 샘플은 더 이상 진짜 샘플 분포에 가까워지려고 시도하지 않는다. 최소 제곱 손실 함수를 사용하면 경사는 가짜 샘플 분포가 실제 샘플 분포와 멀리 떨어져 있는 한 소실되지 않는다. 생성기는 가짜 샘플이 이미 결정 경계의 진짜 영역에 속해 있더라도 실제 밀도 분포의 추정을 개선하려고 노력한다.

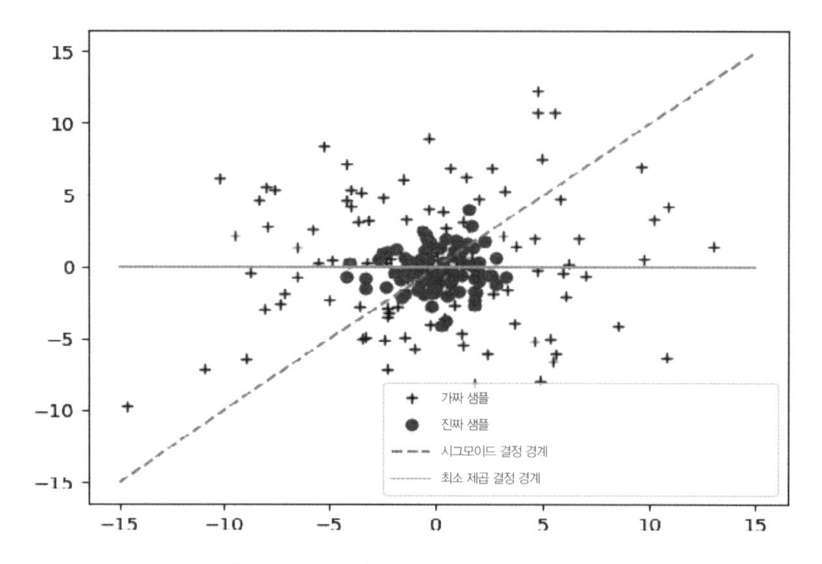

그림 5.2.1 진짜와 가짜 샘플 분포는 모두 시그모이드와 최소 제곱 각각의 결정 경계에 의해 나뉜다.

표 5.2.1 GAN과 LSGAN의 손실 함수 비교

네트워크	손실 함수	방정식
GAN	$L^{(D)} = -\mathbb{E}_{x\sim P_{data}} \log D(x) - \mathbb{E}_z \log(1 - D(G(z)))$	4.1.1
	$L^{(G)} = -\mathbb{E}_z \log D(G(z))$	4.1.5
LSGAN	$L^{(D)} = \mathbb{E}_{x\sim P_{data}} (D(x) - 1)^2 + \mathbb{E}_z D(G(z))^2$	5.2.1
	$L^{(G)} = \mathbb{E}_z (D(G(z)) - 1)^2$	5.2.2

앞의 표에서는 GAN과 LSGAN의 손실 함수를 비교했다. 방정식 5.2.1 또는 판별기 손실 함수를 최소화한다는 것은 실제 데이터 분류와 진짜 레이블 1.0 사이의 MSE가 0에 가까움을 뜻한다. 더불어 가짜 데이터 분류와 실제 레이블 0.0 사이의 MSE도 0에 가깝다.

이전 장의 DCGAN 코드를 기반으로 LSGAN을 구현하려면 몇 가지만 변경하면 된다. 목록 5.2.1에서 보듯이, 판별기 시그모이드 활성화 함수가 제거됐다. 판별기는 다음을 호출해 구성한다.

```
discriminator = gan.discriminator(inputs, activation=None)
```

생성기는 초기 DCGAN과 유사하다.

```
generator = gan.generator(inputs, image_size)
```

판별기와 적대적 모델의 손실 함수는 모두 mse로 대체된다. 네트워크 매개변수는 모두 DCGAN과 동일하다. 케라스에서 LSGAN 네트워크 모델은 그림 4.2.1과 유사하지만, 선형 혹은 출력 활성화 함수가 없다는 점에서 다르다. 훈련 절차는 DCGAN에서 본 것과 유사하며 다음 유틸리티 함수를 통해 제공된다.

```
gan.train(models, x_train, params)
```

목록 5.2.1 lsgan-mnist-5.2.1.py를 보면 판별기와 생성기가 DCGAN과 동일하지만, 판별기 출력 활성화를 사용하지 않고 MSE 손실 함수를 사용한다는 점에서 다르다는 것을 알 수 있다.

```
def build_and_train_models():
    # MNIST 데이터세트
    (x_train, _), (_, _) = mnist.load_data()

    # CNN을 위한 데이터 형상을 (28, 28, 1)로 조정하고 정규화
    image_size = x_train.shape[1]
    x_train = np.reshape(x_train, [-1, image_size, image_size, 1])
    x_train = x_train.astype('float32') / 255

    model_name = "lsgan_mnist"
    # 네트워크 매개변수
    # 잠재 혹은 z 벡터의 차원은 100
    latent_size = 100
    input_shape = (image_size, image_size, 1)
    batch_size = 64
    lr = 2e-4
    decay = 6e-8
    train_steps = 40000
```

```
# 판별기 모델 구성
inputs = Input(shape=input_shape, name='discriminator_input')
discriminator = gan.discriminator(inputs, activation=None)
# [1]에서는 아담 최적화 기법을 사용
# 그렇지만 분류기는 RMSProp를 사용할 때 더 잘 수렴함
optimizer = RMSprop(lr=lr, decay=decay)
# LSGAN은 MSE 손실을 사용 [2]
discriminator.compile(loss='mse',
                      optimizer=optimizer,
                      metrics=['accuracy'])
discriminator.summary()

# 생성기 모델 구성
input_shape = (latent_size, )
inputs = Input(shape=input_shape, name='z_input')
generator = gan.generator(inputs, image_size)
generator.summary()

# 적대적 모델 구성 = 생성기 + 판별기
optimizer = RMSprop(lr=lr*0.5, decay=decay*0.5)
# 적대적 네트워크 훈련하는 동안 판별기 가중치 고정
discriminator.trainable = False
adversarial = Model(inputs,
                    discriminator(generator(inputs)),
                    name=model_name)
# LSGAN은 MSE 손실 사용 [2]
adversarial.compile(loss='mse',
                    optimizer=optimizer,
                    metrics=['accuracy'])
adversarial.summary()

# 판별기와 적대적 네트워크 훈련
models = (generator, discriminator, adversarial)
params = (batch_size, latent_size, train_steps, model_name)
gan.train(models, x_train, params)
```

다음 그림은 MNIST 데이터세트를 사용해 4만 단계 훈련시키는 동안 생성된 샘플을 보여준다. 출력 이미지는 그림 4.2.1의 DCGAN과 비교했을 때 인지 품질이 좋아졌다.

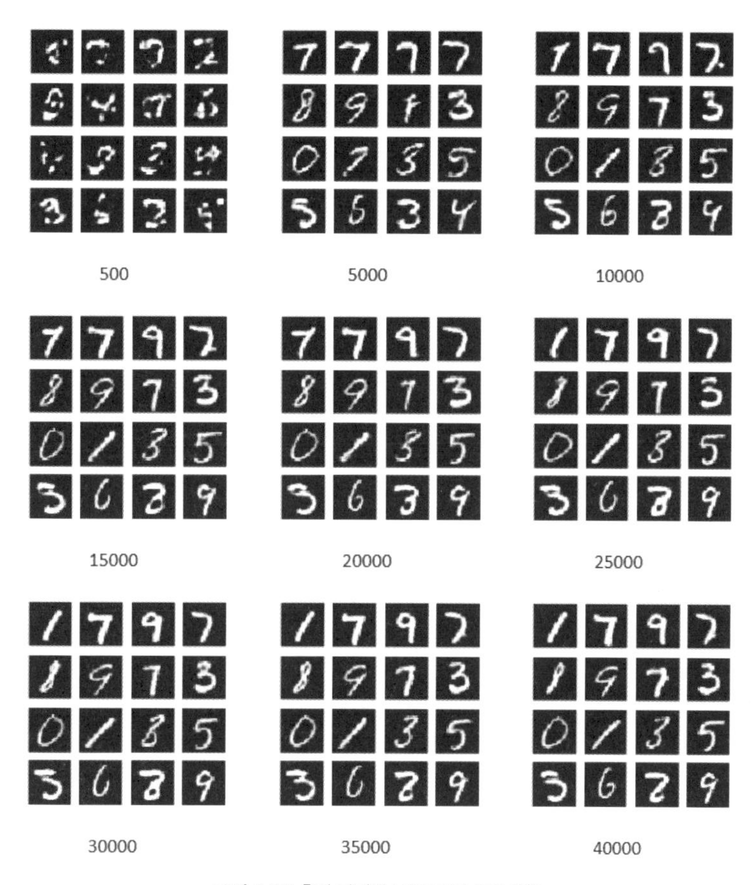

그림 5.2.2 훈련 단계별 LSGAN의 출력 샘플

훈련된 생성기 모델을 실행해 새로 합성된 MNIST 숫자 이미지를 확인해 보는 것이 좋다.

```
python3 lsgan-mnist-5.2.1.py --generator=lsgan_mnist.h5
```

ACGAN

ACGAN(보조 분류 GAN)은 원리상 이전 장에서 설명했던 **CGAN(조건부 GAN)**과 비슷하다. 여기에서는 CGAN과 ACGAN을 비교하겠다. CGAN과 ACGAN은 모두 생성기 입력으로 노이즈와 그 노이즈의 레이블을 받고 입력 클래스 레이블에 속한 가짜 이미지를 출력한다. CGAN의 경우, 판별기는 입력으로 이미지(가짜 혹은 진짜)와 그 레이블을 받고 그 이미지가 진짜일 확률을 출력한다. ACGAN에서 판별기 입력은 이미지이고 출력은 그 이미지가 진짜이면서 해당 클래스 레이블일 확률이다. 다음 그림은 생성기를 훈련하는 동안 CGAN과 ACGAN 사이의 차이를 보여준다.

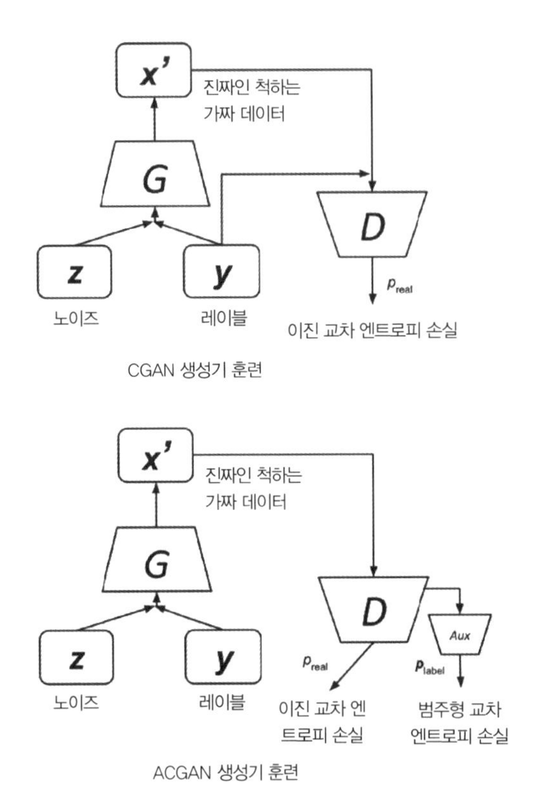

그림 5.3.1 CGAN과 ACGAN에서의 생성기 훈련. 주요 차이점은 판별기 입출력에 있다.

기본적으로 CGAN에서는 부가 정보(레이블)를 네트워크에 제공한다. ACGAN에서는 보조 클래스 디코더 네트워크(Auxiliary class decoder network)를 사용해 부가 정보를 재구성하려고 한다. ACGAN은 네트워크에 부가적인 작업을 시켜 본래 작업의 성능을 향상시킨다는 사실을 증명했다. 여기에서 본래의 작업은 가짜 이미지를 만들어내는 것이다.

표 5.3.1 CGAN과 ACGAN의 손실 함수 비교

네트워크	손실 함수	방정식
CGAN	$L^{(D)} = -\mathbb{E}_{x \sim P_{data}} \log D(x \mid y) - \mathbb{E}_z \log(1 - D(G(z \mid y)))$	4.3.1
	$L^{(G)} = -\mathbb{E}_z \log D(G(z \mid y))$	4.3.2
ACGAN	$L^{(D)} = -\mathbb{E}_{x \sim P_{data}} \log D(x) - \mathbb{E}_z \log(1 - D(G(z \mid y))) - \mathbb{E}_{x \sim P_{data}} \log p(c \mid x) - \mathbb{E}_z \log p(c \mid G(z \mid y))$	5.3.1
	$L^{(G)} = -\mathbb{E}_z \log D(G(z \mid y)) - \mathbb{E}_z \log p(c \mid G(z \mid y))$	5.3.2

앞의 표에서 CGAN과 ACGAN의 손실 함수를 비교했다. ACGAN 손실 함수는 CGAN과 같지만, 부가적으로 분류기 손실 함수가 있다는 점이 다르다. 가짜 이미지에서 진짜 이미지를 식별해내는 원래의 작업 $(-\mathbb{E}_{x \sim P_{data}} \log D(x \mid y) - \mathbb{E}_z \log(1 - D(G(z \mid y))))$외에 방정식 5.3.1의 분류기에는 진짜와 가짜 이미지를 정확하게 분류하는 부가적인 작업$(-\mathbb{E}_{x \sim P_{data}} \log p(c \mid x) - \mathbb{E}_z \log p(c \mid G(z \mid y)))$가 추가돼 있다. 생성기 손실 함수인 방정식 5.3.2는 가짜 이미지로 판별기를 속이는 일 $(-\mathbb{E}_z \log D(G(z \mid y)))$ 외에 판별기에 그 가짜 이미지$(-\mathbb{E}_z \log p(c \mid G(z \mid y)))$를 정확하게 분류했는지도 함께 묻는다.

CGAN 코드를 활용해 ACGAN을 구현하려면 판별기와 훈련 함수만 수정하면 된다. 판별기와 생성기 빌더 함수도 gan.py에서 제공한다. 판별기 관련해 변경된 부분을 확인하기 위해 다음 목록에서는 이미지 분류를 수행하는 보조 디코더 네트워크와 한 쌍의 출력이 강조된 빌더 함수를 보여준다.

목록 5.3.1 gan.py는 판별기 모델 빌더 함수가 DCGAN에서 이미지가 진짜일 때 첫 번째 출력을 예측하는 것과 같다는 사실을 보여준다. 보조 디코더 네트워크는 이미지 분류를 수행하고 두 번째 출력을 생성하기 위해 추가된다.

```
def discriminator(inputs,
                  activation='sigmoid',
                  num_labels=None,
                  num_codes=None):
    """판별기 모델 구성
    가짜에서 진짜를 판별하기 위해 LeakyReLU-Conv2D로 구성된 스택
    이 네트워크는 BN으로는 수렴되지 않으므로 여기에서는 [1]과는 다르게 BN을 사용하지 않음


    # 인수
        inputs (Layer): 판별기의 입력 계층(이미지)
        activation (string): 출력 활성화 계층 이름
        num_labels (int): ACGAN과 InfoGAN에서 원-핫 레이블의 차원
        num_codes (int): num_codes-dim Q network as output
                    if StackedGAN or 2 Q networks if InfoGAN

    # 결과
        Model: 판별기 모델
    """
    kernel_size = 5
    layer_filters = [32, 64, 128, 256]

    x = inputs
    for filters in layer_filters:
```

```
        # 첫 세 개의 합성곱 계층에서는 strides = 2를 사용
        # 마지막 한 계층은 strides = 1을 사용
        if filters == layer_filters[-1]:
            strides = 1
        else:
            strides = 2
        x = LeakyReLU(alpha=0.2)(x)
        x = Conv2D(filters=filters,
                   kernel_size=kernel_size,
                   strides=strides,
                   padding='same')(x)

    x = Flatten()(x)
    # 기본 출력은 이미지가 진짜일 확률
    outputs = Dense(1)(x)
    if activation is not None:
        print(activation)
        outputs = Activation(activation)(outputs)

    if num_labels:
        # ACGAN과 InfoGAN에는 두 번째 출력이 있음
        # 두 번째 출력은 10차원 원-핫 레이블 벡터임
        layer = Dense(layer_filters[-2])(x)
        labels = Dense(num_labels)(layer)
        labels = Activation('softmax', name='label')(labels)
        if num_codes is None:
            outputs = [outputs, labels]
        else:
            # InfoGAN에는 세 번째와 네 번째 출력이 있음
            # 세 번째 출력: x가 주어졌을 때 첫 번째 c를 나타내는 1 차원 연속 Q
            code1 = Dense(1)(layer)
            code1 = Activation('sigmoid', name='code1')(code1)

            # 네 번째 출력: x가 주어졌을 때 두 번째 c를 나타내는 1 차원 연속 Q
            code2 = Dense(1)(layer)
            code2 = Activation('sigmoid', name='code2')(code2)

            outputs = [outputs, labels, code1, code2]
    elif num_codes is not None:
        # z0_recon: z0 정규 분포를 재구성
```

```
        z0_recon = Dense(num_codes)(x)
        z0_recon = Activation('tanh', name='z0')(z0_recon)
        outputs = [outputs, z0_recon]

    return Model(inputs, outputs, name='discriminator')
```

판별기는 다음을 호출해 구성된다.

```
discriminator = gan.discriminator(inputs, num_labels=num_labels)
```

생성기는 ACGAN의 생성기와 동일하다. 복습을 위해 다음 목록에서 생성기 빌더를 보여준다. 목록 5.3.1과 5.3.2 모두 이전 절의 WGAN과 LSGAN에서 사용한 빌더 함수와 동일하다.

목록 5.3.2 gan.py는 CGAN과 동일한 생성기 모델 빌더 함수를 보여준다.

```
def generator(inputs,
              image_size,
              activation='sigmoid',
              labels=None,
              codes=None):
    """생성기 모델 구성
    가짜 이미지를 생성하는 BN-ReLU-Conv2DTranpose 스택
    출력 활성화로 [1]의 탄(tanh) 대신 시그모이드(sigmoid) 사용
    시그모이드가 더 잘 수렴한다.
    # 인수
    inputs (Layer): 생성기의 입력 계층(z-벡터)
    image_size (int): 한 변의 목표 크기(정사각형 이미지를 가정)
    activation (string): 출력 활성화 계층 이름
    labels (tensor): 입력 레이블
    codes (list): InfoGAN에서 사용하는 2차원 풀린 코드(disentangled code)

    # 결과
    Model: 생성기 모델
    """
    image_resize = image_size // 4
    # 네트워크 매개변수
    kernel_size = 5
    layer_filters = [128, 64, 32, 1]
```

```
if labels is not None:
    if codes is None:
        # ACGAN 레이블
        # z 노이즈 벡터와 원-핫 레이블을 연결
        inputs = [inputs, labels]
    else:
        # infoGAN 코드
        # z 노이즈 벡터와 원-핫 레이블과 코드 1, 2를 연결
        inputs = [inputs, labels] + codes
    x = concatenate(inputs, axis=1)
elif codes is not None:
    # StackedGAN의 생성기 0
    inputs = [inputs, codes]
    x = concatenate(inputs, axis=1)
else:
    # 기본 입력은 100 차원 노이즈(z-code)
    x = inputs

x = Dense(image_resize * image_resize * layer_filters[0])(x)
x = Reshape((image_resize, image_resize, layer_filters[0]))(x)

for filters in layer_filters:
    # 처음 두 합성곱 계층은 strides = 2를 사용
    # 마지막 두 계층은 strides = 1을 사용
    if filters > layer_filters[-2]:
        strides = 2
    else:
        strides = 1
    x = BatchNormalization()(x)
    x = Activation('relu')(x)
    x = Conv2DTranspose(filters=filters,
                        kernel_size=kernel_size,
                        strides=strides,
                        padding='same')(x)

if activation is not None:
    x = Activation(activation)(x)

# 생성기 출력은 합성된 이미지 x
return Model(inputs, x, name='generator')
```

ACGAN에서 생성기는 다음처럼 인스턴스화된다.

```
generator = gan.generator(inputs, image_size, labels=labels)
```

다음 그림은 케라스에서 ACGAN의 네트워크 모델을 보여준다.

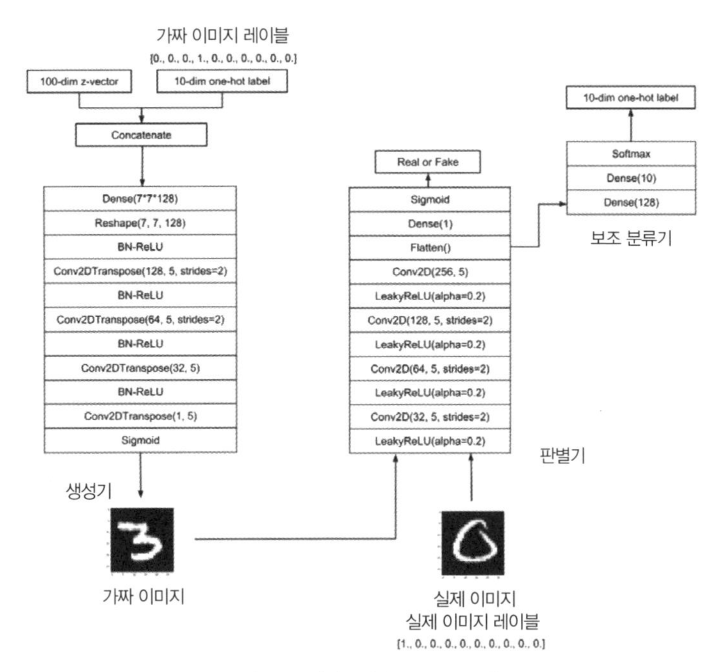

그림 5.3.2 케라스에서 ACGAN 모델

목록 5.3.3에서 보듯이, 판별기와 적대적 모델은 판별기 네트워크의 변경 사항을 적용하기 위해 수정됐다. 이제 손실 함수가 두 개가 됐다. 첫 번째는 본래부터 사용했던 판별기가 입력 이미지가 진짜일 가능성을 추정하도록 훈련하기 위한 이진 교차-엔트로피 손실 함수다. 두 번째는 클래스 레이블을 예측하는 이미지 분류기다. 출력은 차원이 10인 원-핫 벡터다.

목록 5.3.3 acgan-mnist-5.3.1.py에서 판별기 네트워크의 이미지 분류기를 적용하기 위해 판별기와 적대적 모델에 변경된 부분을 강조했다. 두 손실 함수는 판별기의 두 출력에 대응한다.

```
def build_and_train_models():
    # MNIST 데이터세트 로딩
    (x_train, y_train), (_, _) = mnist.load_data()

    # CNN을 위해 데이터 형상을 (28, 28, 1)로 조정하고 정규화함
    image_size = x_train.shape[1]
```

```
x_train = np.reshape(x_train, [-1, image_size, image_size, 1])
x_train = x_train.astype('float32') / 255

# 레이블 훈련
num_labels = len(np.unique(y_train))
y_train = to_categorical(y_train)

model_name = "acgan_mnist"
# 네트워크 매개변수
latent_size = 100
batch_size = 64
train_steps = 40000
lr = 2e-4
decay = 6e-8
input_shape = (image_size, image_size, 1)
label_shape = (num_labels, )

# 판별기 모델 구성
inputs = Input(shape=input_shape, name='discriminator_input')
# 예측 소스와 레이블, 두 개의 출력으로 판별기 빌더 함수 호출
discriminator = gan.discriminator(inputs, num_labels=num_labels)
# [1]에서는 아담을 사용하지만 RMSProp를 사용할 때 판별기가 쉽게 수렴함
optimizer = RMSprop(lr=lr, decay=decay)
# 손실 함수는 두 개 사용: 1) 이미지가 진짜일 확률
# 2) 이미지의 클래스 레이블이 맞을 확률
loss = ['binary_crossentropy', 'categorical_crossentropy']
discriminator.compile(loss=loss,
                      optimizer=optimizer,
                      metrics=['accuracy'])
discriminator.summary()

# 생성기 모델 구성
input_shape = (latent_size, )
inputs = Input(shape=input_shape, name='z_input')
labels = Input(shape=label_shape, name='labels')
# 입력 레이블로 생성기 빌더 함수 호출
generator = gan.generator(inputs, image_size, labels=labels)
generator.summary()
```

```
    # 적대적 모델 구성 = 생성기 + 판별기
    optimizer = RMSprop(lr=lr*0.5, decay=decay*0.5)
    # 적대적 신경망 훈련 시, 판별기 가중치는 고정
    discriminator.trainable = False
    adversarial = Model([inputs, labels],
                        discriminator(generator([inputs, labels])),
                        name=model_name)
    # 동일한 2개 손실 함수 사용: 1) 이미지가 진짜일 확률
    # 2) 이미지 클래스 레이블이 맞을 확률
    adversarial.compile(loss=loss,
                       optimizer=optimizer,
                       metrics=['accuracy'])
    adversarial.summary()

    # 판별기와 적대적 신경망 훈련
    models = (generator, discriminator, adversarial)
    data = (x_train, y_train)
    params = (batch_size, latent_size, train_steps, num_labels, model_name)
    train(models, data, params)
```

목록 5.3.4에서 훈련 루틴에서 변경된 사항을 굵은 글씨체로 강조했다. CGAN 코드와의 주요 차이점은 판별기와 적대적 네트워크를 훈련하는 동안 출력 레이블이 제공돼야 한다는 점이다.

목록 5.3.4 acgan-mnist-5.3.1.py에서 보듯이 훈련 함수에 변경된 부분은 굵은 글씨체로 강조했다.

```
def train(models, data, params):
    """판별기와 적대적 네트워크를 훈련
    판별기와 적대적 네트워크를 배치 단위로 교대로 훈련
    먼저 판별기가 진짜와 가짜 이미지, 그에 해당하는 원-핫 레이블을 사용해 훈련됨
    다음으로 적대적 네트워크가 진짜인 척하는 가짜 이미지와 그에 해당하는 원-핫 레이블을 사용해 훈련
됨
    save_interval마다 샘플 이미지 생성

    # 인수
        models (list): 생성기, 판별기, 적대적 모델
        data (list): x_train, y_train 데이터
        params (list): 네트워크 매개변수
    """
```

```
# GAN 모델
generator, discriminator, adversarial = models
# 이미지와 그에 해당하는 원-핫 레이블
x_train, y_train = data
# 네트워크 매개변수
batch_size, latent_size, train_steps, num_labels, model_name = params
# 500 단계마다 생성기 이미지가 저장됨
save_interval = 500
# 훈련하는 동안 생성기 출력이 어떻게 진화하는지 보기 위한 노이즈 벡터
noise_input = np.random.uniform(-1.0,
                                1.0,
                                size=[16, latent_size])
# 클래스 레이블: 0, 1, 2, 3, 4, 5, 6, 7, 8, 9, 0, 1, 2, 3, 4, 5
# 생성기는 이 MNIST 숫자를 생성해야 함
noise_label = np.eye(num_labels)[np.arange(0, 16) % num_labels]
# 훈련 데이터세트의 요소 개수
train_size = x_train.shape[0]
print(model_name,
       "Labels for generated images: ",
        np.argmax(noise_label, axis=1))

for i in range(train_steps):
    # 1 배치에 대해 판별기 훈련
    # 진짜(label=1.0)와 가짜(label=0.0) 이미지로 된 1 배치
    # 데이터세트에서 진짜 이미지와 그에 해당하는 레이블을 임의로 선정
    rand_indexes = np.random.randint(0,
                                     train_size,
                                     size=batch_size)
    real_images = x_train[rand_indexes]
    real_labels = y_train[rand_indexes]
    # 생성기를 사용해 노이즈에서 가짜 이미지를 생성
    # 균등 분포를 사용해 노이즈를 생성
    noise = np.random.uniform(-1.0,
                              1.0,
                              size=[batch_size, latent_size])
    # 임의로 원-핫 레이블을 선정
    fake_labels = np.eye(num_labels)[np.random.choice(num_labels,
                                                      batch_size)]
    # 가짜 이미지 생성
```

```
fake_images = generator.predict([noise, fake_labels])
# 진짜 + 가짜 이미지 = 훈련 데이터 1 배치
x = np.concatenate((real_images, fake_images))
# 실제 레이블 + 가짜 레이블 = 훈련 데이터 레이블의 1 배치
labels = np.concatenate((real_labels, fake_labels))

# 진짜와 가짜 이미지의 레이블
# 진짜 이미지 레이블: 1.0
y = np.ones([2 * batch_size, 1])
# 가짜 이미지 레이블: 0.0
y[batch_size:, :] = 0
# 판별기 네트워크 훈련, 손실과 정확도 기록
# ['loss', 'activation_1_loss', 'label_loss',
# 'activation_1_acc', 'label_acc']
metrics = discriminator.train_on_batch(x, [y, labels])
fmt = "%d: [disc loss: %f, srcloss: %f, lblloss: %f, srcacc: %f, lblacc: %f]"
log = fmt % (i, metrics[0], metrics[1], metrics[2], metrics[3], metrics[4])

# 1 배치에 대해 적대적 네트워크 훈련
# label=1.0인 가짜 이미지와
# 그에 해당하는 원-핫 레이블, 즉 클래스로 구성된 1 배치
# 적대적 네트워크에서 판별기 가중치가 고정되므로
# 생성기만 훈련됨
# 균등 분포를 사용해 노이즈 생성
noise = np.random.uniform(-1.0,
                          1.0,
                          size=[batch_size, latent_size])
# 임의로 원-핫 레이블 선정
fake_labels = np.eye(num_labels)[np.random.choice(num_labels,
                                                  batch_size)]
# 가짜 이미지를 진짜로 레이블을 담
y = np.ones([batch_size, 1])
# 적대적 네트워크 훈련
# 판별기 훈련과는 달리, 가짜 이미지를 변수에 저장하지 않음
# 가짜 이미지는 분류를 위해 적대적 네트워크의 판별기 입력으로 들어감
# 손실과 정확도를 기록
metrics = adversarial.train_on_batch([noise, fake_labels],
                                     [y, fake_labels])
fmt = "%s [advr loss: %f, srcloss: %f, lblloss: %f, srcacc: %f, lblacc: %f]"
```

```
        log = fmt % (log, metrics[0], metrics[1], metrics[2], metrics[3], metrics[4])
        print(log)
        if (i + 1) % save_interval == 0:
            if (i + 1) == train_steps:
                show = True
            else:
                show = False
            # 주기적으로 생성기 이미지를 그림
            gan.plot_images(generator,
                            noise_input=noise_input,
                            noise_label=noise_label,
                            show=show,
                            step=(i + 1),
                            model_name=model_name)
    # 생성기 훈련을 마치면 모델을 저장
    # 훈련된 생성기는 향후 MNIST 숫자 생성 시 재로딩될 수 있음
    generator.save(model_name + ".h5")
```

여기에서 추가적인 작업으로 ACGAN 성능이 이전에 설명했던 GAN 모델과 모두 비교했을 때 상당히 개선됐음을 알 수 있다. 그림 5.3.3은 다음 레이블에 대해 ACGAN 출력을 보여주는데, 여기에서 ACGAN 훈련이 안정적으로 이루어짐을 알 수 있다.

```
[0 1 2 3
 4 5 6 7
 8 9 0 1
 2 3 4 5]
```

CGAN과 달리 훈련하는 동안 샘플 출력의 모습이 크게 달라지지 않는다. MNIST 숫자 이미지의 인지 품질 또한 나아진다. 그림 5.3.4는 CGAN과 ACGAN에서 생성된 모든 MNIST 숫자를 나란히 비교해서 보여준다. 숫자 2~6은 CGAN보다 ACGAN에서 더 나은 품질을 보여준다.

훈련된 생성기 모델을 실행해 새로 합성된 MNIST 숫자 이미지를 확인하자.

```
python3 acgan-mnist-5.3.1.py --generator=acgan_mnist.h5
```

그 밖에도 특정 숫자(예를 들어, 3)를 생성하도록 요청할 수도 있다.

```
python3 acgan-mnist-5.3.1.py --generator=acgan_mnist.h5 --digit=3
```

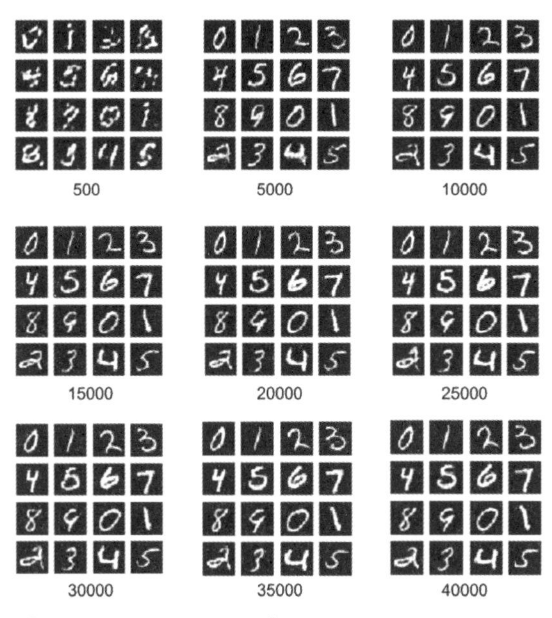

그림 5.3.3 레이블 [0 1 2 3 4 5 6 7 8 9 0 1 2 3 4 5]에 대해 훈련 단계별 ACGAN에서 생성된 샘플 출력.

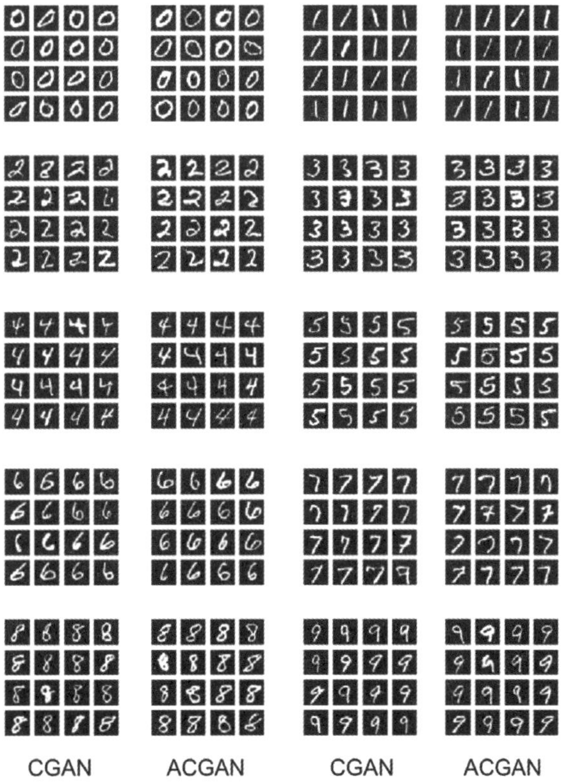

CGAN ACGAN CGAN ACGAN

그림 5.3.4 숫자 0~9까지 CGAN과 ACGAN의 출력을 나란히 비교.

결론

이 장에서는 이전 장에서 처음 소개한 GAN의 초기 알고리즘을 개선한 다양한 모델을 설명했다. WGAN은 EMD나 베셔슈타인 1 손실을 사용해 훈련 안정성을 개선하는 알고리즘을 제안했다. LSGAN은 GAN에서 사용했던 초기 교차-엔트로피 함수가 최소 제곱 손실과는 다르게 경사를 소실시키는 경향이 있음을 보여줬다. LSGAN은 훈련 과정의 안정성과 출력 품질을 향상시키는 알고리즘을 제안했다. ACGAN은 판별기에서 입력 이미지가 진짜인지 가짜인지를 결정하는 작업 외에 분류 작업도 수행하도록 함으로써 MNIST 숫자를 조건부로 생성하는 품질을 납득할 만한 수준으로 개선시켰다.

다음 장에서는 생성기 출력의 특성을 제어하는 방법을 알아볼 것이다. CGAN과 ACGAN은 원하는 숫자를 생성하도록 지시할 수 있지만, 출력의 특성을 지정할 수 있는 GAN에 대해서는 아직 검토하지 않았다. 예를 들어, 둥글기, 경사각, 두께 같이 MNIST 숫자의 필체를 제어하고 싶을 수 있다. 따라서 생성기 출력의 특정 특성을 제어하기 위해 분해된 표현(disentangled representations)을 활용하는 GAN을 소개할 것이다.

참고 문헌

1. Ian Goodfellow and others. Generative Adversarial Nets. Advances in neural information processing systems, 2014 (http://papers.nips.cc/paper/5423-generative-adversarial-nets.pdf).

2. Martin Arjovsky, Soumith Chintala, and Léon Bottou, Wasserstein GAN. arXiv preprint, 2017 (https://arxiv.org/pdf/1701.07875.pdf).

3. Xudong Mao and others. Least Squares Generative Adversarial Networks. 2017 IEEE International Conference on Computer Vision (ICCV). IEEE 2017 (http://openaccess.thecvf.com/content_ICCV_2017/papers/Mao_Least_Squares_Generative_ICCV_2017_paper.pdf).

4. Augustus Odena, Christopher Olah, and Jonathon Shlens. Conditional Image Synthesis with Auxiliary Classifer GANs. ICML, 2017 (http://proceedings.mlr.press/v70/odena17a/odena17a.pdf)

분해된 표현 GAN

6장

앞에서 살펴봤듯이 GAN은 데이터 분포를 학습해 유의미한 출력을 생성할 수 있다. 그렇지만 생성된 출력의 특성을 제어할 수 없다. 이전 장에서 설명했듯이 **CGAN(Conditional GAN)**과 **ACGAN(Auxiliary Classifier GAN)** 같은 GAN을 변형시킨 모델은 특정 출력을 합성하도록 조건을 부여해 생성기를 훈련할 수 있다. 예를 들어 CGAN과 ACGAN은 특정 MNIST 숫자를 만들도록 생성기를 유도할 수 있다. 이는 차원이 100인 노이즈 코드와 그에 해당하는 원-핫 레이블을 입력으로 사용함으로써 가능해진다. 그렇지만 원-핫 레이블 외에 생성된 출력의 속성을 제어할 수 있는 다른 방법이 없다.

CGAN과 ACGAN에 관한 내용은 4장 '생성적 적대 신경망(GAN)'과 5장 '개선된 GAN 모델'에서 확인할 수 있다.

이 장에서는 생성기 출력을 수정할 수 있는 GAN을 변형한 모델들을 다룰 것이다. MNIST 데이터세트를 활용해 어떤 숫자를 생성할지와 필체를 제어하는 방법을 살펴본다. 여기에는 원하는 숫자의 기울기나 굵기도 포함된다. 달리 말하면, GAN은 생성기 출력의 특성에 변화를 주기 위해 사용할 수 있는 분해된 잠재 코드 혹은 표현을 학습할 수도 있다. 분해된 코드나 표현이란 다른 특성에 영향을 주지 않으면서 출력 데이터의 특정 특징이나 특성을 바꿀 수 있는 텐서를 말한다.

첫 번째 절에서는 GAN을 확장한 모델인 **InfoGAN**(Interpretable Representation Learning by Information Maximizing Generative Adversarial Nets)[1]에 관해 알아보겠다. InfoGAN은 입력 코드와 출력 관측 사이의 상호 정보를 최대화해 비지도 방식으로 분해된 표현을 학습한다. MNIST 데이터세트에서 InfoGAN은 숫자 데이터세트로부터 필체를 분해한다.

이 장의 다음 부분에서는 GAN의 또 다른 확장 모델인 **Stacked Generative Adversarial Networks(StackedGAN)**[2]를 설명한다. StackedGAN은 잠재 코드를 분해하는 작업을 돕기 위해

미리 훈련된 인코더 혹은 분류기를 사용한다. StackedGAN은 하나하나가 인코더와 GAN으로 구성된 모델의 스택이라고 보면 된다. 각각의 GAN은 그에 대응하는 인코더의 입력과 출력 데이터를 사용해 적대적 방식으로 훈련된다.

요약하면 이 장에서는 다음을 설명한다.

- 분해된 표현의 개념
- InfoGAN과 StackedGAN의 원리
- 케라스로 InfoGAN과 StackedGAN 구현

분해된 표현

초기 GAN은 의미 있는 출력을 생성할 수 있지만, 제어되지 않는다는 단점이 있었다. 예를 들어 유명인사 얼굴의 분포를 학습하기 위해 GAN을 훈련시켰다면 생성기는 유명인사와 비슷하게 생긴 새로운 사람 이미지를 만들었을 것이다. 그렇지만 원하는 얼굴의 특정 특성이 나타나게 생성기에 영향을 줄 수 있는 방법이 없다. 예를 들면, 검은 머리에 피부가 희고 갈색 눈에 미소를 짓고 있는 여성 유명인사의 얼굴을 생성할 것을 생성기에 요청할 수가 없다. 이것은 우리가 사용하는 100차원 코드가 생성기 출력의 핵심 특성을 전부 분해하기 때문이다. 케라스에서 이 100차원 코드를 균등 노이즈 분포에서 임의로 샘플링해 생성했음을 기억할 것이다.

```
# 64 x 100 차원 균등 분포 노이즈에서 64개의 가짜 이미지를 생성
noise = np.random.uniform(-1.0, 1.0, size=[64, 100])
fake_images = generator.predict(noise)
```

코드 또는 표현을 얽혀 있는 잠재 코드와 분해되어 해석 가능한 잠재 코드로 분리할 수 있게 최초의 GAN을 수정할 수 있다면 생성기에 무엇을 합성할지 요청할 수 있을 것이다.

다음 그림은 얽힌 코드를 사용하는 GAN과 얽힌 것과 분해된 표현의 결합을 사용하는 변형된 GAN 모델을 보여준다. 가상의 유명인사 얼굴을 생성한다고 가정했을 때 분해된 코드를 사용하면 얼굴을 생성할 때 성별, 머리 모양, 표정, 피부색, 눈동자 색까지 지정할 수 있다. 그렇지만 얼굴형, 수염, 안경 같은 분해하지 않았던 기타 얼굴 특성을 전부 표현하려면 n 차원의 얽힌 코드가 필요하다. 분해된 코드와 얽힌 코드를 결합한 것이 생성기의 새로운 입력이 된다. 결합된 코드의 전체 차원이 꼭 100일 필요는 없다.

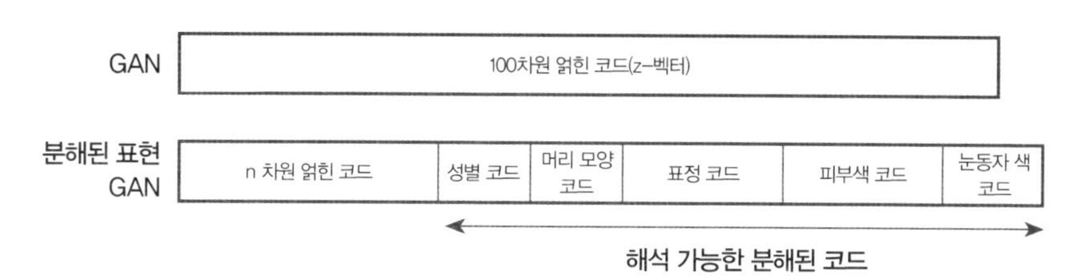

그림 6.1.1 얽힌 코드를 사용한 GAN과 얽힌 코드와 분해된 코드를 사용한 GAN의 변형. 이 예제는 유명인사 얼굴 생성의 경우를 보여준다.

앞의 그림을 보면 분해된 표현을 사용하는 GAN은 최초의 GAN 모델과 동일한 방식으로 최적화될 수 있음을 알 수 있다. 이는 생성기의 출력을 다음과 같이 표현할 수 있기 때문이다.

$$G(z, c) = G(\boldsymbol{z}) \quad \text{(방정식 6.1.1)}$$

코드 $\boldsymbol{z}=(z, c)$는 다음 두 요소로 구성된다.

1. GAN의 z-벡터나 노이즈 벡터와 비슷한 압축할 수 없는 얽힌 노이즈 코드.
2. 데이터 분포의 해석 가능한 분해된 코드를 나타내는 잠재 코드 $c_1, c_2, \cdots, c_L$. 이 잠재 코드를 모두 하나로 묶어 c라고 표현함.

문제를 단순하게 만들기 위해 잠재 코드는 모두 독립적이라 가정한다.

$$p(c_1, c_2, \cdots, c_L) = \prod_{i=1}^{L} p(c_i) \quad \text{(방정식 6.1.2)}$$

생성기 함수 $x=G(z, c)=G(\boldsymbol{z})$는 압축되지 않는 노이즈 코드와 잠재 코드에 의해 정해진다. 생성기 관점에서 $\boldsymbol{z}=(z, c)$를 최적화하는 것은 $\boldsymbol{z}$를 최적화하는 것과 동일하다. 생성기 네트워크는 단순히 이 해법을 제안할 때 분해된 코드에 의한 제약 사항을 무시한다. 생성기는 $p_g(x \mid c) = p_g(x)$ 분포를 학습한다. 이는 실제로 분해된 표현을 사용하는 목적을 무산시킨다.

InfoGAN

코드를 분해하기 위해 InfoGAN은 잠재 코드 c와 $G(z, c)$ 사이의 상호 정보를 최대화하는 원래 손실 함수에 정규화기(regularizer)를 적용할 것을 제안한다.

$$I(c; G(z, c)) = I(c; G(\boldsymbol{z})) \quad \text{(방정식 6.1.3)}$$

정규화기는 가짜 이미지를 합성하는 함수를 공식화할 때 생성기가 잠재 코드를 고려하도록 한다. 정보 이론 분야에서 잠재 코드 c와 $G(z, c)$사이의 상호 정보는 다음과 같이 정의된다.

$$I(c; G(z, c)) = H(c) - H(c \mid G(z, c)) \quad \text{(방정식 6.1.4)}$$

여기에서 $H(c)$는 잠재 코드 c의 엔트로피고 $H(c|G(z, c))$는 생성기의 출력 $G(z, c)$를 관측한 후의 c의 조건부 엔트로피다. 엔트로피란 랜덤 변수 혹은 이벤트의 불확실성을 측정하는 지표다. 예를 들어, '해는 동쪽에서 뜬다' 같은 정보의 엔트로피는 낮다. 반면 '복권에 당첨되기'는 엔트로피가 높다.

방정식 6.1.4에서 상호 정보를 최대화하는 것은 $H(c|G(z, c))$를 최소화하거나 생성된 출력을 관측하는 데 있어 잠재 코드의 불확실성을 줄인다는 것을 뜻한다. MNIST 데이터세트를 생각했을 때 GAN이 숫자 8을 관측했다면 생성기가 숫자 8을 합성할 때 신뢰도가 올라가는 것은 당연하다.

그렇지만 우리가 접근할 수 없는 사후 확률 $P(c|G(z, c))=P(c|x)$에 대한 지식이 필요하기 때문에 $H(c|G(z, c))$를 추정하기가 어렵다. 이를 해결하기 위해 보조적 분포 $Q(c|x)$로 사후 확률을 추정해 상호 정보의 하한을 추정한다. InfoGAN은 다음과 같이 상호 정보의 하한을 추정한다.

$$I(c; G(z, c)) \geq L_I(G, Q) = E_{c \sim P(c),\, x \sim G(z, c)}[\log Q(c \mid x)] + H(c) \quad \text{(방정식 6.1.5)}$$

InfoGAN에서 $H(c)$는 상수로 가정한다. 따라서 상호 정보를 최대화하는 것은 기댓값을 최대화하는 문제가 된다. 생성기는 특정 특성을 갖는 출력을 생성했다고 확신할 수 있어야 한다. 이 기댓값의 최댓값은 0이다. 따라서 상호 정보의 하한 최댓값은 $H(c)$다. InfoGAN에서 이산 잠재 코드에 대한 $Q(c|x)$는 소프트맥스 비선형성으로 표현될 수 있다. 기댓값은 케라스의 `categorical_crossentropy` 손실에 음수를 취한 값이다.

1차원의 연속적인 코드에 대해 기댓값은 c와 x에 대한 이중 적분이다. 이는 분해된 코드 분포와 생성기 분포 양쪽에서 샘플링한 기댓값 때문이다. 기댓값을 추정하는 한 가지 방법은 샘플을 연속 데이터를 측정하는 훌륭한 지표로 가정하는 것이다. 따라서 $c\log Q(c|x)$로 손실을 추정할 수 있다.

InfoGAN 네트워크를 완성하려면 $Q(c|x)$를 구현해야 한다. 문제를 단순화하기 위해 네트워크 Q는 판별기의 마지막 계층에서 두 번째에 추가된 보조 네트워크다. 따라서 이 네트워크는 원래의 GAN을 훈련하는 데 미치는 영향이 작다. 다음 그림은 InfoGAN 네트워크 다이어그램을 보여준다.

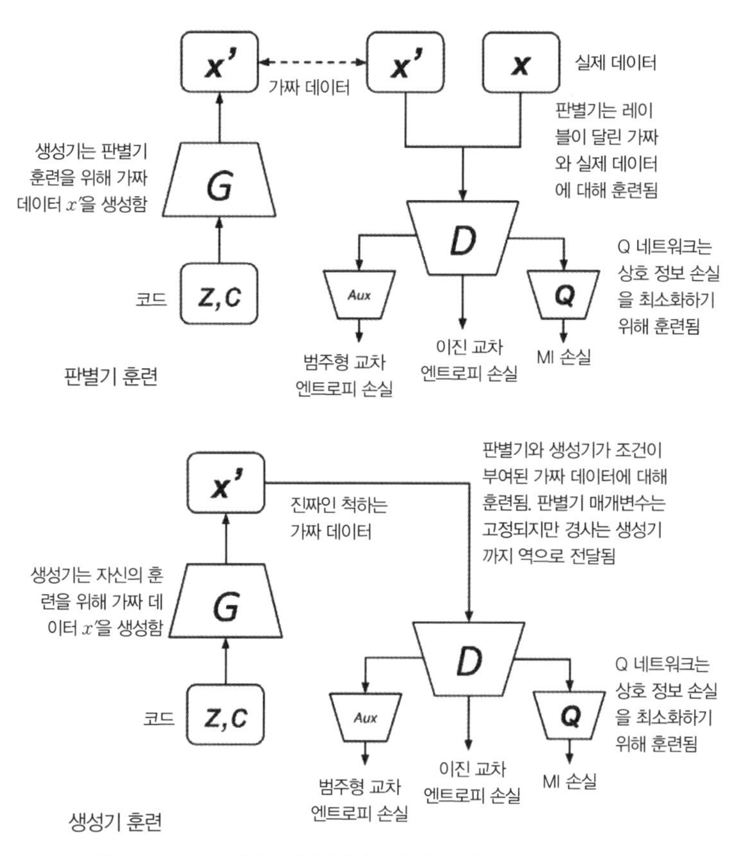

그림 6.1.2 InfoGAN에서 판별기와 생성기 훈련을 보여주는 네트워크 다이어그램

다음 표는 InfoGAN의 손실 함수를 원래의 GAN과 비교해 보여준다. InfoGAN의 손실 함수에는 원래의 GAN에 $-\lambda I(c; G(z, c))$항이 추가되는데, 여기서 λ는 작은 값을 갖는 양의 상수다. InfoGAN의 손실 함수를 최소화한다는 것은 원래 GAN의 손실 함수는 최소화하고 상호 정보 $I(c; G(z, c))$는 극대화하는 것으로 해석할 수 있다.

표 6.1.1 GAN과 InfoGAN의 손실 함수 비교

네트워크	손실 함수	방정식
GAN	$L^{(D)} = -\mathbb{E}_{x\sim p_{data}} \log D(x) - \mathbb{E}_z \log(1 - D(G(z)))$	4.1.1
	$L^{(G)} = -\mathbb{E}_z \log D(G(z))$	4.1.5
InfoGAN	$L^{(D)} = -\mathbb{E}_{x\sim p_{data}} \log D(x) - \mathbb{E}_{z,c} \log(1 - D(G(z,c))) - \lambda I(c; G(z,c))$	6.1.1
	$L^{(G)} = -\mathbb{E}_{z,c} \log D(G(z,c)) - \lambda I(c; G(z,c))$ 연속 코드의 경우, InfoGAN은 $\lambda<1$을 권장함. 이 예제에서는 $\lambda=0.5$로 설정함. 이산 코드의 경우, InfoGAN은 $\lambda=1$을 권장함.	6.1.2

MNIST 데이터세트에 적용하면 InfoGAN은 생성기 출력 특성을 수정하기 위해 분해된 이산 코드와 연속 코드를 학습할 수 있다. 예를 들어 CGAN과 ACGAN처럼 10차원 원-핫 레이블 형태의 이산 코드는 생성할 숫자를 지정할 때 사용된다. 이 외에 두 개의 연속 코드를 추가할 수 있는데, 하나는 필체의 각도를 제어하는 코드고 다른 하나는 획의 너비를 조정하기 위한 코드다. 다음 그림은 InfoGAN에서 MNIST 숫자를 위한 코드를 보여준다. 그 밖의 특성을 모두 표현하기 위해 차원 수는 줄었지만 얽힌 코드를 유지한다.

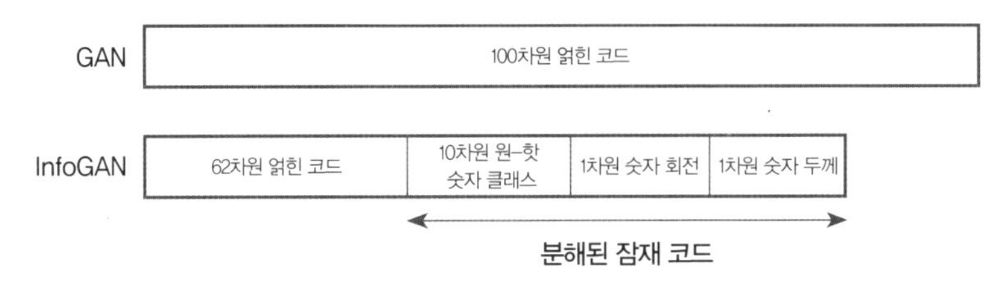

그림 6.1.3 MNIST 데이터세트에 대한 GAN과 InfoGAN의 코드

케라스에서 InfoGAN 구현

MNIST 데이터세트에서 InfoGAN을 구현하기 위해 ACGAN의 기본 코드를 약간 수정할 필요가 있다. 다음 목록의 강조된 부분에서 볼 수 있듯이 생성기는 얽힌 코드(z 노이즈 코드)와 분해된 코드(원-핫 레이블과 연속 코드)를 연결해 입력으로 사용한다. 생성기와 판별기의 빌더 함수는 `lib` 폴더의 `gan.py`에 구현돼 있다.

전체 코드는 다음 깃허브에서 확인할 수 있다.

https://github.com/PacktPublishing/Advanced-Deep-Learning-with-Keras

목록 6.1.1 infogan-mnist-6.1.1.py는 InfoGAN 생성기가 얽힌 코드와 분해된 코드를 연결해 입력으로 사용한다는 것을 보여준다.

```
def generator(inputs,
              image_size,
              activation='sigmoid',
              labels=None,
              codes=None):
    """생성기 모델 생성
```

```
    가짜 이미지를 생성하는 BN-ReLU-Conv2DTranpose의 스택
    출력 활성화는 [1]에서 사용한 tanh 대신 sigmoid를 사용
    Sigmoid가 수렴이 잘 됨

    # 인수
        inputs (Layer): 생성기의 입력 계층(z-벡터)
        image_size (int): 한 선분의 목표 크기(정사각형 이미지로 가정)
        activation (string): 출력 활성화 계층의 이름
        labels (tensor): 입력 레이블
        codes (list): InfoGAN에서 2차원 분해된 코드

    # 반환 결과
        Model: 생성기 모델
    """
    image_resize = image_size // 4
    # 네트워크 매개변수
    kernel_size = 5
    layer_filters = [128, 64, 32, 1]

    if labels is not None:
        if codes is None:
            # ACGAN 레이블
            # z 노이즈 벡터와 원-핫 레이블을 연결
            inputs = [inputs, labels]
        else:
            # infoGAN 코드
            # z 노이즈 벡터, 원-핫 레이블, 코드 1, 2를 연결
            inputs = [inputs, labels] + codes
        x = concatenate(inputs, axis=1)
    elif codes is not None:
        # StackedGAN의 생성기 0
        inputs = [inputs, codes]
        x = concatenate(inputs, axis=1)
    else:
        # 기본 입력은 100차원 노이즈(z-코드)뿐임
        x = inputs

    x = Dense(image_resize * image_resize * layer_filters[0])(x)
    x = Reshape((image_resize, image_resize, layer_filters[0]))(x)
```

```
    for filters in layer_filters:
        # 처음 두 합성곱 계층은 strides = 2를 사용
        # 마지막 두 합성곱 계층은 strides = 1을 사용
        if filters > layer_filters[-2]:
            strides = 2
        else:
            strides = 1
        x = BatchNormalization()(x)
        x = Activation('relu')(x)
        x = Conv2DTranspose(filters=filters,
                            kernel_size=kernel_size,
                            strides=strides,
                            padding='same')(x)
    if activation is not None:
        x = Activation(activation)(x)

    # 생성기 출력은 합성된 이미지 x
    return Model(inputs, x, name='generator')
```

앞의 목록은 원래의 기본 GAN 출력을 사용한 판별기와 Q-네트워크를 보여준다. 여기에서 강조된 부분은 입력 MNIST 숫자 이미지가 주어졌을 때 이산 코드(원-핫 레이블) 소프트맥스 예측과 연속 코드 확률에 해당하는 세 개의 보조 출력을 보여준다.

목록 6.1.2 infogan-mnist-6.1.1.py는 InfoGAN 판별기와 Q-Network를 보여준다.

```
def discriminator(inputs,
                  activation='sigmoid',
                  num_labels=None,
                  num_codes=None):

    """판별기 모델 구성

    가짜와 진짜를 분류하는 LeakyReLU-Conv2D 스택
    BN을 사용하면 네트워크가 수렴하지 않으므로 [1]과 달리 BN을 사용하지 않음

    # 인수
        inputs (Layer): 판별기 입력 계층(이미지)
        activation (string): 출력 활성화 계층 이름
```

```
    num_labels (int): ACGAN과 InfoGAN의 원-핫 레이블 차원
    num_codes (int): 출력으로 num_codes 차원 Q 네트워크
                    if StackedGAN or 2 Q networks if InfoGAN

# 반환 결과
    Model: 판별기 모델
"""
kernel_size = 5
layer_filters = [32, 64, 128, 256]

x = inputs
for filters in layer_filters:
    # 처음 3 합성곱 계층은 strides = 2를 사용
    # 마지막 하나의 합성곱 계층은 strides = 1을 사용
    if filters == layer_filters[-1]:
        strides = 1
    else:
        strides = 2
    x = LeakyReLU(alpha=0.2)(x)
    x = Conv2D(filters=filters,
               kernel_size=kernel_size,
               strides=strides,
               padding='same')(x)

x = Flatten()(x)
# 기본 출력은 이미지가 진짜일 확률임
outputs = Dense(1)(x)
if activation is not None:
    print(activation)
    outputs = Activation(activation)(outputs)

if num_labels:
    # ACGAN과 InfoGAN에는 두 번째 출력이 존재함
    # 두 번째 출력은 레이블을 나타내는 10차원의 원-핫 벡터
    layer = Dense(layer_filters[-2])(x)
    labels = Dense(num_labels)(layer)
    labels = Activation('softmax', name='label')(labels)
    if num_codes is None:
        outputs = [outputs, labels]
```

```
        else:
            # InfoGAN에는 세 번째와 네 번째 출력이 존재함
            # 세 번째 출력: x가 주어졌을 때 첫 번째 c를 나타내는 1차원 연속 Q
            code1 = Dense(1)(layer)
            code1 = Activation('sigmoid', name='code1')(code1)

            # 네 번째 출력: x가 주어졌을 때 두 번째 c를 나타내는 1차원 연속 Q
            code2 = Dense(1)(layer)
            code2 = Activation('sigmoid', name='code2')(code2)

            outputs = [outputs, labels, code1, code2]
    elif num_codes is not None:
        # StackedGAN Q0 출력
        # z0_recon: z0 정규 분포를 재구성
        z0_recon = Dense(num_codes)(x)
        z0_recon = Activation('tanh', name='z0')(z0_recon)
        outputs = [outputs, z0_recon]

    return Model(inputs, outputs, name='discriminator')
```

그림 6.1.4는 케라스로 구현한 InfoGAN 모델을 보여준다. 판별기와 적대적 모델을 구성하려면 변경이 필요한 부분이 있다. 변경된 부분은 사용된 손실 함수에서 볼 수 있다. 원래 판별기 손실 함수 binary_crossentropy와 이산 코드를 위한 categorical_crossentropy, 각 연속 코드를 위한 mi_loss 함수가 모여 전체 손실 함수를 구성한다. 각 손실 함수는 가중치 1.0을 가지며 연속 코드에 대해 $\lambda=0.5$에 맞춰 mi_loss 함수만 가중치로 0.5를 부여받는다.

목록 6.1.3에서는 변경된 부분을 강조해서 보여준다. 그렇지만 빌더 함수를 사용함으로써 판별기는 다음과 같이 인스턴스화된다는 점에 유의하자.

```
# 다음 4개의 출력을 사용해 판별기 빌더 함수를 호출: 소스, 레이블, 2개의 코드
discriminator = gan.discriminator(inputs, num_labels=num_labels, with_codes=True)
```

생성기는 다음에 의해 구성된다.

```
# 입력, 레이블, 코드를 generator의 전체 입력으로 사용해 generator 함수 호출
generator = gan.generator(inputs, image_size, labels=labels, codes=[code1, code2])
```

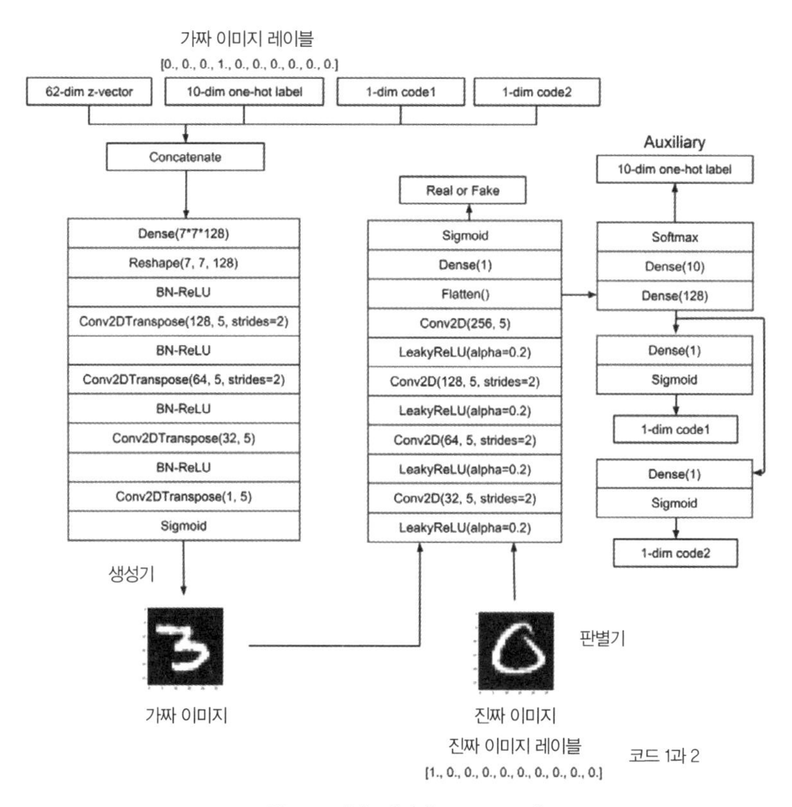

그림 6.1.4 케라스에서의 InfoGAN 모델

목록 6.1.3 infogan-mnist-6.1.1.py는 InfoGAN 판별기와 적대적 네트워크를 구성할 때 사용되는 상호 정보 손실 함수를 보여준다.

```
def mi_loss(c, q_of_c_given_x):
    """ 상호 정보 손실 [2]의 방정식 5, 여기에서 H(c)가 상수라고 가정 """
    # mi_loss = -c * log(Q(c|x))
    return K.mean(-K.sum(K.log(q_of_c_given_x + K.epsilon()) * c, axis=1))


def build_and_train_models(latent_size=100):
    # MNIST 데이터세트 로딩
    (x_train, y_train), (_, _) = mnist.load_data()

    # CNN을 위해 데이터 형상을 (28, 28, 1)로 조정하고 정규화
    image_size = x_train.shape[1]
    x_train = np.reshape(x_train, [-1, image_size, image_size, 1])
    x_train = x_train.astype('float32') / 255
```

```
# 레이블 훈련
num_labels = len(np.unique(y_train))
y_train = to_categorical(y_train)

model_name = "infogan_mnist"
# 네트워크 매개변수
batch_size = 64
train_steps = 40000
lr = 2e-4
decay = 6e-8
input_shape = (image_size, image_size, 1)
label_shape = (num_labels, )
code_shape = (1, )

# 판별기 모델 구성
inputs = Input(shape=input_shape, name='discriminator_input')
# 4개의 출력으로 판별기 빌더 함수 호출:
# 소스, 레이블, 2개의 코드
discriminator = gan.discriminator(inputs,
                                  num_labels=num_labels,
                                  num_codes=2)
# [1]에서는 Adam을 사용하지만 RMSProp를 사용했을 때 판별기가 더 잘 수렴함
optimizer = RMSprop(lr=lr, decay=decay)
# 손실 함수: 1) 이미지가 진짜일 확률(binary crossentropy)
# 2) 이미지 레이블을 위한 범주형 교차 엔트로피
# 3)과 4)는 상호 정보 손실
loss = ['binary_crossentropy', 'categorical_crossentropy', mi_loss, mi_loss]
# lamda 또는 mi_loss의 가중치는 0.5
loss_weights = [1.0, 1.0, 0.5, 0.5]
discriminator.compile(loss=loss,
                      loss_weights=loss_weights,
                      optimizer=optimizer,
                      metrics=['accuracy'])
discriminator.summary()

# 생성기 모델 구성
input_shape = (latent_size, )
inputs = Input(shape=input_shape, name='z_input')
labels = Input(shape=label_shape, name='labels')
```

```
code1 = Input(shape=code_shape, name="code1")
code2 = Input(shape=code_shape, name="code2")
# 입력, 레이블, 2개의 코드를 전체 입력으로 generator 함수에 전달해 호출

generator = gan.generator(inputs,
                          image_size,
                          labels=labels,
                          codes=[code1, code2])
generator.summary()

# 적대적 모델 구성 = 생성기 + 판별기
optimizer = RMSprop(lr=lr*0.5, decay=decay*0.5)
discriminator.trainable = False
# 전체 입력 = 노이즈 코드, 레이블, 2개의 코드
inputs = [inputs, labels, code1, code2]
adversarial = Model(inputs,
                    discriminator(generator(inputs)),
                    name=model_name)
# 판별기와 동일한 손실 함수
adversarial.compile(loss=loss,
                    loss_weights=loss_weights,
                    optimizer=optimizer,
                    metrics=['accuracy'])
adversarial.summary()

# 판별기와 적대적 네트워크를 훈련
models = (generator, discriminator, adversarial)
data = (x_train, y_train)
params = (batch_size, latent_size, train_steps, num_labels, model_name)
train(models, data, params)
```

훈련과 관련해서 InfoGAN은 ACGAN과 유사하지만, 연속 코드를 위한 c를 제공해야 한다는 점에서 다르다. c는 표준 편차 0.5, 평균 0.0인 정규 분포에서 가져온다. 가짜 데이터를 위해 임의로 샘플링된 레이블과 실제 데이터를 위한 데이터세트 클래스 레이블을 사용해 이산 잠재 코드를 표현해 보자. 다음 목록에서는 훈련 함수에 변경된 부분을 강조해 표시했다. 앞에서 본 모든 GAN 모델과 유사하게 판별기와 생성기는 적대적 네트워크를 통해 교대로 훈련된다. 적대적 네트워크를 훈련하는 동안 판별기 가중치는 고정된다. 생성기 출력 이미지 샘플은 `gan.py`의 `plot_images()` 함수를 사용해 500단계마다 저장된다.

목록 6.1.4 infogan-mnist-6.1.1.py는 InfoGAN에서의 훈련 함수가 ACGAN과 비슷하다는 것을 보여준다. 유일한 차이점은 정규 분포에서 샘플링된 연속 코드를 제공한다는 점이다.

```
def train(models, data, params):
    """판별기와 적대적 네트워크 훈련

    판별기와 적대적 네트워크를 배치 단위로 교대로 훈련
    판별기가 먼저 진짜와 가짜 이미지,
    그에 대응하는 원-핫 레이블과 연속 코드를 사용해 훈련됨
    다음으로 적대적 네트워크가 진짜인 척하는 가짜 이미지와
    그에 대응하는 원-핫 레이블과 연속 코드를 사용해 훈련됨
    save_interval마다 샘플 이미지를 생성

    # Arguments
        models (Models): Generator, Discriminator, Adversarial 모델
        data (tuple): x_train, y_train 데이터
        params (tuple): 네트워크 매개변수
    """
    # GAN 모델
    generator, discriminator, adversarial = models
    # 이미지와 그에 대응하는 원-핫 레이블
    x_train, y_train = data
    # 네트워크 매개변수
    batch_size, latent_size, train_steps, num_labels, model_name = params
    # 생성기 이미지는 500단계마다 저장됨
    save_interval = 500
    # 훈련하는 동안 생성기 출력이 어떻게 진화하는지 보기 위한 노이즈 벡터
    noise_input = np.random.uniform(-1.0, 1.0, size=[16, latent_size])
    # 임의의 클래스 레이블과 코드
    noise_label = np.eye(num_labels)[np.arange(0, 16) % num_labels]
    noise_code1 = np.random.normal(scale=0.5, size=[16, 1])
    noise_code2 = np.random.normal(scale=0.5, size=[16, 1])
    # 훈련 데이터세트의 요소 개수
    train_size = x_train.shape[0]
    print(model_name,
          "Labels for generated images: ",
          np.argmax(noise_label, axis=1))

    for i in range(train_steps):
```

```
# 1 배치에 대해 판별기를 훈련
# 실제 데이터(label=1.0)와 가짜 이미지(label=0.0)로 이루어진 1 배치
# 데이터세트에서 실제 이미지와 그에 대응하는 레이블을 임의로 선정
rand_indexes = np.random.randint(0, train_size, size=batch_size)
real_images = x_train[rand_indexes]
real_labels = y_train[rand_indexes]
# 실제 이미지에 대한 임의의 코드
real_code1 = np.random.normal(scale=0.5, size=[batch_size, 1])
real_code2 = np.random.normal(scale=0.5, size=[batch_size, 1])
# 가짜 이미지, 레이블, 코드를 생성
noise = np.random.uniform(-1.0, 1.0, size=[batch_size, latent_size])
fake_labels = np.eye(num_labels)[np.random.choice(num_labels, batch_size)]

fake_code1 = np.random.normal(scale=0.5, size=[batch_size, 1])
fake_code2 = np.random.normal(scale=0.5, size=[batch_size, 1])
inputs = [noise, fake_labels, fake_code1, fake_code2]
fake_images = generator.predict(inputs)

# 실제 이미지 + 가짜 이미지 = 훈련 데이터의 1 배치
x = np.concatenate((real_images, fake_images))
labels = np.concatenate((real_labels, fake_labels))
codes1 = np.concatenate((real_code1, fake_code1))
codes2 = np.concatenate((real_code2, fake_code2))

# 실제 이미지와 가짜 이미지에 레이블을 붙임
# 실제 이미지 레이블은 1.0
y = np.ones([2 * batch_size, 1])
# 가짜 이미지 레이블은 0.0
y[batch_size:, :] = 0

# 판별기 네트워크를 훈련, 손실과 레이블 정확도를 기록
outputs = [y, labels, codes1, codes2]
# metrics = ['loss', 'activation_1_loss', 'label_loss',
# 'code1_loss', 'code2_loss', 'activation_1_acc',
# 'label_acc', 'code1_acc', 'code2_acc']
# from discriminator.metrics_names
metrics = discriminator.train_on_batch(x, outputs)
fmt = "%d: [discriminator loss: %f, label_acc: %f]"
log = fmt % (i, metrics[0], metrics[6])
```

```
# 1 배치에 대해 적대적 네트워크를 훈련
# label=1.0인 가짜 이미지와 그에 대응하는 원-핫 레이블(클래스)
# + 임의의 코드로 이루어진 1 배치
# 적대적 네트워크에서 판별기 가중치가 고정되므로 생성기만 훈련됨
# 가짜 이미지, 레이블, 코드를 생성
noise = np.random.uniform(-1.0, 1.0, size=[batch_size, latent_size])
fake_labels = np.eye(num_labels)[np.random.choice(num_labels, batch_size)]

fake_code1 = np.random.normal(scale=0.5, size=[batch_size, 1])
fake_code2 = np.random.normal(scale=0.5, size=[batch_size, 1])
# 가짜 이미지에 진짜 레이블을 붙임
y = np.ones([batch_size, 1])

# 판별기 훈련과는 달리
# 가짜 이미지를 변수에 저장하지 않음
# 가짜 이미지는 분류를 위해 적대적 네트워크의 판별기 입력으로 들어감
# 손실과 레이블 정확도를 기록
inputs = [noise, fake_labels, fake_code1, fake_code2]
outputs = [y, fake_labels, fake_code1, fake_code2]
metrics = adversarial.train_on_batch(inputs, outputs)
fmt = "%s [adversarial loss: %f, label_acc: %f]"
log = fmt % (log, metrics[0], metrics[6])

print(log)
if (i + 1) % save_interval == 0:
    if (i + 1) == train_steps:
        show = True
    else:
        show = False
    # 주기적으로 생성기 출력 이미지를 그림
    gan.plot_images(generator,
                    noise_input=noise_input,
                    noise_label=noise_label,
                    noise_codes=[noise_code1, noise_code2],
                    show=show,
                    step=(i + 1),
                    model_name=model_name)
```

```
# 생성기 훈련이 끝나면 모델을 저장
# 훈련된 생성기는 나중에 MNIST 숫자를 생성할 때 재로딩될 수 있음
generator.save(model_name + ".h5")
```

InfoGAN의 생성기 출력

앞에서 봤던 모든 GAN 모델과 비슷하게 InfoGAN을 4만 단계 훈련시켰다. 훈련이 끝나면 새로운 출력을 생성하기 위해 `infogan_mnist.h5` 파일에 저장된 모델을 사용해 InfoGAN 생성기를 실행할 수 있다. 다음 검증 단계를 수행하자.

1. 이산 레이블을 0~9까지 바꿔가며 숫자 0~9를 생성한다. 연속 코드는 둘 다 0으로 설정한다. 결과는 그림 6.1.5에서 볼 수 있다. InfoGAN 이산 코드가 생성기가 생성할 숫자를 제어할 수 있는지 확인할 수 있다.

   ```
   python3 infogan-mnist-6.1.1.py --generator=infogan_mnist.h5 --digit=0 --code1=0 --code2=0
   ```

   부터

   ```
   python3 infogan-mnist-6.1.1.py --generator=infogan_mnist.h5 --digit=9 --code1=0 --code2=0
   ```

   까지 실행함.

2. 첫 번째 연속 코드의 효과를 검사해 어느 특성이 영향을 받는지 확인한다. 숫자 0~9에 대해 첫 번째 연속 코드를 -2.0~2.0 사이에서 변화를 준다. 두 번째 연속 코드는 0.0으로 설정된다. 그림 6.1.6을 보면 첫 번째 연속 코드가 숫자의 두께를 제어함을 알 수 있다.

   ```
   python3 infogan-mnist-6.1.1.py --generator=infogan_mnist.h5 --digit=0 --code1=0 --code2=0 --p1
   ```

3. 이전 단계와 비슷하지만, 두 번째 연속 코드에 변화를 주어 실행한다. 그림 6.1.7을 보면 두 번째 연속 코드는 필체의 회전각(기울기)을 제어함을 알 수 있다.

   ```
   python3 infogan-mnist-6.1.1.py --generator=infogan_mnist.h5 --digit=0 --code1=0 --code2=0 --p2
   ```

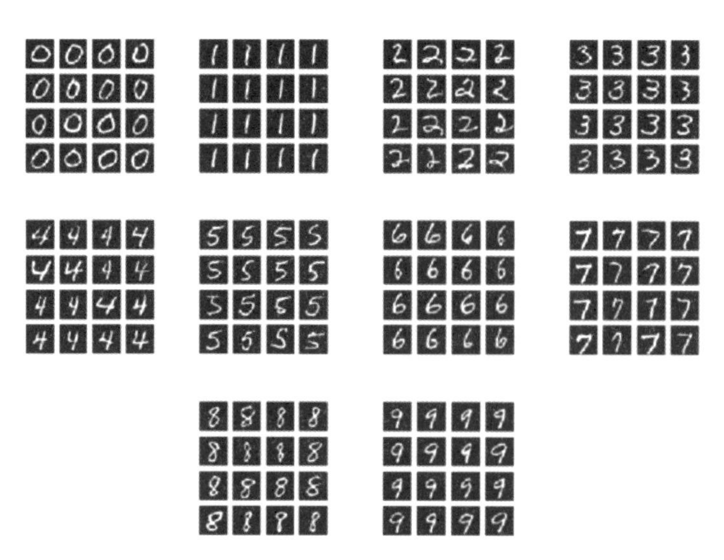

그림 6.1.5 이산 코드를 0부터 9까지 바꿔가며 InfoGAN에서 생성한 이미지. 두 개의 연속 코드 모두 0으로 설정함

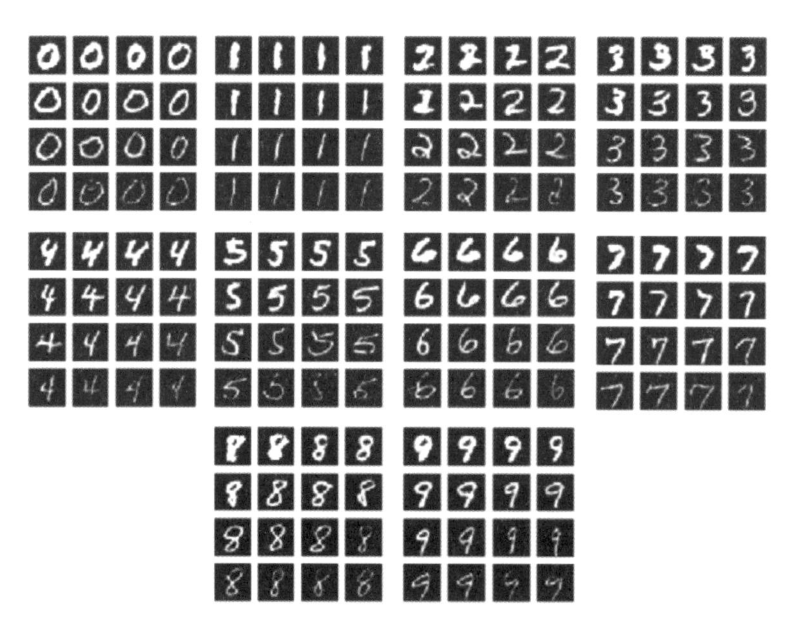

그림 6.1.6 숫자 0~9에 대해 첫 번째 연속 코드를 -2.0~2.0 사이의 값에서 변화를 줄 때 InfoGAN에서 생성한 이미지. 두 번째 연속 코드는 0으로 설정함. 첫 번째 연속 코드는 숫자의 두께를 제어한다.

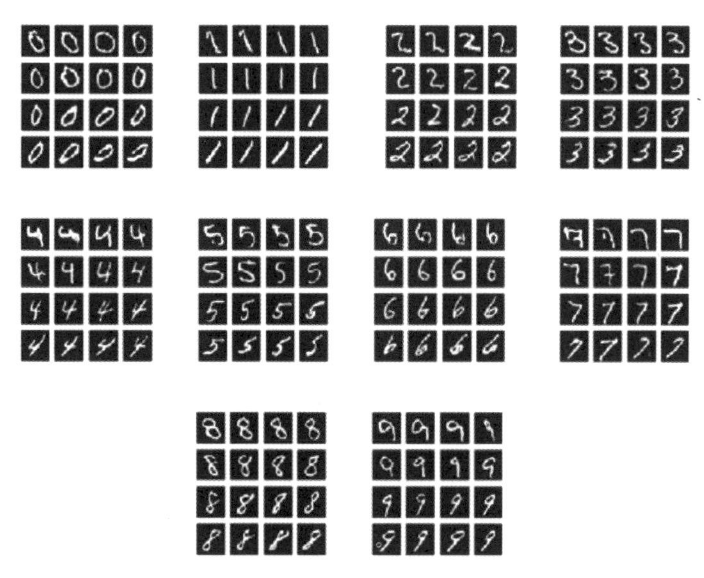

그림 6.1.7 숫자 0~9에 대해 두 번째 연속 코드를 -2.0~2.0 사이의 값에서 변화를 줄 때 InfoGAN에서 생성한 이미지. 첫 번째 연속 코드는 0으로 설정함. 두 번째 연속 코드는 필체에서 회전각(기울기)을 제어한다.

이 검증 결과에서 MNIST와 비슷하게 생긴 숫자를 생성할 수 있다는 것 외에도, InfoGAN은 CGAN과 ACGAN 같은 조건부 GAN의 능력을 확장함을 알 수 있다. 이 네트워크는 생성기 출력의 특정 특성을 제어할 수 있는 두 개의 임의의 코드를 자동으로 학습했다. 이로부터 연속 코드 개수를 2 이상 늘리면 어떤 추가 특성을 제어할 수 있을지 확인하는 것도 재미있을 것이다.

StackedGAN

InfoGAN과 동일한 원리로, StackedGAN은 조건이 부여된 생성기 출력을 위한 잠재 표현 분해 방식을 제안한다. 하지만 StackedGAN은 다른 해결 방식을 사용한다. 원하는 출력을 생산하기 위해 노이즈에 조건을 부여하는 방법을 학습하는 대신 StackedGAN은 GAN을 GAN의 스택으로 나눈다. 각각의 GAN은 자신만의 잠재 코드를 가지고 일반적인 판별기-적대적 방식으로 독립적으로 훈련된다.

그림 6.2.1은 가상의 유명인사 얼굴을 생성할 때 StackedGAN이 어떻게 동작하는지 보여준다. 인코더 네트워크가 유명인사 얼굴을 분류하기 위해 훈련된다고 가정하자.

Encoder 네트워크는 n개의 특징에 대응하는 $i=0 \cdots n-1$일 때 $Encoder_i$인 단순한 인코더의 스택으로 이루어진다. 각 인코더는 특정 얼굴 특징을 추출한다. 예를 들어 $Encoder_0$는 머리 모양 특징인

Encoder$_1$을 위한 인코더일 수 있다. 이 단순한 인코더는 전부 전체 *Encoder*가 정확한 예측을 수행하도록 기여한다.

StackedGAN의 기본 개념은 가짜 유명인사 얼굴을 생성하는 GAN을 구성하고 싶다면 단순히 *Encoder*를 거꾸로 놓으면 된다는 것이다. StackedGAN은 단순한 GAN, 즉 n개의 특징에 대응해 $i=0 \cdots n-1$일 때 GAN_i의 스택으로 구성된다. 각 GAN_i는 그에 대응하는 인코더 $Encoder_i$의 순서를 거꾸로 해 학습한다. 예를 들어 GAN_0는 $Encoder_0$ 절차의 역으로 가짜 머리 모양 특징에서 가짜 유명인사 얼굴을 생성한다.

GAN_i 각각은 자신의 생성기 출력에 조건을 부여하는 잠재 코드 z_i를 사용한다. 예를 들어 잠재 코드 z_0는 곱슬머리를 웨이브 머리로 바꿀 수 있다. GAN의 스택은 전체 *Encoder* 절차를 역으로 돌려서 가짜 유명인사 얼굴을 합성하는 하나의 GAN으로도 동작한다. GAN_i와 z_i 각각의 잠재 코드를 사용해 가짜 유명인사 얼굴의 특정 특성을 바꿀 수 있다.

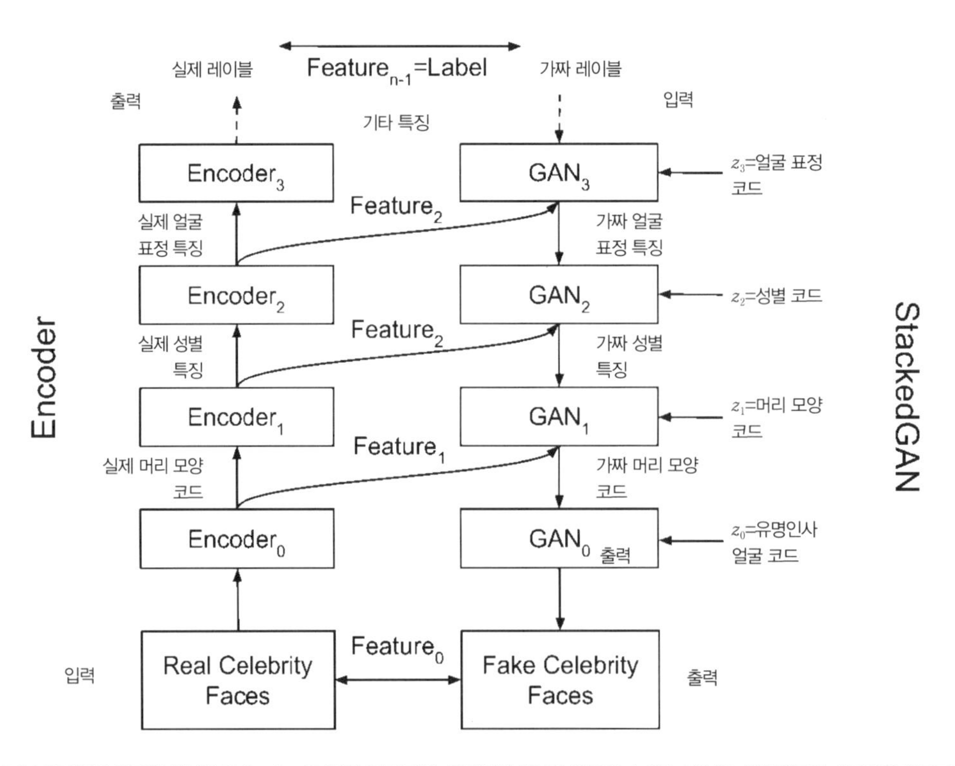

그림 6.2.1 유명인사 얼굴을 생성할 때 StackedGAN의 기본 개념. 유명인사 얼굴을 분류할 수 있는 가상의 심층 인코더 신경망이 있다고 가정하면 StackedGAN은 단순히 그 인코더의 절차를 역으로 수행하면 된다.

케라스에서 StackedGAN을 구현하기

StackedGAN의 세부적인 네트워크 모델은 다음 그림에서 확인할 수 있다. 간결하게 설명할 수 있게 스택마다 두 개의 인코더-GAN만 있는 모델을 보여준다. 한 개의 인코더-GAN을 훈련하는 법을 이해했다면 나머지도 동일한 개념을 사용하면 된다. 다음 절에서는 StackedGAN이 MNIST 숫자를 생성하기 위해 설계된 것으로 가정한다.

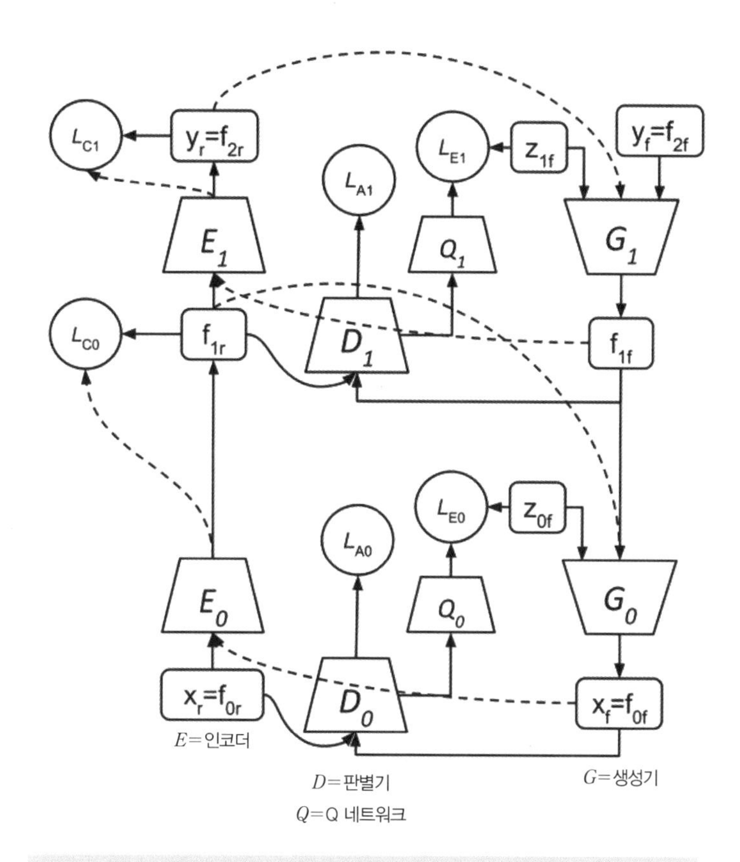

L_C=조건부 손실, L_A=적대적 손실, L_E=엔트로피 손실, x=이미지, y=레이블, f=특징, z=코드, r=진짜, f=가짜

그림 6.2.2 StackedGAN은 인코더와 GAN의 스택으로 구성된다. 인코더는 분류를 수행하기 위해 미리 훈련돼 있다. $Generator_1$, 즉 G_1은 가짜 레이블 y_f, 잠재 코드 z_{1f}에 조건이 부여된 f_{1f} 특징을 학습하는 방법을 학습한다. $Generator_0$, 즉 G_0는 가짜 특징 f_{1f}와 잠재 코드 z_{0f}를 모두 사용해 가짜 이미지를 생성한다.

StackedGAN은 *Encoder*로 시작한다. 이 인코더는 정확한 레이블을 예측하는 훈련된 분류기다. 중간 특징 벡터 f_{1r}이 GAN 훈련에 사용될 수 있다. 1장 '케라스를 활용한 고급 딥러닝 소개'에서 설명했던 내용과 비슷하게 CNN 기반의 분류기를 MNIST에서 사용할 수 있다. 다음 그림은 케라스에서 구현한 *Encoder*와 그 네트워크 모델을 보여준다.

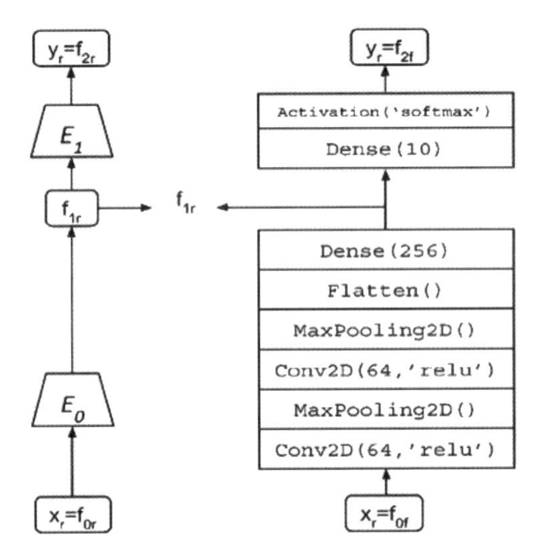

그림 6.2.3 StackedGAN의 인코더는 단순한 CNN 기반의 분류기다.

목록 6.2.1은 앞의 그림에 대한 케라스 코드를 보여준다. 이것은 1장 '케라스를 활용한 고급 딥러닝 소개'의 CNN 기반의 분류기와 비슷하지만, 256차원 특징을 추출하기 위해 `Dense` 계층을 사용한다는 점이 다르다. 여기에는 두 개의 출력 모델 $Encoder_0$와 $Encoder_1$이 있다. 이 두 모델 모두 StackedGAN을 훈련하기 위해 사용된다.

$Encoder_0$의 출력 f_{1r}은 $Generator_1$이 합성하는 방법을 학습하는 대상인 256차원의 특징 벡터다. $Encoder_0$, 즉 E_0의 보조 출력으로 이를 확인할 수 있다. 전체 *Encoder*는 MNIST 숫자 x_r을 분류하도록 훈련된다. 정확한 레이블 y_r은 $Encoder_1$, 즉 E_1에 의해 예측된다. 그 과정에서 중간에 위치한 특징 집합 f_{1r}이 학습되고 $Generator_0$ 훈련에 사용된다. 아래 첨자 r은 GAN이 이 인코더에 대해 훈련될 때 가짜 데이터와 실제 데이터를 구분하고 강조하기 위해 사용된다.

목록 6.2.1 stackedgan-mnist-6.2.1.py는 케라스에서 구현한 인코더를 보여준다.

```
def build_encoder(inputs, num_labels=10, feature1_dim=256):
    """ 분류(인코더) 모델 하위 네트워크 구성

    두 개의 하위 네트워크:
    1) Encoder0: 이미지에서 feature1 (중간 단계 잠재 특징)
    2) Encoder1: feature1에서 레이블 추출

    # 인수
        inputs (Layers): x - 이미지, feature1 - feature1 계층 출력
        num_labels (int): 클래스 레이블 개수
        feature1_dim (int): feature1의 차원 수

    # 반환 결과
        enc0, enc1 (Models): 아래에서 설명
    """
    kernel_size = 3
    filters = 64

    x, feature1 = inputs
    # Encoder0 또는 enc0
    y = Conv2D(filters=filters,
               kernel_size=kernel_size,
               padding='same',
               activation='relu')(x)
    y = MaxPooling2D()(y)
    y = Conv2D(filters=filters,
               kernel_size=kernel_size,
               padding='same',
               activation='relu')(y)
    y = MaxPooling2D()(y)
    y = Flatten()(y)
    feature1_output = Dense(feature1_dim, activation='relu')(y)
    # Encoder0 또는 enc0: 이미지에서 feature1 추출
    enc0 = Model(inputs=x, outputs=feature1_output, name="encoder0")

    # Encoder1 또는 enc1
    y = Dense(num_labels)(feature1)
    labels = Activation('softmax')(y)
```

```
    # Encoder1 또는 enc1: feature1에서 클래스 레이블 추출
    enc1 = Model(inputs=feature1, outputs=labels, name="encoder1")

    # enc0과 enc1을 모두 반환
    return enc0, enc1
```

표 6.2.1 GAN과 StackedGAN의 손실 함수 사이의 비교. $\sim P_{data}$는 그에 대응하는 인코더 데이터(입력, 특징 또는 출력)에서 샘플링함을 뜻한다.

네트워크	손실 함수	방정식
GAN	$L^{(D)} = -\mathbb{E}_{x \sim p_{data}} \log D(x) - \mathbb{E}_z \log(1 - D(G(z)))$	4.1.1
	$L^{(G)} = -\mathbb{E}_z \log D(G(\boldsymbol{z}))$	4.1.5
StackedGAN	$L_i^{(D)} = -\mathbb{E}_{f_i \sim P_{data}} \log D(f_i) - \mathbb{E}_{f_{i+1} \sim p_{data},\, z_i} \log(1 - D(G(f_{i+1}, z_i)))$	6.2.1
	$L_i^{(G)adv} = -\mathbb{E}_{f_{i+1} \sim P_{data},\, z_i} \log D(G(f_{i+1}, z_i))$	6.2.2
	$L_i^{(G)cond} = \| \mathbb{E}_{f_{i+1} \sim P_{data},\, z_i}(G(f_{i+1}, z_i)), f_{i+1} \|_2$	6.2.3
	$L_i^{(G)ent} = \| \mathbb{E}_{f_{i+1},\, z_i}(G(f_{i+1}, z_i)), z_i \|_2$	6.2.4
	$L_i^{(G)} = \lambda_1 L_i^{(G)adv} + \lambda_2 L_i^{(G)cond} + \lambda_3 L_i^{(G)ent}$ 여기에서 λ_1과 λ_2와 λ_3는 가중치이며, $i = Encoder$와 $GAN\ id$이다.	6.2.5

$Encoder$ 입력(x_r), 중간 단계의 특징(f_{1r}), 레이블(y_r)이 주어졌을 때 각 GAN은 일반적인 판별기-적대적 방식으로 훈련된다. 손실 함수는 표 6.2.1의 방정식 6.2.1부터 6.2.5까지에서 확인할 수 있다. 방정식 6.2.1과 6.2.2는 일반적인 GAN의 손실 함수다. StackedGAN에는 부가적으로 두 개의 손실 함수 **조건부 손실**(conditional loss)과 **엔트로피 손실**(entropy loss)이 있다.

방정식 6.2.3에서 조건부 손실 함수 $L_i^{(G)cond}$는 생성기가 입력 노이즈 코드 z_i에서 출력 f_i를 합성할 때 입력 f_{i+1}을 무시하지 않게 한다. 인코더 $Encoder_i$는 생성기 $Generator_i$의 절차를 역으로 수행해 생성기 입력을 복원할 수 있어야 한다. 생성기 입력과 인코더로 복원한 입력 사이의 차이는 L2 혹은 유클리드 거리와 **평균 제곱 오차**(MSE, Mean Squared Error)에 의해 측정된다. 그림 6.2.4는 $L_0^{(G)cond}$ 계산에 관여하는 네트워크 요소를 보여준다.

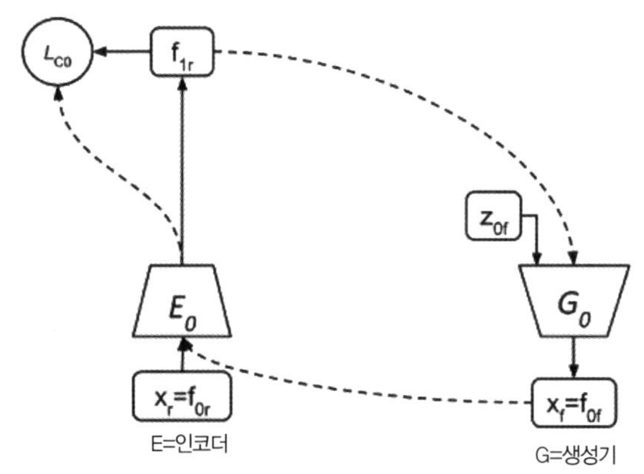

그림 6.2.4 그림 6.2.3을 단순화해 $L_0^{(G)cond}$ 계산에 관여한 네트워크 요소만 보여준다.

그렇지만 조건부 손실 함수를 사용하면 새로운 문제가 발생한다. 생성기가 입력 노이즈 코드 z_i를 무시하고 단순히 f_{i+1}에 의존하게 된다. 방정식 6.2.4의 엔트로피 손실 함수 $L_0^{(G)cond}$를 사용하면 생성기가 노이즈 코드 z_i를 무시할 수 없다. Q-네트워크는 생성기 출력에서 노이즈 코드를 복원한다. 복원된 노이즈와 입력 노이즈 사이의 차이도 L2나 MSE에 의해 측정된다. 다음 그림은 $L_0^{(G)cond}$ 계산에 관여한 네트워크 요소를 보여준다.

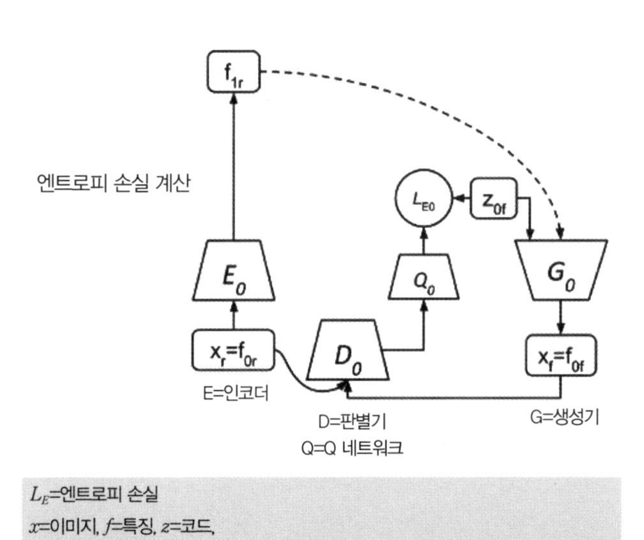

그림 6.2.5 그림 6.2.3을 단순화해 $L_0^{(G)ent}$를 계산하는 데 관여한 네트워크 요소만 보여준다.

마지막으로 살펴볼 손실 함수는 일반적인 GAN 손실과 비슷하다. 이 손실 함수는 판별기 손실 $L_i^{(D)}$와 생성기(적대적 네트워크를 통해) 손실 $L_i^{(G)adv}$로 구성된다. 다음 그림은 GAN 손실에 관여한 요소를 보여준다.

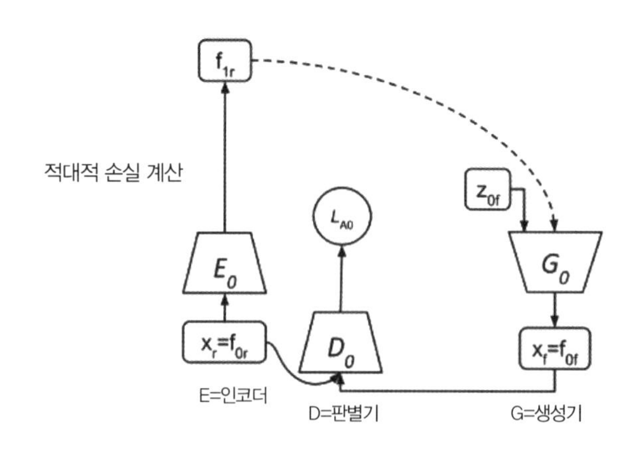

L_A=적대적 손실
x=이미지, f=특징, z=코드,
r=진짜, f=가짜

그림 6.2.6 그림 6.2.3을 단순화해 $L_i^{(D)}$와 $L_i^{(G)adv}$ 계산에 관여한 네트워크 요소만 보여준다.

방정식 6.2.5에서 세 개의 생성기 손실 함수의 가중합이 최종 생성기 손실 함수다. 여기서 보여줄 케라스 코드에서 가중치는 모두 1.0으로 설정되며, 엔트로피 손실만 10.0으로 설정된다. 방정식 6.2.1에서 방정식 6.2.5까지 i는 인코더와 GAN 그룹 ID 혹은 레벨을 뜻한다. 최초 논문에서는 먼저 네트워크가 독립적으로 훈련된 다음 공동으로 훈련된다. 독립적으로 훈련할 때는 인코더가 먼저 훈련된다. 공동으로 훈련할 때는 실제 데이터와 가짜 데이터가 함께 사용된다.

케라스에서 StackedGAN 생성기와 판별기를 구현하려면 중간 단계 특징에 접근하는 보조 지점을 제공하도록 몇 가지를 변경해야 한다. 그림 6.2.7은 케라스의 생성기 모델을 보여준다. 목록 6.2.2에서 $Generator_0$와 $Generator_1$에 대응하는 두 개의 생성기(`gen0`와 `gen1`)를 구성하는 함수를 보여준다. `gen1` 생성기는 레이블과 노이즈 코드 z_{1f}를 입력으로 사용하는 세 개의 `Dense` 계층으로 구성된다. 세 번째 계층은 가짜 f_{1f} 특징을 생성한다. `gen0` 생성기는 앞에서 보여준 다른 GAN 생성기와 비슷하며 `gan.py`의 생성기 빌더 함수를 사용해 인스턴스화할 수 있다.

```
# gen0: feature1 + z0에서 feature0(이미지)를 생성
gen0 = gan.generator(feature1, image_size, codes=z0)
```

gen0 입력은 f_1 특징과 노이즈 코드 z_0다. 출력은 생성된 가짜 이미지 x_f다.

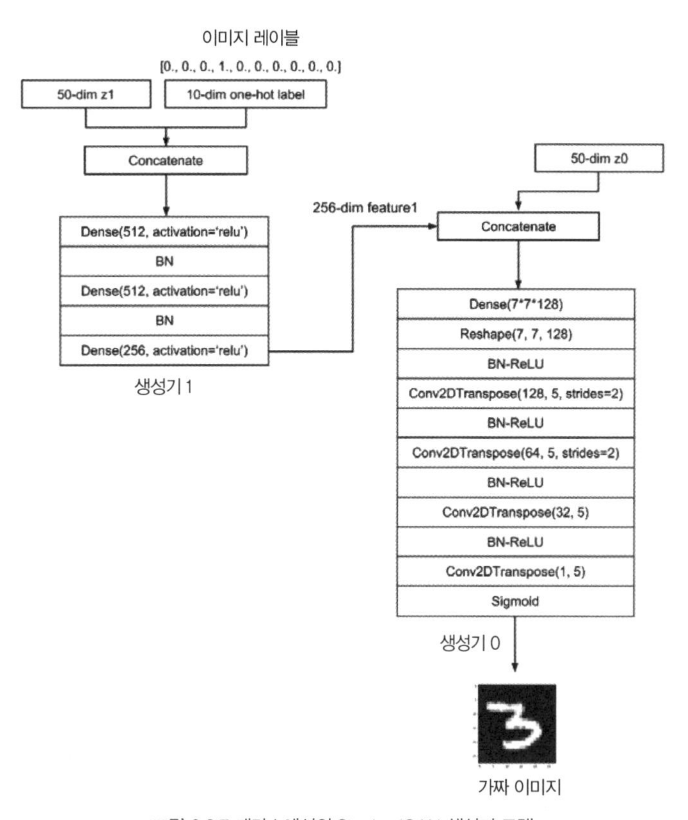

그림 6.2.7 케라스에서의 StackedGAN 생성기 모델

목록 6.2.2 stackedgan-mnist-6.2.1.py는 케라스에 구현한 생성기를 보여준다.

```
def build_generator(latent_codes, image_size, feature1_dim=256):
    """생성기 모델의 하위 네트워크 구성

    두 개의 하위 네트워크:
    1) 클래스와 노이즈 → feature1(중간 단계 특징)
    2) feature1 → 이미지
```

```
    # 인수
        latent_codes (Layers): 이산 코드(레이블), 노이즈와 feature1 특징
        image_size (int): 한 변의 목표 크기(정사각형 이미지라고 가정)
        feature1_dim (int): feature1의 차원 수

    # 반환 결과
        gen0, gen1 (Models): 아래에서 설명함
    """

    # 잠재 코드와 네트워크 매개변수
    labels, z0, z1, feature1 = latent_codes
    # image_resize = image_size // 4
    # kernel_size = 5
    # layer_filters = [128, 64, 32, 1]

    # gen1 입력
    inputs = [labels, z1] # 10 + 50 = 62-dim
    x = concatenate(inputs, axis=1)
    x = Dense(512, activation='relu')(x)
    x = BatchNormalization()(x)
    x = Dense(512, activation='relu')(x)
    x = BatchNormalization()(x)
    fake_feature1 = Dense(feature1_dim, activation='relu')(x)
    # gen1: 클래스와 노이즈 (feature2 + z1) → feature1
    gen1 = Model(inputs, fake_feature1, name='gen1')

    # gen0: feature1 + z0 → feature0 (이미지)
    gen0 = gan.generator(feature1, image_size, codes=z0)

    return gen0, gen1
```

그림 6.2.8은 케라스의 판별기 모델을 보여준다. 여기에서는 $Discriminator_0$(dis0)와 $Discriminator_1$(dis1)을 구성하는 함수를 제공한다. dis0 판별기는 GAN 판별기와 비슷하지만, 특징 벡터 입력과 z_0를 복원하는 보조 네트워크 Q_0가 다르다. gan.py의 빌더 함수는 dis0를 생성하기 위해 사용된다.

```
dis0 = gan.discriminator(inputs, num_codes=z_dim)
```

dis1 판별기는 목록 6.2.3에서 보듯이 세 계층의 MLP로 구성돼 있다. 마지막 계층에서는 진짜와 가짜 f_1을 구별한다. Q_1 네트워크는 dis1의 첫 두 계층을 공유한다. 세 번째 계층은 z_1을 복원한다.

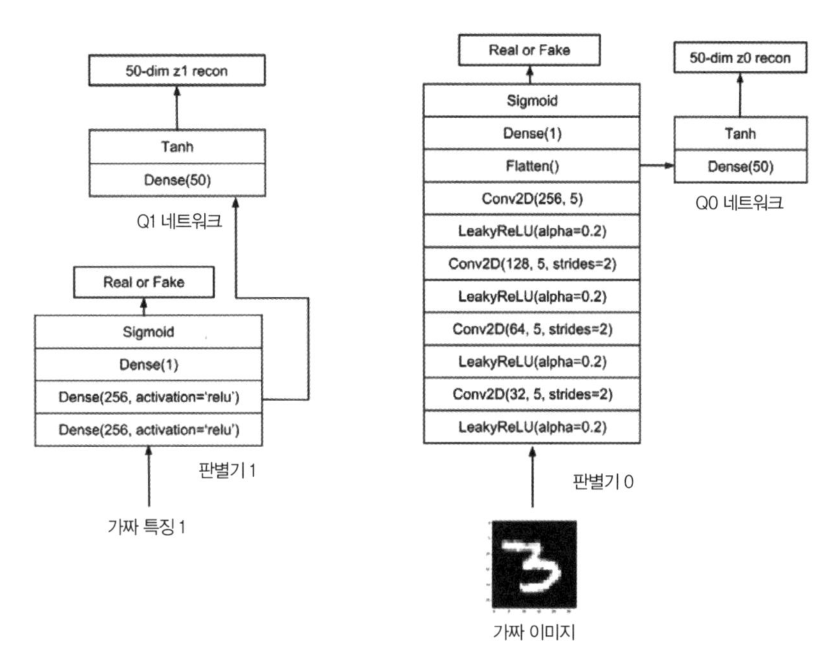

그림 6.2.8 케라스의 StackedGAN 판별기 모델

목록 6.2.3 stackedgan-mnist-6.2.1.py는 케라스에서 구현한 $Discriminator_1$을 보여준다.

```
def build_discriminator(inputs, z_dim=50):
    """ Discriminator 1 모델 구성

     feature1(특징)을 진짜/가짜로 분류하고
    (엔트로피 손실을 최소화함으로써) 입력 노이즈나 잠재 코드를 복원

    # 인수
        inputs (Layer): feature1
        z_dim (int): 노이즈 차원 수

    # 반환 결과
        dis1 (Model): feature1을 진짜/가짜로 판별하고 잠재 코드를 복원
    """
```

```
    # 입력은 256차원 feature1
    x = Dense(256, activation='relu')(inputs)
    x = Dense(256, activation='relu')(x)
    # 처음 출력은 feature1이 진짜일 확률임
    f1_source = Dense(1)(x)
    f1_source = Activation('sigmoid', name='feature1_source')
(f1_source)

    # z1 복원 (Q1 네트워크)
    z1_recon = Dense(z_dim)(x)
    z1_recon = Activation('tanh', name='z1')(z1_recon)

    discriminator_outputs = [f1_source, z1_recon]
    dis1 = Model(inputs, discriminator_outputs, name='dis1')
    return dis1
```

목록 6.2.4에서는 가능한 빌더 함수를 모두 사용해 StackedGAN을 조립한다. StackedGAN을 훈련하기 전에 인코더가 미리 훈련된다. 예제에서는 이미 적대적 모델 훈련에서 세 개의 생성기 손실 함수(적대적, 조건부, 엔트로피 손실)를 포함했다. Q–네트워크는 일부 공통 계층을 판별기 모델과 공유한다. 따라서 Q–네트워크의 손실 함수도 판별기 모델 훈련에 포함된다.

목록 6.2.4 stackedgan-mnist-6.2.1.py는 케라스에서 StackedGAN을 구성하는 것을 보여준다.

```
def build_and_train_models():
    # MNIST 데이터세트 로딩
    (x_train, y_train), (x_test, y_test) = mnist.load_data()

    # 이미지 형상 조정 및 정규화
    image_size = x_train.shape[1]
    x_train = np.reshape(x_train, [-1, image_size, image_size, 1])
    x_train = x_train.astype('float32') / 255
    x_test = np.reshape(x_test, [-1, image_size, image_size, 1])
    x_test = x_test.astype('float32') / 255

    # 레이블 개수
    num_labels = len(np.unique(y_train))
    # 원-핫 벡터로 변환
    y_train = to_categorical(y_train)
```

```
y_test = to_categorical(y_test)

model_name = "stackedgan_mnist"
# 네트워크 매개변수
batch_size = 64
train_steps = 40000
lr = 2e-4
decay = 6e-8
input_shape = (image_size, image_size, 1)
label_shape = (num_labels, )
z_dim = 50
z_shape = (z_dim, )
feature1_dim = 256
feature1_shape = (feature1_dim, )

# discriminator 0와 Q network 0 모델 구성
inputs = Input(shape=input_shape, name='discriminator0_input')
dis0 = gan.discriminator(inputs, num_codes=z_dim)
# [1]은 아담 최적화 기법을 사용하지만 RMSProp를 사용했을 때 판별기가 쉽게 수렴함
optimizer = RMSprop(lr=lr, decay=decay)
# 손실 함수: 1) 이미지가 진짜일 확률 (adversarial0 손실)
# 2) MSE z0 복원 손실(Q0 네트워크 손실 또는 entropy0 손실)
loss = ['binary_crossentropy', 'mse']
loss_weights = [1.0, 10.0]
dis0.compile(loss=loss,
             loss_weights=loss_weights,
             optimizer=optimizer,
             metrics=['accuracy'])
dis0.summary() # 이미지 판별기, z0 추정기

# discriminator 1과 Q network 1 모델 구성
input_shape = (feature1_dim, )
inputs = Input(shape=input_shape, name='discriminator1_input')
dis1 = build_discriminator(inputs, z_dim=z_dim )
# 손실 함수: 1) feature1이 진짜일 확률 (adversarial1 손실)
# 2) MSE z1 복원 손실(Q1 네트워크 손실 또는 entropy1 손실)
loss = ['binary_crossentropy', 'mse']
loss_weights = [1.0, 1.0]
dis1.compile(loss=loss,
```

```
                loss_weights=loss_weights,
                optimizer=optimizer,
                metrics=['accuracy'])
dis1.summary() # feature1 discriminator, z1 estimator

# 생성기 모델 구성
feature1 = Input(shape=feature1_shape, name='feature1_input')
labels = Input(shape=label_shape, name='labels')
z1 = Input(shape=z_shape, name="z1_input")
z0 = Input(shape=z_shape, name="z0_input")
latent_codes = (labels, z0, z1, feature1)
gen0, gen1 = build_generator(latent_codes, image_size)
gen0.summary() # image generator
gen1.summary() # feature1 generator

# 인코더 모델 구성
input_shape = (image_size, image_size, 1)
inputs = Input(shape=input_shape, name='encoder_input')
enc0, enc1 = build_encoder((inputs, feature1), num_labels)
enc0.summary() # image to feature1 encoder
enc1.summary() # feature1 to labels encoder (classifier)
encoder = Model(inputs, enc1(enc0(inputs)))
encoder.summary() # image to labels encoder (classifier)

data = (x_train, y_train), (x_test, y_test)
train_encoder(encoder, data, model_name=model_name)

# adversarial0 모델 =
# generator0 + discriminator0 + encoder0
optimizer = RMSprop(lr=lr*0.5, decay=decay*0.5)
# encoder0 가중치는 고정
enc0.trainable = False
# discriminator0 가중치는 고정
dis0.trainable = False
gen0_inputs = [feature1, z0]
gen0_outputs = gen0(gen0_inputs)
adv0_outputs = dis0(gen0_outputs) + [enc0(gen0_outputs)]
# feature1 + z0 -> feature1이 진짜일 확률
# + z0 복원 + feature0/image 복원
```

```
adv0 = Model(gen0_inputs, adv0_outputs, name="adv0")
# 손실 함수: 1) feature1이 진짜일 확률 (adversarial0 loss)
# 2) Q network 0 손실 (entropy0 loss)
# 3) conditional0 손실
loss = ['binary_crossentropy', 'mse', 'mse']
loss_weights = [1.0, 10.0, 1.0]
adv0.compile(loss=loss,
             loss_weights=loss_weights,
             optimizer=optimizer,
             metrics=['accuracy'])
adv0.summary()

# adversarial1 모델 구성 =
# generator1 + discriminator1 + encoder1
# encoder1 가중치는 고정
enc1.trainable = False
# discriminator1 가중치는 고정
dis1.trainable = False
gen1_inputs = [labels, z1]
gen1_outputs = gen1(gen1_inputs)
adv1_outputs = dis1(gen1_outputs) + [enc1(gen1_outputs)]
# labels + z1 -> 레이블이 진짜일 확률 + z1 복원 + feature1 복원
adv1 = Model(gen1_inputs, adv1_outputs, name="adv1")
# 손실 함수: 1) 레이블이 진짜일 확률 (adversarial1 손실)
# 2) Q network 1 손실(entropy1 손실)
# 3) conditional1 손실(분류기 오차)
loss_weights = [1.0, 1.0, 1.0]
loss = ['binary_crossentropy', 'mse', 'categorical_crossentropy']
adv1.compile(loss=loss,
             loss_weights=loss_weights,
             optimizer=optimizer,
             metrics=['accuracy'])
adv1.summary()

# 판별기와 적대적 네트워크를 훈련
models = (enc0, enc1, gen0, gen1, dis0, dis1, adv0, adv1)
params = (batch_size, train_steps, num_labels, z_dim, model_name)
train(models, data, params)
```

마지막으로 훈련 함수는 전형적인 GAN 훈련과 닮았으나, 한 번에 GAN 하나만 훈련(GAN_1 다음에 GAN_0)한다는 점에서 다르다. 목록 6.2.5에서 코드를 확인할 수 있다. 훈련 순서는 다음과 같다.

1. 판별기와 엔트로피 손실을 최소화해 $Discriminator_1$과 Q_1 네트워크를 훈련
2. 판별기와 엔트로피 손실을 최소화해 $Discriminator_0$와 Q_0 네트워크를 훈련
3. 적대적 손실과 엔트로피, 조건부 손실을 최소화해 $Adversarial_1$ 네트워크를 훈련
4. 적대적 손실과 엔트로피, 조건부 손실을 최소화해 $Adversarial_0$ 네트워크를 훈련

목록 6.2.5 stackedgan-mnist-6.2.1.py는 케라스에서 StackedGAN을 훈련하는 법을 보여준다.

```
def train(models, data, params):
    """판별기와 적대적 네트워크 훈련

    판별기와 적대적 네트워크를 배치 단위로 교대로 훈련
    먼저 판별기가 진짜와 가짜 이미지와 그에 대응하는 원-핫 레이블과 잠재 코드를 사용해 훈련됨
    다음으로 진짜인 척하는 가짜 이미지와 그에 대응하는
    원-핫 레이블, 잠재 코드를 사용해 적대적 네트워크를 훈련
    save_interval마다 샘플 이미지를 생성

    # 인수
        models (Models): Encoder, Generator, Discriminator, Adversarial models
        data (tuple): x_train, y_train data
        params (tuple): 네트워크 매개변수

    """
    # StackedGAN, 인코더 모델
    enc0, enc1, gen0, gen1, dis0, dis1, adv0, adv1 = models
    # 네트워크 매개변수
    batch_size, train_steps, num_labels, z_dim, model_name = params
    # 훈련 데이터세트
    (x_train, y_train), (_, _) = data
    # 500단계마다 생성기 이미지 저장
    save_interval = 500

    # 생성기 훈련을 위한 레이블과 노이즈 코드
    z0 = np.random.normal(scale=0.5, size=[16, z_dim])
    z1 = np.random.normal(scale=0.5, size=[16, z_dim])
```

```
noise_class = np.eye(num_labels)[np.arange(0, 16) % num_labels]
noise_params = [noise_class, z0, z1]
# 훈련 데이터세트의 요소 개수
train_size = x_train.shape[0]
print(model_name,
      "Labels for generated images: ",
      np.argmax(noise_class, axis=1))

for i in range(train_steps):
    # 1 배치에 대해 discriminator1 훈련
    # 진짜(label=1.0)와 가짜 특징 feature1 (label=0.0)으로 이루어진 1 배치
    # 데이터세트에서 진짜 이미지를 임의로 선정
    rand_indexes = np.random.randint(0, train_size, size=batch_size)
    real_images = x_train[rand_indexes]
    # encoder0 출력에서 진짜 feature1을 추출
    real_feature1 = enc0.predict(real_images)
    # 임의의 50-차원 잠재 코드 z1을 생성
    real_z1 = np.random.normal(scale=0.5, size=[batch_size, z_dim])
    # 데이터세트에서 실제 레이블 추출
    real_labels = y_train[rand_indexes]
    # 실제 레이블과 50-차원 잠재 코드 z1에서
    # generator1을 사용해 가짜 특징 feature1을 생성
    fake_z1 = np.random.normal(scale=0.5, size=[batch_size, z_dim])
    fake_feature1 = gen1.predict([real_labels, fake_z1])

    # 실제 데이터 + 가짜 데이터
    feature1 = np.concatenate((real_feature1, fake_feature1))
    z1 = np.concatenate((fake_z1, fake_z1))

    # 앞의 절반은 진짜로 뒤의 절반은 가짜로 레이블을 붙임
    y = np.ones([2 * batch_size, 1])
    y[batch_size:, :] = 0

    # feature1을 진짜/가짜로 분류하고 잠재 코드(z1)를 복원하기 위해
    # discriminator1 훈련
    # 진짜는 encoder1에서
    # 가짜 = genenerator1에서
    # advserial1 손실과 entropy1 손실에서 판별기 부분을 사용해 합동 훈련
    metrics = dis1.train_on_batch(feature1, [y, z1])
```

```
# 전체 손실만 기록 (fr dis1.metrics_names)
log = "%d: [dis1_loss: %f]" % (i, metrics[0])

# 1 배치에 대해 discriminator0를 훈련
# 진짜(label=1.0)와 가짜(label=0.0) 이미지로 구성된 1 배치
# 임의의 50-차원 잠재 코드 z0를 생성
fake_z0 = np.random.normal(scale=0.5, size=[batch_size, z_dim])
# 진짜 feature1과 가짜 z0에서 가짜 이미지 생성
fake_images = gen0.predict([real_feature1, fake_z0])

# 진짜 데이터 + 가짜 데이터
x = np.concatenate((real_images, fake_images))
z0 = np.concatenate((fake_z0, fake_z0))

# 이미지를 진짜/가짜로 분류하고
# 잠재 코드(z0)를 복원하기 위해 discriminator0를 훈련
# advserial0 손실과 entropy0  손실에서 판별기 부분을 사용해 합동 훈련
metrics = dis0.train_on_batch(x, [y, z0])
# 전체 손실만 기록 (fr dis0.metrics_names)
log = "%s [dis0_loss: %f]" % (log, metrics[0])

# 적대적 네트워크 훈련
# 가짜 z1과 레이블 생성
fake_z1 = np.random.normal(scale=0.5, size=[batch_size, z_dim])
# generator1의 입력은 진짜 레이블 fr과 50-차원 잠재 코드 z1에서 샘플링
gen1_inputs = [real_labels, fake_z1]

# 가짜 feature1을 진짜로 레이블을 붙임
y = np.ones([batch_size, 1])

# 판별기를 속이고
# encoder1 feature1 생성기를 근사시켜서
# generator1(적대적 신경망을 통해) 훈련시킴
# 합동 훈련: adversarial1, entropy1, conditional1
metrics = adv1.train_on_batch(gen1_inputs, [y, fake_z1, real_labels])
fmt = "%s [adv1_loss: %f, enc1_acc: %f]"
# 전반적인 손실과 분류 정확도를 기록
log = fmt % (log, metrics[0], metrics[6])
```

```
        # generator0의 입력으로
        # 진짜 feature1과 50 차원 z0 잠재 코드를 받음
        fake_z0 = np.random.normal(scale=0.5, size=[batch_size, z_dim])
        gen0_inputs = [real_feature1, fake_z0]

        # 판별기를 속이고
        # encoder1 이미지 소스 생성기를 근사시켜
        # generator0(적대적 신경망을 통해)를 훈련시킴
        # 합동 훈련: adversarial0, entropy0, conditional0
        metrics = adv0.train_on_batch(gen0_inputs, [y, fake_z0, real_feature1])
        # 전반적인 손실만 기록
        log = "%s [adv0_loss: %f]" % (log, metrics[0])

        print(log)
        if (i + 1) % save_interval == 0:
            if (i + 1) == train_steps:
                show = True
            else:
                show = False
            generators = (gen0, gen1)
            plot_images(generators,
                        noise_params=noise_params,
                        show=show,
                        step=(i + 1),
                        model_name=model_name)

    # generator0와 generator1을 훈련시킨 다음 모델 저장
    # 향후 MNIST 숫자 생성을 위해
    # 훈련된 생성기를 재로딩할 수 있음
    gen1.save(model_name + "-gen1.h5")
    gen0.save(model_name + "-gen0.h5")
```

StackedGAN의 생성기 출력

10,000단계 동안 StackedGAN을 훈련한 다음, $Generator_0$와 $Generator_1$ 모델은 파일에 저장된다. $Generator_0$와 $Generator_1$을 연결하면 레이블과 노이즈 코드 z_0와 z_1으로 조건이 부여된 가짜 이미지를 합성할 수 있다.

StackedGAN 생성기는 다음 방법으로 질적으로 검증될 수 있다.

1. 이산 레이블은 0~9까지 변화를 주고, z_0와 z_1은 평균 0.5, 표준편차 1.0을 갖는 정규 분포에서 샘플링한다. 결과는 그림 6.2.9와 같다. 여기에서 StackedGAN 이산 코드가 생성기에서 생성할 숫자를 제어할 수 있음을 알 수 있다.

```
python3 stackedgan-mnist-6.2.1.py
--generator0=stackedgan_mnist-gen0.h5
--generator1=stackedgan_mnist-gen1.h5 --digit=0
```

   부터

```
python3 stackedgan-mnist-6.2.1.py
--generator0=stackedgan_mnist-gen0.h5
--generator1=stackedgan_mnist-gen1.h5 --digit=9
```

   를 실행.

2. 다음에 보는 것처럼 숫자 0부터 9까지에 대해 첫 번째 노이즈 코드 z_0를 상수 벡터로 –4.0에서 4.0으로 변화를 준다. 두 번째 노이즈 코드 z_1은 영 벡터(zero vector)로 설정한다. 그림 6.2.10은 첫 번째 노이즈 코드가 숫자의 두께를 제어한다는 것을 보여준다. 그 예로 숫자 8은 다음으로 확인할 수 있다.

```
python3 stackedgan-mnist-6.2.1.py
--generator0=stackedgan_mnist-gen0.h5
--generator1=stackedgan_mnist-gen1.h5 --z0=0 --z1=0 --p0 --digit=8
```

3. 숫자 0부터 9까지에 대해 두 번째 노이즈 코드 z_1을 상수 벡터로 –1.0부터 1.0으로 변화를 준다. 첫 번째 노이즈 코드 z_0는 영 벡터로 설정한다. 그림 6.2.11을 보면 두 번째 노이즈 코드가 기울기를 제어하고 어느 정도 해당 숫자의 두께를 제어함을 알 수 있다. 그 예로 숫자 8은 다음으로 확인할 수 있다.

```
python3 stackedgan-mnist-6.2.1.py
--generator0=stackedgan_mnist-gen0.h5
--generator1=stackedgan_mnist-gen1.h5 --z0=0 --z1=0 --p1 --digit=8
```

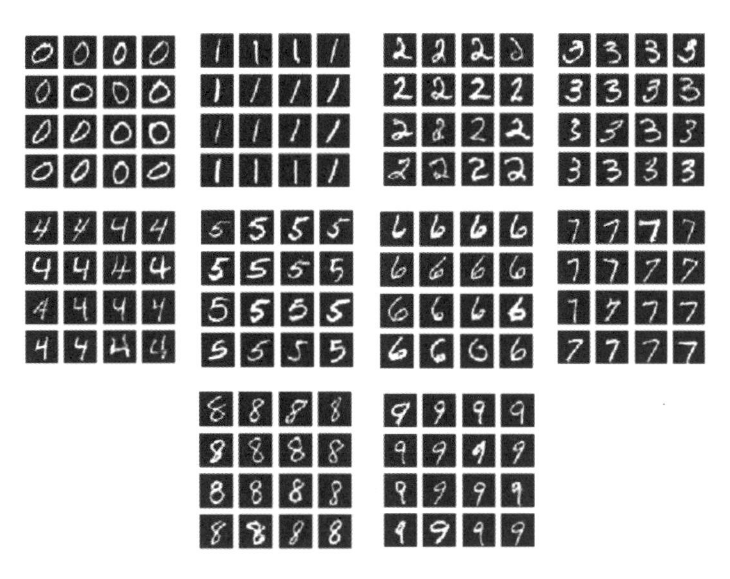

그림 6.2.9 이산 코드를 0~9로 변화를 줄 때 StackedGAN에서 생성된 이미지. z_0와 z_1은 모두 평균 0.5, 표준편차 1.0인 정규분포에서 샘플링한다.

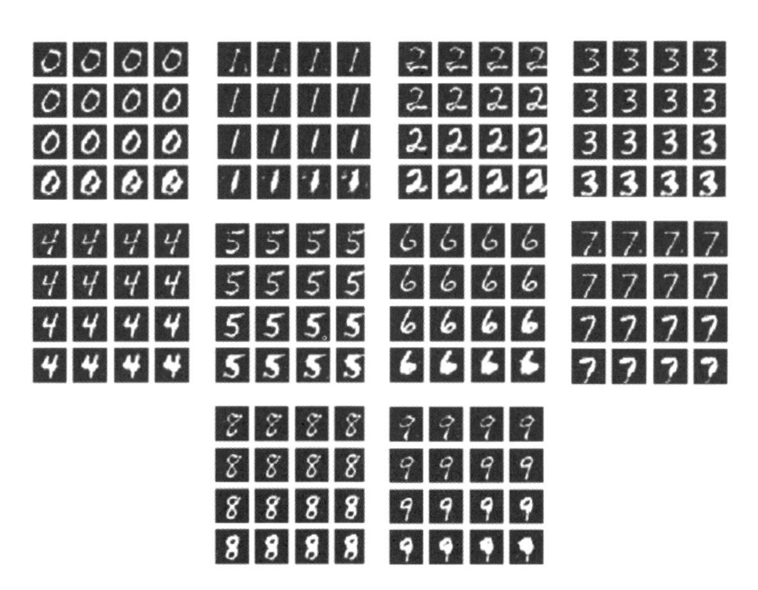

그림 6.2.10 숫자 0~9에 대해 첫 번째 노이즈 코드 z_0를 상수 벡터 -4.0~4.0까지 변화를 줄 때 StackedGAN에서 생성된 이미지. z_0는 숫자의 두께를 제어함을 알 수 있다.

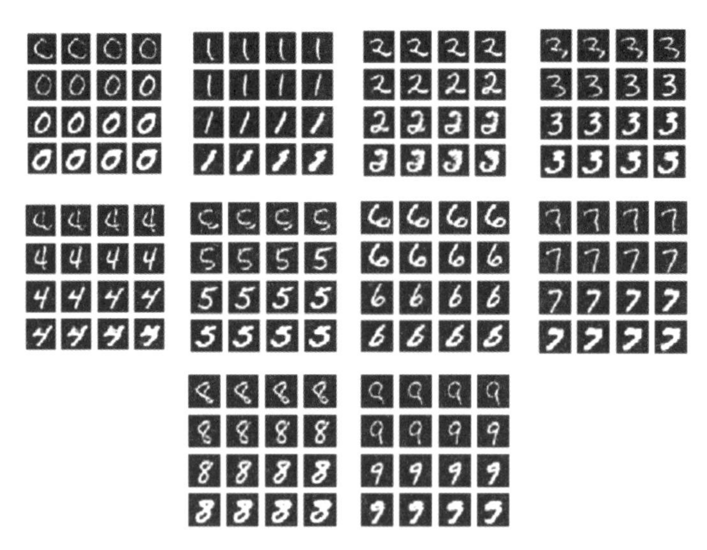

그림 6.2.11 숫자 0~9에 대해 두 번째 노이즈 코드 z_1을 상수 벡터 −1.0~1.0까지 변화를 줄 때 StackedGAN에서 생성된 이미지. z_1은 숫자의 기울기와 획의 두께를 제어함을 알 수 있다.

그림 6.2.9~6.2.11은 StackedGAN에서 생성기 출력의 특성을 추가로 제어할 수 있음을 보여준다. 이렇게 제어할 수 있는 특성은 (숫자인 레이블), (z_0, 숫자의 두께), (z_1, 숫자의 기울기)다. 이 예제를 바탕으로 제어할 수 있는 다른 실험들이 있다. 예를 들면 다음과 같다.

- 스택을 이루는 요소의 개수를 2에서 증가시킴.
- InfoGAN처럼 z_0와 z_1 코드의 차원을 감소시킴.

다음 그림은 InfoGAN의 잠재 코드와 StackedGAN의 잠재 코드 사이의 차이를 보여준다. 분해하는 코드의 기본 개념은 손실 함수에 제한을 두어 특정 특성만 코드에 의해 영향받게 하는 것이다. InfoGAN은 StackedGAN과 비교했을 때 구조 단위로 구현하기 때문에 구현하기가 더 쉽다. 게다가 InfoGAN의 훈련 속도가 더 빠르다.

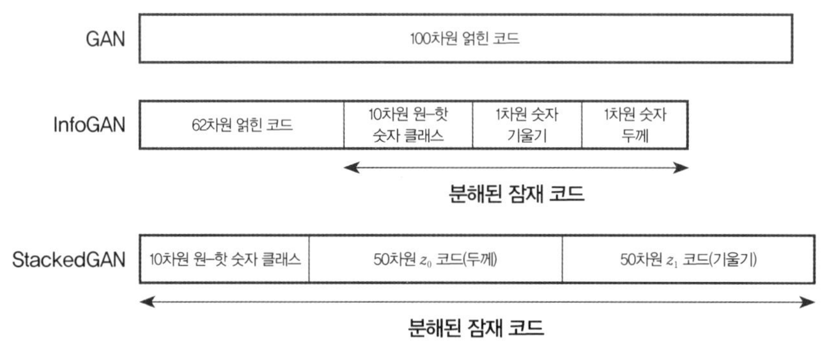

그림 6.2.12 GAN 모델별 잠재 표현

결론

이 장에서는 GAN에서 잠재 표현을 분해하는 방법을 살펴봤다. 앞에서는 InfoGAN에서 생성기가 분해된 잠재 벡터를 학습하게 하기 위해 상호 정보를 최대화하는 방법을 설명했다. MNIST 데이터세트 예제에서 InfoGAN은 입력으로 세 개의 표현과 노이즈 코드를 사용했다. 노이즈는 나머지 특성을 얽힌 표현의 형태로 표현한다. StackedGAN은 다른 방식으로 문제를 해결한다. InfoGAN은 가짜 특징과 이미지를 합성하는 방법을 학습하기 위해 인코더와 GAN으로 구성된 스택을 사용한다. 먼저 인코더가 특징 데이터세트를 제공하기 위해 훈련된다. 그런 다음 인코더-GAN 스택이 노이즈 코드를 사용해 생성기 출력의 특성을 제어하는 방법을 학습하기 위해 함께 훈련된다.

다음 장에서는 다른 분야에서 새로운 데이터를 생성할 수 있는 새로운 유형의 GAN을 살펴볼 것이다. 예를 들어, 말 이미지가 주어졌을 때 이 GAN 모델이 얼룩말 이미지로 자동 변환할 수 있다. 이러한 유형의 GAN이 흥미로운 점은 비지도 학습이 가능하다는 것이다.

참고 문헌

1. Xi Chen and others. InfoGAN: Interpretable Representation Learning by Information Maximizing Generative Adversarial Nets. Advances in Neural Information Processing Systems, 2016 (http://papers.nips.cc/paper/6399-infogan-interpretable-representation-learning-by-information-maximizing-generative-adversarial-nets.pdf).

2. Xun Huang and others. Stacked Generative Adversarial Networks. IEEE Conference on Computer Vision and Pattern Recognition (CVPR). Vol. 2, 2017 (http://openaccess.thecvf.com/content_cvpr_2017/papers/Huang_Stacked_Generative_Adversarial_CVPR_2017_paper.pdf).

7장 교차 도메인 GAN

컴퓨터 비전, 컴퓨터 그래픽, 이미지 처리 분야에서는 수많은 작업이 이미지를 한 형태에서 다른 형태로 변환하는 것을 수반한다. 흑백 이미지를 컬러 이미지로 바꾸거나 위성 이미지를 지도로 변환하거나 한 화가의 작품 스타일을 다른 화가의 스타일로 바꾸거나 야간 이미지를 주간 이미지로 바꾸거나 여름 사진을 겨울 사진으로 바꾸는 것 등은 그 예 중 극히 일부에 해당한다. 이러한 작업을 **교차-도메인 전이**(cross-domain transfer)라고 하며, 이 장에서 이에 관해 집중적으로 살펴볼 것이다. 소스 도메인의 이미지가 타깃 도메인으로 전이돼 새롭게 전이된 이미지가 생성된다.

교차-도메인 전이는 실세계에서 사용되는 수많은 애플리케이션에 적용된다. 예를 들어 자율 주행 연구 분야에서 도로 장면 드라이빙 데이터를 수집하려면 시간과 비용이 너무 많이 든다. 이 예에서 가능한 한 다양하고 많은 장면을 다루려면 기후, 계절, 시간을 달리 해 길을 다녀서 방대한 양의 다양한 데이터를 얻어야 한다. 교차-도메인 전이를 사용하면 기존 이미지에 변화를 줌으로써 진짜처럼 보이는 새로운 합성 장면을 생성할 수 있다. 예를 들어 여름에 어떤 지역의 도로 장면을 수집하고 겨울에는 다른 지역의 도로 장면을 수집하기만 하면 된다. 그런 다음 여름 이미지를 겨울 이미지로 변환하고 겨울 이미지를 여름 이미지로 변환할 수 있다. 이 경우, 수행할 작업량이 반으로 줄어든다.

현실적인 합성 이미지를 생성하는 것은 GAN이 가장 잘하는 분야다. 즉, 교차-도메인 변환은 GAN의 적용 분야 중 하나다. 이 장에서는 유명한 교차-도메인 GAN 알고리즘인 **CycleGAN**[2]을 중점적으로 알아본다. **pix2pix**[3] 같은 교차-도메인 전이 알고리즘과 달리, CycleGAN은 훈련 이미지를 작업에 맞춰 정렬시킬 필요가 없다. 정렬된 이미지를 사용하는 경우, 훈련 데이터는 소스 이미지와 그에 대응하는 타깃 이미지를 한 쌍으로 구성한 이미지여야 한다. CycleGAN은 위성 데이터 이미지와 지도만 있으면 된다. 이 지도는 다른 위성 데이터에서 가져올 수도 있으며 꼭 훈련 데이터에서 미리 생성될 필요는 없다.

이 장에서는 다음 내용을 알아볼 것이다.

- CycleGAN의 원리 이해 및 케라스에서의 구현
- CycleGAN을 적용한 예제 애플리케이션. CIFAR10 데이터세트와 MNIST 숫자와 SVHN(Street View House Numbers)[1] 데이터세트에 적용했던 스타일 전이를 사용해 흑백 이미지를 컬러 이미지로 변환하는 것 포함.

CycleGAN 원리

그림 7.1.1 정렬된 이미지 쌍의 예제. (왼쪽) 원본 이미지, (오른쪽) 캐니 에지 탐지 모델(Canny Edge Detector)을 사용해 변환된 이미지. 원본 사진은 저자가 찍은 것이다.

한 도메인의 이미지를 다른 도메인으로 변환하는 것은 컴퓨터 비전, 컴퓨터 그래픽, 이미지 처리 분야에서는 일반적인 작업이다. 앞의 그림은 보편적인 이미지 변환 작업인 테두리 탐지를 보여준다. 이 예제에서 실제 사진(왼쪽)을 소스 도메인의 이미지로, 테두리가 탐지된 사진(오른쪽)을 타깃 도메인의 샘플로 생각하면 된다. 다양한 교차-도메인 변환 절차는 다음 같은 현실적인 애플리케이션에 적용된다.

- 위성 이미지를 지도로 변환
- 얼굴 이미지를 이모티콘, 캐리커처, 만화 캐릭터로 변환
- 신체 이미지를 아바타로 변환
- 흑백 사진을 컬러 사진으로 변환

- 의료 초음파 검사를 실제 사진으로 변환
- 실제 사진을 화가 그림으로 변환

이 절차는 이 외에도 더 많은 다양한 분야에 적용된다. 예를 들어, 컴퓨터 비전과 이미지 처리에서 소스 이미지를 타깃 이미지로 변환하기 위해 소스 이미지에서 특징을 추출하는 알고리즘을 고안해 변환을 수행할 수 있다. 캐니 에지 연산기가 그런 알고리즘 중 하나다. 그렇지만 대부분의 경우 변환은 손으로 하기에는 너무 복잡해서 적합한 알고리즘을 구하기가 거의 불가능하다. 소스와 타깃 도메인의 분포가 모두 고차원이고 복잡하기 때문이다.

그림 7.1.2 정렬되지 않은 이미지 쌍의 예. (왼쪽) 필리핀 대학교의 실제 해바라기 사진, (오른쪽) 런던 내셔널 갤러리의 빈센트 반 고흐가 그린 해바라기. 원본 사진은 작가가 찍은 사진이다.

이미지 변환 문제를 해결하는 또 다른 방법은 딥러닝 기법을 사용하는 것이다. 소스와 타깃 도메인에 모두 충분히 큰 데이터세트가 있다면 신경망을 훈련시켜 이미지 변환을 모델링할 수 있다. 타깃 도메인의 이미지는 소스 이미지가 주어졌을 때 자동으로 생성되기 때문에 타깃 도메인의 실제 샘플처럼 보일 것이다. GAN은 이런 교차-도메인 작업에 적합한 신경망 모델이다. pix2pix[3] 알고리즘은 교차-도메인 알고리즘 중 하나다.

pix2pix는 4장 '생성적 적대 신경망(GAN)'에서 설명했던 **조건부** GAN(Conditional GAN, CGAN)[4]과 닮았다. 기억하겠지만 조건부 GAN에서는 노이즈 입력 z에 원-핫 벡터 형태의 조건을 부여해 생성기 출력을 제한한다. 예를 들어 MNIST 숫자의 경우 생성기가 숫자 8을 출력하게 하고 싶다면 그 조건은 원-핫 벡터 [0, 0, 0, 0, 0, 0, 0, 0, 1, 0]이 된다. pix2pix에서 조건은 변환된 이미지다. pix2pix는 조건부 GAN의 손실을 최적화함으로써 훈련된다. 생성된 이미지의 흐릿함을 최소화하기 위해 L1 손실도 포함시킨다.

pix2pix와 비슷한 신경망의 주요 단점은 훈련 입력과 출력 이미지가 정렬돼 있어야 한다는 점이다. 그림 7.1.1은 정렬된 이미지 한 쌍의 예를 보여준다. 샘플 타깃 이미지는 소스에서 생성된다. 대부분의 경우 정렬된 이미지 쌍을 구하기 어렵거나 소스 이미지에서 생성하기가 너무 비싸거나 주어진 소스 이미지에서 타깃 이미지를 생성하는 방법을 모른다. 그림 7.1.2는 동일한 해바라기 주제에 대해 소스 도메인(실제 사진)과 타깃 도메인(반 고흐 그림 스타일)의 데이터 예를 보여준다. 소스와 타깃 이미지가 꼭 정렬될 필요는 없다.

pix2pix와 달리 CycleGAN은 충분한 양의 다양한 소스와 타깃 데이터가 있는 한 이미지 변환을 학습한다. 소스와 타깃이 정렬되어 있을 필요는 없다. CycleGAN은 소스와 타깃 분포와 함께 샘플 데이터가 주어졌을 때 소스에서 타깃 분포로 변환하는 방법을 학습한다. 지도 학습 과정은 필요 없다. 그림 7.1.2에서 필요한 것은 수천 장의 실제 해바라기 사진과 수천 장의 반고흐가 그린 해바라기 그림 사진뿐이다. CycleGAN 훈련이 끝나면 해바라기 사진을 반 고흐 그림으로 변환할 수 있다.

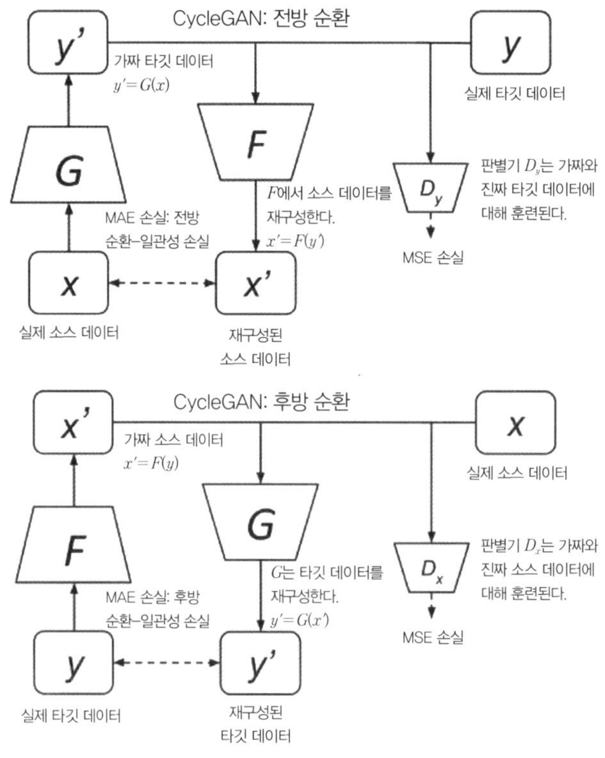

그림 7.1.3 CycleGAN 모델은 네 개의 네트워크로 구성됨: 생성기 G, 생성기 F, 판별기 D_y, 판별기 D_x.

CycleGAN 모델

그림 7.1.3은 CycleGAN의 네트워크 모델을 보여준다. CycleGAN의 목적은 다음 함수를 학습하는 것이다.

$$y' = G(x) \quad \text{(방정식 7.1.1)}$$

이 공식은 타깃 도메인에 가짜 이미지 y'을 실제 소스 이미지 x의 함수로 생성한다. 학습은 소스 도메인의 실제 이미지 x와 타깃 도메인의 실제 이미지 y를 활용함으로써 비지도 방식으로 진행된다.

일반 GAN과 달리 CycleGAN은 순환-일관성(cycle-consistency) 제약을 둔다. 전방 순환-일관성 네트워크는 실제 소스 데이터가 가짜 타깃 데이터로부터 재구성될 수 있음을 보장한다.

$$x' = F(G(x)) \quad \text{(방정식 7.1.2)}$$

이는 전방 순환–일관성 L1 손실을 최소화함으로써 달성할 수 있다.

$$L_{forward-cyc} = \mathbb{E}_{x\sim p_{data}(x)}[\| F(G(x)) - x \|_1] \quad \text{(방정식 7.1.3)}$$

이 네트워크는 대칭을 이룬다. 후방 순환–일관성 네트워크도 가짜 소스 데이터에서 실제 타깃 데이터를 재구성하려고 한다.

$$y' = G(F(y)) \quad \text{(방정식 7.1.4)}$$

이는 후방 순환–일관성 L1 손실을 최소화함으로써 달성할 수 있다.

$$L_{backward-cyc} = \mathbb{E}_{y\sim p_{data}(y)}[\| G(F(y)) - y \|_1] \quad \text{(방정식 7.1.5)}$$

이 두 손실을 더한 값을 순환–일관성 손실이라고 한다.

$$L_{cyc} = L_{forward-cyc} + L_{backward-cyc}$$
$$L_{cyc} = \mathbb{E}_{x\sim p_{data}(x)}[\| F(G(x)) - x \|_1] + \mathbb{E}_{y\sim p_{data}(y)}[\| G(F(y)) - y \|_1] \quad \text{(방정식 7.1.6)}$$

순환–일관성 손실은 L1 혹은 **평균 절댓값 오차**(Mean Absolute Error, MAE)를 사용한다. 이것이 일반적으로 L2나 **평균 제곱 오차**(Mean Square Error, MSE)와 비교해 재구성된 결과 이미지가 더 선명하기 때문이다.

다른 GAN 모델과 마찬가지로 CycleGAN의 궁극적인 목표는 생성기 G가 전방 순환에서 판별기 D_y를 속일 수 있는 가짜 타깃 데이터 y'을 합성하는 법을 배우게 하는 것이다. CycleGAN은 대칭을 이루므로 후방 순환에서도 생성기 F가 판별기 D_x를 속일 수 있는 가짜 소스 데이터 x'을 합성하는 방법을 학습해야 한다. 5장 '개선된 GAN 모델'에서 설명했던 **최소 제곱** GAN(Least Squares GAN, LSGAN) [5]의 인지 품질이 더 낫다는 점에 착안해서 CycleGAN도 판별기와 생성기 손실에 MSE를 사용한다. LSGAN과 초기 GAN 모델과의 차이가 이진 교차–엔트로피 손실 대신 MSE 손실을 사용하는 데 있음을 기억할 것이다. CycleGAN은 생성기–판별기 손실 함수를 다음처럼 표현한다.

$$L^{(D)}_{forward-GAN} = \mathbb{E}_{y\sim p_{data}(y)}(D_y(y) - 1)^2 + \mathbb{E}_{x\sim p_{data}(x)}D_y(G(x))^2 \quad \text{(방정식 7.1.7)}$$

$$L_{forward-GAN}^{(G)} = \mathbb{E}_{x\sim p_{data}(x)}(D_y(G(x)) - 1)^2$$ (방정식 7.1.8)

$$L_{backward-GAN}^{(D)} = \mathbb{E}_{x\sim p_{data}(x)}(D_x(x) - 1)^2 + \mathbb{E}_{y\sim p_{data}(y)}D_x(F(y))^2$$ (방정식 7.1.9)

$$L_{backward-GAN}^{(G)} = \mathbb{E}_{y\sim p_{data}(y)}(D_x(F(y)) - 1)^2$$ (방정식 7.1.10)

$$L_{GAN}^{(D)} = L_{forward-GAN}^{(D)} + L_{backward-GAN}^{(D)}$$ (방정식 7.1.11)

$$L_{GAN}^{(G)} = L_{forward-GAN}^{(G)} + L_{backward-GAN}^{(G)}$$ (방정식 7.1.12)

전체 CycleGAN의 손실은 다음과 같다.

$$L = \lambda_1 L_{GAN} + \lambda_2 L_{cyc}$$ (방정식 7.1.13)

CycleGAN은 순환 일관성 검사에 더 무게를 두기 위해 가중치로 $\lambda_1 = 1.0$과 $\lambda_2 = 10.0$으로 설정할 것을 추천한다.

훈련 전략은 초기 GAN과 비슷하다. 알고리즘 7.1.1은 CycleGAN 훈련 절차를 요약해 보여준다.

다음을 n 훈련 단계만큼 반복한다.

1. 실제 소스와 타깃 데이터를 사용해 전방-순환 판별기를 훈련해 $L_{forward=GAN}^{(D)}$을 최소화한다. 실제 타깃 데이터 미니배치인 y의 레이블은 1.0이다. 가짜 타깃 데이터 미니배치인 $y' = G(x)$의 레이블은 0.0이다.
2. 실제 소스와 타깃 데이터를 사용해 후방-순환 판별기를 훈련해 $L_{backward=GAN}^{(D)}$을 최소화한다. 실제 소스 데이터 미니배치인 x의 레이블은 1.0이다. 가짜 소스 데이터 미니배치인 $x' = F(y)$의 레이블은 0.0이다.
3. 적대적 신경망에서 전방-순환 생성기와 후방-순환 생성기를 훈련해 $L_{GAN}^{(G)}$과 L_{cyc}를 최소화한다. 가짜 타깃 데이터 미니배치 $y' = G(x)$의 레이블은 1.0이다. 가짜 소스 데이터 미니배치인 $x' = F(y)$의 레이블은 1.0이다. 판별기의 가중치는 고정된다.

그림 7.1.4 스타일 전이를 하면 색채 구성까지 성공적으로 전이되지 않을 수 있다. 이 문제를 해결하기 위해 전체 손실 함수에 동질성 손실(identity loss)이 추가된다.

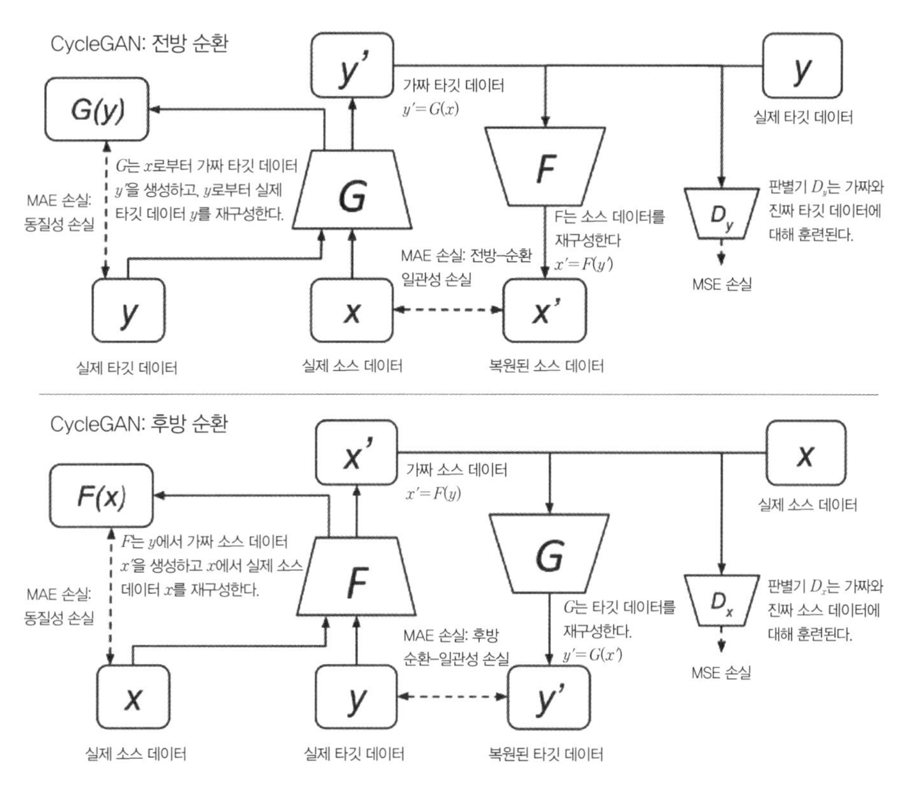

그림 7.1.5 동질성 손실(이미지 왼쪽)이 포함된 CycleGAN 모델

신경망 스타일 전이 문제에서 색체 구성이 소스 이미지에서 가짜 타깃 이미지로 성공적으로 전이되지 않을 수 있다. 이 문제는 그림 7.1.4에서 보는 것과 같다. 이 문제를 해결하기 위해 CycleGAN은 전방-순환, 후방-순환 동질성 손실 함수를 포함시킬 것을 제안한다.

$$L_{identity} = \mathbb{E}_{x \sim p_{data}(x)}[\| F(x) - x \|_1] + \mathbb{E}_{y \sim p_{data}(y)}[\| G(y) - y \|_1] \quad \text{(방정식 7.1.14)}$$

CycleGAN의 전체 손실은 다음과 같이 된다.

$$L = \lambda_1 L_{GAN} + \lambda_2 L_{cyc} + \lambda_3 L_{identity} \quad \text{(방정식 7.1.15)}$$

여기에서 $\lambda_3 = 0.5$로 설정한다. 동질성 손실도 적대적 네트워크 훈련에서 최적화된다. 그림 7.1.5는 동질성 손실이 포함된 CycleGAN을 보여준다.

케라스에서 CycleGAN 구현하기

이제 CycleGAN이 해결할 수 있는 간단한 문제를 알아보자. 3장 '오토인코더'에서 오토인코더를 사용해 CIFAR10 데이터세트에서 흑백 이미지를 컬러 이미지로 바꿨다. CIFAR10 데이터세트는 10개의 카테고리 아래 32×32 RGB 이미지의 50,000개 훈련 데이터와 10,000개 테스트 데이터 샘플로 구성돼 있음을 기억할 것이다. 3장 '오토인코더'에서 설명했듯이 `rgb2gray(RGB)`를 사용해 모든 컬러 이미지를 흑백 이미지로 변환할 수 있다.

그에 이어 소스 도메인 이미지로 흑백 훈련 이미지를 사용하고 타깃 도메인 이미지로 원본 컬러 이미지를 사용할 수 있다. 이 데이터세트가 정렬돼 있더라도 CycleGAN에서 입력으로 컬러 이미지에서 임의로 뽑은 샘플과 흑백 이미지에서 임의로 뽑은 샘플을 사용한다는 점을 알아두자. 따라서 CycleGAN은 훈련 데이터를 정렬된 형태로 볼 수 없다. 훈련이 끝나면 CycleGAN의 성능을 관측하기 위해 흑백 테스트 이미지를 사용할 것이다.

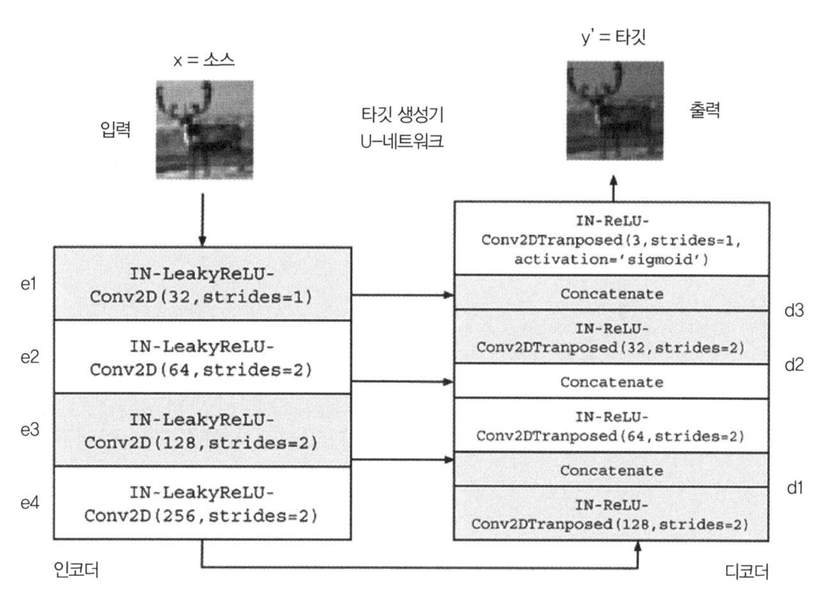

그림 7.1.6 케라스에서 구현한 전방-순환 생성기. 생성기는 인코더와 디코더로 구성된 U-네트워크다.

이전 절에서 설명했듯이 CycleGAN을 구현하기 위해서는 두 개의 생성기와 두 개의 판별기를 구성해야 한다. CycleGAN의 생성기는 소스 입력 분포의 잠재 표현을 학습하고 이 표현을 타깃 출력 분포로 변환한다. 이 작업은 오토인코더가 하는 일과 똑같다. 그렇지만 3장 '오토인코더'에서 설명했던 것과 유사한 전형적인 오토인코더는 디코더에서 절차가 반전되는 병목 계층까지 입력을 다운 샘플링하는 인코더를 사용한다. 이 구조는 일부 이미지 변환 문제에 적합하지 않은데, 많은 저차원 특징이 인코더와 디코더 계층 사이에 공유되기 때문이다. 예를 들어, 컬러 이미지로 변환하는 문제에서 흑백 이미지의 형태, 구조, 테두리는 컬러 이미지와 동일하다. 이 문제를 피하기 위해 CycleGAN 생성기는 그림 7.1.6 같은 **U-Net**[7] 구조를 사용한다.

U-Net 구조에서 인코더 계층 e_{n-i}의 출력이 디코더 계층 d_i의 출력과 연결된다. 여기에서 $n=4$는 인코더와 디코더 계층의 개수이며 $i=1, 2, 3$은 정보를 공유하는 계층 번호다.

이 예제에서 $n=4$를 사용하지만, 입력/출력 차원이 높아지면 인코더/디코더의 깊이가 깊어져야 한다는 것이 문제가 될 수 있다. U-Net 구조를 사용하면 인코더와 디코더 사이에서 특징-수준 정보가 자유롭게 흐를 수 있다. 인코더 계층은 `Instance Normalization(IN)-LeakyReLU-Conv2D`로 구성되며 디코더 계층은 `IN-ReLU-Conv2D`로 구성된다. 목록 7.1.1에서는 인코더/디코더 계층을 구현한 내용을 보여주며, 목록 7.1.2에서는 생성기를 구현한 내용을 보여준다.

전체 코드는 다음 깃허브에서 확인할 수 있다. https://github.com/PacktPublishing/Advanced-Deep-Learning-with-Keras

인스턴스 정규화(Instance Normalization, IN)는 데이터 샘플마다 적용되는 **배치 정규화**(Batch Normalization, BN)다(즉, IN은 이미지 또는 특징마다 수행되는 BN이다). 스타일 전이에서는 배치가 아니라 샘플마다 콘트라스트를 정규화하는 것이 중요하다. 인스턴스 정규화 단위는 콘트라스트 정규화 단위와 맞먹는다. 반면, 배치 정규화를 사용하면 콘트라스트 정규화에 실패한다.

인스턴스 정규화를 사용하기 전에 keras-contrib를 설치해야 한다.

```
$ sudo pip3 install git+https://www.github.com/keras-team/keras-contrib.git
```

목록 7.1.1 cyclegan-7.1.1.py는 케라스에서 구현한 인코더와 디코더 계층을 보여준다.

```
def encoder_layer(inputs,
                  filters=16,
                  kernel_size=3,
                  strides=2,
                  activation='relu',
                  instance_norm=True):
    """ Conv2D-IN-LeakyReLU로 구성된 일반 인코더 계층을 구성
    IN은 선택 사항, LeakyReLU는 ReLU로 교체될 수 있음
    """

    conv = Conv2D(filters=filters,
                  kernel_size=kernel_size,
                  strides=strides,
                  padding='same')
    x = inputs
    if instance_norm:
        x = InstanceNormalization()(x)
    if activation == 'relu':
        x = Activation('relu')(x)
    else:
        x = LeakyReLU(alpha=0.2)(x)
    x = conv(x)
    return x
```

```
def decoder_layer(inputs,
                  paired_inputs,
                  filters=16,
                  kernel_size=3,
                  strides=2,
                  activation='relu',
                  instance_norm=True):

    """ Conv2D-IN-LeakyReLU로 구성된 일반 디코더 계층 구성
    IN은 선택 사항, LeakyReLU는 ReLU로 교체될 수 있음
    Arguments: (partial)
    inputs (tensor): 디코더 계층 입력
    paired_inputs (tensor): 인코더 계층 출력
        U-Net skip connection에서 제공되며 입력에 연결됨
    """

    conv = Conv2DTranspose(filters=filters,
                           kernel_size=kernel_size,
                           strides=strides,
                           padding='same')
    x = inputs
    if instance_norm:
        x = InstanceNormalization()(x)
    if activation == 'relu':
        x = Activation('relu')(x)
    else:
        x = LeakyReLU(alpha=0.2)(x)
    x = conv(x)
    x = concatenate([x, paired_inputs])
    return x
```

목록 7.1.2 cyclegan-7.1.1.py는 케라스에서 구현된 생성기를 보여준다.

```
def build_generator(input_shape,
                    output_shape=None,
                    kernel_size=3,
                    name=None):
"""생성기는 4계층 인코더와 4계층 디코더로 구성된 U-네트워크
   n-i 계층은 계층 i와 연결된다.
```

```
    인수:
    input_shape (tuple): 입력 형상
    output_shape (tuple): 출력 형상
    kernel_size (int): 인코더와 디코더 계층의 커널 크기
    name (string): 생성기 모델에 할당된 이름
    반환 결과:
    generator (Model):

    """

    inputs = Input(shape=input_shape)
    channels = int(output_shape[-1])ㄴ
    e1 = encoder_layer(inputs,
                       32,
                       kernel_size=kernel_size,
                       activation='leaky_relu',
                       strides=1)
    e2 = encoder_layer(e1,
                       64,
                       activation='leaky_relu',
                       kernel_size=kernel_size)
    e3 = encoder_layer(e2,
                       128,
                       activation='leaky_relu',
                       kernel_size=kernel_size)
    e4 = encoder_layer(e3,
                       256,
                       activation='leaky_relu',
                       kernel_size=kernel_size)

    d1 = decoder_layer(e4,
                       e3,
                       128,
                       kernel_size=kernel_size)
    d2 = decoder_layer(d1,
                       e2,
                       64,
                       kernel_size=kernel_size)
    d3 = decoder_layer(d2,
```

```
                    e1,
                    32,
                    kernel_size=kernel_size)
    outputs = Conv2DTranspose(channels,
                              kernel_size=kernel_size,
                              strides=1,
                              activation='sigmoid',
                              padding='same')(d3)

    generator = Model(inputs, outputs, name=name)

    return generator
```

CycleGAN의 판별기는 초기 GAN 판별기와 비슷하다. 입력 이미지는 몇 차례에 걸쳐 다운 샘플링된다(이 예제에서는 세 차례 다운 샘플링된다). 마지막 계층은 입력이 실제일 확률을 예측하는 `Dense(1)` 계층이다. 각 계층은 IN이 사용되지 않는다는 점을 제외하면 생성기의 인코더 계층과 비슷하다. 그렇지만 이미지가 클 경우, 한 자릿수의 실제 혹은 가짜로 이미지를 계산하는 것은 매개변수로 비효율적이며 생성기에서의 이미지 품질을 떨어뜨리는 결과를 가져온다.

이 문제에 대한 해결책은 이미지를 격자로 나누고 그 격자의 각 칸, 즉 패치가 진짜일 확률을 스칼라값의 그리드를 사용해 예측하는 PatchGAN[6]을 사용하는 것이다. 그림 7.1.7에서는 초기 GAN 판별기와 2×2 PatchGAN 판별기를 비교해 보여준다. 이 예제에서 각 패치는 서로 겹치지 않고 경계가 맞닿아 있다. 그렇지만 일반적으로 패치는 서로 겹칠 수 있다.

PatchGAN은 CycleGAN에 새로운 유형의 GAN을 도입하는 것이 아니다. 생성된 이미지 품질을 개선하기 위해 2×2 PatchGAN을 사용하는 경우 판별할 출력이 하나가 아니라 4개가 되는 것뿐이다. 손실함수에는 바뀐 부분이 없다. 직관적으로 생각해도 모든 패치가 진짜처럼 보이면 전체 이미지가 더 실제처럼 보이기 때문에 당연한 결과다.

그림 7.1.7 GAN 판별기와 PatchGAN 판별기 비교

다음 그림은 케라스에 구현된 판별기 네트워크를 보여준다. 이 그림은 입력 이미지 또는 패치가 CIFAR10 컬러 이미지일 확률을 결정하는 판별기를 보여준다. 출력 이미지가 32x32 RGB로 작기 때문에 그 이미지가 진짜인지 표현하기 위해 단일 스칼라를 사용해도 충분하다. 하지만 여기서는 PatchGAN을 사용했을 때의 결과도 함께 평가한다. 목록 7.1.3은 판별기 빌더 함수를 보여준다.

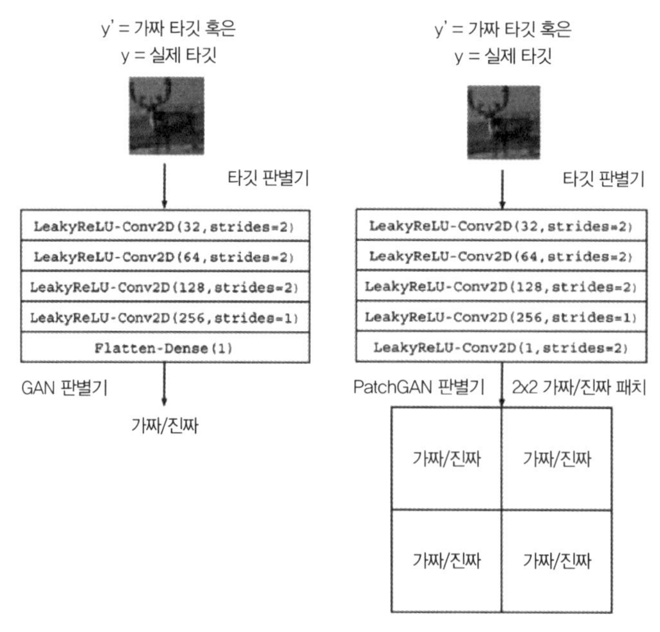

그림 7.1.8 케라스에서 구현한 타깃 판별기 D_y. 오른쪽이 PatchGAN 판별기.

목록 7.1.3 cyclegan-7.1.1.py는 케라스에 구현한 판별기를 보여준다.

```
def build_discriminator(input_shape,
                        kernel_size=3,
                        patchgan=True,
                        name=None):

    """판별기는 4개의 계층으로 구성된 인코더로
    그 출력은 입력이 진짜일 확률을 나타내는 1차원 혹은 n×n 차원 패치임

    인수:
    input_shape (tuple): 입력 형상
    kernel_size (int): 디코더 계층의 커널 크기
    patchgan (bool): 출력이 패치인지 단지 1차원인지 여부
    name (string): 판별기 모델에 할당된 이름

    반환 결과:
    discriminator (Model):
    """

    inputs = Input(shape=input_shape)
    x = encoder_layer(inputs,
                      32,
                      kernel_size=kernel_size,
                      activation='leaky_relu',
                      instance_norm=False)
    x = encoder_layer(x,
                      64,
                      kernel_size=kernel_size,
                      activation='leaky_relu',
                      instance_norm=False)
    x = encoder_layer(x,
                      128,
                      kernel_size=kernel_size,
                      activation='leaky_relu',
                      instance_norm=False)
    x = encoder_layer(x,
                      256,
                      kernel_size=kernel_size,
```

```
                        strides=1,
                        activation='leaky_relu',
                        instance_norm=False)

    # patchgan=True이면 n x n 차원 확률 출력을 사용
    # 그렇지 않다면 1 차원 확률 출력을 사용
    if patchgan:
        x = LeakyReLU(alpha=0.2)(x)
        outputs = Conv2D(1,
                         kernel_size=kernel_size,
                         strides=1,
                         padding='same')(x)
    else:
        x = Flatten()(x)
        x = Dense(1)(x)
        outputs = Activation('linear')(x)

    discriminator = Model(inputs, outputs, name=name)

    return discriminator
```

이제 생성기와 판별기 빌더 함수를 사용해 CycleGAN을 구성할 수 있다. 목록 7.1.4는 빌더 함수를 보여준다. 이전 절의 설명에 따라 두 개의 생성기(g_source = F와 g_target = G)와 두 개의 판별기(d_source = D_x와 d_target =D_y)가 인스턴스화된다. 전방 순환은 $x'=F(G(x))$ = reco_source = g_source(g_target(source_input))이다. 후방 순환은 $y'=G(F(y))$ = reco_target = g_target(g_source(target_input))이다.

적대적 모델의 입력은 소스와 타깃 데이터이며 출력은 D_x와 D_y의 출력과 재구성된 입력 x'과 y'이다. 이 예제에서는 흑백 이미지와 컬러 이미지의 채널 수가 다르기 때문에 동질성 네트워크(identity network)를 사용하지 않는다. 여기서는 권고대로 GAN의 손실 가중치로는 $\lambda_1=1.0$, 순환 일관성을 위한 손실 가중치로는 $\lambda_2=10.0$을 사용한다. 이전 장에서 살펴봤던 GAN 모델과 비슷하게 판별기의 최적화 기법으로 학습 속도는 2e−4, 감소 속도는 6e−8로 설정해 RMSprop을 사용한다. 적대적 네트워크에서 사용할 학습 속도와 감소 속도는 판별기의 절반으로 설정한다.

목록 7.1.4 cyclegan-7.1.1.py는 케라스에 구현한 CycleGAN 빌더 함수를 보여준다.

```
def build_cyclegan(shapes,
                   source_name='source',
                   target_name='target',
                   kernel_size=3,
                   patchgan=False,
                   identity=False
                   ):
    """CycleGAN 구성
    1) 타깃과 소스 판별기 구성
    2) 타깃과 소스 생성기 구성
    3) 적대적 네트워크 구성

    인수:
    shapes (tuple): 소스와 타깃 형상
    source_name (string): 판별기/생성기 모델 이름 뒤에 붙는 소스 이름 문자열
    target_name (string): 판별기/생성기 모델 이름 뒤에 붙는 타깃 이름 문자열
    kernel_size (int): 인코더/디코더 혹은 판별기/생성기 모델에 사용될 커널 크기
    patchgan (bool): 판별기에 patchgan 사용 여부
    identity (bool): 동질성 손실 사용 여부

    반환 결과:
    (list): 2개의 생성기, 2개의 판별기, 1개의 적대적 모델
    """

    source_shape, target_shape = shapes
    lr = 2e-4
    decay = 6e-8
    gt_name = "gen_" + target_name
    gs_name = "gen_" + source_name
    dt_name = "dis_" + target_name
    ds_name = "dis_" + source_name

    # 타깃과 소스 생성기 구성
    g_target = build_generator(source_shape,
                               target_shape,
                               kernel_size=kernel_size,
                               name=gt_name)
```

```
g_source = build_generator(target_shape,
                           source_shape,
                           kernel_size=kernel_size,
                           name=gs_name)
print('---- TARGET GENERATOR ----')
g_target.summary()
print('---- SOURCE GENERATOR ----')
g_source.summary()

# 타깃과 소스 판별기 구성
d_target = build_discriminator(target_shape,
                               patchgan=patchgan,
                               kernel_size=kernel_size,
                               name=dt_name)
d_source = build_discriminator(source_shape,
                               patchgan=patchgan,
                               kernel_size=kernel_size,
                               name=ds_name)
print('---- TARGET DISCRIMINATOR ----')
d_target.summary()
print('---- SOURCE DISCRIMINATOR ----')
d_source.summary()

optimizer = RMSprop(lr=lr, decay=decay)
d_target.compile(loss='mse',
                 optimizer=optimizer,
                 metrics=['accuracy'])
d_source.compile(loss='mse',
                 optimizer=optimizer,
                 metrics=['accuracy'])
# 적대적 모델에서 판별기 가중치 고정
d_target.trainable = False
d_source.trainable = False

# 적대적 모델의 계산 그래프 구성
# 전방 순환 네트워크와 타깃 판별기
source_input = Input(shape=source_shape)
fake_target = g_target(source_input)
preal_target = d_target(fake_target)
reco_source = g_source(fake_target)
```

```
# 후방 순환 네트워크와 소스 판별기
target_input = Input(shape=target_shape)
fake_source = g_source(target_input)
preal_source = d_source(fake_source)
reco_target = g_target(fake_source)

# 동질성 손실을 사용하면 두 개의 추가 손실 항과 출력을 추가
if identity:
    iden_source = g_source(source_input)
    iden_target = g_target(target_input)
    loss = ['mse', 'mse', 'mae', 'mae', 'mae', 'mae']
    loss_weights = [1., 1., 10., 10., 0.5, 0.5]
    inputs = [source_input, target_input]
    outputs = [preal_source,
               preal_target,
               reco_source,
               reco_target,
               iden_source,
               iden_target]
else:
    loss = ['mse', 'mse', 'mae', 'mae']
    loss_weights = [1., 1., 10., 10.]
    inputs = [source_input, target_input]
    outputs = [preal_source,
               preal_target,
               reco_source,
               reco_target]

# 적대적 모델 구성
adv = Model(inputs, outputs, name='adversarial')
optimizer = RMSprop(lr=lr*0.5, decay=decay*0.5)
adv.compile(loss=loss,
            loss_weights=loss_weights,
            optimizer=optimizer,
            metrics=['accuracy'])
print('---- ADVERSARIAL NETWORK ----')
adv.summary()

return g_source, g_target, d_source, d_target, adv
```

훈련 절차는 이전 절의 알고리즘 7.1.1을 따른다. 다음 목록은 CycleGAN 훈련을 보여준다. 이 훈련이 초기 GAN 모델과 다른 점은 최적화할 판별기가 두 개라는 점뿐이다. 그렇지만 최적화할 적대적 모델은 하나뿐이다. 2,000단계마다 생성기는 예측된 소스와 타깃 이미지를 저장한다. 여기서는 배치 크기로 32를 사용했다. 배치 크기를 1로도 사용해봤지만, 출력 품질은 거의 같고 훈련하는 데 시간만 오래 걸린다(NVIDIA GTX 1060을 사용할 때 배치 크기가 1일 경우 이미지당 43ms가 걸리고, 배치 크기가 32일 경우 이미지당 3.6ms가 걸린다).

목록 7.1.5 cyclegan-7.1.1.py는 케라스에 구현한 CycleGAN 훈련을 보여준다.

```
def train_cyclegan(models, data, params, test_params, test_generator):
    """ CycleGAN 훈련
    1) 타깃 판별기 훈련
    2) 소스 판별기 훈련
    3) 적대적 네트워크의 전방/후방 순환 훈련

    인수:
    models (Models): 소스/타깃 판별기/생성기, 적대적 모델
    data (tuple): 소스와 타깃 훈련 데이터
    params (tuple): 네트워크 매개변수
    test_params (tuple): 테스트 매개변수
    test_generator (function): 예측 타깃/소스 이미지 생성에 사용됨
    """

    # 모델
    g_source, g_target, d_source, d_target, adv = models
    # 네트워크 매개변수
    batch_size, train_steps, patch, model_name = params
    # 훈련 데이터세트
    source_data, target_data, test_source_data, test_target_data = data

    titles, dirs = test_params
    # 생성기 이미지는 2,000단계마다 저장됨
    save_interval = 2000
    target_size = target_data.shape[0]
    source_size = source_data.shape[0]

    # patchgan 사용 여부
    if patch > 1:
```

```
        d_patch = (patch, patch, 1)
        valid = np.ones((batch_size,) + d_patch)
        fake = np.zeros((batch_size,) + d_patch)
    else:
        valid = np.ones([batch_size, 1])
        fake = np.zeros([batch_size, 1])

    valid_fake = np.concatenate((valid, fake))
    start_time = datetime.datetime.now()

    for step in range(train_steps):
        # 실제 타깃 데이터 배치 샘플링
        rand_indexes = np.random.randint(0, target_size, size=batch_size)
        real_target = target_data[rand_indexes]

        # 실제 소스 데이터 배치 샘플링
        rand_indexes = np.random.randint(0, source_size, size=batch_size)
        real_source = source_data[rand_indexes]
        # 실제 소스 데이터에서 가짜 타깃 데이터 배치를 생성
        fake_target = g_target.predict(real_source)

        # 실제 데이터와 가짜 데이터를 하나의 배치로 결합
        x = np.concatenate((real_target, fake_target))
        # train the target discriminator using fake/real data
        metrics = d_target.train_on_batch(x, valid_fake)
        log = "%d: [d_target loss: %f]" % (step, metrics[0])

        # 실제 타깃 데이터에서 가짜 소스 데이터 배치 생성
        fake_source = g_source.predict(real_target)
        x = np.concatenate((real_source, fake_source))
        # 가짜/실제 데이터를 사용해 소스 판별기 훈련
        metrics = d_source.train_on_batch(x, valid_fake)
        log = "%s [d_source loss: %f]" % (log, metrics[0])

        # 전방/후방 순환을 사용해 적대적 네트워크 훈련
        # 생성된 가짜 소스/타깃 데이터는 판별기를 속이려고 시도함
        x = [real_source, real_target]
        y = [valid, valid, real_source, real_target]
        metrics = adv.train_on_batch(x, y)
```

```
        elapsed_time = datetime.datetime.now() - start_time
        fmt = "%s [adv loss: %f] [time: %s]"
        log = fmt % (log, metrics[0], elapsed_time)
        print(log)
        if (step + 1) % save_interval == 0:
            if (step + 1) == train_steps:
                show = True
            else:
                show = False

            test_generator((g_source, g_target),
                            (test_source_data, test_target_data),
                            step=step+1,
                            titles=titles,
                            dirs=dirs,
                            show=show)

    # 생성기 훈련 이후 모델을 저장
    g_source.save(model_name + "-g_source.h5")
    g_target.save(model_name + "-g_target.h5")
```

마지막으로 CycleGAN 빌더 함수와 훈련 함수를 사용하려면 데이터를 먼저 준비해야 한다. cifar10_utils.py와 other_utils.py 모듈은 CIFAR10 훈련 데이터와 테스트 데이터를 로딩한다. 이 두 파일의 세부 사항을 확인하려면 소스 코드를 참고하기 바란다. 데이터 로딩이 끝난 후 소스 데이터와 테스트 소스 데이터를 생성하기 위해 훈련 이미지와 테스트 이미지가 흑백 이미지로 변환된다.

다음 목록은 흑백 이미지를 컬러 이미지로 변환하기 위해 CycleGAN을 사용해 생성기 네트워크(g_target)를 구성하고 훈련하는 방법을 보여준다. CycleGAN은 대칭 구조를 이루므로 컬러 이미지를 흑백 이미지로 변환하는 두 번째 생성기 네트워크(g_source)도 구성하고 훈련한다. 두 개의 CycleGAN 채색화 네트워크가 훈련됐다. 첫 번째 네트워크는 초기 GAN 모델과 비슷하게 스칼라값을 출력하는 판별기를 사용한다. 두 번째는 2x2 PatchGAN을 사용한다.

목록 7.1.6 cyclegan-7.1.1.py는 컬러 이미지로 변환하는 CycleGAN을 보여준다.

```
def graycifar10_cross_colorcifar10(g_models=None):
    """회색 이미지 <--> 컬러 cifar10 이미지로 변환할 수 있는
       CycleGAN 생성 및 훈련
    """
```

```
model_name = 'cyclegan_cifar10'
batch_size = 32
train_steps = 100000
patchgan = True
kernel_size = 3
postfix = ('%dp' % kernel_size) if patchgan else ('%d' % kernel_size)

data, shapes = cifar10_utils.load_data()
source_data, _, test_source_data, test_target_data = data
titles = ('CIFAR10 predicted source images.',
          'CIFAR10 predicted target images.',
          'CIFAR10 reconstructed source images.',
          'CIFAR10 reconstructed target images.')
dirs = ('cifar10_source-%s' % postfix, 'cifar10_target-%s' % postfix)

# 예측된 타깃(컬러)과 소스(흑백) 이미지 생성
if g_models is not None:
    g_source, g_target = g_models
    other_utils.test_generator((g_source, g_target),
                               (test_source_data, test_target_data),
                               step=0,
                               titles=titles,
                               dirs=dirs,
                               show=True)
    return

# cifar10 컬러 이미지로 변환하기 위한 cyclegan 구성
models = build_cyclegan(shapes,
                        "gray-%s" % postfix,
                        "color-%s" % postfix,
                        kernel_size=kernel_size,
                        patchgan=patchgan)
# 판별기의 입력을 2^n 만큼 척도를 줄이기 때문에
# 패치 크기를 2^n으로 나눈다(즉, strides=2를 n회 사용함).
patch = int(source_data.shape[1] / 2**4) if patchgan else 1
params = (batch_size, train_steps, patch, model_name)
test_params = (titles, dirs)
# cyclegan 훈련
train_cyclegan(models,
```

```
data,
params,
test_params,
other_utils.test_generator)
```

CycleGAN의 생성기 출력

그림 7.1.9는 CycleGAN에서 컬러 이미지로 변환된 결과를 보여준다. 소스 이미지는 테스트 데이터세트에서 가져온다. 비교를 위해 원본 컬러 이미지와 3장 '오토인코더'에서 설명했던 기본 오토인코더를 사용해 변환한 컬러 이미지를 함께 보여준다. 일반적으로 색을 입힌 이미지는 모두 인지적으로 받아들일 만한 수준이다. 전반적으로 컬러 이미지로 변환하는 기법은 모두 각자만의 장단점을 갖고 있다. 모든 색채화 기법은 하늘과 자동차의 색상이 정확하게 일치하지 않는다.

예를 들어 비행기의 배경이 되는 하늘(3행, 2열)은 흰색이다. 오토인코더는 이 색을 정확하게 표현했지만, CycleGAN은 이를 연한 갈색 혹은 파란색으로 본다. 6행, 6열을 보면 어두운 바다 위의 보트 위에 하늘은 흐리지만 오토인코더에서는 하늘과 바다의 색을 파랗게 입혔고, PatchGAN을 사용하지 않는 CycleGAN에서는 바다는 파랗게, 하늘은 하얗게 색을 입혔다. 이 두 결과 모두 실세계에서 자연스럽다. 반면 PatchGAN을 사용하는 CycleGAN의 예측은 원본 컬러 이미지와 비슷하다. 맨 아래부터 두 번째 행의 두 번째 열 이미지를 보면 어떤 기법도 차의 빨간 색을 예측하지 못했다. 동물의 경우 PatchGAN 사용 여부와 상관없이 CycleGAN이 원본 컬러 이미지와 가장 유사한 색을 만들어낸다.

CycleGAN은 대칭 구조를 이루므로 컬러 이미지가 주어졌을 때 흑백 이미지를 예측할 수도 있다. 그림 7.1.10은 CycleGAN을 변형한 두 모델에 의해 컬러 이미지를 흑백 이미지로 변환한 결과를 보여준다. 타깃 이미지는 테스트 데이터세트에서 가져왔다. 일부 이미지에서 흑백 음영 부분에 약간의 차이가 있지만, 예측된 결과는 일반적으로 정확한 편이다.

그림 7.1.9 다양한 기법을 사용한 채색화. 원본 컬러 이미지, 오토인코더(3장 '오토인코더'), 초기 GAN 모델의 판별기를 활용한 CycleGAN, PatchGAN 판별기를 활용한 CycleGAN으로 채색화한 이미지를 보여준다. 컬러 이미지로 확인하는 것이 좋다. 원본 컬러 사진은 이 책의 깃허브 페이지에서 확인할 수 있다: `https://github.com/PacktPublishing/Advanced-Deep-Learning-with-Keras/blob/master/chapter7-cross-domain-gan/README.md`.

CIFAR10 테스트 소스 이미지

원본 이미지

CIFAR10 예측 소스 이미지. 단계: 100,000

CycleGAN으로 RGB를 흑백으로 변환

PatchGAN을 활용한 CycleGAN으로 RGB를 흑백으로 변환

그림 7.1.10 CycleGAN으로 컬러 이미지(그림 7.1.9)를 흑백 이미지로 변환

PatchGAN을 사용하는 CycleGAN의 경우 사전에 훈련된 모델을 활용해 이미지 변환을 직접 실행할 수 있다.

```
python3 cyclegan-7.1.1.py --cifar10_g_source=cyclegan_cifar10-g_source.h5
--cifar10_g_target=cyclegan_cifar10-g_target.h5
```

MNIST 및 SVHN 데이터세트에 CycleGAN 적용하기

이제 좀 더 까다로운 문제를 다뤄보자. 소스 데이터로 흑백 MNIST 숫자를 사용하고 타깃 데이터인 SVHN[1]에서 스타일을 빌리려 한다고 가정해 보자. 각 도메인의 샘플 데이터는 그림 7.1.11과 같다.

스타일 전이를 수행하기 위해 이전 절에서 설명했던 CycleGAN의 빌더와 훈련 함수를 모두 재사용할 수 있다. 유일한 차이라면 MNIST와 SVHN 데이터 로딩을 위한 루틴을 추가해야 한다는 것이다. SVHN 데이터세트는 http://ufldl.stanford.edu/housenumbers/에서 찾을 수 있다.

이 작업을 위해 사용한 mnist_svhn_utils.py를 살펴보자. 목록 7.1.7은 교차-도메인 전이를 위한 CycleGAN을 초기화하고 훈련시키는 코드를 보여준다. 이 CycleGAN 구조는 두 도메인이 완전히 다르기 때문에 커널 크기를 5로 설정한 것을 제외하면 이전 절의 CycleGAN 구조와 동일하다.

그림 7.1.11 서로 정렬되지 않은 데이터로 이루어진 서로 다른 두 도메인. 원본 컬러 사진은 이 책의 깃허브 저장소에서 확인할 수 있다: https://github.com/PacktPublishing/Advanced-Deep-Learning-with-Keras/blob/master/chapter7-cross-domain-gan/README.md.

인스턴스 정규화를 사용하기 전에 keras-contrib를 설치해야 한다.

```
$ sudo pip3 install git+https://www.github.com/kerasteam/keras-contrib.git
```

목록 7.1.7 cyclegan-7.1.1.py는 MNIST와 SVHN 사이의 교차 도메인 스타일 전이를 위한 CycleGAN을 보여준다.

```
def mnist_cross_svhn(g_models=None):
    """mnist <--> svhn 간 교차 도메인 스타일 전이를 할 수 있는 CycleGAN을 구성하고 훈련
    """

    model_name = 'cyclegan_mnist_svhn'
    batch_size = 32
    train_steps = 100000
    patchgan = True
    kernel_size = 5
    postfix = ('%dp' % kernel_size) if patchgan else ('%d' % kernel_size)
```

```
data, shapes = mnist_svhn_utils.load_data()
source_data, _, test_source_data, test_target_data = data
titles = ('MNIST predicted source images.',
          'SVHN predicted target images.',
          'MNIST reconstructed source images.',
          'SVHN reconstructed target images.')
dirs = ('mnist_source-%s' % postfix, 'svhn_target-%s' % postfix)

# 예측된 타깃(svhn)과 소스(mnist) 이미지 생성
if g_models is not None:
    g_source, g_target = g_models
    other_utils.test_generator((g_source, g_target),
                               (test_source_data, test_target_data),
                               step=0,
                               titles=titles,
                               dirs=dirs,
                               show=True)
    return

# mnist와 svhn을 넘나드는 cyclegan을 구성
models = build_cyclegan(shapes,
                        "mnist-%s" % postfix,
                        "svhn-%s" % postfix,
                        kernel_size=kernel_size,
                        patchgan=patchgan)
# 판별기 입력 척도를 2^n만큼 줄이기 때문에
# 패치 크기는 2^n으로 나눔(즉, strides=2를 n회 사용)
patch = int(source_data.shape[1] / 2**4) if patchgan else 1
params = (batch_size, train_steps, patch, model_name)
test_params = (titles, dirs)
# cyclegan 훈련
train_cyclegan(models,
               data,
               params,
               test_params,
               other_utils.test_generator)
```

테스트 데이터세트의 MNIST를 SVHN으로 전이한 결과는 그림 7.1.12에서 확인할 수 있다. 생성된 이미지는 SVHN 스타일을 갖지만 숫자는 완벽하게 전이되지 않는다. 예를 들어, 4번째 행에서 숫자 3, 1, 3은 CycleGAN에 의해 스타일이 제대로 적용됐다. 그렇지만 3번째 행의 숫자 9, 6, 6은 CycleGAN에서는 0, 6, 01로, PatchGAN을 사용하지 않는 CycleGAN에서는 0, 65, 68로 스타일이 적용됐다.

후방 순환의 결과는 그림 7.1.13에서 확인할 수 있다. 이 경우 타깃 이미지는 SVHN 테스트 데이터세트에서 가져온 것이다. 생성된 이미지는 MNIST 스타일을 지니고 있지만, 숫자가 정확히 전환되지 않음을 볼 수 있다. 예를 들어 첫 번째 행에서 숫자 5, 2, 210은 CycleGAN에서는 7, 7, 8로, PatchGAN을 사용한 CycleGAN에서는 3, 3, 1로 스타일이 적용됐다.

PatchGAN의 경우, 예측된 MNIST 숫자가 한 자릿수로 제한된다면 출력 1은 이해하기 쉽다. 그런가 하면 SVHN 숫자의 2번째 행 마지막 세 개의 열에 해당하는 6, 3, 4 같이 정확한 예측은 PatchGAN을 사용하지 않는 CycleGAN에 의해 6, 3, 6으로 변환된다. 그렇지만 PatchGAN 사용 여부와 상관없이 CycleGAN은 일관되게 인식 가능한 한 자리 숫자를 출력한다.

소스 도메인의 숫자를 타깃 도메인의 다른 숫자로 변환하는 MNIST로부터 SVHN으로의 변환에서 나타나는 문제를 **레이블 바꾸기(label flipping)**라고 한다[8]. CycleGAN의 예측이 순환-일관성을 띠지만, 반드시 의미상 일관될 필요는 없다. 전이 과정에서 숫자의 의미를 잃는다. 이 문제를 해결하기 위해 호프만(Hoffman)[8]은 **CyCADA(Cycle-Consistent Adversarial Domain Adaptation)**라는 개선된 CycleGAN 모델을 소개했다. 차이점은 의미적 손실 항을 추가해 예측이 순환-일관성뿐만 아니라 의미론적-일관성도 보장한다는 것이다.

MNIST 테스트 소스 이미지

MNIST 숫자

SVHN 예측 타깃 이미지, 단계: 100,000

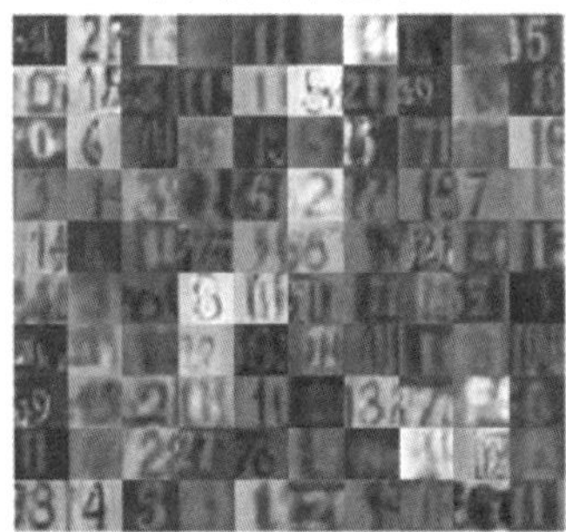

SVHN 도메인의 MNIST

SVHN 예측 타깃 이미지, 단계: 100,000

PatchGAN을 사용한 경우 SVHN 도메인의 MNIST

그림 7.1.12 MNIST 도메인의 테스트 데이터를 SVHN 스타일로 전이. 원본 컬러 사진은 이 책의 깃허브 저장소에서 확인할 수 있다: `https://github.com/PacktPublishing/Advanced-Deep-Learning-with-Keras/blob/master/chapter7-cross-domain-gan/README.md`.

SVHN 테스트 타깃 이미지

SVHN

MNIST 예측 소스 이미지, 단계: 100,000

MNIST 도메인의 SVHN

MNIST 예측 소스 이미지, 단계: 100,000

PatchGAN을 사용한 경우 MNIST 도메인의 SVHN

그림 7.1.13 SVHN 도메인의 테스트 데이터를 MNIST 스타일로 전이. 원본 컬러 사진은 이 책의 깃허브 저장소에서 확인할 수 있다: `https://github.com/PacktPublishing/Advanced-Deep-Learning-with-Keras/blob/master/chapter7-cross-domain-gan/README.md`.

그림 7.1.14 PatchGAN을 활용한 CycleGAN에서의 전방 순환으로 MNIST(소스)에서 SVHN(타깃)으로 변환. 재구성된 소스는 원본 소스와 비슷하다. 원본 컬러 사진은 이 책의 깃허브 저장소에서 확인할 수 있다: https://github.com/PacktPublishing/Advanced-Deep-Learning-with-Keras/blob/master/chapter7-cross-domain-gan/README.md.

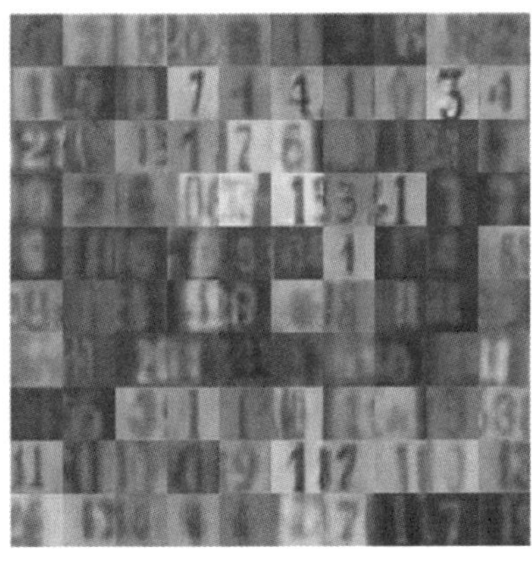

그림 7.1.15 PatchGAN을 활용한 CycleGAN에서의 후방 순환으로 MNIST(소스)에서 SVHN(타깃)으로 변환. 재구성된 타깃은 원본 타깃과 비슷하다. 원본 컬러 사진은 이 책의 깃허브 저장소에서 확인할 수 있다: https://github.com/PacktPublishing/Advanced-Deep-Learning-with-Keras/blob/master/chapter7-cross-domain-gan/README.md.

그림 7.1.13에서 CycleGAN은 순환 일관성을 띤다는 것을 보여준다. 즉, 소스 x가 주어졌을 때 CycleGAN은 전방 순환에서 소스를 x'으로 재구성한다. 게다가 타깃 y가 주어졌을 때 CycleGAN은 후방 순환에서 타깃을 y'으로 재구성한다.

그림 7.1.14는 전방 순환에서 MNIST 숫자를 재구성하는 CycleGAN을 보여준다. 재구성된 MNIST 숫자는 소스 MNIST 숫자와 거의 동일하다. 그림 7.1.15는 후방 순환에서 SVHN 숫자를 재구성하는 CycleGAN을 보여준다. 수많은 타깃 이미지가 재구성됐다. 2번째 행 마지막 2개의 열(3과 4)처럼 일부 숫자는 확실히 똑같다. 일부는 동일하지만 첫 번째 행 처음 2열(5와 2)처럼 일부 숫자는 흐릿하다. 일부 숫자는 2번째 행 처음 두 열(33과 6을 1과 알아볼 수 없는 숫자로)처럼 스타일은 유지했지만, 다른 숫자로 변환됐다.

각자 PatchGAN을 적용한 CycleGAN을 미리 훈련시킨 모델을 사용해 이미지 변환을 실행해 보기 바란다.

```
python3 cyclegan-7.1.1.py --mnist_svhn_g_source=cyclegan_mnist_svhn-g_source.h5 --mnist_svhn_g_target=cyclegan_mnist_svhn-g_target.h5
```

결론

이 장에서는 이미지 변환에 사용할 수 있는 알고리즘으로 CycleGAN을 설명했다. CycleGAN에서 소스와 타깃 데이터가 반드시 정렬될 필요는 없다. 여기서는 흑백 이미지 ↔ 컬러 이미지, MNIST ↔ SVHN을 변환하는 두 예제를 보여준다. CycleGAN이 수행할 수 있는 이미지 변환에는 다른 많은 예제가 있다.

다음 장에서는 다른 유형의 생성 모델인 **변분 오토인코더**(Variational AutoEncoder, VAE)를 다룰 것이다. VAE는 새로운 이미지(데이터)를 생성하는 법을 학습한다는 유사한 목적을 가지고 있다. 이 모델은 가우스 분포로 모델링된 잠재 벡터를 학습하는 것에 집중한다. GAN이 해결한 문제를 조건부 VAE 형태로 보여주고 VAE에서 잠재 표현을 분해하는 것과 같은 유사성에 대해 보여줄 것이다.

참고 문헌

1. Yuval Netzer and others. Reading Digits in Natural Images with Unsupervised Feature Learning. NIPS workshop on deep learning and unsupervised feature learning. Vol. 2011. No. 2. 2011 (https://www-cs.stanford.edu/~twangcat/papers/nips2011_housenumbers.pdf).

2. Zhu, Jun-Yan and others. Unpaired Image-to-Image Translation Using CycleConsistent Adversarial Networks. 2017 IEEE International Conference on Computer Vision (ICCV). IEEE, 2017 (http://openaccess.thecvf.com/content_ICCV_2017/papers/Zhu_Unpaired_Image-To-Image_Translation_ICCV_2017_paper.pdf).

3. Phillip Isola and others. Image-to-Image Translation with Conditional Adversarial Networks. 2017 IEEE Conference on Computer Vision and Pattern Recognition (CVPR). IEEE, 2017 (http://openaccess.thecvf.com/content_cvpr_2017/papers/Isola_Image-To-Image_Translation_With_CVPR_2017_paper.pdf).

4. Mehdi Mirza and Simon Osindero. Conditional Generative Adversarial Nets. arXiv preprint arXiv:1411.1784, 2014 (https://arxiv.org/pdf/1411.1784.pdf).

5. Xudong Mao and others. Least Squares Generative Adversarial Networks. 2017 IEEE International Conference on Computer Vision (ICCV). IEEE. 2017 (http://openaccess.thecvf.com/content_ICCV_2017/papers/Mao_Least_Squares_Generative_ICCV_2017_paper.pdf).

6. Chuan Li and Michael Wand. Precomputed Real-Time Texture Synthesis with Markovian Generative Adversarial Networks. European Conference on Computer Vision. Springer, Cham. 2016 (https://arxiv.org/pdf/1604.04382.pdf).

7. Olaf Ronneberger, Philipp Fischer, and Thomas Brox. U-Net: Convolutional Networks for Biomedical Image Segmentation. International Conference on Medical image computing and computer-assisted intervention. Springer, Cham. 2015 (https://arxiv.org/pdf/1505.04597.pdf).

8. Judy Hoffman and others. CyCADA: Cycle-Consistent Adversarial Domain Adaptation. arXiv preprint arXiv:1711.03213. 2017 (https://arxiv.org/pdf/1711.03213.pdf).

8장 변분 오토인코더

앞에서 살펴본 **생성적 적대 신경망**(Generative Adversarial Network, GAN)과 유사하게 **변분 오토인코더**(Variational Autoencoder, VAE)[1]는 생성적 모델군에 속한다. VAE의 생성기는 연속 잠재 공간을 움직이는 동안 유의미한 출력을 생성할 수 있다. 디코더 출력의 가능한 특성은 잠재 벡터를 통해 탐색된다.

GAN에서는 입력 분포에 근사하는 모델을 구하는 방법에 초점을 맞춘다. VAE는 디코딩이 가능한 연속 잠재 공간에서 입력 분포를 모델링한다. 이것이 GAN이 VAE와 비교했을 때 더 현실적인 신호를 생성할 수 있는 근본 이유 중 하나다. 예를 들어 이미지를 생성할 때 GAN은 보다 현실적으로 보이는 이미지를 생산할 수 있으며 그에 비해 VAE가 생성한 이미지는 덜 선명하다.

VAE 내부에서는 잠재 코드의 변분 추론을 중점적으로 다룬다. 따라서 VAE는 학습과 잠재 변수를 활용한 효율적인 베이즈 추론에 모두 적합한 프레임워크를 제공한다. 예를 들어 분해된 표현을 적용한 VAE를 사용하면 전이 학습을 위해 잠재 코드를 재사용할 수 있다.

구조 측면에서 VAE는 오토인코더와 닮았다. 또한 VAE는 인코더(인식 모델 또는 추론 모델이라고도 함)와 디코더(생성적 모델이라고도 함)로 구성된다. VAE와 오토인코더는 모두 잠재 벡터를 학습하는 동안 입력 데이터를 재구성하려고 시도한다. 그렇지만 VAE에서는 잠재 공간이 연속적이며 디코더 자체가 생성 모델로 사용된다.

이전 장에서 설명했던 GAN과 비슷하게 VAE 디코더에도 조건을 부여할 수 있다. 예를 들어 MNIST 데이터세트에서 원-핫 벡터로 생성할 숫자를 지정할 수 있다. 이러한 유형의 조건부 VAE를 CVAE[2]라고 한다. VAE 잠재 벡터는 손실 함수에 정규화 초매개변수를 포함시켜서 분해될 수 있다. 이를 β-VAE[5]라고 한다. 예를 들어, MNIST 내에서 각 숫자의 두께나 기울기를 결정하는 잠재 벡터를 분리할 수 있다.

이 장에서는 다음 내용을 설명한다.

- VAE 원리
- VAE 최적화에 확률 경사 하강법을 사용할 수 있게 해주는 매개변수 조정 기법(reparameterization trick)
- 조건부 VAE(CVAE)와 β-VAE의 원리
- 케라스 라이브러리에서 VAE를 구현하는 방법

VAE 원리

생성 모델에서는 대체로 신경망을 사용해 입력의 실제 분포에 근사하는 데 관심을 둔다.

$$x \sim P_\theta(x) \quad \text{(방정식 8.1.1)}$$

위 방정식에서 θ는 훈련하는 동안 결정되는 매개변수다. 이것은 예를 들어 유명인사 얼굴 데이터세트의 경우 얼굴을 그릴 수 있는 분포를 구하는 것과 같다. 비슷하게 MNIST 데이터세트에서 이 분포는 알아볼 수 있는 손으로 쓴 숫자를 생성할 수 있다.

머신러닝에서는 특정 수준의 추론을 수행하기 위해 입력 x와 잠재 변수 z 사이의 결합 분포인 $P_\theta(x, z)$를 구하는 데 관심을 둔다. 잠재 변수는 데이터세트의 일부는 아니지만 입력으로부터 관측 가능한 특정 특성을 인코딩한다. 유명인사의 얼굴인 경우 이러한 잠재 변수는 표정, 머리 모양, 머리색, 성별 등이 될 수 있다. MNIST 데이터세트에서 잠재 변수는 숫자와 필체를 표현할 수 있다.

$P_\theta(x, z)$는 사실상 입력 데이터 포인트와 그 특성의 분포다. $P_\theta(x)$는 주변 분포로부터 계산될 수 있다.

$$P_\theta(x) = \int P_\theta(x, z)\, dz \quad \text{(방정식 8.1.2)}$$

즉, 가능한 특성을 모두 고려하면 결국 입력을 설명하는 분포를 얻게 된다. 유명인의 얼굴에서 표정, 머리 모양, 머리색, 성별을 모두 고려하면 유명인 얼굴을 묘사하는 분포가 복원된다. MNIST 데이터세트에서 가능한 숫자, 필체 등을 모두 고려하면 결국 손으로 쓴 숫자 분포를 얻게 된다.

문제는 방정식 8.1.2가 다루기 까다롭다는 것이다. 이 방정식에는 해석적 형식이나 효율적인 추정 모델이 없다. 이 방정식은 매개변수에 대해 미분될 수 없다. 따라서 신경망으로 최적화하는 것은 현실적으로 불가능하다.

베이즈 정리를 사용하면 방정식 8.1.2를 다음 방정식으로 표현할 수 있다.

$$P_\theta(x) = \int P_\theta(x \mid z) P(z)\, dz$$ (방정식 8.1.3)

$P(z)$는 z의 사전 분포다. 이 분포는 어떤 관측에도 조건을 부여하지 않는다. z가 이산적이고 $P_\theta(x \mid z)$가 가우시안 분포를 띤다면 $P_\theta(x)$는 가우시안 혼합 분포가 된다. z가 연속적이면 $P_\theta(x)$는 무한 가우시안 혼합 분포가 된다.

실제로 적절한 손실 함수 없이 $P_\theta(x \mid z)$에 근사하는 신경망을 구성하고자 하면 z가 무시되고 결국 $P_\theta(x \mid z) = P_\theta(x)$라는 자명한 해를 얻게 된다. 따라서 방정식 8.1.3으로는 $P_\theta(x)$의 적절한 추정값을 얻을 수 없다.

방정식 8.1.2는 다음과 같이 표현할 수도 있다.

$$P_\theta(x) = \int P_\theta(z \mid x) P(x)\, dz$$ (방정식 8.1.4)

그렇지만 $P_\theta(z \mid x)$도 풀기 어렵다. VAE의 목표는 $P_\theta(z \mid x)$를 가깝게 추정하면서 다루기 쉬운 분포를 구하는 데 있다.

변분 추론

$P_\theta(z \mid x)$를 다루기 쉽게 만들기 위해 VAE는 변분 추론 모델(인코더)을 도입한다.

$$Q_\phi(z \mid x) \approx P_\theta(z \mid x)$$ (방정식 8.1.5)

$Q_\phi(z \mid x)$는 $P_\theta(z \mid x)$에 가까운 추정값을 제공한다. 이는 매개변수 방정식이면서 다루기도 쉽다. $Q_\phi(z \mid x)$는 매개변수 ϕ를 최적화함으로써 심층 신경망에 의해 근사될 수 있다.

일반적으로 $Q_\phi(z \mid x)$는 다변수 가우시안 분포가 된다.

$$Q_\phi(z \mid x) = N(z; \mu(x), diag(\sigma(x)))$$ (방정식 8.1.6)

평균 $\mu(x)$와 표준 편차 $\sigma(x)$는 인코더 신경망에 의해 입력 데이터 포인트를 사용해 계산된다. 대각 행렬(diagonal matrix)은 z의 요소가 독립적이라는 것을 뜻한다.

핵심 방정식

추론 모델 $Q_\phi(z|x)$는 입력 x로부터 잠재 벡터 z를 생성한다. $Q_\phi(z|x)$는 오토인코더 모델의 인코더와 같다. 반면, $P_\theta(x|z)$는 잠재 코드 z로부터 입력을 재구성한다. $P_\theta(x|z)$는 오토인코더의 디코더와 같다. $P_\theta(x)$를 추정하기 위해 $Q_\phi(z|x)$와 $P_\theta(x|z)$의 관계를 정의해야 한다.

$Q_\phi(z|x)$가 $P_\theta(x|z)$의 추정값이면 **쿨백-라이블러**(Kullback-Leibler, KL) 발산이 이 두 조건부 밀도 함수 사이의 거리를 알아낸다.

$$D_{KL}(Q_\phi(z|x) \parallel P_\theta(z|x)) = \mathbb{E}_{z\sim Q}[\log Q_\phi(z|x) - \log P_\theta(z|x)] \quad \text{(방정식 8.1.7)}$$

방정식 8.1.7에 베이즈 정리

$$P_\theta(z \mid x) = \frac{P_\theta(x \mid z)P_\theta(z)}{P_\theta(x)} \quad \text{(방정식 8.1.8)}$$

를 사용하면 다음과 같이 된다.

$$D_{KL}(Q_\phi(z|x) \parallel P_\theta(z|x)) = \mathbb{E}_{z\sim Q}[\log Q_\phi(z|x) - \log P_\theta(x|z) - \log P_\theta(z)] + \log P_\theta(x) \quad \text{(방정식 8.1.9)}$$

$\log P_\theta(x)$는 $z\sim Q$에 독립적이기 때문에 기댓값을 벗어날 수 있다. 앞의 방정식을 다시 정리하고 $\mathbb{E}_{z\sim Q}[\log Q_\phi(z|x) - \log P_\theta(z)] = D_{KL}(Q_\phi(z|x) \parallel P_\theta(z))$라는 점을 감안하면 다음 방정식으로 다시 쓸 수 있다.

$$\log P_\theta(x) - D_{KL}(Q_\phi(z|x) \parallel P_\theta(z|x)) = \mathbb{E}_{z\sim Q}[\log P_\theta(x|z)] - D_{KL}(Q_\phi(z|x) \parallel P_\theta(z)) \quad \text{(방정식 8.1.10)}$$

방정식 8.1.10이 VAE의 핵심이다. 왼쪽은 $P_\theta(x)$ 항으로 $Q_\phi(z|x)$와 실제 $P_\theta(z|x)$ 사이의 거리로 인한 오차보다 작게 최대화한다. 로그가 최댓값(혹은 최솟값) 위치를 바꾸지 않는다는 사실을 기억할 것이다. $P_\theta(z|x)$를 잘 추정하는 추론 모델이 주어지면 $D_{KL}(Q_\phi(z|x) \parallel P_\theta(z|x))$는 0에 근사한다. 오른편의 첫 번째 항 $P_\theta(x|z)$는 입력을 재구성하기 위해 추론 모델에서 샘플을 가져오는 디코더와 비슷하다. 두 번째 항은 또 다른 거리에 해당한다. 이번에는 $Q_\phi(z|x)$와 사전 확률 $P_\theta(z)$ 사이의 거리다.

방정식 8.1.10의 왼편은 **변분 하한**(variational lower bound) 혹은 ELBO(evidence lower bound)라고 한다. KL은 항상 양의 값을 가지므로 ELBO는 $\log P_\theta(x)$의 하한값이 된다. 신경망의 매개변수 ϕ와 θ를 최적화해 ELBO를 최대화하는 것은 다음을 뜻한다.

- $D_{KL}(Q_\phi(z \mid x) \parallel P_\theta(z \mid x)) \rightarrow 0$ 또는 z에서 x의 속성을 인코딩하는 데 추론 모델이 더 나아지고 있다.
- 방정식 8.1.10의 오른쪽 $\log P_\theta(x \mid z)$가 최대화되거나 잠재 벡터 z에서 x를 재구성하는 데 있어 디코더 모델이 더 나아지고 있다.

최적화

방정식 8.1.10의 오른편에 VAE 손실 함수에 대한 중요한 두 개의 정보가 포함돼 있다. 디코더 항인 $\mathbb{E}_{z\sim Q}[\log P_\theta(x \mid z)]$는 생성기가 입력을 재구성하기 위해 추론 모델의 출력으로부터 z개의 샘플을 취한다는 것을 뜻한다. 이 항을 최대화한다는 것은 **재구성 손실(Reconstruction Loss)**인 L_R을 최소화한다는 것을 뜻한다. 이미지(데이터) 분포를 가우시안 분포로 가정하면 MSE를 사용할 수 있다. 모든 픽셀(데이터)을 베르누이 분포로 가정하면 손실 함수로 이진 교차 엔트로피를 사용한다.

두 번째 항 $-D_{KL}(Q_\phi(z \mid x) \parallel P_\theta(z))$는 평가하기 간단하다고 알려져 있다. 방정식 8.1.6에서 Q_ϕ는 가우시안 분포다. 일반적으로 $P_\theta(z) = P_\theta(z) = N(0, 1)$도 평균 0, 표준 편차가 1.0인 가우시안 분포다. KL 항은 다음과 같이 단순화할 수 있다.

$$-D_{KL}(Q_\phi(z \mid x) \parallel P_\theta(z)) = \frac{1}{2}\sum_{J=1}^{J}(1 + \log(\sigma_j)^2 - (\mu_j)^2 - (\sigma_j)^2) \quad \text{(방정식 8.1.11)}$$

여기에서 J는 z의 차원이다. μ_j와 σ_j는 추론 모델을 통해 계산된 x의 함수다. $-D_{KL}$을 최대화하려면 $\sigma_j \rightarrow 1, \mu_j \rightarrow 0$이 되게 한다. $P(z) = N(0, I)$를 선택한 것은 적절한 함수가 주어졌을 때 임의의 분포로 변할 수 있는 등방성 단위 가우시안의 속성에서 비롯됐다. 방정식 8.1.11에서 **KL 손실** L_{KL}은 단순히 D_{KL}이다.

예를 들어 함수 $g(z) = z/10 + z/\|z\|$를 사용하면 등방성 가우시안 분포는 원 형태의 분포로 변할 수 있음을 앞에서 보여줬다[6].

더 자세한 내용은 뤽 데브로이(Luc Devroye)의 "Sample-Based Non-Uniform Random Variate Generation"[7]을 참고하기 바란다.

요약하면 VAE 손실은 다음처럼 정의할 수 있다.

$$L_{VAE} = L_R + L_{KL} \quad \text{(방정식 8.1.12)}$$

매개변수 조정 기법

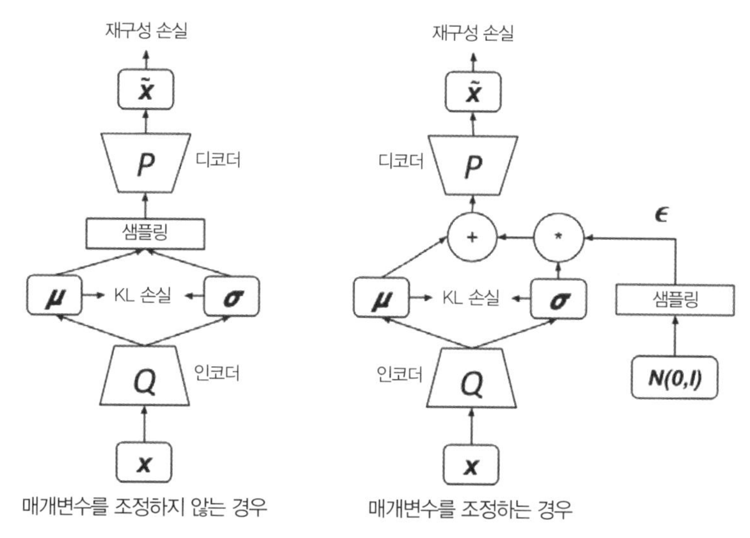

그림 8.1.1 매개변수를 조정하는 경우와 조정하지 않는 경우의 VAE 네트워크

앞의 그림에서 왼쪽은 VAE 네트워크를 보여준다. 인코더는 입력 x를 취해 잠재 벡터 z의 다변량 가우시안 분포의 평균 μ, 표준 편차 σ를 추정한다. 디코더는 입력을 $\tilde{x}$로 재구성하기 위해 잠재 벡터 z에서 샘플을 취한다. 이는 역전파 동안 경사 업데이트가 일어날 때까지는 간단해 보인다.

역전파 경사는 확률 **샘플링**(Sampling) 블록을 통과하지 않는다. 신경망을 위한 확률 입력을 갖는 것이 좋지만, 경사가 확률 계층을 지나가게 하는 것이 불가능하다.

이 문제에 대한 해결책은 그림 8.1.1의 오른쪽처럼 **샘플링**(Sampling) 프로세스를 입력으로 내보내는 것이다. 그런 다음 그 샘플을 다음과 같이 계산한다.

$$Sample = \mu + \in \sigma \qquad \text{(방정식 8.1.13)}$$

$\in$와 σ가 벡터 형태로 표현되면 $\in\sigma$는 요소-단위 곱셈을 한다. 방정식 8.1.13을 사용하면 원래 의도대로 잠재 공간에서 직접 샘플링한 것처럼 보인다. 이 기법이 **매개변수 조정 기법**(Reparameterization trick)이다.

이제 입력에서 샘플링하면 VAE 네트워크는 SGD, Adam, RMSProp 같은 익숙한 최적화 알고리즘을 사용해 훈련될 수 있다.

디코더 테스트

VAE 네트워크를 훈련한 다음, 덧셈과 곱셈 연산자를 포함한 추론 모델을 폐기할 수 있다. 유의미한 새로운 출력을 생성하기 위해 ∈를 생성할 때 사용된 가우시안 분포에서 샘플을 추출한다. 다음 그림은 디코더를 테스트하는 방법을 보여준다.

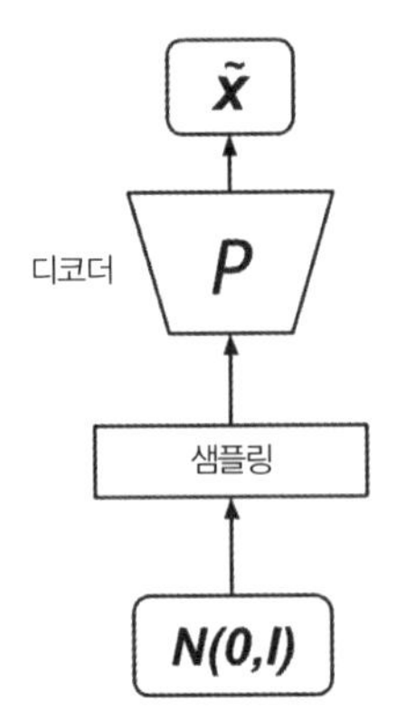

그림 8.1.2 디코더 테스트 단계

케라스로 VAE 구현하기

VAE 구조는 전형적인 오토인코더와 닮았다. 주된 차이점은 매개변수 조정 기법에서 가우시안 랜덤 변수를 샘플링한다는 데 있다. 목록 8.1.1은 MLP를 사용해 구현된 인코더, 디코더, VAE를 보여준다. 이 코드는 공식 케라스 깃허브에도 제공됐다. 간단한 설명을 위해 잠재 벡터 z를 2차원으로 설정했다.

인코더는 평균과 로그 분산을 생성하는 두 번째 계층을 갖는 두 계층으로 구성된 MLP다. 여기에서 KL 손실 계산과 매개변수 조정 기법을 단순하게 만들기 위해 로그 분산을 사용한다. 인코더의 세 번째 출력은 매개변수 조정 기법을 사용해 z에서 샘플링한다. σ가 가우시안 분포의 표준 편차라고 하면 $\sigma>0$이므로 샘플링 함수는 $e^{0.5\log\sigma^2} = \sqrt{\sigma^2} = \sigma$가 된다고 볼 수 있다.

디코더 또한 입력에 근사하기 위해 z의 샘플을 취하는 두 계층으로 이루어진 MLP다. 인코더와 디코더 모두 크기가 512인 중간 차원을 사용한다.

VAE 네트워크는 단순히 이 인코더와 디코더를 합쳐 구성하면 된다. 그림 8.1.3부터 8.1.5까지는 인코더, 디코더, VAE 모델을 보여준다. 손실 함수는 재구성 손실(Reconstruction Loss)과 KL 손실(KL Loss)의 합이다. VAE 네트워크는 기본 Adam 최적화 기법을 사용할 때 좋은 결과를 얻는다. VAE 네트워크의 매개변수의 전체 개수는 807,700이다.

VAE MLP를 구현한 케라스 코드에는 미리 훈련된 가중치가 있다. 테스트를 위해 다음 명령어를 실행해야 한다.

```
$ python3 vae-mlp-mnist-8.1.1.py --weights=vae_mlp_mnist.h5
```

전체 코드는 다음 링크의 깃허브에서 확인할 수 있다. https://github.com/PacktPublishing/Advanced-Deep-Learning-with-Keras

목록 8.1.1 vae-mlp-mnist-8.1.1.py는 MLP 계층을 사용해 VAE를 구현한 케라스 코드를 보여준다.

```
# 매개변수 조정 기법
# Q(z|X)에서 샘플링하는 대신 eps = N(0,I)로 샘플링
# z = z_mean + sqrt(var)*eps
def sampling(args):
    z_mean, z_log_var = args

    batch = K.shape(z_mean)[0]
    # K는 백엔드에 사용된 케라스를 뜻함
    dim = K.int_shape(z_mean)[1]
    # 기본적으로 random_normal의 mean=0, std=1.0임
    epsilon = K.random_normal(shape=(batch, dim))
    return z_mean + K.exp(0.5 * z_log_var) * epsilon

# MNIST 데이터세트
(x_train, y_train), (x_test, y_test) = mnist.load_data()

image_size = x_train.shape[1]
original_dim = image_size * image_size
x_train = np.reshape(x_train, [-1, original_dim])
x_test = np.reshape(x_test, [-1, original_dim])
x_train = x_train.astype('float32') / 255
x_test = x_test.astype('float32') / 255

# 네트워크 매개변수
input_shape = (original_dim, )
intermediate_dim = 512
batch_size = 128
```

```
latent_dim = 2
epochs = 50

# VAE model = encoder + decoder
# 인코더 모델 구성
inputs = Input(shape=input_shape, name='encoder_input')
x = Dense(intermediate_dim, activation='relu')(inputs)

z_mean = Dense(latent_dim, name='z_mean')(x)
z_log_var = Dense(latent_dim, name='z_log_var')(x)

# 매개변수 조정 기법을 사용해 샘플링을 입력으로 보냄
z = Lambda(sampling, output_shape=(latent_dim,), name='z')([z_mean,
z_log_var])
# 인코더 모델 인스턴스화
encoder = Model(inputs, [z_mean, z_log_var, z], name='encoder')
encoder.summary()
plot_model(encoder, to_file='vae_mlp_encoder.png', show_shapes=True)

# 디코더 모델 구성
latent_inputs = Input(shape=(latent_dim,), name='z_sampling')
x = Dense(intermediate_dim, activation='relu')(latent_inputs)
outputs = Dense(original_dim, activation='sigmoid')(x)

# 디코더 모델 인스턴스화
decoder = Model(latent_inputs, outputs, name='decoder')
decoder.summary()
plot_model(decoder, to_file='vae_mlp_decoder.png', show_shapes=True)

# VAE 모델 인스턴스화
outputs = decoder(encoder(inputs)[2])
vae = Model(inputs, outputs, name='vae_mlp')

if __name__ == '__main__':
    parser = argparse.ArgumentParser()
    help_ = "Load h5 model trained weights"
    parser.add_argument("-w", "--weights", help=help_)
    help_ = "Use mse loss instead of binary cross entropy (default)"
    parser.add_argument("-m",
```

```
                        "--mse",
                        help=help_, action='store_true')
    args = parser.parse_args()
    models = (encoder, decoder)
    data = (x_test, y_test)
    # VAE loss = mse_loss or xent_loss + kl_loss
    if args.mse:
        reconstruction_loss = mse(inputs, outputs)
    else:
        reconstruction_loss = binary_crossentropy(inputs,
                                                  outputs)
    reconstruction_loss *= original_dim
    kl_loss = 1 + z_log_var - K.square(z_mean) - K.exp(z_log_var)
    kl_loss = K.sum(kl_loss, axis=-1)
    kl_loss *= -0.5
    vae_loss = K.mean(reconstruction_loss + kl_loss)
    vae.add_loss(vae_loss)
    vae.compile(optimizer='adam')
    vae.summary()
    plot_model(vae,
               to_file='vae_mlp.png',
               show_shapes=True)
    if args.weights:
        vae = vae.load_weights(args.weights)
    else:
        # 오토인코더 훈련
        vae.fit(x_train,
                epochs=epochs,
                batch_size=batch_size,
                validation_data=(x_test, None))
        vae.save_weights('vae_mlp_mnist.h5')

    plot_results(models,
                 data,
                 batch_size=batch_size,
                 model_name="vae_mlp")
```

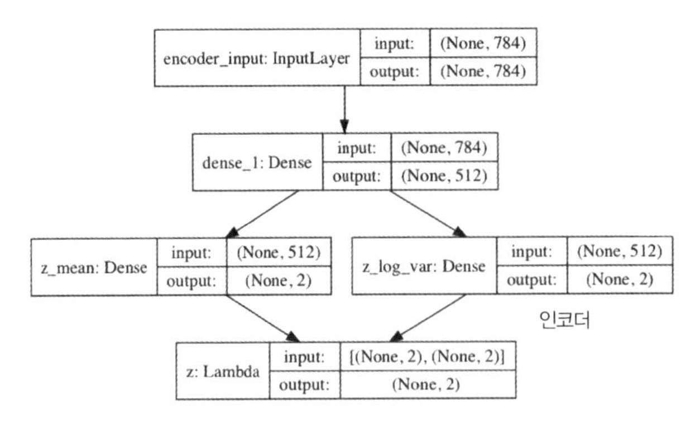

그림 8.1.3 VAE MLP의 인코더 모델

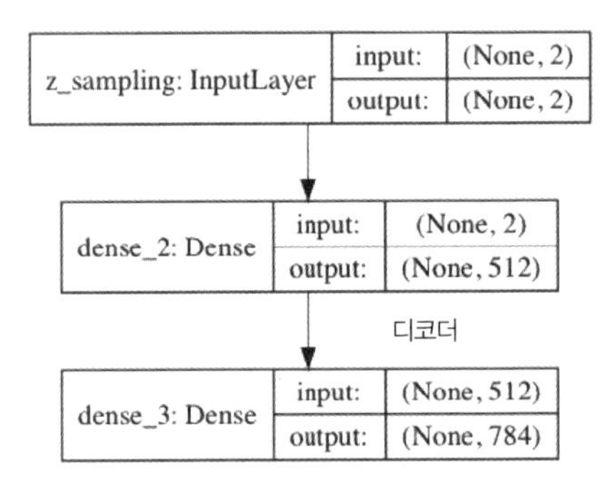

그림 8.1.4 VAE MLP의 디코더 모델

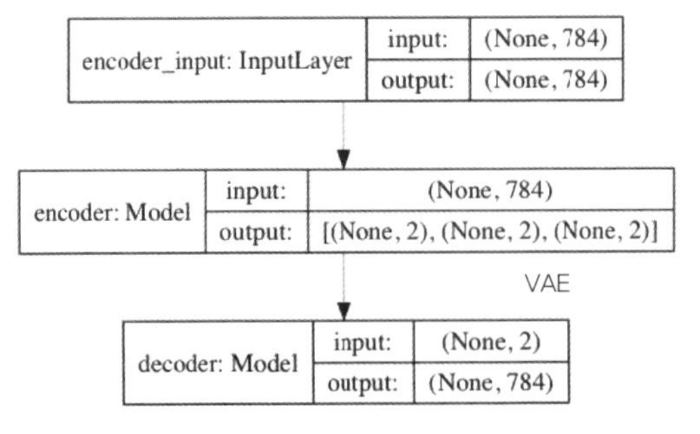

그림 8.1.5 MLP를 사용한 VAE 모델

그림 8.1.6은 `plot_results()`를 사용해 50세대 훈련이 끝난 뒤의 잠재 벡터의 연속 공간을 보여준다. 단순하게 보여주기 위해 이 함수를 여기서 따로 소개하지는 않지만, `vae-mlp-mnist-8.1.1.py`에서 확인할 수 있다. 이 함수는 두 이미지, 테스트 데이터세트 레이블(그림 8.1.6)과 생성된 샘플 숫자(그림 8.1.7)를

모두 z의 함수로 그래프를 그려준다. 두 그래프 모두 잠재 벡터가 생성된 숫자의 특성을 알아내는 방법을 보여준다.

연속 공간을 탐색하면 언제나 MNIST 숫자와 닮은 결과를 출력한다. 예를 들어 숫자 9의 영역은 숫자 7의 영역과 가깝다. 중심에 가까운 9에서 왼쪽으로 이동하면 숫자 9가 숫자 7로 자연스럽게 바뀐다. 중심에서 아래 쪽으로 이동하면 생성된 숫자가 3에서 8로, 마지막에는 1로 바뀐다. 숫자가 변하는 모습은 그림 8.1.6을 다른 방식으로 해석한 그림 8.1.7에서 더 눈에 띈다.

그림 8.1.7에서는 컬러바 그래프 대신 생성기 출력을 표시한다. 잠재 공간에서의 숫자 분포를 보여준다. 여기에 모든 숫자가 표현됐음을 확인할 수 있다. 분포는 중심에 가까울수록 밀도가 높기 때문에 변화 속도는 중심에서 빠르다가 평균값이 커질수록 느려진다. 그림 8.1.7은 그림 8.1.6을 묘사한 것이다. 예를 들면 두 그림에서 1사분면에 숫자 0이 위치하고 4사분면에 숫자 1이 위치한다.

그림 8.1.7에는 일부 알아볼 수 없는 숫자가 있는데, 특히 2사분면이 그렇다. 다음 그림에서 이 영역은 거의 비어 있거나 중심에서 많이 떨어져 있음을 관측할 수 있다.

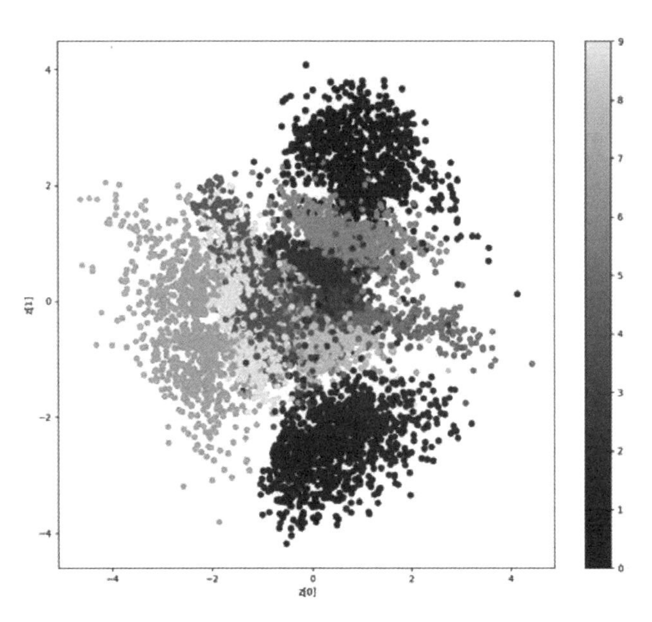

그림 8.1.6 테스트 데이터세트(VAE MLP)의 잠재 벡터 평균값. 컬러바는 대응하는 MNIST 숫자를 z의 함수로 보여준다. 컬러 이미지는 이 책의 깃허브 저장소에서 확인할 수 있다: `https://github.com/PacktPublishing/Advanced-Deep-Learning-with-Keras/tree/master/chapter8-vae`.

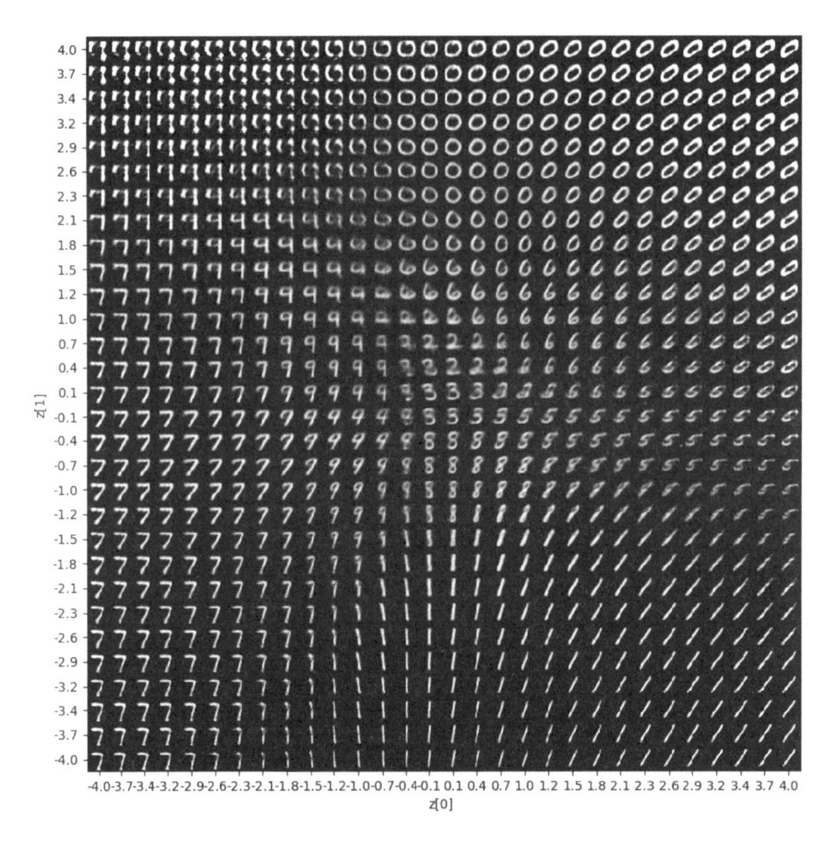

그림 8.1.7 잠재 벡터 평균값(VAE MLP)의 함수로 생성된 숫자. 해석이 쉽도록 평균값 범위는 그림 8.1.6과 비슷하게 맞췄다.

VAE를 위해 CNN 사용하기

"Auto-encoding Variational Bayes"[1]의 논문 원본에서 이전 절에서 다뤘던 것과 유사하게 MLP를 사용해 VAE 네트워크를 구현했다. 이 절에서는 CNN을 사용하면 생성된 숫자 품질이 상당히 개선되고 매개변수 개수가 134,165개로 확연히 줄어듦을 보여줄 것이다.

목록 8.1.3은 인코더, 디코더, VAE 네트워크를 보여준다. 이 코드는 케라스 깃허브 저장소에도 제공됐다. 간결하게 보여주기 위해 MLP와 유사한 일부 코드는 생략했다. 인코더는 잠재 코드를 생성하기 위해 두 개의 CNN 계층과 두 개의 MLP 계층으로 구성된다. 인코더 출력 구조는 이전 절에서 구현한 MLP와 유사하다. 디코더는 하나의 MLP 계층과 세 개의 전치 CNN(Transposed CNN) 계층으로 구성된다. 그림 8.1.8에서 그림 8.1.10까지는 인코더, 디코더, VAE 모델을 보여준다. VAE CNN에서는 RMSProp을 사용했을 때 Adam보다 손실 값이 더 낮다.

케라스에서 제공하는 VAE CNN 코드에는 미리 훈련된 가중치가 포함돼 있다. 테스트를 위해 다음 명령어를 실행해야 한다.

```
$ python3 vae-cnn-mnist-8.1.2.py --weights=vae_cnn_mnist.h5
```

목록 8.1.3 vae-cnn-mnist-8.1.2.py는 CNN 계층을 사용해 VAE를 구현한 케라스 코드를 보여준다.

```
# 네트워크 매개변수
input_shape = (image_size, image_size, 1)
batch_size = 128
kernel_size = 3
filters = 16
latent_dim = 2
epochs = 30

# VAE model = encoder + decoder
# 인코더 모델 구성
inputs = Input(shape=input_shape, name='encoder_input')
x = inputs

for i in range(2):
    filters *= 2
    x = Conv2D(filters=filters,
               kernel_size=kernel_size,
               activation='relu',
               strides=2,
               padding='same')(x)

# 디코더 모델 구성에 필요한 형상 정보
shape = K.int_shape(x)

# 잠재 벡터 Q(z|X) 생성
x = Flatten()(x)
x = Dense(16, activation='relu')(x)
z_mean = Dense(latent_dim, name='z_mean')(x)
z_log_var = Dense(latent_dim, name='z_log_var')(x)

# 샘플링을 입력으로 보내기 위해 매개변수 조정 기법 사용
```

```
# 백엔드에 텐서플로를 사용하면 "output_shape"은 필요 없음
z = Lambda(sampling, output_shape=(latent_dim,), name='z')([z_mean,
z_log_var])

# 인코더 모델 인스턴스화
encoder = Model(inputs, [z_mean, z_log_var, z], name='encoder')
encoder.summary()
plot_model(encoder, to_file='vae_cnn_encoder.png', show_shapes=True)

# 디코더 모델 구성
latent_inputs = Input(shape=(latent_dim,), name='z_sampling')
x = Dense(shape[1]*shape[2]*shape[3], activation='relu')(latent_
inputs)
x = Reshape((shape[1], shape[2], shape[3]))(x)

for i in range(2):
    x = Conv2DTranspose(filters=filters,
                        kernel_size=kernel_size,
                        activation='relu',
                        strides=2,
                        padding='same')(x)
    filters //= 2
outputs = Conv2DTranspose(filters=1,
                          kernel_size=kernel_size,
                          activation='sigmoid',
                          padding='same',
                          name='decoder_output')(x)

# 디코더 모델 인스턴스화
decoder = Model(latent_inputs, outputs, name='decoder')
decoder.summary()
plot_model(decoder, to_file='vae_cnn_decoder.png', show_shapes=True)

# VAE 모델 인스턴스화
outputs = decoder(encoder(inputs)[2])
vae = Model(inputs, outputs, name='vae')
```

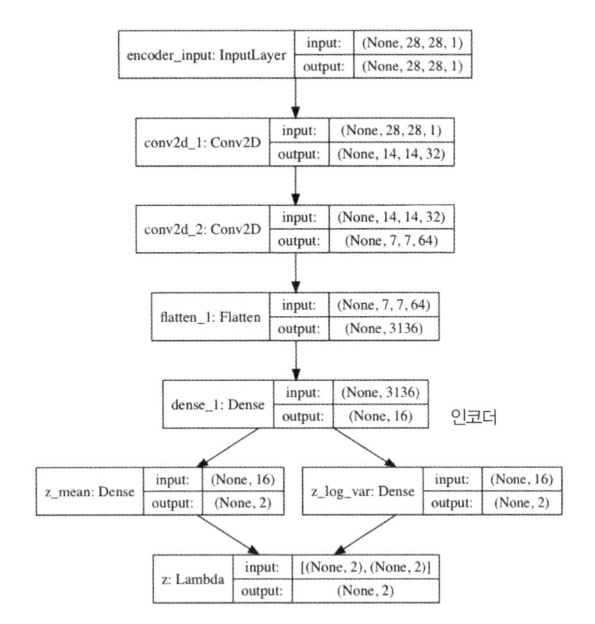

그림 8.1.8 VAE CNN의 인코더

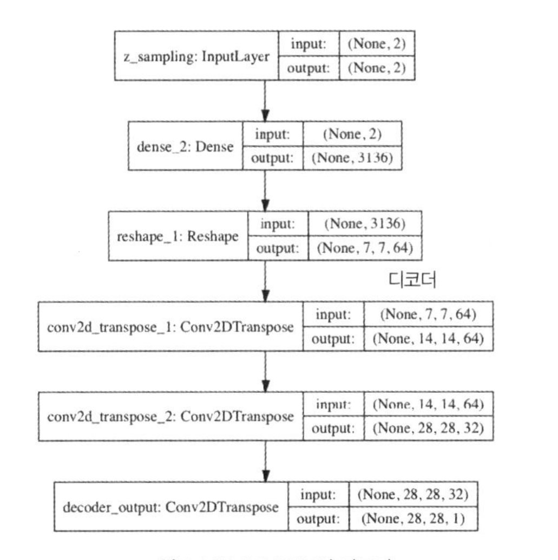

그림 8.1.9 VAE CNN의 디코더

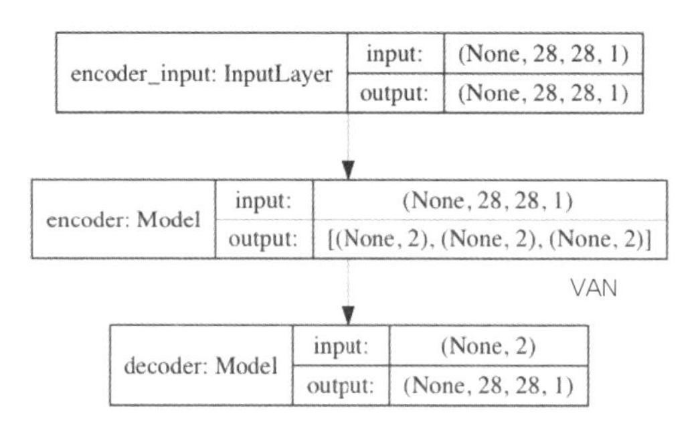

그림 8.1.10 CNN을 사용한 VAE 모델

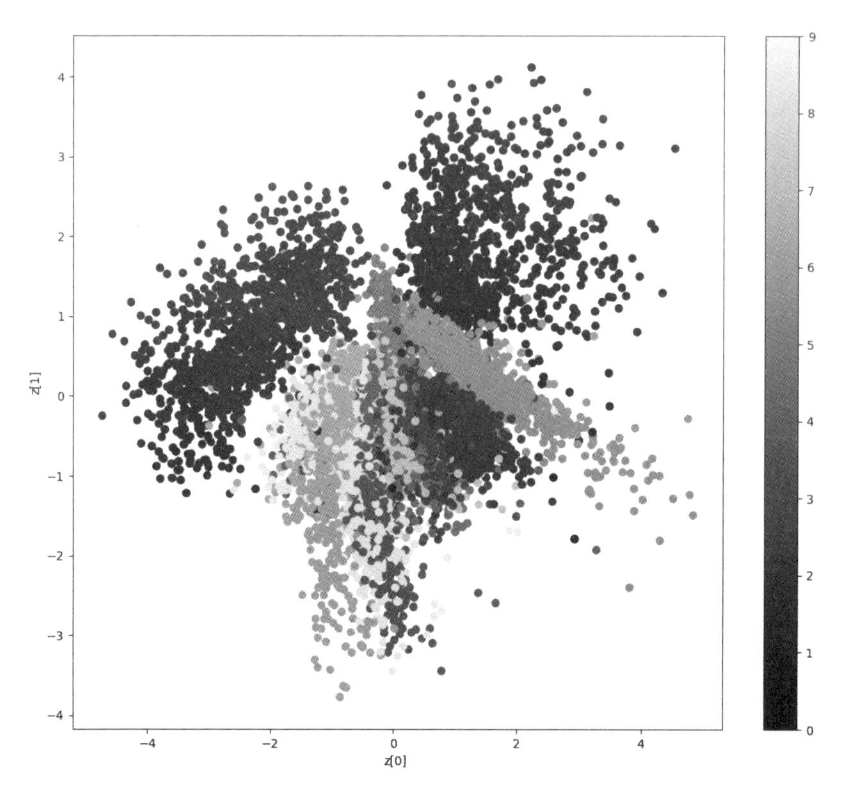

그림 8.1.11 테스트 데이터세트(VAE CNN)에 대한 잠재 벡터 평균값. 컬러바는 대응하는 MNIST 숫자를 z의 함수로 보여준다. 컬러 이미지는 이 책의 깃허브 저장소에서 확인할 수 있다: `https://github.com/PacktPublishing/Advanced-Deep-Learning-with-Keras/tree/master/chapter8-vae`.

앞의 그림은 30세대 후 CNN 구현을 사용한 VAE의 연속 잠재 공간을 보여준다. 각 숫자가 할당된 영역은 다를 수 있지만, 분포는 대략 비슷하다. 다음 그림은 생성 모델의 출력을 보여준다. 품질 측면에서 보면 MLP 구현을 사용했을 때 그림 8.1.7에 비해 애매한 숫자가 줄었다.

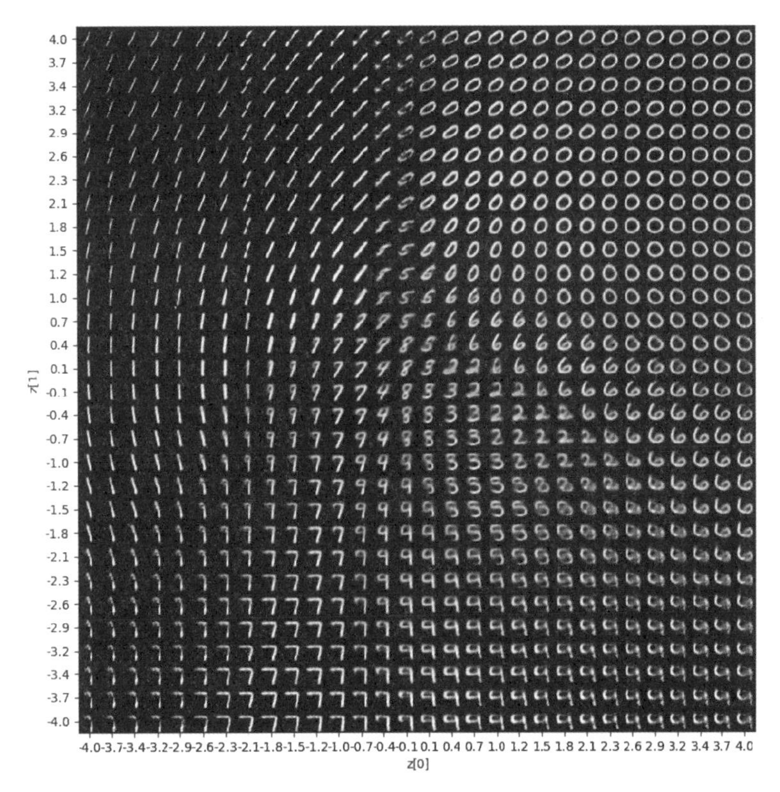

그림 8.1.12 잠재 벡터 평균값(VAE CNN)의 함수로 생성된 숫자. 해석이 쉽도록 평균값 범위를 그림 8.1.11과 비슷하게 맞췄다.

조건부 VAE(CVAE)

조건부 VAE[2]의 기본 개념은 CGAN과 유사하다. MNIST 데이터세트의 경우, 잠재 공간이 임의로 샘플링되면 VAE는 어떤 숫자가 생성될지 제어할 수 없다. CVAE는 생성할 숫자의 조건(원-핫 레이블)을 도입함으로써 이 문제를 해결할 수 있다. 그 조건은 인코더와 디코더 입력에 모두 제공된다.

공식으로 보면 VAE의 핵심 방정식(방정식 8.1.10)에 조건 c를 포함하게 수정한다.

$$\log P_\theta(x \mid c) - D_{KL}(Q_\phi(z \mid x, c) \parallel P_\theta(z \mid x, c)) = \mathbb{E}_{z\sim Q}[\log P_\theta(x \mid z, c)] - D_{KL}(Q_\phi(z \mid x, c) \parallel P_\theta(z \mid c) \quad \text{(방정식 8.2.1)}$$

VAE와 비슷하게 방정식 8.2.1에서 c를 조건으로 하는 출력 $P_\theta(x|c)$를 최대화하고 싶다면 두 손실 항이 최소화돼야 한다.

- 잠재 벡터와 조건이 모두 주어졌을 때 디코더의 재구성 손실.
- 잠재 벡터와 조건이 모두 주어졌을 때의 인코더와 조건이 주어졌을 때의 사전 분포 사이의 KL 손실. VAE와 비슷하게 일반적으로 $P_\theta(z|c) = P(z|c) = N(0, I)$를 선택한다.

목록 8.2.1 cvae-cnn-mnist-8.2.1.py는 CNN 계층을 사용해 CVAE를 구현한 케라스 코드를 보여준다. 이 코드에서 CVAE를 지원하기 위해 변경된 부분을 강조해 표시했다.

```
# 레이블 개수 계산
num_labels = len(np.unique(y_train))

# 네트워크 매개변수
input_shape = (image_size, image_size, 1)
label_shape = (num_labels, )
batch_size = 128
kernel_size = 3
filters = 16
latent_dim = 2
epochs = 30

# VAE model = encoder + decoder
# 인코더 모델 구성
inputs = Input(shape=input_shape, name='encoder_input')
y_labels = Input(shape=label_shape, name='class_labels')
x = Dense(image_size * image_size)(y_labels)
x = Reshape((image_size, image_size, 1))(x)
x = keras.layers.concatenate([inputs, x])
for i in range(2):
    filters *= 2
    x = Conv2D(filters=filters,
               kernel_size=kernel_size,
               activation='relu',
               strides=2,
               padding='same')(x)

# 디코더 모델 구성에 필요한 형상 정보
shape = K.int_shape(x)

# 잠재 벡터 Q(z|X) 생성
x = Flatten()(x)
```

```
x = Dense(16, activation='relu')(x)
z_mean = Dense(latent_dim, name='z_mean')(x)
z_log_var = Dense(latent_dim, name='z_log_var')(x)

# 매개변수 조정 기법을 사용해 샘플링을 입력으로 보냄
# 백엔드로 텐서플로를 사용하면 "output_shape"은 필요 없음
z = Lambda(sampling, output_shape=(latent_dim,), name='z')([z_mean,
z_log_var])

# 인코더 모델 인스턴스화
encoder = Model([inputs, y_labels], [z_mean, z_log_var, z],
name='encoder')
encoder.summary()
plot_model(encoder, to_file='cvae_cnn_encoder.png', show_shapes=True)

# 디코더 모델 구성
latent_inputs = Input(shape=(latent_dim,), name='z_sampling')
x = keras.layers.concatenate([latent_inputs, y_labels])
x = Dense(shape[1]*shape[2]*shape[3], activation='relu')(x)
x = Reshape((shape[1], shape[2], shape[3]))(x)
for i in range(2):
    x = Conv2DTranspose(filters=filters,
                        kernel_size=kernel_size,
                        activation='relu',
                        strides=2,
                        padding='same')(x)
    filters //= 2

outputs = Conv2DTranspose(filters=1,
                          kernel_size=kernel_size,
                          activation='sigmoid',
                          padding='same',
                          name='decoder_output')(x)

# 디코더 모델 인스턴스화
decoder = Model([latent_inputs, y_labels], outputs, name='decoder')
decoder.summary()
plot_model(decoder, to_file='cvae_cnn_decoder.png', show_shapes=True)
```

```
# VAE 모델 인스턴스화
outputs = decoder([encoder([inputs, y_labels])[2], y_labels])
cvae = Model([inputs, y_labels], outputs, name='cvae')
if __name__ == '__main__':
    parser = argparse.ArgumentParser()
    help_ = "Load h5 model trained weights"
    parser.add_argument("-w", "--weights", help=help_)
    help_ = "Use mse loss instead of binary cross entropy (default)"
    parser.add_argument("-m", "--mse", help=help_, action='store_true')
    help_ = "Specify a specific digit to generate"
    parser.add_argument("-d", "--digit", type=int, help=help_)
    help_ = "Beta in Beta-CVAE. Beta > 1. Default is 1.0 (CVAE)"
    parser.add_argument("-b", "--beta", type=float, help=help_)
    args = parser.parse_args()
    models = (encoder, decoder)
    data = (x_test, y_test)

    if args.beta is None or args.beta < 1.0:
        beta = 1.0
        print("CVAE")
        model_name = "cvae_cnn_mnist"
    else:
        beta = args.beta
        print("Beta-CVAE with beta=", beta)
        model_name = "beta-cvae_cnn_mnist"

    # VAE loss = mse_loss 또는 xent_loss + kl_loss
    if args.mse:
        reconstruction_loss = mse(K.flatten(inputs), K.flatten(outputs))
    else:
        reconstruction_loss = binary_crossentropy(K.flatten(inputs),
                                                  K.flatten(outputs))

    reconstruction_loss *= image_size * image_size
    kl_loss = 1 + z_log_var - K.square(z_mean) - K.exp(z_log_var)
    kl_loss = K.sum(kl_loss, axis=-1)
    kl_loss *= -0.5 * beta
    cvae_loss = K.mean(reconstruction_loss + kl_loss)
    cvae.add_loss(cvae_loss)
```

```
cvae.compile(optimizer='rmsprop')
cvae.summary()
plot_model(cvae, to_file='cvae_cnn.png', show_shapes=True)

if args.weights:
    cvae = cvae.load_weights(args.weights)
else:
    # 오토인코더 훈련
    cvae.fit([x_train, to_categorical(y_train)],
             epochs=epochs,
             batch_size=batch_size,
             validation_data=([x_test, to_categorical(y_test)], None))
    cvae.save_weights(model_name + '.h5')

if args.digit in range(0, num_labels):
    digit = np.array([args.digit])
else:
    digit = np.random.randint(0, num_labels, 1)

print("CVAE for digit %d" % digit)
y_label = np.eye(num_labels)[digit]
plot_results(models,
             data,
             y_label=y_label,
             batch_size=batch_size,
             model_name=model_name)
```

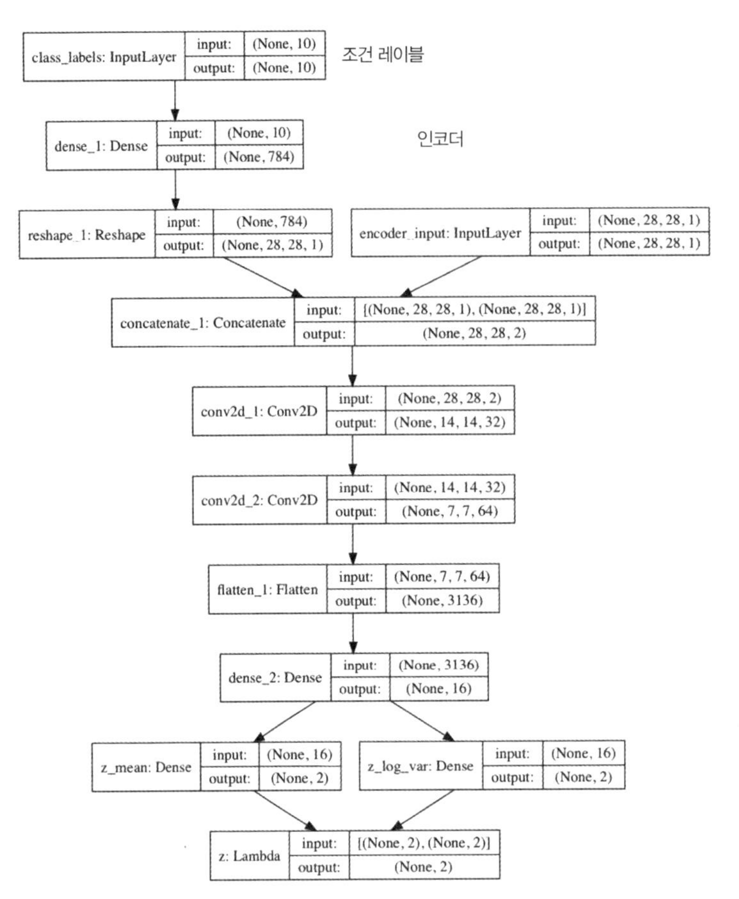

그림 8.2.1 CVAE CNN의 인코더. 이제 입력은 VAE 입력과 조건 레이블을 연결해 구성된다.

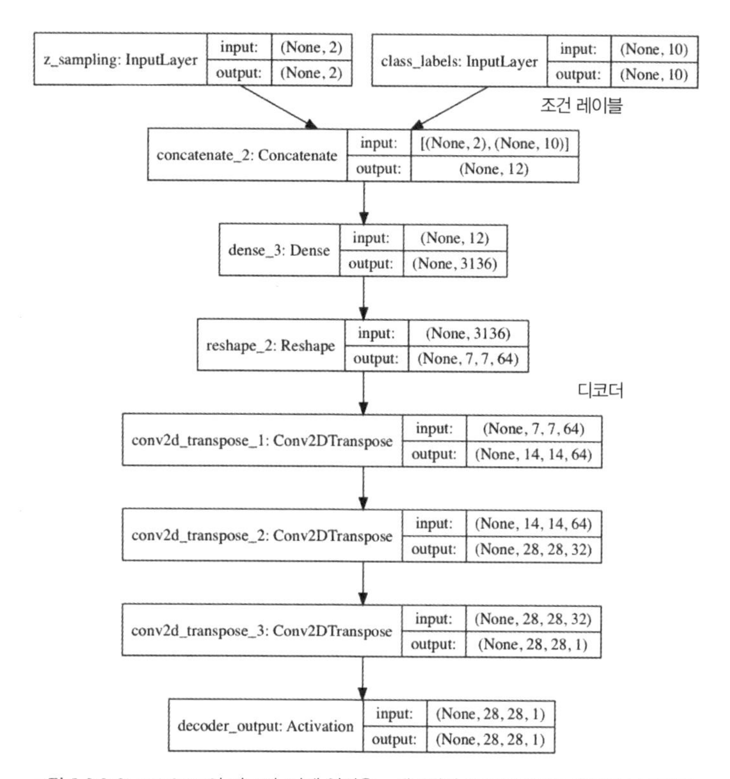

그림 8.2.2 CVAE CNN의 디코더. 이제 입력은 z 샘플링과 조건 레이블을 연결해 구성된다.

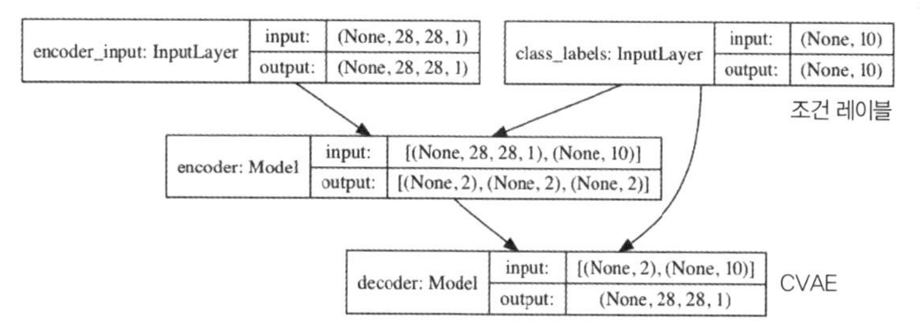

그림 8.2.3 CNN을 사용한 CVAE 모델. 이제 입력은 VAE 입력에 조건 레이블로 구성된다.

CVAE를 구현하려면 VAE 코드에 몇 가지 수정이 필요하다. CVAE를 구현하기 위해 VAE CNN 구현 코드를 활용한다. 목록 8.2.1은 MNIST 숫자를 위해 VAE의 원본 코드에서 변경한 부분을 강조한다. 인코더 입력은 이제 원본 입력 이미지와 그에 해당하는 원-핫 레이블을 연결해 구성된다. 디코더 입력은 이제 잠재 공간 샘플링과 생성할 이미지의 원-핫 레이블의 결합이다. 전체 매개변수 개수는 174,437개다. β-VAE와 관련 코드는 다음 절에서 설명한다.

손실 함수에는 변경된 부분이 없다. 그렇지만 훈련하거나 테스트할 때, 결과 그래프를 그릴 때는 원-핫 레이블이 제공된다. 그림 8.2.1에서 그림 8.2.3까지 인코더, 디코더, CVAE 모델을 보여준다. 원-핫 벡터 형태의 조건 레이블의 역할이 표현된다.

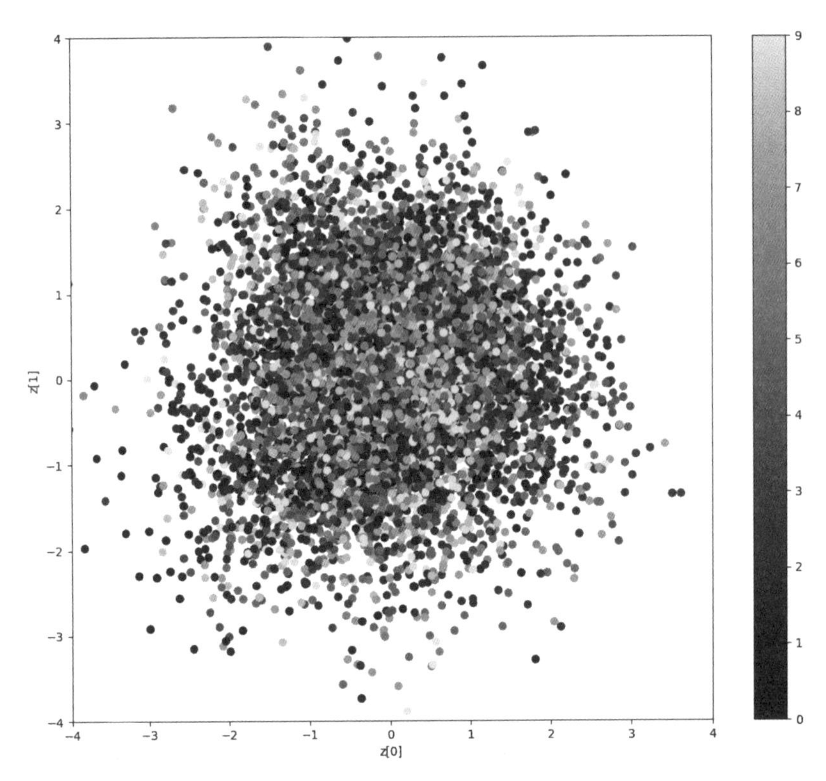

그림 8.2.4 테스트 데이터세트를 위한 잠재 벡터 평균값(CVAE CNN). 컬러바는 대응하는 MNIST 숫자를 z의 함수로 보여준다. 컬러 이미지는 이 책의 깃허브 저장소에서 확인할 수 있다: `https://github.com/PacktPublishing/Advanced-Deep-Learning-with-Keras/tree/master/chapter8-vae`.

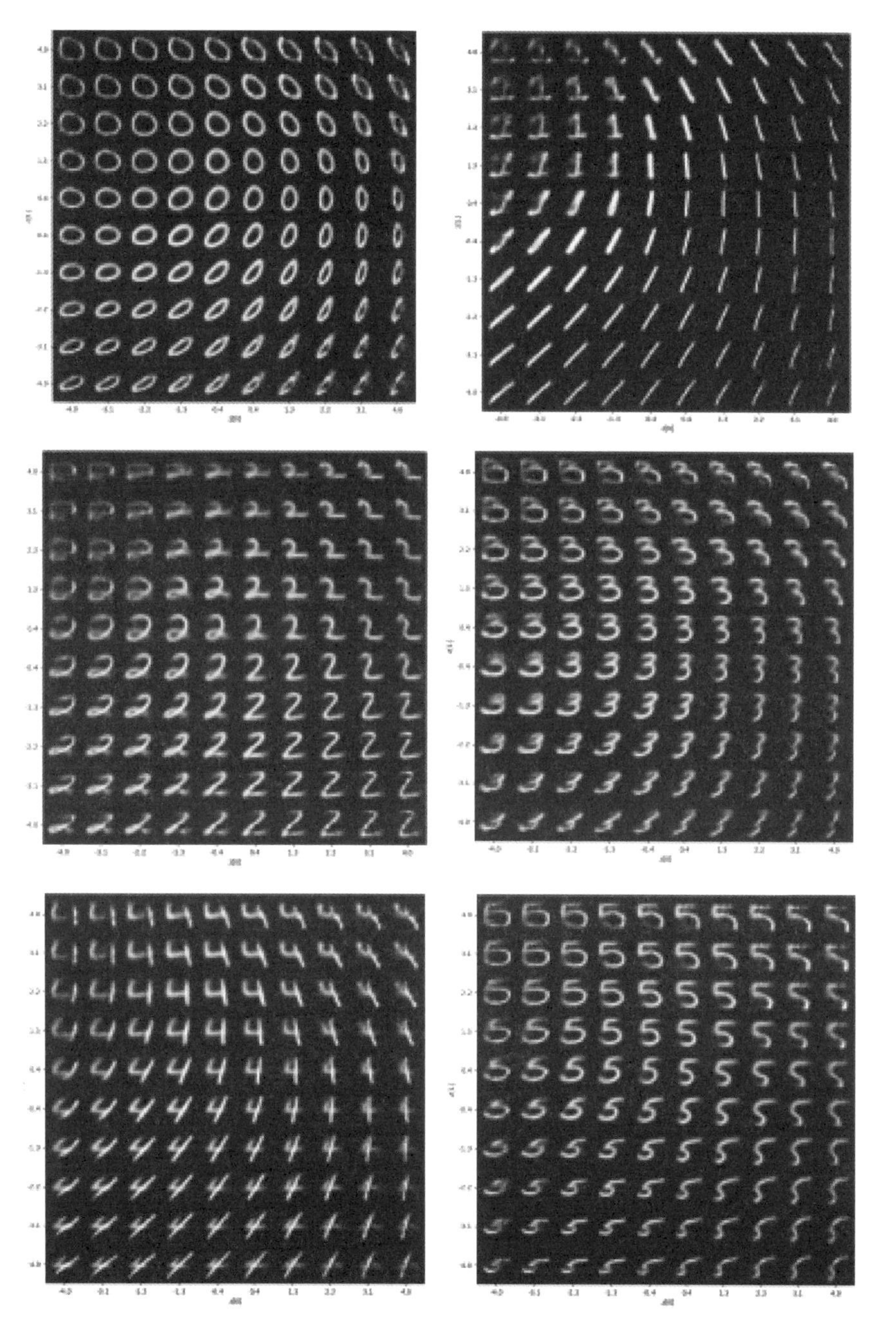

그림 8.2.5 숫자 0~5의 잠재 벡터 평균값과 원-핫 레이블의 함수로 생성된 결과(CVAE CNN). 해석을 쉽게 하기 위해 평균값 범위는 그림 8.2.4와 비슷하게 맞췄다.

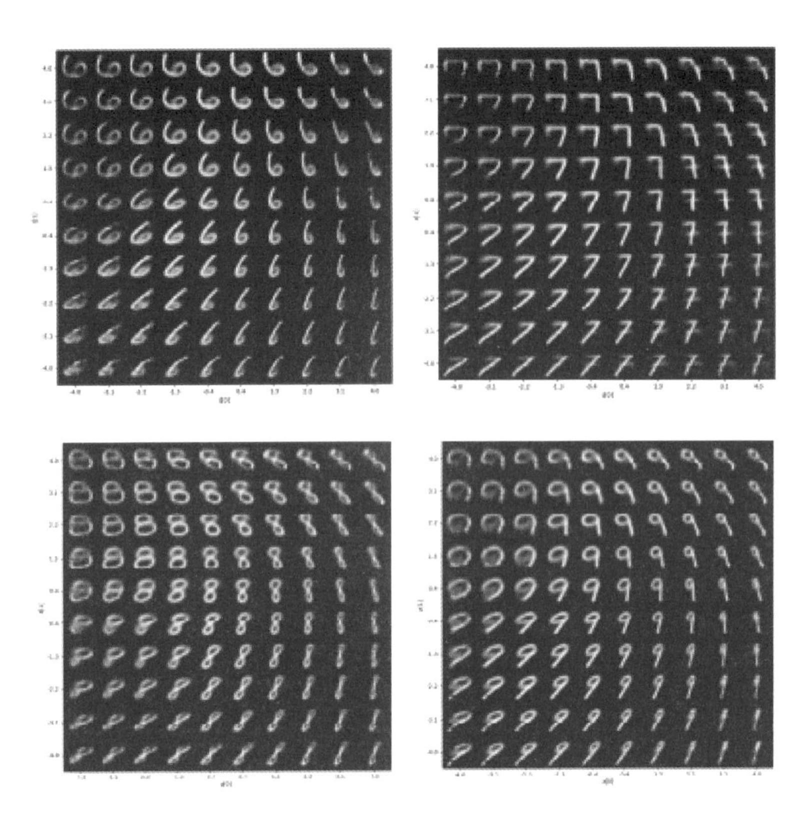

그림 8.2.6 숫자 6~9의 잠재 벡터 평균값과 원-핫 레이블의 함수로 생성된 결과(CVAE CNN). 해석을 쉽게 하기 위해 평균값 범위를 그림 8.2.4와 비슷하게 맞췄다.

그림 8.2.4는 30세대 훈련 뒤 레이블당 평균값 분포를 보여준다. 이전 절에서 봤던 그림 8.1.6과 8.1.11과는 달리 각 레이블이 한 영역에 집중되지 않고 그래프 전반에 분포된다. 잠재 공간에서 샘플링한 결과는 모두 특정 숫자를 생성하기 때문에 이것은 예상한 결과다. 잠재 공간을 이동하면 특정 숫자의 특성을 바꾼다. 예를 들어 지정된 숫자가 0이면 잠재 공간을 이동할 때 여전히 0을 생성하지만, 기울기, 두께, 기타 필체 관련 특성이 달라진다.

이러한 변화는 그림 8.2.5와 8.2.6에서 분명하게 확인할 수 있다. 비교를 쉽게 하기 위해 잠재 벡터값의 범위를 그림 8.2.4와 동일하게 맞췄다. 미리 훈련된 가중치를 사용하면 다음 명령어를 실행해 숫자(예를 들어, 0)가 생성된다.

```
$ python3 cvae-cnn-mnist-8.2.1.py --weights=cvae_cnn_mnist.h5 --digit=0
```

그림 8.2.5와 8.2.6에서 $z[0]$를 왼쪽에서 오른쪽으로 따라가 보면 각 숫자의 두께와 둥글기(해당될 경우)가 어떻게 바뀌는지 확인할 수 있다. 반면 $z[1]$을 위에서 아래로 따라가 보면 각 숫자의 기울기와 둥글기(해당될 경우)가 변한다. 분포의 중심에서 멀어질수록 숫자의 이미지는 희미해지기 시작한다. 이것은 잠재 공간이 원형이기 때문에 당연하다.

다른 눈에 띄는 특성의 변화는 숫자에 따라 다르다. 예를 들어 1의 머리 부분에 긋는 가로획은 2사분면에서 뚜렷해진다. 7의 중간에 긋는 가로획은 오른쪽에서만 확인할 수 있다.

β-VAE: 분해된 잠재 표현을 사용한 VAE

6장 '분해된 표현 GAN'에서 기본 개념과 잠재 코드의 분해된 표현의 중요성에 관해 설명했다. 분해된 표현에서 단일 잠재 유닛이 단일 생성 요인의 변화에는 민감하지만, 다른 요인의 변화에는 영향을 받지 않는다는 점을 기억할 것이다[3]. 잠재 코드에 변화를 주면 생성된 출력의 특성 하나만 바꾸고 나머지 속성은 그대로 유지한다.

같은 장에서 InfoGAN[4] 모델은 MNIST 데이터세트에서 어떤 숫자를 생성할지와 필체의 기울기 및 두께를 제어할 수 있음을 보여줬다. 이전 절의 결과를 통해 VAE가 본질적으로 잠재 벡터 차원을 어느 정도 분해한다는 점을 알았을 것이다. 예를 들어 그림 8.2.6의 숫자 8에서 $z[1]$을 위에서 아래로 따라가 보면 너비와 둥글기는 감소하고 숫자가 시계 방향으로 회전하는 것을 알 수 있다. $z[0]$를 왼쪽에서 오른쪽으로 따라가면 너비와 둥글기는 감소하고 숫자는 반시계방향으로 회전한다. 즉, $z[1]$은 시계 방향의 회전을 제어하고, $z[0]$는 시계 반대 방향 회전에 영향을 주며 둘 다 너비와 둥글기를 바꾼다.

이 절에서는 VAE의 손실 함수를 간단히 수정했을 때 잠재 코드가 더 분해될 수 있음을 보여줄 것이다. 수정된 부분은 KL 손실을 정규화하는 양의 상수 가중치 $\beta>1$이다.

$$L_{\beta-VAE} = L_R + \beta L_{KL} \qquad \text{(방정식 8.3.1)}$$

이렇게 변형된 VAE를 β-VAE라고 한다. β는 표준 편차를 줄이는 효과가 있다. 즉, β가 사후 분포 $Q_\phi(z|x)$의 잠재 코드를 독립적으로 만든다.

β-VAE를 구현하는 것은 간단하다. 예를 들어, 앞에서 살펴본 CVAE의 `kl_loss`에 부가적인 **베타**(beta) 요인을 추가하면 된다.

```
kl_loss = 1 + z_log_var - K.square(z_mean) - K.exp(z_log_var)
kl_loss = K.sum(kl_loss, axis=-1)
kl_loss *= -0.5 * beta
```

CVAE는 β-VAE에서 $\beta=1$인 특별한 경우에 해당한다. 다른 부분은 모두 동일하다. 그렇지만 β 값을 구하려면 몇 차례 시행착오가 필요하다. 잠재 코드의 독립성을 유지하기 위해 오차 재구성과 정규화 사이에 신중하게 균형을 맞춰야 한다. 분해는 $\beta=7$ 근처에서 최대화된다. $\beta>8$일 때 β-VAE가 다른 잠재 차원은 무시하고 분해된 표현 하나만 학습한다.

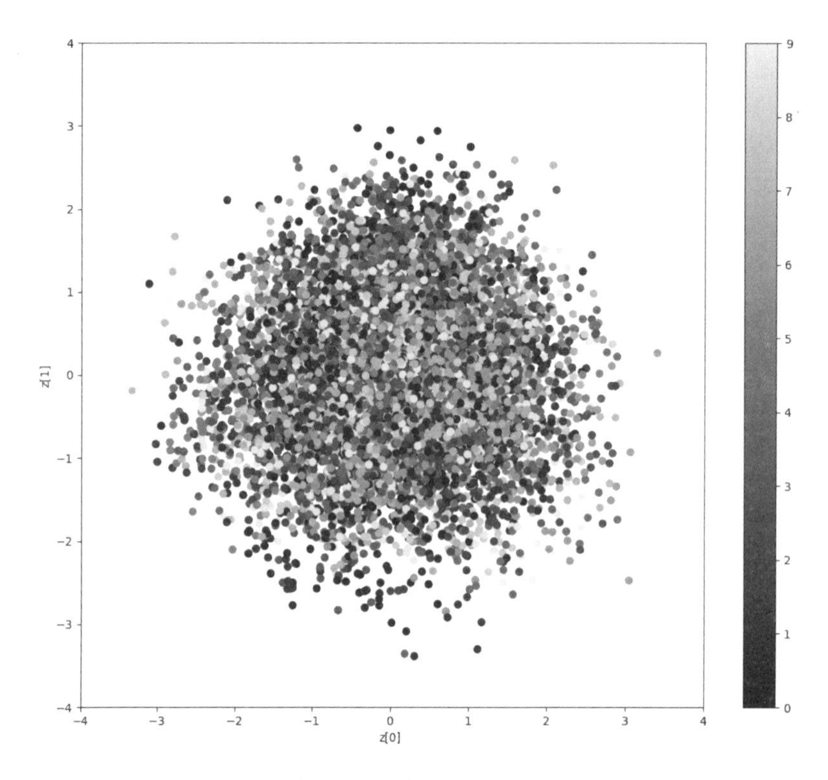

그림 8.3.1 테스트 데이터세트를 위한 잠재 벡터 평균값(β=7인 β-VAE) 컬러 이미지는 이 책의 깃허브 저장소에서 확인할 수 있다: https://github.com/PacktPublishing/Advanced-Deep-Learning-with-Keras/tree/master/chapter8-vae.

그림 8.3.1과 8.3.2는 $\beta=7$이고 $\beta=10$일 때 β-VAE를 위한 잠재 벡터 평균값을 보여준다. $\beta=7$일 때 그 분포의 표준 편차가 CVAE와 비교했을 때 더 작다. $\beta=10$일 때는 학습된 잠재 코드만 있다. 그 분포는 인코더와 디코더에서 무시된 첫 번째 잠재 코드 $z[0]$를 사용하면 실제로 1차원으로 줄어든다.

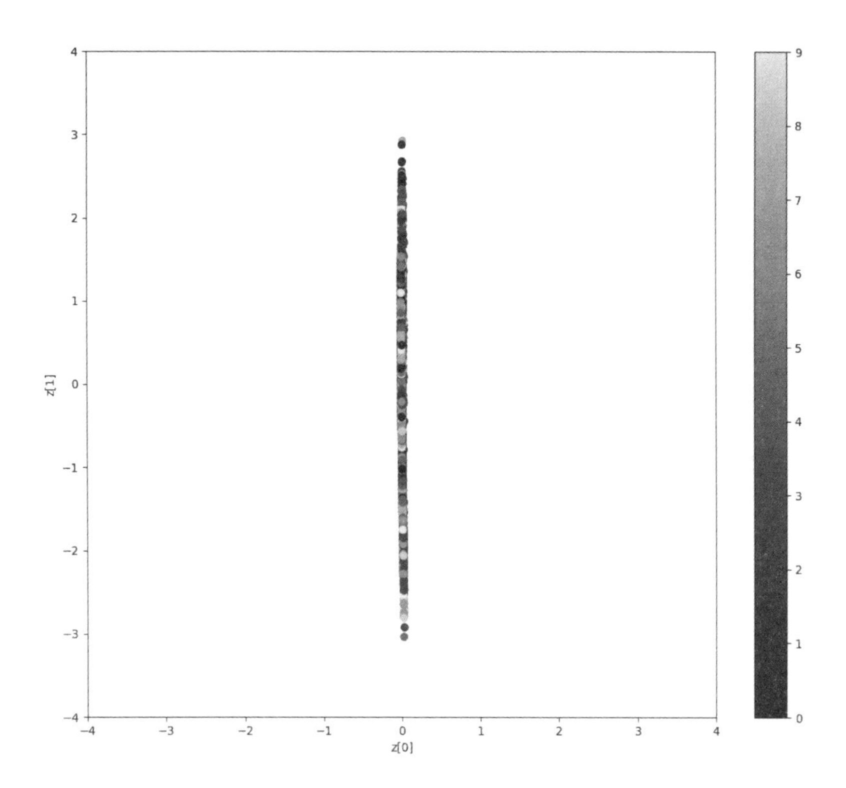

그림 8.3.2 테스트 데이터세트의 잠재 벡터 평균값($\beta=10$인 β-VAE). 컬러 이미지는 이 책의 깃허브 저장소에서 확인할 수 있다: https://github.com/PacktPublishing/Advanced-Deep-Learning-with-Keras/tree/master/chapter8-vae.

이 관측값은 그림 8.3.3에 반영돼 있다. $\beta=7$일 때 β-VAE에는 실제로 독립적인 두 개의 잠재 코드가 있다. $z[0]$는 필체의 기울기를 결정한다. 반면 $z[1]$은 그 숫자의 너비와 둥글기(해당하는 경우)를 지정한다. $\beta=10$일 때 β-VAE의 경우 $z[0]$가 무시된다. $z[0]$를 증가시켜도 눈에 띄게 숫자가 바뀌지 않는다. $z[1]$은 필체의 기울기와 너비를 결정한다.

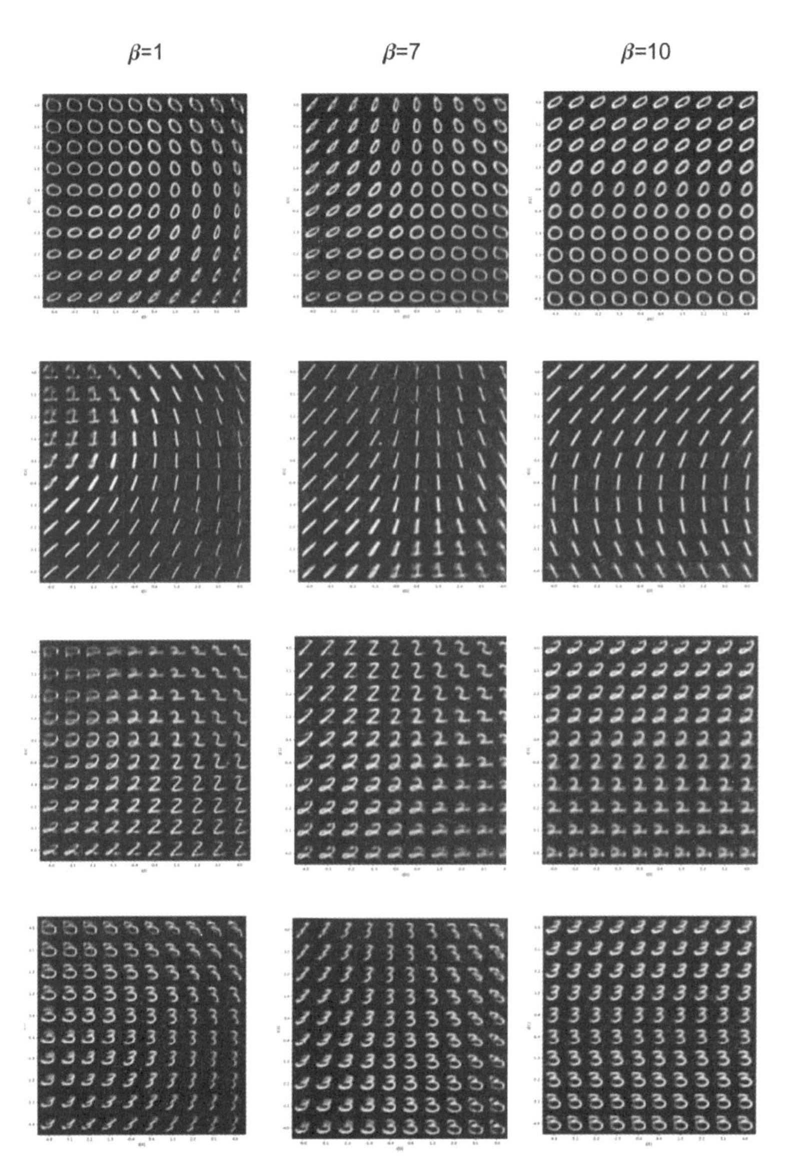

그림 8.3.3 잠재 코드 평균값과 원-핫 레이블의 함수로 생성된 숫자 0~3(β=1, 7, 10일 때 β-VAE). 해석을 쉽게 하기 위해 평균값 범위를 그림 8.3.1과 비슷하게 맞췄다.

β-VAE를 구현한 케라스 코드에는 미리 학습된 가중치가 포함돼 있다. β=7일 때 숫자 0을 생성하는 β-VAE를 테스트하기 위해서는 다음 명령어를 실행해야 한다.

```
$ python3 cvae-cnn-mnist-8.2.1.py --beta=7 --weights=beta-cvae_cnn_mnist.h5 --digit=0
```

결론

이 장에서는 변분 인코더(variational autoencoder, VAE)의 원리를 다뤘다. VAE 원리를 배울 때 그 원리가 잠재 공간에서 합성 출력을 생성한다는 측면에서 GAN과 닮았다는 것을 배웠다. 그렇지만 GAN에 비해 VAE 네트워크는 훨씬 간단하고 훈련이 더 쉽다. 조건부 VAE와 β-VAE는 각각 개념상 조건부 GAN과 분해된 표현 GAN과 유사하다는 점이 분명해진다.

VAE는 본질적으로 잠재 벡터를 분해한다. 따라서 β-VAE를 구성하기는 단순하다. 그렇지만 해석 가능한 분해된 코드는 지능형 에이전트를 구성하는 데 중요하다는 점을 알아두자.

다음 장에서는 강화학습을 살펴볼 것이다. 사전 데이터 없이 에이전트는 자신의 세계와 상호작용하면서 학습한다. 에이전트가 올바른 행동에 대한 보상을 받고 잘못된 행동에 대해서는 벌점을 받는 방법을 설명하겠다.

참고 문헌

1. Diederik P. Kingma and Max Welling. Auto-encoding Variational Bayes. arXiv preprint arXiv:1312.6114, 2013 (https://arxiv.org/pdf/1312.6114.pdf).
2. Kihyuk Sohn, Honglak Lee, and Xinchen Yan. Learning Structured Output Representation Using Deep Conditional Generative Models. Advances in Neural Information Processing Systems, 2015 (http://papers.nips.cc/paper/5775-learning-structured-output-representation-using-deep-conditional-generative-models.pdf).
3. Yoshua Bengio, Aaron Courville, and Pascal Vincent. Representation Learning: A Review and New Perspectives. IEEE transactions on Pattern Analysis and Machine Intelligence 35.8, 2013: 1798-1828 (https://arxiv.org/pdf/1206.5538.pdf).
4. Xi Chen and others. Infogan: Interpretable Representation Learning by Information Maximizing Generative Adversarial Nets. Advances in Neural Information Processing Systems, 2016 (http://papers.nips.cc/paper/6399-infogan-interpretable-representation-learning-by-information-maximizing-generative-adversarial-nets.pdf).
5. I. Higgins, L. Matthey, A. Pal, C. Burgess, X. Glorot, M. Botvinick, S. Mohamed, and A. Lerchner. β -VAE: Learning basic visual concepts with a constrained variational framework. ICLR, 2017 (https://openreview.net/pdf?id=Sy2fzU9gl).

6. Carl Doersch. Tutorial on variational autoencoders. arXiv preprint arXiv:1606.05908, 2016 (https://arxiv.org/pdf/1606.05908.pdf).

7. Luc Devroye. Sample–Based Non–Uniform Random Variate Generation. Proceedings of the 18th conference on Winter simulation. ACM, 1986 (http://www.eirene.de/Devroye.pdf).

심층 강화학습 9장

강화학습(Reinforcement Learning, RL)은 에이전트가 의사 결정을 위해 사용하는 프레임워크다. 이 에이전트가 반드시 비디오 게임 같은 소프트웨어일 필요는 없다. 그렇지 않고 로봇 또는 자율주행차처럼 하드웨어에 구현될 수도 있다. 물리적 에이전트는 실세계와 상호작용하고 응답을 받기 때문에 구체화된 에이전트가 어쩌면 강화학습을 완전히 인식하고 활용하는 가장 좋은 방법일 수 있다.

에이전트는 **환경**(environment) 내에 위치한다. 그 환경에는 부분적으로 또는 완전히 관측 가능한 **상태**(state)가 있다. 에이전트는 자신이 위치한 환경과 상호작용하기 위해 사용할 수 있는 **행동**(action) 집합을 갖는다. 행동의 결과는 그 환경을 새로운 상태로 전이시킨다. 에이전트는 행동을 실행한 후 그에 대응하는 스칼라 **보상**(reward)을 받는다. 에이전트의 목적은 어떤 상태가 주어졌을 때 어떤 행동을 취할지 결정할 **정책**(policy)을 학습함으로써 미래에 받을 누적된 보상을 최대화하는 것이다.

강화학습은 인간 심리와 매우 유사하다. 인간은 세계를 경험하면서 학습한다. 잘못된 행동은 특정 형태의 벌점을 줘서 앞으로 피하도록 해야 하며, 올바른 행동은 보상을 제공해 장려해야 한다. 이렇게 인간 심리와 강한 유사성을 갖기 때문에 수많은 연구원이 강화학습으로 인해 **인공 지능**(Artificial Intelligence, AI)이 보편화될 것이라고 믿는다.

강화학습은 수십 년 동안 존재해 왔다. 그렇지만 RL은 간단한 세상을 모델링하는 것 이상으로 범위를 확장하려고 노력해 왔다. 여기에서 **딥러닝**(Deep Learning, DL)의 역할이 등장한다. 딥러닝은 이 확장성 문제를 해결해 **심층강화학습**(Deep Reinforcement Learning, DRL)의 시대를 열었다. 이 심층강화학습을 이 장에서 알아보겠다. DRL의 예제 중 주목할 만한 것은 다양한 비디오 게임에서 인간이 낼 수 있는 최고점을 뛰어넘을 수 있는 에이전트에 적용된 딥마인드(DeepMind)사의 제품이다. 이 장에서는 RL과 DRL을 설명한다.

이 장에서는 다음 내용을 다룰 것이다.

- RL의 원리
- 강화학습 기법, Q-학습
- **심층 Q-네트워크**(Deep Q-Network, DQN)와 **더블 Q-러닝**(Double Q-Learning, DDQN)을 포함한 고급 주제
- 파이썬에서 RL을 구현하고 케라스에서 DRL을 구현하는 방법

강화학습의 원리

그림 9.1.1은 RL을 설명하기 위해 사용되는 지각-행동-학습 루프를 보여준다. 환경은 바닥에 놓인 소다 캔이다. 에이전트는 소다 캔을 집는 것을 목표로 한 모바일 로봇이다. 이 로봇은 주변 환경을 관측하고 내장 카메라를 통해 소다 캔의 위치를 찾는다. 관측 결과는 로봇이 어떤 행동을 취할지 결정하기 위해 사용할 상태의 형태로 요약된다. 로봇이 취한 행동은 바퀴의 회전 각도와 속도, 팔 관절의 회전 각도와 속도, 집게가 열려 있는지 또는 닫혀 있는지와 같은 낮은 수준의 제어와 관련될 수 있다.

또는 로봇을 앞뒤로 움직이거나 특정 강도로 조정하거나 집게로 쥐고 놓는 것 같은 높은 수준의 움직임 제어가 행동일 수도 있다. 집게가 소다 캔으로부터 멀어지는 움직임을 보이면 부정적 보상을 받는다. 집게 위치와 소다 캔 사이의 간격이 가까워지는 행동은 긍정적 보상을 받는다. 로봇 팔이 성공적으로 소다 캔을 집으면 커다란 긍정적 보상을 받는다. RL의 목표는 로봇이 주어진 상태에서 누적된 할인 보상을 최대화하기 위해 취할 행동을 결정하는 최적의 정책을 학습하는 것이다.

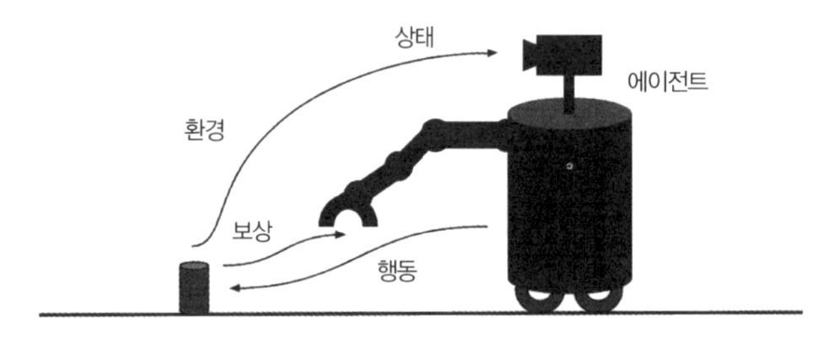

그림 9.1.1 강화학습의 인식-행동-학습 루프

형식적으로 RL 문제를 **마르코프 의사결정 프로세스**(Markov Decision Process, MDP)로 설명할 수 있다. 설명을 간단하게 하기 위해 주어진 상태에서 특정 행동을 하면 다음 상태와 보상이 일관적으로

정해져 있는 '결정론적' 환경을 가정한다. 다음 절에서는 확률을 고려하는 방법을 알아볼 것이다. 타임스탬프 t에서

- 환경은 이산 혹은 연속된 상태 공간 s의 상태 s_t에 놓여 있다. 시작 상태는 s_0이고 종료 상태는 s_T다.
- 에이전트는 정책 $\pi(a_t|s_t)$에 따라 행동 공간 A로부터 행동을 취한다. A는 이산적일 수도, 연속적일 수도 있다.
- 이 환경은 상태 전이 역학 $T(s_{t+1}|s_t, a_t)$를 사용해 새로운 상태 s_{t+1}로 전이한다. 다음 상태는 현재 상태와 행동에만 종속적이다. T는 에이전트에 알려져 있지 않다.
- 이 에이전트는 보상 함수 $r_{t+1}=R(s_t, a_t)$(여기에서 $r:A\times S\rightarrow\mathbb{R}$)를 사용해 스칼라 보상을 받는다. 이 보상은 현재 상태와 행동에만 종속적이다. R은 에이전트에 알려져 있지 않다.
- 미래에 받을 보상은 γ^k(여기에서 $\gamma\in[0, 1]$이고 k는 미래의 시간 단계)에 의해 할인된다.
- 호라이즌(Horizon) H는 s_0부터 s_T까지 한 에피소드가 끝나는 데 필요한 시간 단계 T의 개수다.

환경은 완전히 관측 가능하거나 부분적으로 관측 가능할 것이다. 후자를 **부분적으로 관측 가능한 MDP(partially observable MDP)** 혹은 **POMDP**라고도 한다. 대체로 환경을 완전히 관측할 수 있다는 것은 비현실적이다. 관측 가능성을 높이기 위해 과거 관측도 현재 관측과 함께 고려한다. 상태는 정책이 어떤 행동을 취할지 결정하게 환경에 대한 충분한 관측으로 구성된다. 그림 9.1.1에서 로봇 카메라가 추정한 대로 로봇 집게에 대한 소다 캔의 3차원 위치가 그것이 될 수 있다.

환경이 새로운 상태로 옮겨갈 때마다 에이전트는 스칼라 보상 r_{t+1}을 받는다. 그림 9.1.1을 예로 들면, 로봇이 소다 캔과 가까워질 때마다 +1의 보상을 얻고 멀어질 때마다 −1의 보상을 받으며, 집게가 소다 캔에 다가가 성공적으로 집어 들었을 때 +100을 얻는다. 이 에이전트의 목표는 모든 상태에서 받는 반환 값을 최대화하는 최적의 정책 π^*를 학습하는 것이다.

$$\pi^* = \text{argmax}_\pi R_t \quad \text{(방정식 9.1.1)}$$

반환 값은 할인된 누적 보상 $R_t = \sum_{k=0}^{T}\gamma^k r_{t+k}$로 정의된다. 일반적으로 $\gamma^k<1.0$(여기에서 $\gamma\in[0, 1]$이기 때문에 방정식 9.1.1에서 미래에 받을 보상은 즉각적으로 받는 보상에 비하면 가중치가 낮다는 것을 알 수 있다. 극단적으로 말하면 $\gamma=0$일 때는 즉각적으로 받는 보상만 의미가 있다. $\gamma=1$일 때 미래에 받을 보상은 즉각적으로 받는 보상과 동일한 가중치를 갖는다.

반환 값은 임의의 정책 π에 따라 주어진 상태 값의 측정치로 해석될 수 있다.

$$V^{\pi}(s_t) = R_t = \sum_{k=0}^{T} \gamma^k r_{t+k}$$ (방정식 9.1.2)

RL 문제를 다르게 말하면 에이전트의 목표는 모든 상태 s에 대해 V^{π}를 최대화하는 최적의 정책을 학습하는 것이다.

$$\pi^* = \text{argmax}_{\pi} V^{\pi}(s)$$ (방정식 9.1.3)

최적 정책의 가치 함수는 단순히 V^*다. 그림 9.1.1에서 보면 최적의 정책은 로봇이 소다 캔을 가져올 때까지 소다 캔에 더 가까워지게 하는 행동 시퀀스 중 가장 짧은 시퀀스를 생성하는 정책이다. 목표 상태에 가까운 상태일수록 그 가치가 커진다.

목표(혹은 최종 상태)로 이어지는 이벤트 시퀀스는 정책의 궤적 혹은 롤아웃으로 모델링될 수 있다.

$$Trajectory = (s_0 a_0 r_1 s_1, s_1 a_1 r_2 s_2, \cdots, s_{T-1} a_{T-1} r_T s_T)$$ (방정식 9.1.4)

MDP가 에피소드 기반이면 에이전트가 최종 상태 s_T에 도달했을 때 그 상태가 s_0로 재설정된다. T가 유한하면 유한한 호라이즌을 갖는다. 그렇지 않으면 호라이즌은 무한하다. 그림 9.1.1에서 MDP가 에피소드 기반이면 소다 캔을 수집한 다음 로봇이 집을 수 있는 다른 소다 캔을 찾고 RL 문제가 반복될 수 있다.

Q 값

여기서 중요한 질문은 RL 문제가 π^*를 구하는 것이라면 에이전트가 환경과 상호작용하면서 어떻게 학습하는가 하는 것이다. 방정식 9.1.3은 반환 값을 계산하기 위해 시도할 행동과 다음 상태를 명시적으로 가리키지 않는다. RL에서는 Q 값을 사용하면 π^*를 학습하기가 더 쉽다.

$$\pi^* = \text{argmax}_a Q(s, a)$$ (방정식 9.2.1)

여기에서,

$$V^*(s) = \max_a Q(s, a)$$ (방정식 9.2.2)

다.

즉, 방정식 9.2.1은 모든 상태에 대해 값을 최대화하는 정책을 찾기보다 모든 상태에 대해 품질(Q) 값을 최대화하는 행동을 찾는다. Q 가치 함수를 구했으면 V^*와 π^*는 각각 방정식 9.2.2와 9.1.3으로 구할 수 있다.

모든 행동에 대해 보상과 다음 상태를 관측할 수 있다면 Q 값을 학습하기 위해 다음처럼 반복적인 시행착오 알고리즘을 공식화할 수 있다.

$$Q(s, a) = r + \gamma \max_{a'} Q(s', a') \qquad \text{(방정식 9.2.3)}$$

표기를 단순하게 하기 위해 s'과 a'은 각각 다음 상태와 행동을 말한다. 방정식 9.2.3은 Q-러닝 알고리즘의 핵심인 **벨만 방정식(Bellman Equation)**이라고 한다. Q-러닝은 현재 상태와 행동의 함수로 반환 값 혹은 가치(방정식 9.1.2)의 1차 확장 값에 근사하려고 시도할 것이다.

에이전트는 환경의 역학에 대해 모른 채로 행동 a를 시도하고 보상 r과 다음 상태 s' 형태로 어떤 일이 일어나는지 관측한다. $\max_{a'} Q(s', a')$는 다음 상태에 대해 최대 Q 값을 주는 논리적 행동을 선택한다. 방정식 9.2.3의 모든 항을 알고 있으면 그 현재 상태-행동 쌍을 위한 Q 값이 업데이트된다. 반복적으로 업데이트를 수행하다 보면 결국 Q 함수를 학습할 것이다.

Q-러닝은 'off-policy' RL 알고리즘이다. 이 알고리즘은 해당 정책으로부터 경험을 직접 샘플링하지 않고도 정책 개선을 위해 학습한다. 즉, Q 값은 에이전트에 의해 사용된 기반 정책과 독립적으로 학습된다. Q 함수가 수렴하면 그제서야 방정식 9.2.1을 사용해 최선의 정책이 결정된다.

Q-러닝 사용법에 대한 예제를 보여주기 전에 먼저 에이전트는 지금까지 학습했던 것을 점진적으로 이용하는 동안 자신을 둘러싼 환경을 지속해서 탐색해야 한다는 점을 알아두자. 이것이 RL에서의 이슈 중 하나로, 탐색(Exploration)과 활용(Exploitation) 사이의 적절한 균형을 찾는 것이다. 일반적으로 학습 초기에는 랜덤하게 행동한다(탐색). 학습이 진행되면서 에이전트는 Q 값을 활용한다(활용). 예를 들어 초기에는 행동의 90%가 임의로 발생하고 10%는 Q 함수를 사용하고, 각 에피소드의 마지막에는 임의의 행동이 차지하는 비중이 점진적으로 줄어든다. 결국 마지막에는 행동의 10%만 임의로 발생하고 90%는 Q 값 함수에서 비롯된다.

Q-러닝 예제

Q-러닝 알고리즘을 보여주기 위해 다음 그림처럼 간단한 결정론적 환경을 생각해 보자. 이 환경에는 여섯 개의 상태가 있다. 허용된 전이에 대한 보상도 함께 확인할 수 있다. 이 보상은 두 경우에 0이 아

니다. 목표인 **Goal(G)** 상태로의 전이에는 +100의 보상을 얻고, **Hole(H)** 상태로 옮겨가면 −100의 보상을 받는다. 이 두 상태는 종료 상태이고 **Start** 상태에서 출발해 하나의 에피소드가 끝난 것으로 여겨진다.

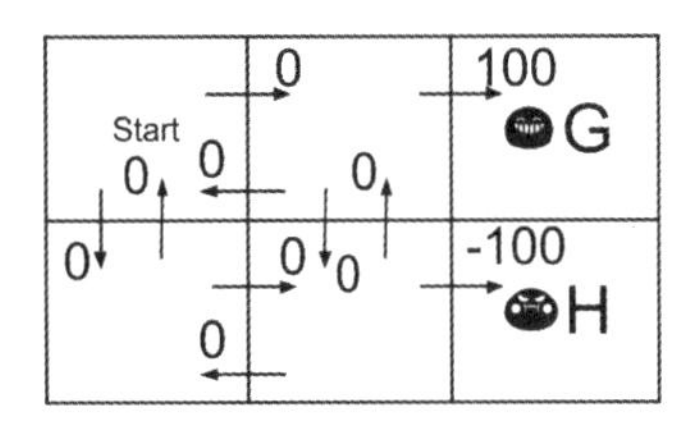

그림 9.3.1 간단한 결정론적 환경에서 보상

공식적으로 각 상태를 식별하기 위해 다음 그림에서 보듯이 (*row*, *column*) 식별자를 사용해야 한다. 에이전트가 주변 환경에 대해 아직 아무것도 학습하지 않았기 때문에 다음 그림에서 보여주는 Q-테이블의 초깃값은 0이다. 이 예제에서 할인율은 $\gamma=0.9$다. 현재 Q 값의 추정값에서 할인율은 미래의 Q 값의 가중치를 단계 수 γ^k의 함수로 구한다는 점을 기억할 것이다. 방정식 9.2.3에서는 바로 다음의 Q 값, 즉 $k=1$인 경우만 고려한다.

(0,0)	(0,1)	G (0,2)
(1,0)	(1,1)	H (1,2)

환경

Action / State	←	↓	→	↑
(0,0)	0	0	0	0
(0,1)	0	0	0	0
(0,2)	0	0	0	0
(1,0)	0	0	0	0
(1,1)	0	0	0	0
(1,2)	0	0	0	0

Q-테이블

그림 9.3.2 간단한 결정론적 환경에서의 상태와 에이전트의 초기 Q-테이블

초기에는 에이전트가 90%의 시간은 임의의 행동을 취하고 10%의 시간은 Q-테이블을 활용하는 정책을 가정한다. 첫 행동이 임의로 선택되고 오른쪽으로 움직일 것을 지시한다고 가정하자. 그림 9.3.3은 오른쪽으로 움직이는 행동에 대해 상태 (0, 0)의 다음 Q 값을 계산하는 방법을 보여준다. 다음 상태는 (0, 1)이다. 보상은 0이고 다음 상태의 Q 값 전체에서 최댓값은 0이다. 따라서 상태 (0, 0)에서 오른쪽으로 이동한 행동에 대한 Q 값은 0이다.

초기 상태와 다음 상태를 추적하기 쉽게 환경과 Q-테이블 모두에 다양한 음영을 사용했다. 초기 상태에는 옅은 회색을, 다음 상태에는 짙은 회색을 사용했다. 다음 상태에서 다음 행동을 선택할 때 후보가 되는 행동의 경우 굵은 테두리로 표시했다.

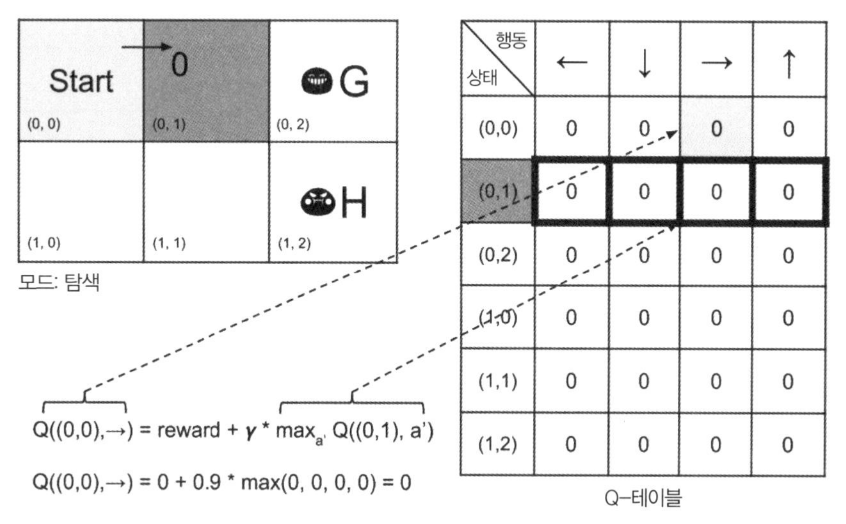

상태 \ 행동	←	↓	→	↑
(0,0)	0	0	0	0
(0,1)	0	0	0	0
(0,2)	0	0	0	0
(1,0)	0	0	0	0
(1,1)	0	0	0	0
(1,2)	0	0	0	0

그림 9.3.3 에이전트가 취한 행동이 오른쪽으로 이동하는 것이라 가정하고 상태 (0, 0)의 Q 값이 어떻게 업데이트되는지 보여준다.

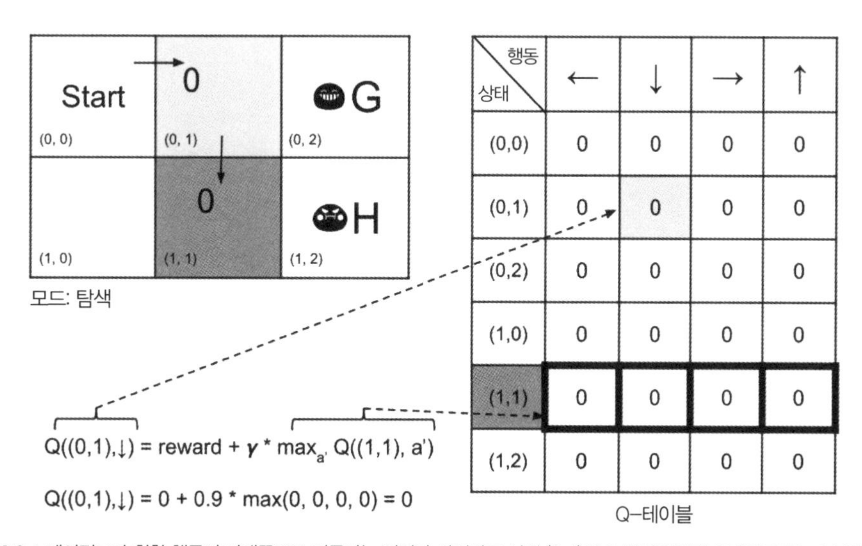

상태 \ 행동	←	↓	→	↑
(0,0)	0	0	0	0
(0,1)	0	0	0	0
(0,2)	0	0	0	0
(1,0)	0	0	0	0
(1,1)	0	0	0	0
(1,2)	0	0	0	0

그림 9.3.4 에이전트가 취한 행동이 아래쪽으로 이동하는 것이라 가정하고 상태 (0, 1)의 Q 값이 어떻게 업데이트되는지 보여준다.

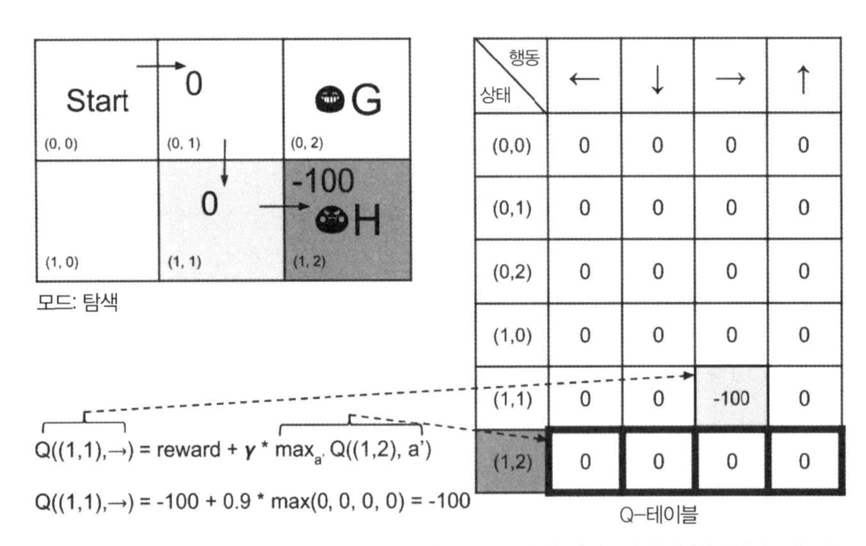

상태 \ 행동	←	↓	→	↑
(0,0)	0	0	0	0
(0,1)	0	0	0	0
(0,2)	0	0	0	0
(1,0)	0	0	0	0
(1,1)	0	0	-100	0
(1,2)	0	0	0	0

그림 9.3.5 에이전트가 취한 행동이 오른쪽으로 이동하는 것이라 가정하고 상태 (1, 1)의 Q 값이 어떻게 업데이트되는지 보여준다.

다음으로 임의로 선택된 행동이 아래로 움직이는 것이라 가정하자. 그림 9.3.4는 아래로 움직이는 행동에 대한 상태 (0, 1)의 Q 값에 변함이 없음을 보여준다. 그림 9.3.5에서 에이전트가 세 번째로 임의로 선택한 행동은 오른쪽으로 움직이는 것이다. 그러면 H를 만나게 되고 보상으로 −100을 받는다. 이번에 업데이트된 Q 값은 0이 아니다. 상태 (1, 1)에서 오른쪽 방향으로 움직이면 새로운 Q 값은 −100이다. 에피소드가 바로 끝나고 에이전트는 Start 상태로 돌아온다.

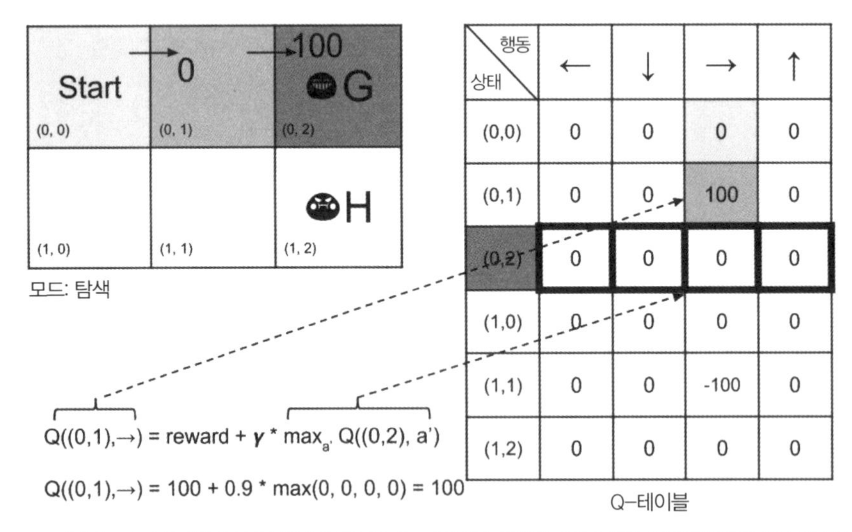

상태 \ 행동	←	↓	→	↑
(0,0)	0	0	0	0
(0,1)	0	0	100	0
(0,2)	0	0	0	0
(1,0)	0	0	0	0
(1,1)	0	0	-100	0
(1,2)	0	0	0	0

그림 9.3.6 에이전트가 두 번 연속으로 오른쪽으로 이동한다고 가정하고 상태 (0, 1)의 Q 값이 어떻게 업데이트되는지 보여준다.

그림 9.3.6에서 보듯이 에이전트는 여전히 탐색 모드라고 가정하자. 두 번째 에피소드에서 처음으로 취할 단계는 오른쪽으로 이동하는 것이다. 예상대로 업데이트 값은 0이다. 그렇지만 두 번째 임의로 취한 행동 역시 오른쪽으로 이동하는 것이다. 그러면 에이전트는 G 상태에 도달하고 보상으로 크게 +100을 받는다. 상태 (0, 1)에서 오른쪽으로 이동한 행동에 대한 Q 값은 100이 된다. 두 번째 에피소드가 끝났고 에이전트는 Start 상태로 돌아간다.

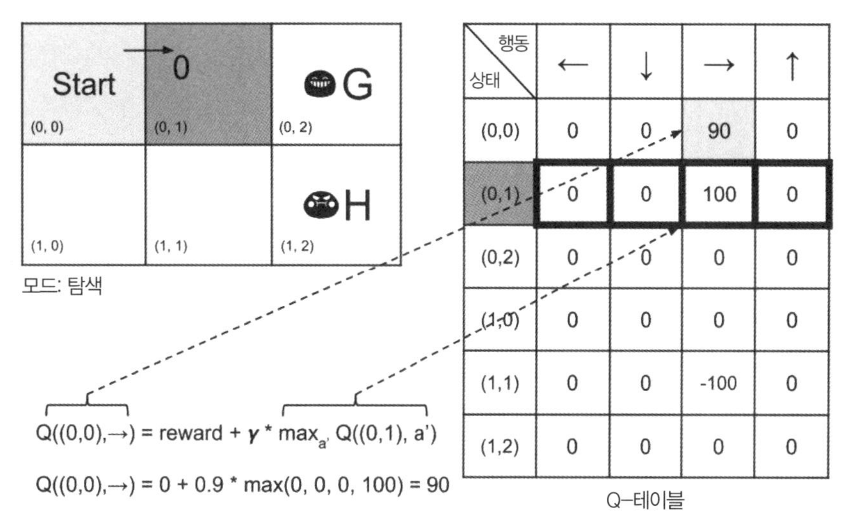

상태 \ 행동	←	↓	→	↑
(0,0)	0	0	90	0
(0,1)	0	0	100	0
(0,2)	0	0	0	0
(1,0)	0	0	0	0
(1,1)	0	0	-100	0
(1,2)	0	0	0	0

그림 9.3.7 에이전트가 오른쪽으로 이동한다고 가정하고 상태 (0, 0)의 Q 값이 어떻게 업데이트되는지 보여준다.

Start → 0 → 100 G

(0, 0) (0, 1) (0, 2)

H

(1, 0) (1, 1) (1, 2)

모드: 탐색

max$_{a'}$Q((0,0),a') = 90 → with s'=(0,1)

max$_{a'}$Q((0,1),a') = 100 → with s'=(0,2) or Goal

상태 \ 행동	←	↓	→	↑
(0,0)	0	0	90	0
(0,1)	0	0	100	0
(0,2)	0	0	0	0
(1,0)	0	0	0	0
(1,1)	0	0	-100	0
(1,2)	0	0	0	0

Q–테이블

그림 9.3.8 이 예에서 에이전트의 정책은 상태 (0, 0)과 (0, 1)에서 행동을 결정하기 위해 Q–테이블을 활용하기로 했다. Q–테이블은 두 상태 모두 오른쪽으로 이동할 것을 제안한다.

세 번째 에피소드가 시작할 때 에이전트가 임의로 취한 행동은 오른쪽으로 움직이는 것이다. 이제 다음 상태에서 취할 수 있는 행동에 대한 Q 값 중 최댓값이 100이므로 상태 (0, 0)의 Q 값은 0이 아닌 값으로 업데이트된다. 그림 9.3.7에서는 이와 관련된 계산을 보여준다. 다음 상태 (0, 1)의 Q 값은 그 앞의 상태 (0, 1)로 역으로 전파된다. 이는 G 상태를 구하는 데 도움이 된 앞의 상태에 점수를 주는 것과 같다.

Q-테이블의 진전은 상당히 빠르다. 실제로 다음 에피소드에서는 어떤 이유에서든 정책이 임의로 환경을 탐색하는 대신 Q-테이블을 활용하기로 했고 첫 번째 행동은 그림 9.3.8의 계산에 따라 오른쪽으로 움직이는 것이다. Q-테이블의 첫 번째 행에서 최대 Q 값을 얻을 수 있는 행동은 오른쪽으로 이동하는 것이다. 다음 상태 (0, 1)에 대해 Q-테이블의 두 번째 행을 보면 다음 행동은 여전히 오른쪽으로 이동하는 것이 좋다. 그렇게 에이전트는 성공적으로 목표 상태에 도달한다. 즉, 정책이 에이전트에게 목적을 달성하는 올바른 행동 집합을 안내했다.

Q-러닝 알고리즘이 계속 무한하게 실행되면 Q-테이블은 수렴할 것이다. 이렇게 수렴되려면 RL 문제는 한정된 보상을 갖춘 결정론적인 MDP(마르코프 의사결정 프로세스)여야 하며 모든 상태를 상당히 자주 방문해야 한다는 가정이 뒷받침돼야 한다.

파이썬에서의 Q-러닝

이전 절에서 설명했던 환경과 Q-러닝을 파이썬에서 구현할 수 있다. 정책은 단순한 테이블 수준이기 때문에 지금 케라스가 필요하지는 않다. 목록 9.3.1 `q-learning-9.3.1.py`는 `QWorld` 클래스를 사용해 간단한 결정론적 세계(환경, 에이전트, 행동, Q-테이블 알고리즘)를 구현한 내용을 보여준다. 간결하게 보여주기 위해 사용자 인터페이스를 다루는 함수는 보여주지 않는다.

이 예제에서 환경 역학은 `self.transition_table`에 의해 표현된다. 모든 행동에서 `self.transition_table`은 다음 상태를 결정한다. 행동을 수행한 데 따른 보상은 `self.reward_table`에 저장된다. `step()` 함수는 행동을 실행할 때마다 이 두 테이블을 참고한다. Q-러닝 알고리즘은 `update_q_table()` 함수에 의해 구현된다. 에이전트가 어떤 행동을 취할지 결정해야 할 때마다 `act()` 함수를 호출한다. 행동은 임의로 도출되거나 정책에 의해 Q-테이블을 사용해 결정된다. 선택된 행동이 임의로 도출될 확률은 `self.epsilon` 변수에 저장되며 `update_epsilon()`에 의해 고정된 `epsilon_decay`를 사용해 업데이트된다.

목록 9.3.1의 코드를 실행하기 전에 다음을 실행해 `termcolor` 패키지를 설치해야 한다.

```
$ sudo pip3 install termcolor
```

이 패키지는 터미널에 텍스트 출력을 시각화하는 것을 지원한다.

전체 코드는 다음 깃허브에서 확인할 수 있다. https://github.com/PacktPublishing/Advanced-Deep-Learning-with-Keras

목록 9.3.1 q-learning-9.3.1.py. 6개의 상태를 갖춘 단순한 결정론적인 MDP를 구현한다.

```
from collections import deque
import numpy as np
import argparse
import os
import time

from termcolor import colored

class QWorld():
    def __init__(self):
        # 4가지 행동
        # 0 - Left, 1 - Down, 2 - Right, 3 - Up
        self.col = 4

        # 6개 상태
        self.row = 6

        # 환경 구성
        self.q_table = np.zeros([self.row, self.col])
        self.init_transition_table()
        self.init_reward_table()

        # 할인율
        self.gamma = 0.9

        # 90% 탐색, 10% 활용
        self.epsilon = 0.9
        # 에피소드가 지날 때마다 탐색 비중은 이 비율대로 감소한다.
        self.epsilon_decay = 0.9
        # 결국 10% 탐색, 90% 활용
        self.epsilon_min = 0.1
```

```
        # 환경 재설정
        self.reset()
        self.is_explore = True

    # 에피소드 시작
    def reset(self):

        self.state = 0
        return self.state

    # 에이전트는 목표에 도달할 때 보상을 얻음
    def is_in_win_state(self):
        return self.state == 2

    def init_reward_table(self):
        """
        0 - Left, 1 - Down, 2 - Right, 3 - Up
        ----------------
        | 0 | 0 | 100 |
        ----------------
        | 0 | 0 | -100 |
        ----------------
        """
        self.reward_table = np.zeros([self.row, self.col])
        self.reward_table[1, 2] = 100.
        self.reward_table[4, 2] = -100.

    def init_transition_table(self):
        """
        0 - Left, 1 - Down, 2 - Right, 3 - Up
        -------------
        | 0 | 1 | 2 |
        -------------
        | 3 | 4 | 5 |
        -------------
        """
        self.transition_table = np.zeros([self.row, self.col], dtype=int)

        self.transition_table[0, 0] = 0
```

```
        self.transition_table[0, 1] = 3
        self.transition_table[0, 2] = 1
        self.transition_table[0, 3] = 0

        self.transition_table[1, 0] = 0
        self.transition_table[1, 1] = 4
        self.transition_table[1, 2] = 2
        self.transition_table[1, 3] = 1

        # 최종 목표(Goal) 상태
        self.transition_table[2, 0] = 2
        self.transition_table[2, 1] = 2
        self.transition_table[2, 2] = 2
        self.transition_table[2, 3] = 2

        self.transition_table[3, 0] = 3
        self.transition_table[3, 1] = 3
        self.transition_table[3, 2] = 4
        self.transition_table[3, 3] = 0

        self.transition_table[4, 0] = 3
        self.transition_table[4, 1] = 4
        self.transition_table[4, 2] = 5
        self.transition_table[4, 3] = 1

        # 최종 Hole 상태
        self.transition_table[5, 0] = 5
        self.transition_table[5, 1] = 5
        self.transition_table[5, 2] = 5
        self.transition_table[5, 3] = 5

    # 환경에서 행동을 수행
    def step(self, action):
        # 상태와 행동이 주어졌을 때 next_state 결정
        next_state = self.transition_table[self.state, action]
        # next_state가 Goal이거나 Hole이면 done은 True
        done = next_state == 2 or next_state == 5
        # 상태와 행동이 주어졌을 때 보상
        reward = self.reward_table[self.state, action]
```

```
        # 이제 환경은 새로운 상태에 들어감
        self.state = next_state
        return next_state, reward, done

    # 다음 행동을 결정
    def act(self):
        # 0 - Left, 1 - Down, 2 - Right, 3 - Up
        # 행동은 탐색에 의해 결정
        if np.random.rand() <= self.epsilon:
            # explore - 임의의 행동을 실행
            self.is_explore = True
            return np.random.choice(4,1)[0]

        # 행동은 활용에 의해 결정
        # 활용 - Q-값이 최대가 되는 행동을 선택
        self.is_explore = False
        return np.argmax(self.q_table[self.state])

    # Q-러닝 - Q(s, a)를 사용해 Q-테이블 업데이트
    def update_q_table(self, state, action, reward, next_state):
        # Q(s, a) = reward + gamma * max_a' Q(s', a')
        q_value = self.gamma * np.amax(self.q_table[next_state])
        q_value += reward
        self.q_table[state, action] = q_value

    # Q-테이블 콘텐츠를 덤프하기 위한 UI
    def print_q_table(self):
        print("Q-Table (Epsilon: %0.2f)" % self.epsilon)
        print(self.q_table)

    # 탐색-활용 혼합을 업데이트
    def update_epsilon(self):
        if self.epsilon > self.epsilon_min:
            self.epsilon *= self.epsilon_decay
```

목록 9.3.2 q-learning-9.3.1.py. 메인 Q-러닝 루프. 에이전트의 Q-테이블은 상태, 행동, 보상, 다음 상태의 과정이 반복될 때마다 업데이트된다.

```
# 상태(state), 행동(action), 보상(reward), 다음 상태(next state) 반복
for episode in range(episode_count):
    state = q_world.reset()
    done = False
    print_episode(episode, delay=delay)
    while not done:
        action = q_world.act()
        next_state, reward, done = q_world.step(action)
        q_world.update_q_table(state, action, reward, next_state)
        print_status(q_world, done, step, delay=delay)
        state = next_state
        # 에피소드가 완료되면 하우스키핑 수행
        if done:
            if q_world.is_in_win_state():
                wins += 1
                scores.append(step)
                    if wins > maxwins:
                        print(scores)
                        exit(0)
            # 탐색-활용은 에피소드마다 업데이트됨
            q_world.update_epsilon()
            step = 1
        else:
            step += 1

print(scores)
q_world.print_q_table()
```

목록 9.3.2는 인지-행동-학습 루프를 보여준다. 에피소드마다 환경을 *Start* 상태로 재설정한다. 실행할 행동이 선택되고 환경에 적용된다. 보상과 다음 상태가 관측되고 Q-테이블을 업데이트하는 데 사용한다. *Goal*이나 *Hole* 상태에 도달하면 에피소드가 완료된다(`done = True`). 이 예제에서 Q-러닝은 100개 에피소드 혹은 10회 우승 중 먼저 달성하는 것으로 실행된다. 에피소드마다 `self.epsilon` 변수의 값이 감소하기 때문에 에이전트는 주어진 상태에 수행할 행동을 결정하기 위해 Q-테이블을 활용하는 것을 선호하게 될 것이다. Q-러닝 시뮬레이션을 보려면 다음 명령어만 실행하면 된다.

```
$ python3 q-learning-9.3.1.py
```

```
Step 2 : Exploit (Right)
-------------
|   |   | G |
-------------
|   |   | H |
-------------
Q-Table (Epsilon: 0.10)
[[  81.     72.9    90.     81. ]
 [  81.     81.    100.     90. ]
 [   0.      0.      0.      0. ]
 [  72.9    72.9    81.     81. ]
 [  72.9    81.   -100.     90. ]
 [   0.      0.      0.      0. ]]
-------EPISODE DONE--------
```

그림 9.3.9 에이전트가 2000번 이긴 다음 Q-테이블을 보여주는 스크린샷

앞의 그림은 다음 명령어를 실행해 `maxwins = 2000`이고(Goal 상태에 2000회 도달하고) `delay = 0`(최종 Q-테이블만 보는 것으로)일 때의 스크린샷을 보여준다.

```
$ python3 q-learning-9.3.1.py --train
```

Q-테이블이 수렴했고 에이전트가 주어진 상태에서 취할 수 있는 논리적 행동을 보여준다. 예를 들어, 첫 번째 행 혹은 상태 (0, 0)에서 정책은 오른쪽으로 이동할 것을 알려준다. 두 번째 행의 상태 (0, 1)에 대해서도 동일하다. 두 번째 행동에서 *Goal* 상태에 도달한다. `scores` 변수 덤프는 에이전트가 정책에서 올바른 행동을 얻기 때문에 취할 최소의 단계 수가 감소한다는 것을 보여준다.

그림 9.3.9로부터 방정식 9.2.2 $V^*(s) = \max_a Q(s, a)$를 사용해 각 상태의 값을 계산할 수 있다. 예를 들어, 상태 (0, 0)인 경우 $V^*(s) = max(81.0, 72.9, 90.0, 81.0) = 90.0$이다. 다음 그림은 각 상태에 대한 값을 보여준다.

Start 90	100	G 0
81	90	H 0

그림 9.3.10 그림 9.3.9와 방정식 9.2.2로 계산한 각 상태에 대한 값

비결정론적 환경

환경이 비결정론적인 이벤트에서 보상과 행동은 모두 확률로 표현된다. 새로운 시스템은 확률적 MDP다. 비결정론적 보상을 반영하기 위한 새로운 가치 함수는 다음과 같다.

$$V^{\pi}(s_t) = \mathbb{E}[\![R_t]\!] = \mathbb{E}\left[\!\left[\sum_{k=0}^{T} \gamma^k r_{t+k}\right]\!\right] \quad \text{(방정식 9.4.1)}$$

벨만 방정식은 다음과 같이 수정된다.

$$Q(s, a) = \mathbb{E}_{s'}\left[\!\left[r + \gamma \max_{a'} Q(s', a')\right]\!\right] \quad \text{(방정식 9.4.2)}$$

시간차 학습

Q-러닝은 일반적인 **시간차 학습(Temporal-Difference Learning, TD-Learning)** $TD(\lambda)$의 특수한 경우다. 더 구체적으로 말하면, Q-러닝은 1-단계 시간차 학습인 $TD(0)$의 특수한 경우에 해당한다.

$$Q(s, a) = Q(s, a) + \alpha\left(r + \gamma \max_{a'} Q(s', a') - Q(s, a)\right) \quad \text{(방정식 9.5.1)}$$

이 방정식에서 α는 학습 속도다. 여기에서 $\alpha = 1$일 때 방정식 9.5.1은 벨만 방정식과 유사하다. 간단하게 방정식 9.5.1을 Q-러닝 또는 일반화된 Q-러닝이라고 부르겠다.

앞에서 Q-러닝은 최적화하고자 하는 정책을 직접 사용하지 않고도 Q 값 함수를 학습하기 때문에 이를 off-policy RL 알고리즘이라 불렀다. 'on-policy' 1-단계 시간차 학습 알고리즘의 예로는 방정식 9.5.1과 비슷한 SARSA를 들 수 있다.

$$Q(s, a) = Q(s, a) + \alpha(r + \gamma Q(s', a') - Q(s, a)) \quad \text{(방정식 9.5.2)}$$

주요 차이점은 a'을 결정하기 위해 최적화된 정책을 사용한다는 점이다. s, a, r, s', a' 항(여기에서 SARSA라는 이름을 따왔다)을 구해 반복할 때마다 Q 값 함수를 업데이트한다. Q-러닝과 SARSA는 모두 Q 값 반복에서 기존 추정치를 사용하며 이 프로세스를 **부트스트랩(bootstrapping)**이라고 한다. 부트스트랩에서 보상과 뒤따라오는 Q 값 추정치로부터 현재 Q 값 추정치를 업데이트한다.

OpenAI gym에서의 Q-러닝

다른 예제를 보여주기 전에, 적합한 RL 시뮬레이션 환경이 필요할 것 같다. 그렇지 않으면 이전 예제처럼 매우 단순한 문제에서만 RL 시뮬레이션을 실행할 수 있다. 다행히 OpenAI는 **Gym**(`https://gym.openai.com`)을 생성했다.

gym은 RL 알고리즘을 개발하고 비교하기 위한 툴킷이다. 이 툴킷은 케라스를 포함한 대부분 딥러닝 라이브러리에서 동작한다. gym은 다음 명령어를 실행해 설치할 수 있다.

```
$ sudo pip3 install gym
```

Gym은 장난감 텍스트, 전통적인 제어, 알고리즘, Atari, 2D/3D 로봇처럼 RL 알고리즘을 테스트할 수 있는 몇 가지 환경을 제공한다. 예를 들어, `FrozenLake-v0`(그림 9.5.1)는 파이썬 예제에서 Q-러닝에서 사용되는 단순한 결정론적 세계와 비슷한 장난감 텍스트 환경이다. `FrozenLake-v0`에는 12개의 상태가 있다. *S*라고 표시된 상태는 시작(Start) 상태, *F*는 호수의 얼어붙은(Frozen) 부분, 그래서 안전한 부분이며, *H*는 피해야 할 구멍(Hole) 상태, *G*는 프리스비가 있는 목표(Goal) 상태다. 목표 상태로 전이한 보상은 +1이다. 다른 모든 상태에 대한 보상은 0이다.

`FrozenLake-v0`에도 가능한 4가지 행동(왼쪽, 아래쪽, 오른쪽, 위쪽)이 있으며, 이를 행동 공간이라고 한다. 그렇지만 앞에서 봤던 단순한 결정론적 세계와는 달리 실제 이동 방향은 선택된 행동에 부분적으로만 의존적이다. `ForzenLake-v0` 환경에는 미끄러운 환경과 미끄럽지 않은 환경의 두 가지 변형이 있다. 예상대로, 미끄러운 환경이 더 어렵다.

```
  (Right)
SFFF
FHFH
FFFH
HFFG
```

그림 9.5.1 OpenAI Gym에서 얼어붙은 호수 환경

`FrozenLake-v0`에 적용된 행동은 관측(즉, 다음 상태), 보상, 완료 여부(에피소드가 끝났는지 여부), 디버깅 정보의 딕셔너리를 반환한다. 환경에서 관측 가능한 특성(관측 공간이라고도 함)은 반환된 관측 객체에 의해 포착된다.

일반화된 Q-러닝은 FrozenLake-v0 환경에 적용될 수 있다. 표 9.5.1은 미끄러운 환경과 미끄럽지 않은 환경 모두에서 성능이 개선됐음을 보여준다. 정책 성능은 Goal 상태에 도달한 에피소드의 비율로 측정한다. 비율이 높을수록 좋다. 순수한 탐색(임의의 행동)의 기준선을 약 1.5%로 설정하고 정책은 미끄럽지 않은 환경에서는 ~76%까지 목표 상태를 달성하며 미끄러운 환경에서는 ~71%까지 목표 상태에 도달할 수 있다. 예상대로 미끄러운 환경에서 제어가 더 어렵다.

코드는 Q-테이블만 필요하기 때문에 파이썬과 NumPy에서도 구현될 수 있다. 목록 9.5.1은 QAgent 클래스 구현을 보여주며 목록 9.5.2는 에이전트의 인식-행동-학습 루프를 보여준다. OpenAI Gym의 FrozenLake-v0 환경을 제외하면 가장 중요한 변경 사항은 update_q_table() 함수에 방정식 9.5.1에 정의된 대로 일반화된 Q-러닝을 구현한 것이다.

qagent 객체는 미끄러운 모드나 미끄럽지 않은 모드에서 동작할 수 있다. 에이전트는 4만 회 반복하며 훈련된다. 훈련이 끝나면 에이전트는 표 9.5.1의 테스트 모드에서 보는 것처럼 어떤 정책이 주어져도 Q-테이블을 활용해 실행할 행동을 선택할 수 있다. 표 9.5.1에서 볼 수 있듯이, 학습된 정책을 사용하면 성능이 획기적으로 향상된다. gym을 사용하면 환경 구성을 위한 상당한 양의 코드를 작성할 필요가 없어진다.

이로써 작동하는 RL 알고리즘을 구성하는 데만 집중할 수 있게 된다. 움직임을 느리게 하거나 행동당 1초씩 지연을 발생시키기 위해 다음 코드를 실행한다.

```
$ python3 q-frozenlake-9.5.1.py -d -t=1
```

표 9.5.1 학습 속도=0.5일 때 FrozenLake-v0 환경에서 일반화된 Q-러닝의 기준선과 성능

모드	명령어	목표 달성률
훈련_미끄럽지 않은 환경	python3 q-frozenlake-9.5.1.py	26.0
테스트_미끄럽지 않은 환경	python3 q-frozenlake-9.5.1.py -d	76.0
100% 랜덤 행동_미끄럽지 않은 환경	python3 q-frozenlake-9.5.1.py -e	1.5
훈련_미끄러운 환경	python3 q-frozenlake-9.5.1.py -s	26
테스트_미끄러운 환경	python3 q-frozenlake-9.5.1.py -s -d	71.0
100% 랜덤 행동_미끄러운 환경	python3 q-frozenlake-9.5.1.py -s -e	1.5

목록 9.5.1 q-frozenlake-9.5.1.py는 FrozenLake-v0 환경에서 Q-러닝을 구현하는 방법을 보여준다.

```
from collections import deque
import numpy as np
import argparse
import os
import time
import gym
from gym import wrappers, logger

class QAgent():
    def __init__(self,
                 observation_space,
                 action_space,
                 demo=False,
                 slippery=False,
                 decay=0.99):

        self.action_space = action_space
        # 열의 개수는 행동의 개수와 동일함
        col = action_space.n
        # 행의 개수는 상태의 개수와 동일함
        row = observation_space.n
        # row x col 차원으로 Q-테이블 구성
        self.q_table = np.zeros([row, col])

        # 할인율
        self.gamma = 0.9

        # 초기: 90% 탐색, 10% 활용
        self.epsilon = 0.9
        # 반복적으로 감소율 적용: 10% 탐색/90% 활용이 될 때까지
        self.epsilon_decay = decay
        self.epsilon_min = 0.1

        # Q-러닝의 학습 속도
        self.learning_rate = 0.1
```

```
        # Q-테이블이 저장 혹은 복원할 때 사용할 파일
        if slippery:
            self.filename = 'q-frozenlake-slippery.npy'
        else:
            self.filename = 'q-frozenlake.npy'

        # 데모 혹은 훈련 모드
        self.demo = demo
        # 데모 모드일 경우, 탐색은 사용하지 않음
        if demo:
            self.epsilon = 0

    # 다음 행동을 결정
    # 랜덤 행동일 경우, 랜덤 행동 공간에서 선택
    # 그렇지 않으면 Q-테이블 사용
    def act(self, state, is_explore=False):
        # 0 - left, 1 - Down, 2 - Right, 3 - Up
        if is_explore or np.random.rand() < self.epsilon:
            # 탐색 - 랜덤 행동 수행
            return self.action_space.sample()

        # 활용 - 최대 Q-값을 갖는 활동 선택
        return np.argmax(self.q_table[state])

    # 학습 속도로 TD(0)-러닝 (일반화된 Q-러닝)
    def update_q_table(self, state, action, reward, next_state):
        # Q(s, a) += alpha * (reward + gamma * max_a' Q(s', a') - Q(s, a))
        q_value = self.gamma * np.amax(self.q_table[next_state])
        q_value += reward
        q_value -= self.q_table[state, action]
        q_value *= self.learning_rate
        q_value += self.q_table[state, action]
        self.q_table[state, action] = q_value

    # Q-테이블 덤프 생성
    def print_q_table(self):
        print(self.q_table)
        print("Epsilon : ", self.epsilon)
```

```
    # 훈련된 Q-테이블 저장
    def save_q_table(self):
        np.save(self.filename, self.q_table)

    # 훈련된 Q-테이블 로딩
    def load_q_table(self):
        self.q_table = np.load(self.filename)

    # 엡실론 값 조정
    def update_epsilon(self):
        if self.epsilon > self.epsilon_min:
            self.epsilon *= self.epsilon_decay
```

목록 9.5.2 q-frozenlake-9.5.1.py. FrozenLake-v0 환경에서 사용할 메인 Q-러닝 루프.

```
# 지정된 에피소드 수만큼 루프를 수행
for episode in range(episodes):
    state = env.reset()
    done = False
    while not done:
        # 주어진 상태에서 에이전트 행동을 결정
        action = agent.act(state, is_explore=args.explore)
        # 관측 가능한 데이터 획득
        next_state, reward, done, _ = env.step(action)
        # 환경을 렌더링하기 전 화면을 지움
        os.system('clear')
        # 사람이 디버깅할 수 있게 환경 렌더링
        env.render()

        # Q-테이블 훈련
        if done:
            # 탐색-활용 비율 업데이트
            # 목표 상태에 도달할 때만 reward > 0
            # 이 외에는 Hole 상태
            if reward > 0:
                wins += 1
```

```
        if not args.demo:
            agent.update_q_table(state, action, reward, next_state)
            agent.update_epsilon()

        state = next_state
        percent_wins = 100.0 * wins / (episode + 1)
        print("-------%0.2f%% Goals in %d Episodes---------"
              % (percent_wins, episode))
        if done:
            time.sleep(5 * delay)
        else:
            time.sleep(delay)
```

심층 Q-네트워크(DQN)

Q-테이블을 사용해 Q-러닝을 구현하는 것은 작은 규모의 이산 환경에서는 문제가 없다. 그렇지만 환경이 대부분 경우처럼 수많은 상태를 갖고 있거나 연속적인 경우, Q-테이블로는 구현이 불가능하며 현실적이지 않다. 예를 들어, 4개의 연속적인 변수로 구성된 상태를 관측한다고 하면 Q-테이블의 크기는 무한대가 된다. 이 4개의 변수를 각각 1,000개의 값으로 이산화하더라고 Q-테이블 행의 전체 개수는 엄청나다($1000^4 = 1e^{12}$). 훈련이 끝난 다음에도 이 테이블은 희소 행렬의 모습을 띤다(즉, 이 테이블의 셀 대부분은 0이다).

이 문제를 해결할 수 있는 방안으로 Q-테이블을 근사하는 심층 신경망을 사용하는 DQN[2]이 등장한다. 그림 9.6.1에서 볼 수 있듯이, Q-네트워크를 구성하는 데는 두 가지 방법이 있다.

1. 입력은 상태-행동 쌍이며, 예측은 Q 값이다.
2. 입력은 상태이고, 예측은 각 행동에 대한 Q 값이다.

첫 번째 방법은 네트워크가 행동 개수와 똑같은 횟수만큼 호출되므로 최적의 방법이 아니다. 여기서는 두 번째 방법이 더 낫다. 이 방법에서 Q-네트워크는 한 번만 호출된다.

가장 바람직한 행동은 단순히 가장 큰 Q 값을 갖는 행동이다.

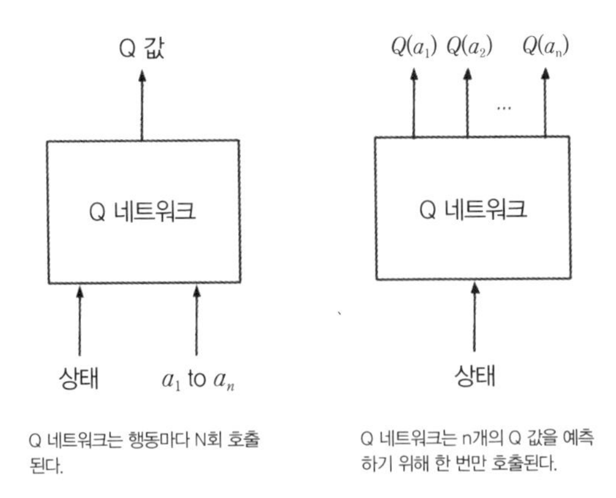

그림 9.6.1 심층 Q-네트워크

Q-네트워크를 훈련하기 위해 필요한 데이터는 에이전트의 경험 ($s_0a_0r_1s_1$, $s_1a_1r_2s_2$, ⋯, $s_{T-1}a_{T-1}$ r_Ts_T)에서 비롯된다. 각 훈련 샘플은 경험의 단위($s_ta_tr_{t+1}s_{t+1}$)이다. 타임스텝 t에서 어떤 상태가 주어지면($s=s_t$) 이전 절에서 설명했던 것과 비슷한 Q-러닝 알고리즘을 사용해 행동이 결정된다($a=a_t$).

$$\pi(s) = \begin{cases} sample(a) & random < \varepsilon \\ \operatorname*{argmax}_a Q(s, a) & otherwise \end{cases} \qquad \text{(방정식 9.6.1)}$$

표기를 단순화하기 위해 아래 첨자를 생략하고 굵은 글씨를 사용한다. 엄격하게 말하면, 그림 9.6.1의 오른쪽에서 보여주듯이 행동이 예측으로 움직이기 때문에 $Q(a|s)$다. 가장 높은 Q 값을 갖는 행동이 환경에 적용되면 보상($r=r_{t+1}$), 다음 상태($s'=s_{t+1}$), 다음 상태가 종료 상태인지 여부를 가리키는 부울 값 done을 얻게 된다. 일반화된 Q-러닝의 방정식 9.5.1에서 MSE 손실 함수는 선택된 행동을 적용함으로써 구할 수 있다.

$$L = \left(r + \gamma \max_{a'} Q(s', a') - Q(s, a) \right)^2 \qquad \text{(방정식 9.6.2)}$$

여기에서 모든 항은 Q-러닝을 설명할 때 이미 살펴봤으므로 익숙할 것이며, $Q(a|s) \rightarrow Q(s, a)$다. 따라서 $\max_{a'} Q(s', a') \rightarrow \max_{a'} Q(a' \mid s')$이다. 달리 말하면, Q-네트워크를 사용해 주어진 다음 상태에 따라 각 행동의 Q 값을 예측하고 그중 최대 보상을 받는다. 마지막 상태 s'에 이르면 $\max_{a'} Q(a', s') \rightarrow \max_{a'} Q(s' \mid a') = 0$이 된다.

알고리즘 9.6.1 DQN 알고리즘:

요건: 재구현 메모리(replay memory) D를 용량 N으로 초기화

요건: 랜덤 가중치 θ로 행동–가치 함수 Q를 초기화

요건: 가중치 $\theta^{-}=\theta$로 목표 행동–가치 함수 Q_{target}을 초기화

요건: 탐색률 ε, 할인율 γ

1. for $episode=1, \cdots, M$ do:
2. 초기 상태 s가 주어졌을 때
3. for $step=1, \cdots, T$ do:
4. 행동을 선택 $a = \begin{cases} sample(a) & random < \varepsilon \\ \underset{a}{\operatorname{argmax}}\, Q(s, a; \theta) & otherwise \end{cases}$
5. 행동 a를 실행, 보상 r과 다음 상태 s' 관측
6. D에 전이 (s, a, r, s')을 저장
7. 상태 업데이트($s=s'$)
8. // 경험 재생
9. D에서 에피소드 경험의 미니 배치 $(s_j, a_j, r_{j+1}, s_{j+1})$을 샘플링
10. $Q_{\max} = \begin{cases} r_{j+1} & j+1\text{에서 에피소드가 종료되는 경우} \\ r_{j+1} + \gamma \max_{a_{j+1}} Q_{target}(s_{j+1}, a_{j+1}; \theta^{-}) & otherwise \end{cases}$
11. 매개변수 θ와 관련해 $(Q_{\max} - Q(s_j, a_j; \theta^{-}))^2$에서 경사 하강 단계를 수행
12. // 목표 네트워크를 주기적으로 업데이트
13. C단계마다 $Q_{target}=Q$이고, 즉 $\theta^{-}=\theta$로 설정
14. 종료

그렇지만 Q–네트워크를 훈련시키는 일은 불안정하다. 이 불안정성을 야기하는 원인은 다음 두 가지다.

1. 샘플 간의 상관관계가 높다.
2. 목표가 불안정하다.

샘플 간의 상관관계가 높은 것은 경험을 시계열적으로 샘플링하기 때문이다. DQN은 경험의 버퍼를 생성함으로써 이 이슈를 해결했다. 훈련 데이터는 이 버퍼에서 임의로 샘플링된다. 이 절차를 **경험 재구현**(experience replay)이라고 한다.

목표가 불안정한 이유는 훈련의 미니 배치마다 수정되는 목표 네트워크 $Q(s', a')$ 때문이다. 목표 네트워크를 약간 변경하면 정책, 데이터 분포, 현재 Q 값과 목표 Q 값 사이의 상관관계에 큰 변화가 생길 수 있다. 이는 C 훈련 단계마다 목표 네트워크의 가중치를 고정함으로써 해결된다. 즉, 두 개의 동일한 Q-네트워크가 생성된다. 목표 Q-네트워크 매개변수가 C 훈련 단계마다 훈련 중인 Q-네트워크에서 복사된다.

DQN 알고리즘은 알고리즘 9.6.1에 요약돼 있다.

케라스에서의 DQN

DQN을 보여주기 위해 OpenAI Gym의 `CartPole-v0` 환경을 사용했다. `CartPole-v0`는 막대의 균형을 잡는 문제다. 목표는 막대를 떨어뜨리지 않는 것이다. 환경은 2차원이다. 행동 공간은 두 개의 이산 행동(왼쪽 이동과 오른쪽 이동)으로 구성된다. 그렇지만 상태 공간은 연속적이며, 다음 4개의 변수로 구성된다.

1. 선형 위치
2. 선형 속도
3. 회전 각도
4. 각속도

`CartPole-v0`는 그림 9.6.1에서 확인할 수 있다.

초기에 막대는 수직으로 서 있다. 막대가 수직으로 서 있는 한 타임스텝마다 +1의 보상이 주어진다. 에피소드는 막대가 수직에서 15도, 중심에서 2.4 유닛이 벗어나면 종료한다. 연속 100회를 시도해서 평균 보상이 195.0이면 `CartPole-v0` 문제가 해결됐다고 간주한다.

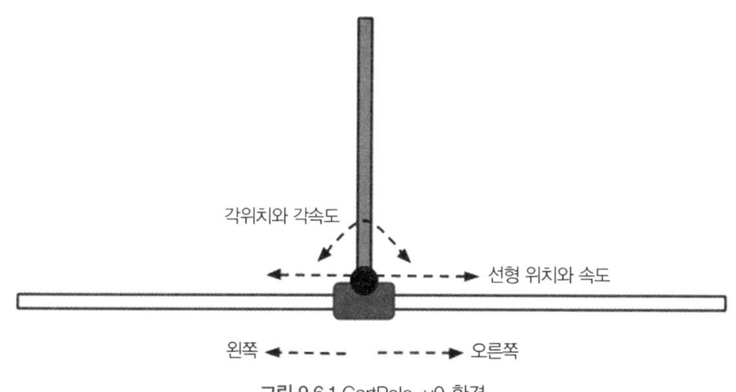

그림 9.6.1 CartPole-v0 환경

목록 9.6.1은 `CartPole-v0` 문제 해결을 위해 DQN을 구현한 것이다. `DQNAgent` 클래스는 DQN을 사용해 에이전트를 표현한다. 다음 두 개의 Q-네트워크가 생성된다.

1. 알고리즘 9.6.1에서 Q-네트워크 Q
2. 알고리즘 9.6.1에서 목표 Q-네트워크 Q_{target}

두 개의 네트워크는 각각 256개 유닛으로 구성된 세 개의 은닉 계층으로 구성된 MLP다. Q-네트워크는 경험을 재구현하는 동안(`replay()`) 훈련된다. 정기적 훈련 단계($C=10$)마다 `update_weights()`를 사용해 Q-네트워크 매개변수를 목표 Q-네트워크로 복사한다. 이 부분은 알고리즘 9.6.1의 13번째 항목 $Q_{target}=Q$에서 구현된다. 에피소드마다 학습된 정책을 활용하기 위해 `update_epsilon()`에 의해 탐색-활용 비율이 감소된다.

경험을 재구현(`replay()`)하는 동안 알고리즘 9.6.1의 10번째 항목을 구현하기 위해 각 경험 유닛 (s_j, a_j, r_{j+1}, s_{j+1})에 대한 행동 a_j의 Q 값을 $Q_{\max}$로 설정한다. 그 외 모든 행동의 Q 값은 변하지 않는다.

이는 다음 코드로 구현된다.

```
# 주어진 상태에 대한 정책 예측
q_values = self.q_model.predict(state)

# Q_max 얻기
q_value = self.get_target_q_value(next_state)

# 사용된 행동에 대한 Q 값 보정
q_values[0][action] = reward if done else q_value
```

알고리즘 9.6.1의 11번째 항목에서 보여주듯이 행동 a_j만 $(Q_{max} - Q(s_j, a_j; \theta^-))^2$과 동일한 0이 아닌 손실을 갖는다. 경험 재구현은 버퍼에 충분한 데이터가 있다는(즉, 버퍼 크기가 배치 크기보다 크거나 같다는) 가정하에 각 에피소드가 끝나면 목록 9.6.2의 인식-행동-러닝 루프에 의해 호출된다. 경험을 재구현할 때 경험 유닛의 1배치를 임의로 샘플링하고 Q-네트워크를 훈련하는 데 사용한다.

Q-테이블과 유사하게 `act()`는 엡실론-그리디(ε-greedy) 정책, 방정식 9.6.1을 구현한다. 경험은 `remember()`에 의해 재구현 버퍼에 저장된다. Q는 `get_target_q_value()` 함수에 의해 계산된다. 평균 10회 실행 중 `CartPole-v0`는 822에피소드 내에 DQN에 의해 해결된다. 훈련을 실행할 때마다 결과가 달라질 수 있다는 점을 알아두자.

목록 9.6.1 dqn-cartpole-9.6.1.py는 케라스에서 DQN을 구현한 내용을 보여준다.

```
from keras.layers import Dense, Input
from keras.models import Model
from keras.optimizers import Adam
from collections import deque
import numpy as np
import random
import argparse
import gym
from gym import wrappers, logger

class DQNAgent():
    def __init__(self, state_space, action_space, args, episodes=1000):

        self.action_space = action_space
        # 경험 버퍼
        self.memory = []

        # 할인율
        self.gamma = 0.9

        # 초기에는 90% 탐색, 10% 활용
        self.epsilon = 0.9
        # 10% 탐색 / 90% 활용이 될 때까지 반복적으로 감소율 적용
        self.epsilon_min = 0.1
        self.epsilon_decay = self.epsilon_min / self.epsilon
        self.epsilon_decay = self.epsilon_decay ** (1. / float(episodes))
```

```
        # Q 네트워크 가중치 파일명
        self.weights_file = 'dqn_cartpole.h5'
        # 훈련에 사용될 Q 네트워크
        n_inputs = state_space.shape[0]
        n_outputs = action_space.n
        self.q_model = self.build_model(n_inputs, n_outputs)
        self.q_model.compile(loss='mse', optimizer=Adam())
        # 타깃 Q 네트워크
        self.target_q_model = self.build_model(n_inputs, n_outputs)
        # Q 네트워크 매개변수를 타깃 Q 네트워크에 복사
        self.update_weights()

        self.replay_counter = 0
        self.ddqn = True if args.ddqn else False
        if self.ddqn:
            print("----------Double DQN--------")
        else:
            print("-------------DQN------------")

    # Q 네트워크: 256-256-256 MLP
    def build_model(self, n_inputs, n_outputs):
        inputs = Input(shape=(n_inputs, ), name='state')
        x = Dense(256, activation='relu')(inputs)
        x = Dense(256, activation='relu')(x)
        x = Dense(256, activation='relu')(x)
        x = Dense(n_outputs, activation='linear', name='action')(x)
        q_model = Model(inputs, x)
        q_model.summary()
        return q_model

    # Q 네트워크 매개변수를 파일에 저장
    def save_weights(self):
        self.q_model.save_weights(self.weights_file)

    def update_weights(self):
        self.target_q_model.set_weights(self.q_model.get_weights())

    # 엡실론-그리디 (eps-greedy) 정책
    def act(self, state):
```

```
        if np.random.rand() < self.epsilon:
            # 탐색 - 임의의 행동을 수행
            return self.action_space.sample()
        # 활용
        q_values = self.q_model.predict(state)
        # 최대 Q-값을 갖는 행동을 선택
        return np.argmax(q_values[0])

    # 경험 재구현 버퍼에 경험 저장
    def remember(self, state, action, reward, next_state, done):
        item = (state, action, reward, next_state, done)
        self.memory.append(item)

    # Q_max 계산
    # 불안정성을 해소하기 위해 타깃 Q 네트워크를 사용
    def get_target_q_value(self, next_state):
        # 다음 상태의 후보 행동 중 최대 Q 값
        if self.ddqn:
            # DDQN
            # 현재 Q 네트워크가 행동을 선택
            # a'_max = argmax_a' Q(s', a')
            action = np.argmax(self.q_model.predict(next_state)[0])
            # 타깃 Q 네트워크가 그 행동을 평가
            # Q_max = Q_target(s', a'_max)
            q_value = self.target_q_model.predict(next_state)[0][action]
        else:
            # DQN은 다음 행동 중 최대 Q 값을 선택
            # 행동을 선택하고 평가하는 작업은 타깃 Q 네트워크에서 수행
            # Q_max = max_a' Q_target(s', a')
            q_value = np.amax(self.target_q_model.predict(next_state)[0])

        # Q_max = reward + gamma * Q_max
        q_value *= self.gamma
        q_value += reward
        return q_value

    # 경험 재구현을 통해 샘플 사이의 상관관계 이슈를 해결함
    def replay(self, batch_size):
        # sars = state, action, reward, state' (next_state)
```

```
        sars_batch = random.sample(self.memory, batch_size)
        state_batch, q_values_batch = [], []

        # fixme: 처리 속도 향상을 위해 텐서 단위에서 수행될 수 있지만
        # 루프를 사용하는 것이 이해하기 쉽다.
        for state, action, reward, next_state, done in sars_batch:
            # 주어진 상태에 대해 정책 예측
            q_values = self.q_model.predict(state)

            # Q_max 가져옴
            q_value = self.get_target_q_value(next_state)

            # 사용된 행동에 대한 Q 값을 보정
            q_values[0][action] = reward if done else q_value

            # state-q_value 매핑의 배치를 수집
            state_batch.append(state[0])
            q_values_batch.append(q_values[0])

        # Q-네트워크 훈련
        self.q_model.fit(np.array(state_batch),
                         np.array(q_values_batch),
                         batch_size=batch_size,
                         epochs=1,
                         verbose=0)

        # 탐색-활용 확률 업데이트
        self.update_epsilon()
        # 10회 훈련 업데이트될 때마다 기존 타깃에 새로운 매개변수 복사
        if self.replay_counter % 10 == 0:
            self.update_weights()

        self.replay_counter += 1

    # 탐색 확률은 감소시키고 활용은 증가시킴
    def update_epsilon(self):
        if self.epsilon > self.epsilon_min:
            self.epsilon *= self.epsilon_decay
```

목록 9.6.2 dqn-cartpole-9.6.1.py. 케라스에 구현한 DQN 훈련 루프

```
# Q-러닝 샘플링 및 적합
for episode in range(episode_count):
    state = env.reset()
    state = np.reshape(state, [1, state_size])
    done = False
    total_reward = 0
    while not done:
        # CartPole-v0에서, action=0은 왼쪽, action=1은 오른쪽
        action = agent.act(state)
        next_state, reward, done, _ = env.step(action)
        # CartPole-v0에서: state = [pos, vel, theta, angular speed]
        next_state = np.reshape(next_state, [1, state_size])
        # 재구현 버퍼에 경험 단위마다 저장
        agent.remember(state, action, reward, next_state, done)
        state = next_state
        total_reward += reward

    # 경험 재구현 호출
    if len(agent.memory) >= batch_size:
        agent.replay(batch_size)

    scores.append(total_reward)
    mean_score = np.mean(scores)
    if mean_score >= win_reward[args.env_id] and episode >= win_trials:
        print("Solved in episode %d: Mean survival = %0.2lf in %d episodes"
                % (episode, mean_score, win_trials))
        print("Epsilon: ", agent.epsilon)
        agent.save_weights()
        break
    if episode % win_trials == 0:
        print("Episode %d: Mean survival = %0.2lf in %d episodes" %
                (episode, mean_score, win_trials))
```

더블 Q-러닝(DDQN)

DQN에서 타깃 Q-네트워크는 모든 행동을 선택하고 평가하기 때문에 Q 값을 과대평가하게 된다. 이 문제를 해결하기 위해 DDQN[3]은 행동 선택은 Q-네트워크에서 하고 행동 평가는 타깃 Q-네트워크를 사용할 것을 제안한다.

알고리즘 9.6.1에서 요약했듯이, DQN에서 Q 값의 추정은 10번째 항목에서 이뤄진다.

$$Q_{\max} = \begin{Bmatrix} r_{j+1} & j+1\text{에서 에피소드가 종료되는 경우} \\ r_{j+1} + \gamma \max_{a_{j+1}} Q_{target}(s_{j+1}, a_{j+1}; \theta^{-}) & otherwise \end{Bmatrix}$$

Q_{target}은 행동 a_{j+1}을 선택하고 평가한다.

DDQN은 10번째 항목을 다음으로 변경한다.

$$Q_{\max} = \begin{Bmatrix} r_{j+1} & j+1\text{에서 에피소드가 종료되는 경우} \\ r_{j+1} + \gamma Q_{\text{target}}(s_{j+1}, \operatorname*{argmax}_{a_{j+1}} Q(s_{j+1}, a_{j+1}; \theta); \theta^{-}) & otherwise \end{Bmatrix}$$

$\operatorname*{argmax}_{a_{j+1}} Q(s_{j+1}, a_{j+1}; \theta); \theta^{-})$ 항을 통해 Q가 행동을 선택한다. 그러면 이 행동은 Q_{target}에 의해 평가된다.

목록 9.6.1에서 DQN과 DDQN을 모두 구현한다. 특히 DDQN의 경우, `get_target_q_value()` 함수로 Q 값을 계산하는 과정에서 수정된 부분을 강조했다.

```
# Q_max 계산
# 타깃 Q 네트워크를 사용해 불안정성 문제를 해결
def get_target_q_value(self, next_state):
    # 다음 상태의 행동 중 최대 Q 값
    if self.ddqn:
        # DDQN
        # 현재 Q 네트워크가 행동을 선택
        # a'_max = argmax_a' Q(s', a')
        action = np.argmax(self.q_model.predict(next_state)[0])
        # 타깃 Q 네트워크가 행동을 평가
        # Q_max = Q_target(s', a'_max)
        q_value = self.target_q_model.predict(next_state)[0][action]
```

```
else:
    # DQN은 다음 행동 중 최대 Q 값을 선택
    # 행동의 선택과 평가는 타깃 Q 네트워크에서 이루어짐
    # Q_max = max_a' Q_target(s', a')
    q_value = np.amax(self.target_q_model.predict(next_state)[0])

# Q_max = reward + gamma * Q_max
q_value *= self.gamma
q_value += reward
return q_value
```

비교를 위해, 평균 10회 실행했을 때 CartPole-v0는 971에피소드 내에서 DQN에 의해 해결된다. DDQN을 사용하려면 다음 명령어를 실행하면 된다.

```
$ python3 dqn-cartpole-9.6.1.py -d
```

결론

이 장에서는 심층강화학습을 소개했다. 수많은 연구원이 그것을 인공지능 시대로 인도할 가장 유망한 기법이라 믿는다. 이와 함께 강화학습의 원리에 대해 다뤘다. 강화학습은 수많은 게임 문제를 해결할 수 있지만, Q-테이블로는 더 복잡한 실세계 문제로 확장할 수 없다. 이 문제는 심층 신경망을 사용해 Q-테이블을 학습해 해결할 수 있다. 그렇지만 강화학습에서 심층 신경망을 훈련시키는 것은 샘플 간 상관관계와 타깃 Q-네트워크의 유동성 때문에 매우 불안정하다.

DQN은 이 문제의 해결책으로 경험 재구현을 사용하고 훈련 시 타깃 네트워크를 Q-네트워크와 분리할 것을 제안한다. DDQN은 더 나아가 Q 값이 과대평가되는 것을 최소화하기 위해 행동 선택과 행동 평가를 분리해 알고리즘을 개선한다. 이 외에도 DQN을 개선하는 다른 모델들도 있다. 우선 경험 재구현[6]은 경험 버퍼가 균등하게 샘플링돼서는 안 된다는 것을 보여준다. 대신 TD(시간차 학습) 오차에 기반한 더 중요한 경험은 훈련 효율성을 높이기 위해 더 자주 샘플링돼야 한다. [7]은 상태 가치 함수와 득점 함수(advantage function)를 추정하기 위해 듀얼 네트워크 아키텍처(dueling network architecture)를 제안한다. 이 두 함수는 학습 속도를 높이기 위해 Q 값을 추정하는 데 사용된다.

이 장에서 설명한 방법은 가치 반복/적합이다. 정책은 최적의 가치 함수를 구해 간접적으로 학습된다. 다음 장에서는 정책 경사 기법이라고 하는 알고리즘군을 사용해 직접 최적의 정책을 학습하는 방법을 알아본다. 정책 학습에는 장점이 많다. 특히, 정책 경사 기법은 이산 행동 공간과 연속 행동 공간 모두를 다룰 수 있다.

참고문헌

1. Sutton and Barto. Reinforcement Learning: An Introduction, 2017 (http://incompleteideas.net/book/bookdraft2017nov5.pdf).
2. Volodymyr Mnih and others, Human-level control through deep reinforcement learning. Nature 518.7540, 2015: 529 (http://www.davidqiu.com:8888/research/nature14236.pdf)
3. Hado Van Hasselt, Arthur Guez, and David Silver Deep Reinforcement Learning with Double Q-Learning. AAAI. Vol. 16, 2016 (http://www.aaai.org/ocs/index.php/AAAI/AAAI16/paper/download/12389/11847).
4. Kai Arulkumaran and others A Brief Survey of Deep Reinforcement Learning. arXiv preprint arXiv:1708.05866, 2017 (https://arxiv.org/pdf/1708.05866.pdf).
5. David Silver Lecture Notes on Reinforcement Learning, (http://www0.cs.ucl.ac.uk/staff/d.silver/web/Teaching.html).
6. Tom Schaul and others. Prioritized experience replay. arXiv preprint arXiv:1511.05952, 2015 (https://arxiv.org/pdf/1511.05952.pdf).
7. Ziyu Wang and others. Dueling Network Architectures for Deep Reinforcement Learning. arXiv preprint arXiv:1511.06581, 2015 (https://arxiv.org/pdf/1511.06581.pdf).

10장 정책 경사 기법

마지막 장에서는 강화학습에서 정책 네트워크를 직접 최적화하는 알고리즘을 소개한다. 이 알고리즘을 통칭해서 정책 경사 기법이라고 한다. 정책 네트워크가 훈련하는 동안 직접적으로 최적화되기 때문에 정책 경사 기법은 on-policy 강화학습 알고리즘군에 속한다. 9장 '심층강화학습'에서 설명했던 가치 기반 기법처럼 정책 경사 기법도 심층강화학습 알고리즘처럼 구현할 수 있다.

정책 경사 기법을 연구하는 가장 큰 이유는 Q-러닝의 한계를 해결하기 위해서다. 기억하겠지만, Q-러닝은 상태의 가치를 최대화하는 행동을 선택하는 것이다. Q 함수를 사용하면 에이전트가 주어진 상태에서 어떤 행동을 취할지 결정하게 해주는 정책을 결정할 수 있다. 선택된 행동은 단순히 에이전트에 최대 가치를 부여한다. 이 관점에서 보면 Q-러닝은 한정된 수의 이산 행동에서만 동작할 수 있고 연속된 행동 공간 환경을 처리할 수는 없다. 게다가 Q-러닝은 정책을 직접 최적화하지 않는다. 따지고 보면 강화학습은 에이전트가 반환 값을 최대화하기 위해 어떤 행동을 취해야 할지 결정하는 데 사용할 수 있는 최적의 정책을 구하는 것이다.

그에 반해 정책 경사 기법은 이산 행동 공간이나 연속 행동 공간으로 된 환경에 적용 가능하다. 더구나 이 장에서 설명할 4가지 정책 경사 기법은 정책 네트워크의 성능 지표를 직접 최적화한다. 그 결과 에이전트가 환경에서 최적으로 행동하기 위해 사용할 수 있는 훈련된 정책 네트워크를 얻는다.

이 장에서 설명할 내용을 요약하면 다음과 같다.

- 정책 경사 정리
- 4가지 정책 경사 기법: REINFORCE, 기준선을 활용한 REINFORCE, Actor-Critic, Advantage Actor-Critic(A2C)
- 연속 행동 공간 환경에서 정책 경사 기법을 케라스에 구현하는 방법

정책 경사 정리

9장 '심층강화학습'에서 설명했듯이 강화학습에서 에이전트는 환경, 즉 상태 공간 S의 요소인 상태 s_t에 위치한다. 상태 공간 S는 이산 공간이거나 연속 공간일 수 있다. 에이전트는 정책, $\pi(a_t|s_t)$에 따라 행동 공간 A에서 행동 a_t를 취한다. A는 이산 공간이거나 연속 공간일 수 있다. 에이전트는 행동 a_t를 실행해 보상 r_{t+1}을 받고 환경은 새로운 상태 s_{t+1}로 전이한다. 새로운 상태는 현재 상태와 행동에만 종속된다. 에이전트의 목표는 모든 상태로부터 반환되는 값을 최대화하는 최적의 정책 π^*를 학습하는 것이다.

$$\pi^* = \text{argmax}_{\pi} R_t \quad \text{(방정식 9.1.1)}$$

반환 값 R_t는 에피소드가 끝나거나 종료 상태에 도달할 때까지 시간 t에서 할인된 누적 보상으로 정의된다.

$$V^{\pi}(s_t) = R_t = \sum_{k=0}^{T} \gamma^k r_{t+k} \quad \text{(방정식 9.1.2)}$$

방정식 9.1.2에서 반환 값도 정책 π를 따름으로써 주어진 상태의 가치로 해석될 수 있다. 방정식 9.1.1에서 일반적으로 $\gamma^k < 1.0$(여기에서 $\gamma \in [0, 1]$)이기 때문에 미래의 보상은 바로 받는 보상에 비해 가중치가 더 낮다는 것을 알 수 있다.

지금까지는 가치 기반 함수 $Q(s, a)$를 최적화함으로써 정책을 학습하는 것만 고려했다. 이 장의 목표는 $\pi(a_t|s_t) \rightarrow \pi(a_t|s_t, \theta)$를 매개변수화함으로써 정책을 직접 학습하는 것이다. 매개변수화에 의해 신경망을 사용해 정책 함수를 학습할 수 있다. 정책을 학습한다는 것은 매개변수 θ에 대해 성능 지표인 특정 목적 함수 $J(\theta)$를 최대화함을 뜻한다. 에피소드 단위로 수행되는 강화학습에서 성능 지표는 시작 상태의 값이다. 연속적인 경우, 목표 함수는 평균 보상률이다.

목적 함수 $J(\theta)$는 경사 상승(gradient ascent)을 수행함으로써 최대화된다. 경사 상승법에서 경사는 최적화되는 함수의 도함수 방향으로 업데이트된다. 지금까지 봤던 손실 함수는 모두 경사 하강(gradient descent)을 수행하거나 최소화에 의해 최적화됐다. 나중에 케라스로 구현할 때 경사 상승은 단순히 목적 함수의 부호를 바꿔 경사 하강을 통해 수행될 수 있음을 알 수 있다.

정책을 직접 학습하면 이산 및 연속 행동 공간에 모두 적용 가능하다는 장점이 있다. 이산 공간의 경우 다음이 성립한다.

$$\pi(a_i \mid s_t, \theta) = softmax(a_i) for\ a_i \in A \qquad \text{(방정식 10.1.1)}$$

이 공식에서 a_i는 i번째 행동이다. a_i는 신경망의 예측이거나 상태-행동 특징의 선형 함수일 수 있다.

$$a_i = \phi(s_t, a_i)^T \theta \qquad \text{(방정식 10.1.2)}$$

$\phi(s_t, a_i)$는 상태-행동을 특징으로 전환하는 인코더와 같은 함수다.

$\pi(a_i|s_t, \theta)$는 모든 a_i의 확률을 결정한다. 예를 들어, 앞 장에서 봤던 cartpole 균형 잡기 문제에서 목표는 2차원 축을 따라 왼쪽 혹은 오른쪽으로 이동하는 카트 위에서 막대기를 수직으로 유지하는 것이다. 이 경우, a_0와 a_1은 각각 왼쪽으로 이동할 확률과 오른쪽으로 이동할 확률을 말한다. 일반적으로 에이전트는 가장 높은 확률을 갖는 행동 $a_t = \max_i \pi(a_i \mid s_t, \theta)$를 취한다.

연속적인 행동 공간에서 $\pi(a_t|s_t, \theta)$는 상태가 주어졌을 때 확률 분포로부터 행동을 샘플링한다. 예를 들어 연속 행동 공간이 $a_t \in [-1.0, 1.0]$의 범위를 갖는다면 $\pi^* = \text{argmax}_\pi R_t$는 일반적으로 정책 네트워크에서 예측한 평균과 표준편차를 갖는 가우시안 분포다. 예측된 행동은 가우시안 분포의 샘플이 된다. 생성된 예측이 반드시 유효하도록 행동은 -1.0과 1.0 사이로 제한된다.

방정식으로 표현하자면, 연속 행동 공간에서 정책은 가우시안 분포로부터 뽑은 샘플이다.

$$\pi(a_t \mid s_t, \theta) = a_t \sim N(\mu(s_t), \sigma(s_t)) \qquad \text{(방정식 10.1.3)}$$

평균 μ와 표준편차 σ는 모두 상태 특징의 함수다.

$$\mu(s_t) = \phi(s_t)^T \theta_\mu \qquad \text{(방정식 10.1.4)}$$

$$\sigma(s_t) = \varsigma(\phi(s_t)^T \theta_\sigma) \qquad \text{(방정식 10.1.5)}$$

$\phi(s_t)$는 상태를 특징으로 변환하는 함수다. $\varsigma(x) = \log(1 + e^x)$는 표준편차가 양수 값을 갖게 하는 소프트플러스(softplus) 함수다. 상태 특징 함수 $\phi(s_t)$를 구현하는 하나의 방법으로 오토인코더 네트워크의 인코더를 사용하는 것이 있다. 이 장 마지막 부분에서 오토인코더를 훈련시키고 상태 특징 함수의 인코더 부분을 사용할 것이다. 따라서 정책 네트워크를 훈련시키는 것은 매개변수 $\theta = [\theta_\mu \theta_\sigma]$를 최적화하는 문제라고 할 수 있다.

연속적으로 미분 가능한 정책 함수가 주어졌을 때, $\pi(a_t|s_t, \theta)$ 정책 경사는 다음으로 계산할 수 있다.

$$\nabla J(\theta) = \mathbb{E}_\pi\left[\frac{\nabla_\theta \pi(a_t \mid s_t, \theta)}{\pi(a_t \mid s_t, \theta)} Q^\pi(s_t, a_t)\right] = \mathbb{E}_\pi[\nabla_\theta \ln \pi(a_t \mid s_t, \theta)\, Q^\pi(s_t, a_t)] \quad \text{(방정식 10.1.6)}$$

방정식 10.1.6은 '정책 경사 정리'로도 알려져 있다. 이 정리는 이산과 연속 행동 공간 모두에 적용 가능하다. 매개변수 θ에 대한 경사는 Q 값에 의해 조정되는 정책 행동 샘플링의 자연 로그에서 계산된다. 방정식 10.1.6은 자연 로그의 속성 $\frac{\nabla x}{x} = \nabla \ln x$를 활용한다.

정책 경사 정리는 이해하기 쉽게 성능 경사가 타깃 정책 샘플로부터 추정되고 정책 경사에 비례한다. 정책 경사는 상태 가치에 긍정적으로 기여하는 행동을 권장하기 위해 Q 값으로 조정된다. 경사는 또한 성능 지표를 증가시키는 데 기여하지 않는 행동이 자주 발생하면 벌칙을 주는 행동 확률에 반비례한다.

다음 절에서 정책 경사를 추정하는 다양한 기법을 설명하겠다.

정책 경사 정리의 증명은 [22]와 데이비드 실버(David Silver)가 강화학습에 대해 강의한 노트를 참조하기 바란다. http://www0.cs.ucl.ac.uk/staff/d.silver/web/Teaching_files/pg.pdf

정책 경사 기법에는 미묘한 장점이 몇 가지 있다. 예를 들어, 카드 게임에서 가치 기반 기법은 정책 기반 기법과는 달리 확률성을 처리하는 간단한 절차가 없다. 확률 기반 기법에서는 행동 확률이 매개변수에 따라 완만하게 변한다. 한편 가치 기반 행동은 매개변수가 조금만 바뀌어도 급변하기 때문에 어려움이 있다. 마지막으로 정책 기반 기법이 매개변수에 의존적이므로 성능 지표에 경사 상승을 수행하는 방법에 다양한 공식을 적용할 수 있다. 앞으로 4가지 정책 경사 기법을 설명하겠다.

물론 정책 기반 기법에는 단점도 있다. 일반적으로 정책 기반 기법은 전역적 최적해 대신 국소적 최적해로 수렴하는 경향 때문에 훈련시키기가 더 어렵다. 이 장 마지막에서 설명할 실험에서 에이전트는 편안해지고 반드시 가장 높은 가치를 주지는 않는 행동을 선택한다. 정책 경사는 높은 분산을 갖는 특징이 있다.

경사 업데이트는 자주 과대 추정된다. 게다가 정책 기반 기법을 훈련시키는 일은 시간이 많이 든다. 이 훈련에는 수천 개의 에피소드가 필요하다(즉, 샘플링이 효율적이지 않다). 각 에피소드는 작은 수의 샘플만 제공한다. 이 장의 마지막에서 구현한 일반적인 훈련의 경우, GTX 1060 GPU에서 1,000개의 에피소드를 수행하는 데 약 한 시간 정도 걸렸다.

앞으로 네 개의 정책 경사 기법을 설명하겠다. 여기서는 연속 행동 공간에 초점을 맞춰 설명하겠지만, 이 개념은 일반적으로 이산 행동 공간에도 적용할 수 있다. 네 개의 정책 경사 기법의 정책 네트워크와 가치 네트워크를 구현할 때는 유사한 부분이 많기 때문에 케라스 구현은 마지막 부분에서 다루겠다.

몬테 카를로 정책 경사(REINFORCE) 기법

가장 간단한 정책 경사 기법은 REINFORCE[5]라고 하며, 다음 방정식이 몬테 카를로 정책 경사 기법이다.

$$\nabla J(\theta) = \mathbb{E}_{\pi}[R_t \nabla_{\theta} \ln \pi(a_t \mid s_t, \theta)]$$ (방정식 10.2.1)

여기에서 R_t는 방정식 9.1.2에서 정의된 대로 반환 값이다. R_t는 정책 경사 정리에서 $Q^{\pi}(s_t, a_t)$의 비편향된 샘플이다.

알고리즘 10.2.1은 REINFORCE 알고리즘[2]을 요약해서 보여준다. REINFORCE는 몬테 카를로 알고리즘이다. 이 알고리즘은 환경 역학에 대한 지식이 필요없다(즉, 모델과 상관없다). 정책 네트워크의 매개변수 $\pi(a_t|s_t, \theta)$를 최적으로 조정하려면 오직 경험 샘플 $<s_i a_i r_{i+1} s_{i+1}>$만 있으면 된다. 할인 요인 γ는 단계 수가 증가할수록 가치 측면에서 보상을 감소시킨다. 경사는 γ^t에 의해 할인된다. 단계가 지날수록 경사의 기여도는 더 작다. 학습 속도 α는 경사 업데이트의 척도 요인(scaling factor)이다.

매개변수는 할인된 경사와 학습 속도를 사용해 경사 상승을 수행함으로써 업데이트된다. 몬테 카를로 알고리즘인 REINFORCE에서는 경사 업데이트를 처리하기 전에 에이전트가 에피소드를 완료해야 한다. 몬테 카를로 알고리즘의 특징 때문에 REINFORCE의 경사 업데이트는 분산이 높다는 특징을 갖는다. 이 장의 마지막에서 케라스에 REINFORCE 알고리즘을 구현하겠다.

알고리즘 10.2.1 REINFORCE

요건: 미분 가능한 매개변수화된 타깃 정책 네트워크 $\pi(a_t|s_t, \theta)$.

요건: 할인 요인 $\gamma \in [0, 1]$과 학습 속도 α. 예를 들어, $\gamma - 0.99$이고 $\alpha = 1e-3$.

요건: θ_0, 초기 정책 네트워크 매개변수(예를 들면, $\theta_0 \rightarrow 0$).

1. Repeat
2. $\pi(a_t|s_t, \theta)$를 따라 에피소드 $<s_0 a_0 r_1 s_1, s_1 a_1 r_2 s_2, \cdots, s_{T-1} a_{T-1} r_T s_T>$를 생성
3. for steps $t=0, \cdots, T-1$ do
4. 반환 값 계산, $R_t = \sum_{k=0}^{T} \gamma^k r_{t+k}$
5. 할인된 성능 경사 계산, $\nabla J(\theta) = \gamma^t R_t \nabla_{\theta} \ln \pi(a_t|s_t, \theta)$
6. 경사 상승 수행, $\theta = \theta + \alpha \nabla J(\theta)$

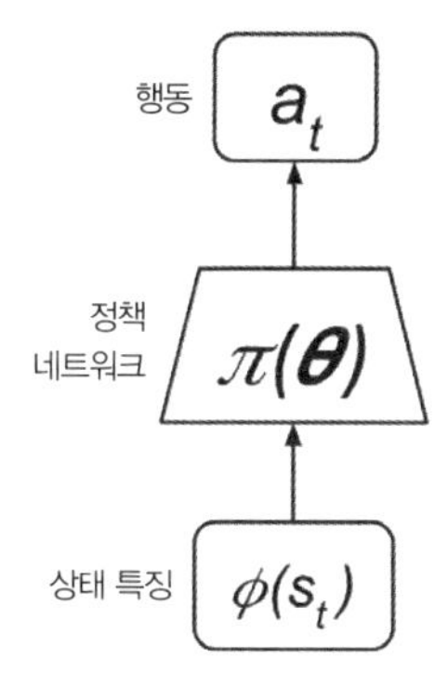

그림 10.2.1 정책 네트워크

REINFORCE에서 매개변수화된 정책은 그림 10.2.1 같은 신경망에 의해 모델링될 수 있다. 이전 절에서 설명했듯이, 연속 행동 공간의 경우 상태 입력이 특징으로 변환된다. 상태 특징은 정책 네트워크의 입력이다. 정책 함수를 표현하는 가우시안 분포는 모두 상태 특징의 함수인 평균과 표준편차를 갖는다. 정책 네트워크 $\pi(\theta)$는 상태 입력의 특징에 따라 MLP일 수도 있고, CNN이나 RNN일 수도 있다. 예측된 행동은 단순히 정책 함수에서 가져온 샘플이다.

기준선을 적용한 REINFORCE

REINFORCE 알고리즘은 반환 값에서 기준값을 빼는 방식 $\delta = R_t - B(s_t)$로 일반화될 수 있다. 기준선 함수 $B(s_t)$는 a_t에 의존적이지 않은 한 어떤 함수도 될 수 있다. 기준선은 성능 경사의 기댓값을 바꾸지 않는다.

$$\nabla J(\theta) = \mathbb{E}_\pi[(R_t - B(s_t)) \nabla_\theta \ln \pi(a_t \mid s_t, \theta)] = \mathbb{E}_\pi[R_t \nabla_\theta \ln \pi(a_t \mid s_t, \theta)] \quad \text{(방정식 10.3.1)}$$

방정식 10.3.1에서 $B(s_t)$는 a_t의 함수가 아니기 때문에 $\mathbb{E}_\pi[(B(s_t)) \nabla_\theta \ln \pi(a_t \mid s_t, \theta)] = 0$이라는 것을 뜻한다.

기준선을 도입하면 기댓값을 바꾸지는 않지만, 경사 업데이트의 분산을 줄인다. 분산을 줄이면 일반적으로 학습 속도가 빨라진다. 대부분의 경우, 가치 함수 $B(s_t) = V(s_t)$를 기준선으로 사용한다. 반환 값이 과대 추정되면 척도 요인이 가치 함수에 의해 비례적으로 줄어들어 분산이 낮아진다. 가치 함수도 매개변수화($V(s_t) \rightarrow V(s_t, \theta_v)$)되어 정책 네트워크와 함께 훈련된다. 연속 행동 공간에서 상태 값은 상태 특징의 선형 함수일 수 있다.

$$v_t = V(s_t, \theta_v) = \phi(s_t)^T \theta_v$$ (방정식 10.3.2)

알고리즘 10.3.1은 기준선을 사용한 REINFORCE[1]를 요약한다. 이는 반환 값이 s로 대체된 것을 제외하면 REINFORCE와 유사하다. 차이점은 두 개의 신경망을 훈련시킨다는 것이다. 그림 10.3.1에서 보듯이 정책 네트워크 $\pi(\theta)$에 더해 가치 네트워크 $V(\theta)$도 동시에 훈련된다. 정책 네트워크의 매개변수는 성능 경사 $\nabla J(\theta)$에 의해 업데이트되지만, 가치 네트워크 매개변수는 가치 경사 $\nabla V(\theta_v)$에 의해 조정된다. REINFORCE는 몬테 카를로 알고리즘이기 때문에 결과적으로 가치 함수 훈련도 몬테 카를로 알고리즘이 된다.

학습 속도가 반드시 같을 필요는 없다. 가치 네트워크도 경사 상승을 수행한다는 점에 유의하자. 이 장 마지막에서 케라스를 사용해 기준법을 적용한 REINFORCE를 구현하는 방법을 보여주겠다.

알고리즘 10.3.1 기준선을 적용한 REINFORCE

요건: 미분 가능한 매개변수화된 타깃 정책 네트워크 $\pi(a_t|s_t, \theta)$.

요건: 미분 가능한 매개변수화된 가치 네트워크 $V(s_t, \theta_v)$.

요건: 할인 요인 $\gamma \in [0, 1]$, 성능 경사에 적용할 학습 속도 α, 가치 경사에 적용할 학습 속도 α_v.

요건: θ_0, 초기 정책 네트워크 매개변수(예를 들어, $\theta_0 \rightarrow 0$). θ_{v0}, 초기 가치 네트워크 매개변수(예를 들어, $\theta_{v0} \rightarrow 0$).

1. Repeat
2. $\pi(a_t|s_t, \theta)$를 따라 에피소드 $< s_0 a_0 r_1 s_1, s_1 a_1 r_2 s_2, \cdots, s_{T-1} a_{T-1} r_T s_T >$를 생성
3. for steps $t=0, \cdots, T-1$ do
4. 반환 값 계산, $R_t = \sum_{k=0}^{T} \gamma^k r_{t+k}$
5. 기준값을 뺌, $\delta = R_t - V(s_t, \theta_v)$
6. 할인된 가치 경사 계산, $\nabla V(\theta_v) = \gamma^t \delta \nabla_{\theta_v} V(s_t, \theta_v)$
7. 경사 상승 수행, $\theta_v = \theta_v + a_v \nabla V(\theta_v)$
8. 할인된 성능 경사를 계산, $\nabla J(\theta) = \gamma^t \delta \nabla_\theta \ln \pi(a_t|s_t, \theta)$
9. 경사 상승 수행, $\theta = \theta + a \nabla J(\theta)$

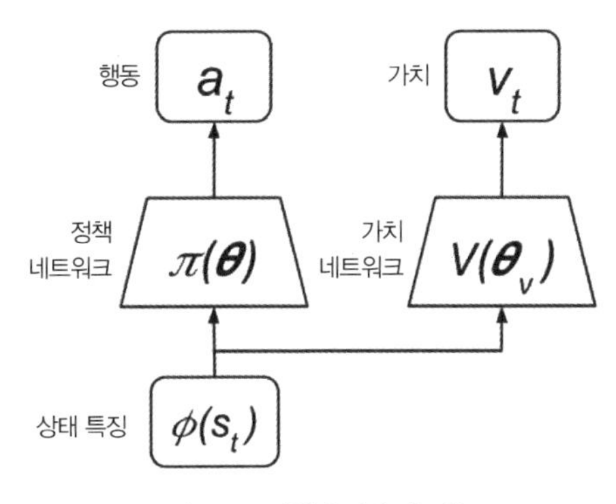

그림 10.3.1 정책과 가치 네트워크

액터-크리틱 기법

기준선을 적용한 REINFORCE에서 가치는 기준선으로 사용된다. 이 기준선은 가치 함수를 훈련시킬 때는 사용되지 않는다. 이 절에서는 기준선을 적용한 REINFORCE를 변형한 액터-크리틱(Actor-Critic) 기법을 소개한다. 정책과 가치 네트워크는 액터 네트워크와 크리틱 네트워크 역할을 수행한다. 정책 네트워크는 상태가 주어졌을 때 어떤 행동을 취할지 결정하는 액터다. 반면, 가치 네트워크는 액터 혹은 정책 네트워크가 내린 결정을 평가한다. 가치 네트워크는 액터가 선택한 행동이 얼마나 좋은지 혹은 나쁜지 정량화하는 크리틱으로 동작한다. 가치 네트워크는 받은 보상의 합인 r과 관측된 다음 상태의 할인된 값 $\gamma V(s', \theta_v)$를 비교함으로써 상태 값 $V(s, \theta_v)$를 평가한다. 이 차이 δ는 다음과 같이 표현된다.

$$\delta = r_{t+1} + \gamma V(s_{t+1}, \theta_v) - V(s_t, \theta_v) = r + \gamma V(s', \theta_v) - V(s, \theta_v) \quad \text{(방정식 10.4.1)}$$

여기에서 r과 s의 아래 첨자는 표기를 단순화하기 위해 생략했다. 방정식 10.4.1은 9장 '심층강화학습'에서 설명했던 Q-러닝의 시간차 학습과 비슷하다. 다음 상태 값은 $\gamma \in [0, 1]$에 의해 할인된다. 먼 미래의 보상을 추정하는 일은 어렵다. 따라서 바로 다음에 올 미래에 기반해서만 추정한다($r + \gamma V(s', \theta_v)$). 이것을 부트스트랩 기법이라고 한다. 부트스트랩 기법과 방정식 10.4.1의 상태 표현에 대한 의존성은 종종 학습 속도를 높이고 분산을 줄인다. 방정식 10.4.1에서 가치 네트워크는 정책 네트워크의 이전 행동 a_{t-1}에서 비롯된 현재 상태 $s = s_t$를 평가한다. 반면, 정책 경사는 현재 행동 a_t에 기반한다. 어떤 의미에서 평가는 한 단계씩 뒤로 미뤄진다.

알고리즘 10.4.1은 액터-크리틱 기법[1]을 요약한다. 정책과 가치 네트워크 모두를 훈련시키기 위해 사용되는 상태 값의 평가를 제외하고 훈련은 온라인으로 수행된다. 모든 단계에서 두 네트워크가 모두 훈련된다. 이는 훈련을 수행하기 전에 에이전트가 에피소드를 완료하는 REINFORCE와 기준선을 갖는 REINFORCE와 다른 부분이다. 가치 네트워크는 두 번 참조한다. 처음은 현재 상태의 가치 추정에 쓰이고 두 번째는 다음 상태의 가치를 추정할 때 쓰인다. 두 값 모두 경사를 계산하는 데 사용된다. 그림 10.4.1은 액터-크리틱 네트워크를 보여준다. 이 장 마지막 부분에서 케라스로 액터-크리틱 기법을 구현하겠다.

알고리즘 10.4.1 액터-크리틱

요건: 미분 가능한 매개변수화된 타깃 정책 네트워크 $\pi(a|s, \theta)$.

요건: 미분 가능한 매개변수화된 가치 네트워크 $V(s, \theta_v)$.

요건: 할인 요인 $\gamma \in [0, 1]$, 성능 경사에 적용할 학습 속도 α, 가치 경사에 적용할 학습 속도 α_v.

요건: θ_0, 초기 정책 네트워크 매개변수(예를 들어, $\theta_0 \rightarrow 0$). θ_{v0}, 초기 가치 네트워크 매개변수(예를 들어, $\theta_{v0} \rightarrow 0$).

1. Repeat
2. for steps $t=0, \cdots, T-1$ do
3. 행동을 샘플링, $a \sim \pi(a|s, \theta)$
4. 행동을 실행하고 보상 r과 다음 상태 s'을 관측함
5. 상태 값 추정을 평가함, $\delta = r + \gamma V(s', \theta_v) - V(s, \theta_v)$
6. 할인된 가치 경사 계산, $\nabla V(\theta_v) = r^t \delta \nabla_{\theta v} V(s, \theta_v)$
7. 경사 상승 수행, $\theta_v = \theta_v + a_v \nabla V(\theta_v)$
8. 할인된 성능 경사를 계산, $\nabla J(\theta) = \gamma^t \delta \nabla_\theta \ln \pi(a|s, \theta)$
9. 경사 상승 수행, $\theta = \theta + a \nabla J(\theta)$
10. $s = s'$

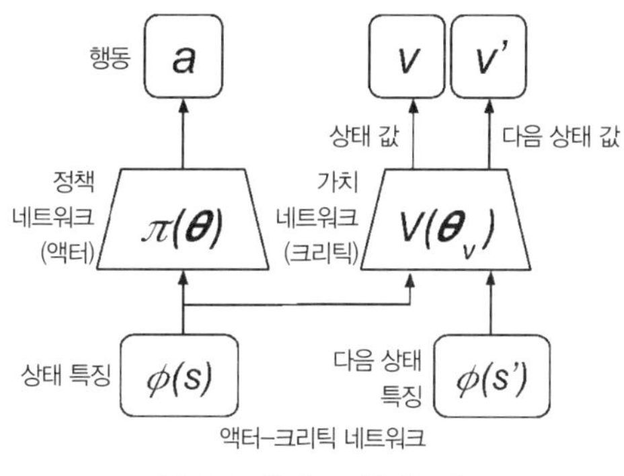

그림 10.4.1 액터-크리틱 네트워크

어드밴티지 액터-크리틱(A2C) 기법

이전 절에서 설명했던 액터-크리틱 기법에서 목표는 가치 함수가 상태 가치를 정확하게 평가하는 것이다. 가치 네트워크를 훈련시키는 다른 기법들이 있다. 그중 하나는 Q-러닝의 알고리즘과 비슷하게 가치 함수 최적화에 **MSE(평균 제곱 오차, mean squared error)**를 사용하는 것이다. 새로운 가치 경사는 반환 값 R_t와 상태 값 사이의 MSE의 편도함수와 같다.

$$\nabla V(\theta_v) = \frac{\delta(R_t - V(s, \theta_v))^2}{\delta\theta_v} \quad \text{(방정식 10.5.1)}$$

$(R_t - V(s, \theta_v)) \rightarrow 0$일 때 가치 네트워크 예측은 더 정확해진다. 이러한 액터-크리틱 알고리즘의 변형을 A2C라 부른다. A2C는 단일 스레드로 실행되거나 [2]에 의해 **A3C(비동기 어드밴티지 액터-크리틱, Asynchronous Advantage Actor-Critic)**를 동기식으로 변형한 버전이다. $(R_t - V(s, \theta_v))$의 양을 어드밴티지라고 한다.

알고리즘 10.5.1은 A2C 기법을 요약한다. A2C와 액터-크리틱 기법 사이에는 약간 차이가 있다. 액터-크리틱 기법은 온라인이거나 경험 샘플별로 훈련된다. A2C는 REINFORCE와 기준선을 적용한 REINFORCE의 몬테 카를로 알고리즘과 비슷하다. 이 기법은 한 에피소드가 완료된 다음 훈련된다. 액터-크리틱은 첫 번째 상태에서 마지막 상태까지 훈련된다. A2C 훈련은 마지막 상태에서 시작해서 첫 번째 상태에서 끝난다. 게다가 A2C 정책과 가치 경사는 더이상 γ'에 의해 할인되지 않는다.

A2C에 대응하는 네트워크는 그림 10.4.1과 비슷하며 여기에서 경사를 계산하는 방법만 바꿨다. 훈련시킬 때 에이전트가 탐색을 주로 할 수 있도록 A3C 알고리즘[2]은 정책 함수의 가중 엔트로피 값의 경

사를 경사 함수에 더할 것을 제안한다: $\beta\nabla_\theta H(\pi(a_t|s_t, \theta))$. 기억할 테지만, 엔트로피는 정보를 측정하는 지표 혹은 이벤트의 불확실성을 나타낸다.

알고리즘 10.5.1 어드밴티지 액터-크리틱(A2C)

요건: 미분 가능한 매개변수화된 타깃 정책 네트워크 $\pi(a_t|s_t, \theta)$.

요건: 미분 가능한 매개변수화된 가치 네트워크 $V(s_t, \theta_v)$.

요건: 할인 요인 $\gamma\in[0, 1]$, 성능 경사에 적용할 학습 속도 α, 가치 경사에 적용할 학습 속도 α_v, 엔트로피 가중치 β.

요건: θ_0, 초기 정책 네트워크 매개변수(예를 들어, $\theta_0 \to 0$). θ_{v_0}, 초기 가치 네트워크 매개변수(예를 들어, $\theta_{v0} \to 0$).

1. Repeat
2. $\pi(a_t|s_t, \theta)$를 따라 에피소드 $<s_0a_0r_1s_1, s_1a_1r_2s_2, \cdots, s_{T-1}a_{T-1}r_Ts_T>$를 생성
3. $R_t = \begin{cases} 0 & s_T \text{ 가 종료 상태일 경우} \\ V(s_T, \theta_v) & s_T \text{ 가 종료 상태가 아닐 경우,마지막 상태에서 부트스트랩} \end{cases}$
4. for steps $t = T-1, \cdots, 0$ do
5. 반환 값 계산, $R_t = r_t + \gamma R_t$
6. 가치 경사 계산, $\nabla V(\theta_v) = \frac{\partial (R_t - V(s, \theta_v))^2}{\partial \theta_v}$
7. 누적 경사 계산, $\theta_v = \theta_v + a_v \nabla V(\theta_v)$
8. 성능 경사를 계산, $\nabla J(\theta) = \nabla_\theta \ln\pi(a_t|s_t, \theta)(R_t - V(s, \theta_v)) + \beta\nabla_\theta H(\pi(a_t|s_t, \theta))$
9. 경사 상승 수행, $\theta = \theta + a\nabla J(\theta)$

케라스로 정책 경사 기법 구현하기

앞서 설명한 네 가지 정책 경사 기법(알고리즘 10.2.1~10.5.1)은 동일한 정책과 가치 네트워크 모델을 사용한다. 그림 10.2.1~10.4.1의 정책과 가치 네트워크의 설정이 동일하다. 네 가지 정책 경사 기법은 다음 사항에 대해서만 차이가 있다.

- 성능, 가치 경사 계산 공식
- 훈련 전략

이 절에서는 알고리즘 10.2.1에서 10.5.1까지 공통 루틴을 많이 공유하고 있으므로 하나의 케라스 코드로 구현할 것이다.

전체 코드는 다음 링크에서 확인할 수 있다. https://github.com/PacktPublishing/Advanced-Deep-Learning-with-Keras

구현에 대해 설명하기 전에 먼저 훈련 환경을 간단히 살펴보자.

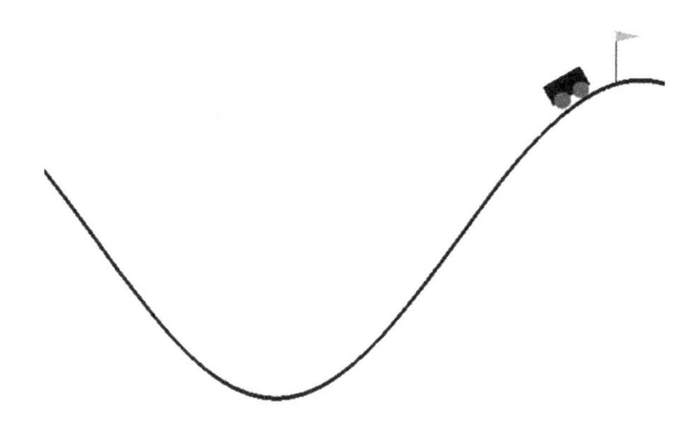

그림 10.6.1 MountainCarContinuous-v0 OpenAI gym 환경

Q-러닝과 달리 정책 경사 기법은 이산과 연속 행동 공간 모두에 적용될 수 있다. 여기서는 연속 행동 공간 예제인 OpenAI gym(https://gym.openai.com)의 MountainCarContinuous-v0에 네 개의 정책 경사 기법을 적용한 것을 보여준다. OpenAI gym이 익숙하지 않다면 9장 '심층강화학습'을 확인하기 바란다.

그림 10.6.1에서 MountainCarContinuous-v0 2차원 환경을 보여준다. 이 2차원 환경에서 그렇게 강력하지 않은 엔진을 장착한 차가 두 산 사이에 있다. 오른쪽 산 정상에 있는 깃발에 닿기 위해 충분한 가속도를 얻으려면 앞뒤로 운전해야 한다. 자동차에 적용되는 에너지가 커질수록(즉, 행동의 절댓값이 커질수록) 보상이 작아진다. 보상은 대개 음의 값을 가지고, 깃발에 닿을 때만 양의 값을 갖는다. 그 경우, 자동차는 +100의 보상을 받는다. 그렇지만 모든 행동은 다음 코드에 의해 벌칙을 받는다.

```
reward-= math.pow(action[0],2)*0.1
```

행동 가치는 연속된 값으로 [−1.0, 1.0]이 유효한 값의 범위다. 그 범위를 넘어서는 행동은 이 범위의 최솟값이나 최댓값으로 제한된다. MountainCarContinuous-v0 환경 상태에는 두 요소가 있다.

- 자동차 위치
- 자동차 속도

이 상태는 인코더에 의해 상태 특징으로 변환된다. 예측된 행동은 상태가 주어졌을 때 정책 모델의 출력이다. 가치 함수의 출력은 그 상태의 예측값이다.

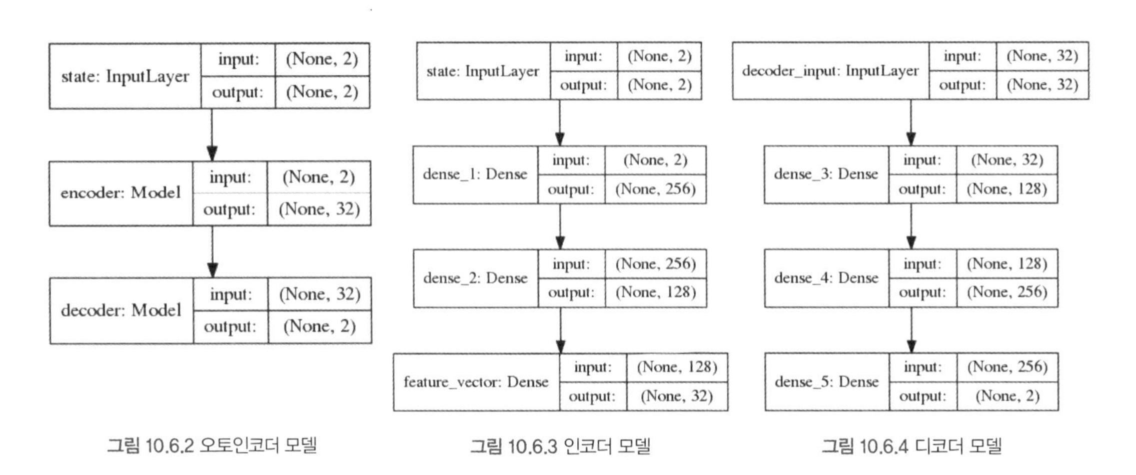

그림 10.6.2 오토인코더 모델

그림 10.6.3 인코더 모델

그림 10.6.4 디코더 모델

그림 10.2.1에서 10.4.1까지에서 봤듯이, 정책과 가치 네트워크를 구성하기 전에 먼저 상태를 특징으로 변환하는 함수를 생성해야 한다. 이 함수는 3장 '오토인코더'에서 구현한 것과 비슷하게 오토인코더의 인코더에 의해 구현된다. 그림 10.6.2는 인코더와 디코더로 구성된 오토인코더를 보여준다. 그림 10.6.3에서 인코더는 `Input(2)-Dense(256, activation='relu')-Dense(128, activation='relu')-Dense(32)`로 구성된 MLP다. 모든 상태는 32차원 특징 벡터로 전환된다. 그림 10.6.4에서 보면 디코더 역시 MLP지만, `Input(32)-Dense(128, activation='relu')-Dense(256, activation='relu')-Dense(2)`로 구성된다. 오토인코더는 MSE를 손실 함수로 Adam을 최적화 기법으로 사용해 10세대 동안 훈련된다. 전체 22만 개의 랜덤 상태를 샘플링해서 훈련 데이터(20만 개)와 테스트 데이터(2만 개)로 분할했다. 훈련이 끝난 다음 인코더 가중치는 나중에 정책과 가치 네트워크 훈련에 사용하기 위해 저장된다. 목록 10.6.1은 오토인코더를 구성하고 훈련시키기 위한 메서드를 보여준다.

목록 10.6.1 `policygradient-car-10.1.1.py`는 오토인코더를 구성하고 훈련시키는 메서드를 보여준다.

```
# 상태를 특징으로 변환하는 오토인코더
def build_autoencoder(self):
    # 우선 인코더 모델 구성
    inputs = Input(shape=(self.state_dim, ), name='state')
    feature_size = 32
```

```
        x = Dense(256, activation='relu')(inputs)
        x = Dense(128, activation='relu')(x)
        feature = Dense(feature_size, name='feature_vector')(x)

        # 인코더 모델 인스턴스화
        self.encoder = Model(inputs, feature, name='encoder')
        self.encoder.summary()
        plot_model(self.encoder, to_file='encoder.png', show_shapes=True)

        # 디코더 모델 구성
        feature_inputs = Input(shape=(feature_size,), name='decoder_input')
        x = Dense(128, activation='relu')(feature_inputs)
        x = Dense(256, activation='relu')(x)
        outputs = Dense(self.state_dim, activation='linear')(x)

        # 디코더 모델 인스턴스화
        self.decoder = Model(feature_inputs, outputs, name='decoder')
        self.decoder.summary()
        plot_model(self.decoder, to_file='decoder.png', show_shapes=True)

        # 오토인코더 = 인코더 + 디코더
        # 오토인코더 모델 인스턴스화
        self.autoencoder = Model(inputs,
        self.decoder(self.encoder(inputs)), name='autoencoder')
        self.autoencoder.summary()
        plot_model(self.autoencoder, to_file='autoencoder.png', show_shapes=True)

        # 평균 제곱 오차(Mean Square Error, MSE) 손실 함수, Adam 최적화
        self.autoencoder.compile(loss='mse', optimizer='adam')

    # 환경에서 임의로 샘플링된 상태를 사용해 오토인코더를 훈련
    def train_autoencoder(self, x_train, x_test):
        # 오토인코더 훈련
        batch_size = 32
        self.autoencoder.fit(x_train,
                             x_train,
                             validation_data=(x_test, x_test),
                             epochs=10,
                             batch_size=batch_size)
```

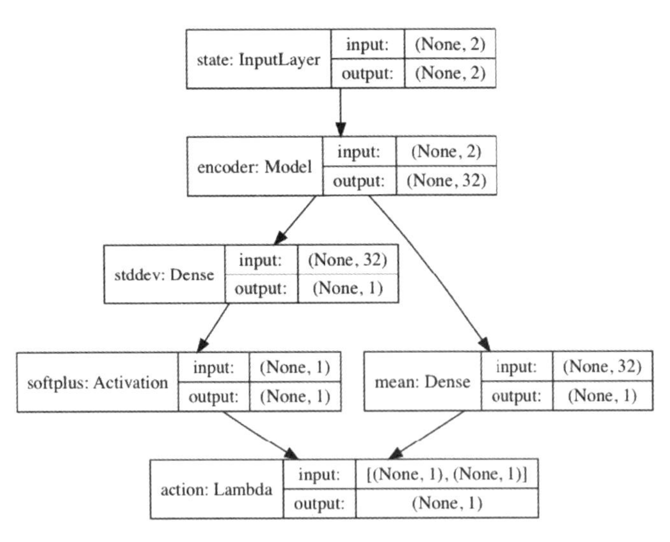

그림 10.6.5 정책 모델(액터 모델)

MountainCarContinuous-v0 환경이 주어지면 정책(액터) 모델은 자동차에 적용할 행동을 예측한다. 이 장 첫 번째 절에서 정책 경사 기법을 다룰 때 설명했듯이, 연속 행동 공간의 경우 정책 모델은 가우시안 분포에서 행동을 샘플링한다: $\pi(a_t|s_t, \theta) = a_t \sim N(\mu(s_t), \sigma(s_t))$. 케라스에서는 이것을 다음과 같이 구현한다.

```
# 평균(mean)과 표준편차(stddev)가 주어지면 행동을 샘플링하고 반환 값을 제한한
# 상태가 주어졌을 때 행동을 선택할 확률을 가우시안 분포로 가정함
def action(self, args):
    mean, stddev = args
    dist = tf.distributions.Normal(loc=mean, scale=stddev)
    action = dist.sample(1)
    action = K.clip(action,
                    self.env.action_space.low[0],
                    self.env.action_space.high[0])
    return action
```

행동은 가능한 최솟값과 최댓값 사이로 제한된다.

정책 네트워크의 역할은 가우시안 분포의 평균과 표준 편차를 예측하는 것이다. 그림 10.6.5는 $\pi(a_t|s_t, \theta)$를 모델링하는 정책 네트워크를 보여준다. 인코더 모델에 미리 훈련된 고정된 가중치가 있다는 점에 유의하자. 평균과 표준편차 가중치만 성능 경사 업데이트를 받는다.

정책 네트워크는 기본적으로 방정식 10.1.4와 10.1.5를 구현한다. 편의를 위해 다시 한 번 확인해 보자.

$$\mu(s_t) = \phi(s_t)^T \theta_\mu \quad \text{(방정식 10.1.4)}$$

$$\sigma(s_t) = \varsigma(\phi(s_t)^T \theta_\sigma) \quad \text{(방정식 10.1.5)}$$

여기에서 $\phi(s_t)$는 인코더이고, θ_μ는 평균의 `Dense(1)` 계층의 가중치이며, θ_σ는 표준편차의 `Dense(1)` 계층의 가중치다. 여기서는 표준편차가 0이 되는 것을 피하기 위해 수정된 소프트플러스(softplus) 함수 $\varsigma(\cdot)$를 사용했다.

```
# 일부 구현에서는 표준편차가 0이 되지 않게
# 수정된 소프트플러스를 사용함
def softplusk(x):
    return K.softplus(x) + 1e-10
```

다음 목록은 정책 모델 빌더 함수를 보여준다. 이 목록에 로그 확률, 엔트로피, 가치 모델도 포함돼 있다. 이에 대해서는 다음에 설명하겠다.

목록 10.6.2 policygradient-car-10.1.1.py는 인코딩된 상태 특징으로부터 정책(액터), logp, 엔트로피, 가치 모델을 구성하는 방법을 보여준다.

```
def build_actor_critic(self):
    inputs = Input(shape=(self.state_dim, ), name='state')
    self.encoder.trainable = False
    x = self.encoder(inputs)
    mean = Dense(1,
                 activation='linear',
                 kernel_initializer='zero',
                 name='mean')(x)
    stddev = Dense(1,
                   kernel_initializer='zero',
                   name='stddev')(x)
    # stddev = 0을 피하기 위해 softplus 사용
    stddev = Activation('softplusk', name='softplus')(stddev)
    action = Lambda(self.action,
                    output_shape=(1,),
```

```
                 name='action')([mean, stddev])
    self.actor_model = Model(inputs, action, name='action')
    self.actor_model.summary()
    plot_model(self.actor_model, to_file='actor_model.png', show_shapes=True)
    logp = Lambda(self.logp,
                  output_shape=(1,),
                  name='logp')([mean, stddev, action])
    self.logp_model = Model(inputs, logp, name='logp')
    self.logp_model.summary()
    plot_model(self.logp_model, to_file='logp_model.png', show_shapes=True)

    entropy = Lambda(self.entropy,
                     output_shape=(1,),
                     name='entropy')([mean, stddev])
    self.entropy_model = Model(inputs, entropy, name='entropy')
    self.entropy_model.summary()
    plot_model(self.entropy_model, to_file='entropy_model.png', show_shapes=True)
    value = Dense(1,
                  activation='linear',
                  kernel_initializer='zero',
                  name='value')(x)
    self.value_model = Model(inputs, value, name='value')
    self.value_model.summary()
```

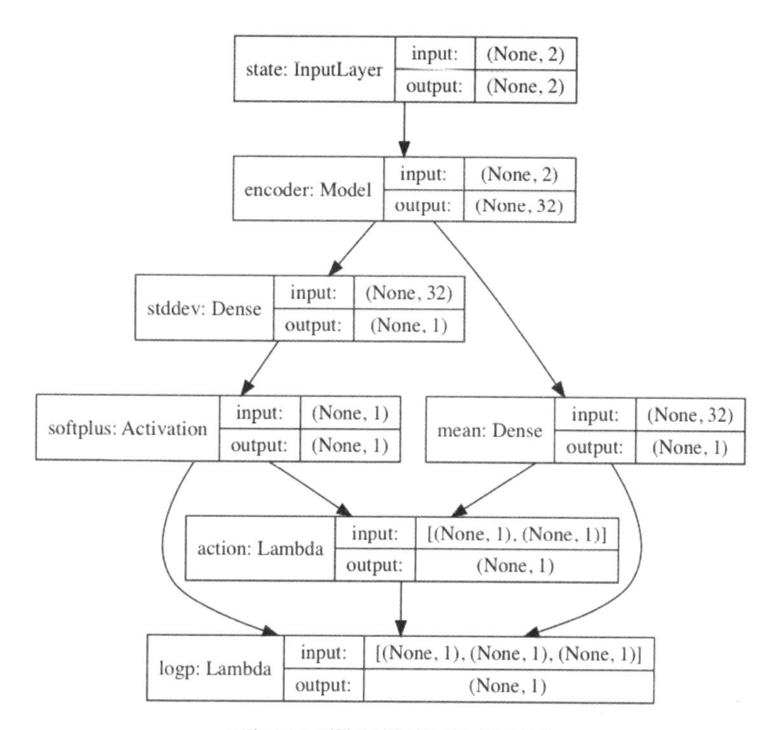

그림 10.6.6 정책의 가우시안 로그 확률 모델

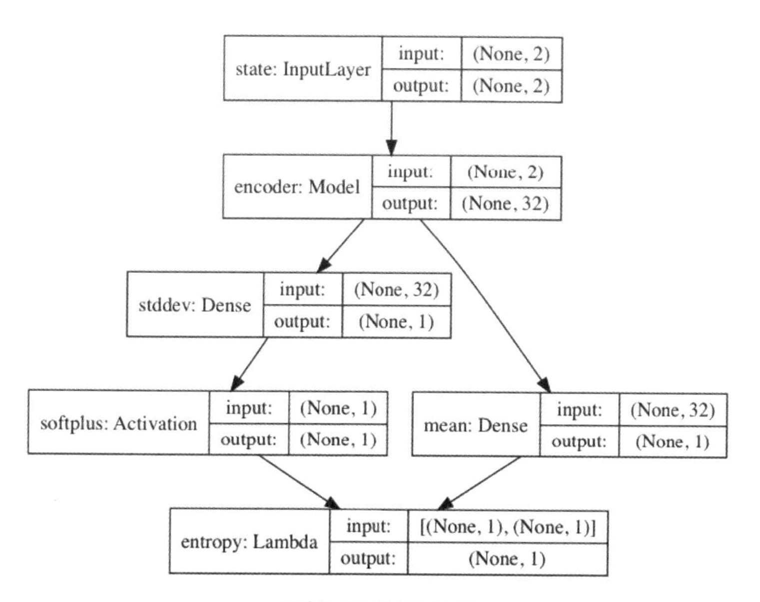

그림 10.6.7 엔트로피 모델

정책 네트워크 $\pi(a_t|s_t, \theta)$를 제외하고 행동 로그 확률(logp) 네트워크도 $\pi(a_t|s_t, \theta)$에 있어야 하는데, 여기에서 실제 경사가 계산되기 때문이다. 그림 10.6.6에서 보듯이 logp 네트워크는 단순히 행동, 평균, 표준편차가 주어졌을 때 가우시안 분포의 로그 확률을 계산하는 Lambda(1) 계층이 추가된 네트워크다. logp 네트워크와 액터(정책) 모델은 동일한 매개변수를 공유한다. Lambda 계층에는 매개변수가 없다. 이 계층은 다음 함수에 의해 구현된다.

```
# 평균(mean), 표준편차(stddev), 행동(action)이 주어졌을 때
# 가우시안 분포의 로그 확률
def logp(self, args):
    mean, stddev, action = args
    dist = tf.distributions.Normal(loc=mean, scale=stddev)
    logp = dist.log_prob(action)
    return logp
```

logp 네트워크를 훈련하면 액터 모델도 함께 훈련된다. 이 절에서 훈련 기법을 설명할 때는 logp 네트워크만 훈련된다.

그림 10.6.7에서 보듯이, 엔트로피 모델도 정책 네트워크와 매개변수를 공유한다. 출력 Lambda(1) 계층은 평균과 표준편차가 주어지면 가우시안 분포의 엔트로피를 다음 함수를 사용해 계산한다.

```
# 평균(mean)과 표준편차(stddev)가 주어지면 가우시안 분포 엔트로피를 계산함
def entropy(self, args):
    mean, stddev = args
    dist = tf.distributions.Normal(loc=mean, scale=stddev)
    entropy = dist.entropy()
    return entropy
```

엔트로피 모델은 A2C 기법에서만 사용된다.

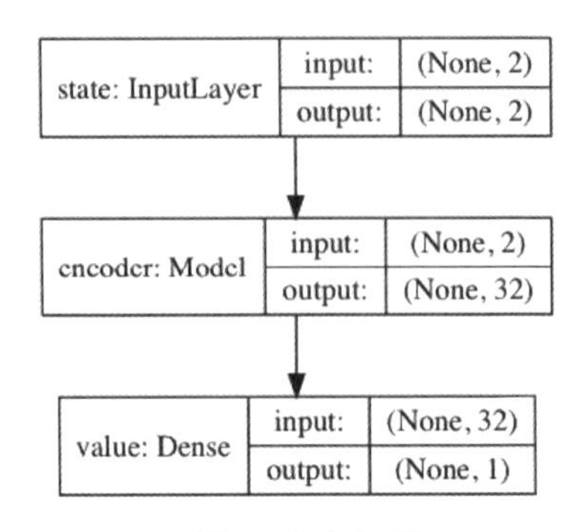

그림 10.6.8 가치 모델

앞의 그림은 가치 모델을 보여준다. 모델은 다음 방정식을 구현하기 위해 가중치를 고정해 미리 훈련된 인코더를 사용한다.

$$v_t = V(s_t, \theta_v) = \phi(s_t)^T \theta_v \qquad \text{(방정식 10.3.2)}$$

θ_v는 가치 경사 업데이트를 받는 유일한 계층인 Dense(1) 계층의 가중치다. 그림 10.6.8은 알고리즘 10.3.1부터 10.5.1까지에 포함된 $V(s_t, \theta_v)$를 보여준다. 가치 모델은 코드 몇 줄이면 구성할 수 있다.

```
inputs = Input(shape=(self.state_dim, ), name='state')
self.encoder.trainable = False
x = self.encoder(inputs)

value = Dense(1,
              activation='linear',
              kernel_initializer='zero',
              name='value')(x)
self.value_model = Model(inputs, value, name='value')
```

이 코드도 목록 10.6.2에서 보여준 build_actor_critic() 메서드에 구현된다.

네트워크 모델을 구성하고 난 다음 단계는 훈련 단계다. 알고리즘 10.2.1부터 10.5.1에서 경사 상승법을 적용해 목표 함수 최대화를 수행한다. 케라스에서는 경사 하강법을 적용해 손실 함수 최소화를 수행한다. 손실 함수는 최대화 대상인 목적 함수에 단순히 음의 기호를 붙인 것이다. 경사 하강법은 경사 상승법에 음의 기호를 붙인 것이다. 목록 10.6.3은 logp와 가치 손실 함수를 보여준다.

손실 함수의 공통 구조를 활용해 알고리즘 10.2.1에서 10.5.1까지 손실 함수를 통합할 수 있다. 성능 경사와 가치 경사는 상수 인자만 다르다. 성능 경사에는 $\nabla_\theta \ln\pi(a_t|s_t, \theta)$라는 공통 항이 있다. 이는 정책 로그 확률 손실 함수 logp_loss()에서 y_pred에 의해 표현된다. 공통 항에 대한 인수 $\nabla_\theta \ln\pi(a_t|s_t, \theta)$는 알고리즘에 따라 다르고 y_true로 구현된다. 표 10.6.1에서 y_true 값을 보여준다. 남은 항은 엔트로피의 가중 경사다: $\beta\nabla_\theta H\pi(a_t|s_t, \theta))$. 이 항은 logp_loss() 함수에 beta와 entropy의 곱으로 구현된다. A2C만 이 항을 사용하며, 기본적으로 beta=0.0이다. A2C에서 beta=0.9다.

목록 10.6.3 policygradient-car-10.1.1.py. logp와 가치 네트워크의 손실 함수

```
# logp 손실, A2C에서는 3번째와 4번째 변수(entropy와 beta)가 필요
# 따라서 다른 손실 함수 구조를 가짐
def logp_loss(self, entropy, beta=0.0):
```

```
    def loss(y_true, y_pred):
        return -K.mean((y_pred * y_true) + (beta * entropy), axis=-1)
    return loss

# 일반 손실 함수 구조는 2개의 인수만 받음
# 이 구조는 A2C를 제외한 모든 기법의 가치 손실에 사용됨
def value_loss(self, y_true, y_pred):
    return -K.mean(y_pred * y_true, axis=-1)
```

표 10.6.1 logp_loss와 value_loss의 y_true 값

알고리즘	logp_loss의 y_true	value_loss의 y_true
10.2.1 REINFORCE	$\gamma^t R_t$	해당사항 없음
10.3.1 기준선이 있는 REINFORCE	$\gamma^t \delta$	$\gamma^t \delta$
10.4.1 액터-크리틱	$\gamma^t \delta$	$\gamma^t \delta$
10.5.1 A2C	$(R_t - V(s, \theta_v))$	R_t

이와 유사하게, 알고리즘 10.3.1과 10.4.1의 가치 손실 함수가 같은 구조를 갖는다. 가치 손실 함수는 목록 10.6.3에서 보듯이 케라스에 value_loss()로 구현된다. 공통 경사 인자 $\nabla \theta_v V(s_t, \theta_v)$는 y_pred 텐서에 의해 표현된다. 남은 인자는 y_true에 의해 표현된다. y_true 값도 표 10.6.1에서 보여준다. A2C는 가치 함수를 학습하기 위해 MSE 손실 함수를 사용한다. A2C에서 y_true는 타깃값 혹은 실측값을 표현한다.

목록 10.6.4 policygradient-car-10.1.1.py는 REINFORCE, 기준선을 갖는 REINFORCE, A2C가 에피소드 단위로 훈련되는 것을 보여준다. 목록 10.6.5에서 메인 루틴을 호출하기 전에 먼저 적절한 반환 값이 계산된다.

```
# 에피소드 단위로 훈련 (REINFORCE, 기준선 있는 REINFORCE, A2C는
# 단계별 훈련하기 전에 이 루틴을 사용해 데이터세트를 준비함)
def train_by_episode(self, last_value=0):
    if self.args.actor_critic:
        print("Actor-Critic must be trained per step")
        return
    elif self.args.a2c:
        # 마지막 상태에서 첫 번째 상태로 A2C 훈련 구현
        # 할인 요인
```

```
        gamma = 0.95
        r = last_value
        # 알고리즘 10.5.1에서 보듯이 메모리를 역으로 방문
        for item in self.memory[::-1]:
            [step, state, next_state, reward, done] = item
            # 반환 값 계산
            r = reward + gamma*r
            item = [step, state, next_state, r, done]
            # 단계별 훈련
            # a2c 보상은 할인됨
            self.train(item)
        return

    # REINFORCE와 기준선 있는 REINFORCE만 ff 코드를 사용
    # 보상을 반환 값으로 변환
    rewards = []
    gamma = 0.99
    for item in self.memory:
        [_, _, _, reward, _] = item
        rewards.append(reward)

    # 단계별 반환 값 계산
    # 반환 값은 t 부터 에피소드 마지막까지의 보상의 합
    # 반환 값은 리스트에서 보상을 대체함
    for i in range(len(rewards)):
        reward = rewards[i:]
        horizon = len(reward)
        discount = [math.pow(gamma, t) for t in range(horizon)]
        return_ = np.dot(reward, discount)
        self.memory[i][3] = return_
    # 모든 단계를 훈련
    for item in self.memory:
        self.train(item, gamma=gamma)
```

목록 10.6.5 policygradient-car-10.1.1.py는 모든 정책 경사 알고리즘이 사용하는 메인 train 루틴을 보여준다. 액터-크리틱에서는 경험 샘플마다 이 루틴을 호출하지만 나머지 기법을 훈련할 때는 목록 10.6.4의 에피소드 루틴 단위로 이 루틴을 호출한다.

```
# 4가지 정책 경사 기법 모두에서 사용되는 메인 훈련 루틴
def train(self, item, gamma=1.0):
```

```
[step, state, next_state, reward, done] = item

# 엔트로피 계산을 위해 상태 저장
self.state = state

discount_factor = gamma**step

# reinforce-baseline: delta = return - value
# actor-critic: delta = reward - value + discounted_next_value
# a2c: delta = discounted_reward - value
delta = reward - self.value(state)[0]

# REINFORCE만 크리틱(가치 네트워크)을 사용하지 않음
critic = False
if self.args.baseline:
    critic = True
elif self.args.actor_critic:
    # 이 함수는 액터-크리틱에서 직접 호출되므로
    # 여기서 가치 함수를 평가함
    critic = True
    if not done:
        next_value = self.value(next_state)[0]
        # 할인된 next_value를 더함
        delta += gamma*next_value
elif self.args.a2c:
    critic = True
else:
    delta = reward

# 알고리즘 10.2.1, 10.3.1, 10.4.1에서 보듯이 할인 요인을 적용
discounted_delta = delta * discount_factor
discounted_delta = np.reshape(discounted_delta, [-1, 1])
verbose = 1 if done else 0

# logp 모델 훈련(이는 액터 모델을 훈련시키는 것을 뜻하기도 함)
# 이 두 모델은 정확히 동일한 매개변수를 공유하기 때문

self.logp_model.fit(np.array(state),
                    discounted_delta,
                    batch_size=1,
```

```
                epochs=1,
                verbose=verbose)

    # A2C에서 타깃 가치는 반환 값
    # (train_by_episode 함수에서 보상은 반환 값으로 대체)
    if self.args.a2c:
        discounted_delta = reward
        discounted_delta = np.reshape(discounted_delta, [-1, 1])

    # 가치 네트워크(크리틱)을 훈련
    if critic:
        self.value_model.fit(np.array(state),
                             discounted_delta,
                             batch_size=1,
                             epochs=1,
                             verbose=verbose)
```

지금까지 살펴본 네트워크 모델과 손실 함수를 배치했다면 마지막 남은 부분은 훈련 전략을 짜는 것으로, 이는 알고리즘마다 다르다. 목록 10.6.4와 10.6.5에서 보듯이 두 개의 훈련 함수가 사용된다. 알고리즘 10.2.1, 10.3.1, 10.5.1은 훈련 전에 전체 에피소드가 끝나기를 기다리므로 `train_by_episode()`와 `train()`을 모두 실행한다. 전체 에피소드는 `self.memory`에 저장된다. 액터-크리틱 알고리즘 10.4.1은 단계당 훈련하므로 `train()`만 실행한다.

각 알고리즘은 에피소드 경로를 각자 다른 방식으로 처리한다.

표 10.6.2 표 10.6.1의 y_true 값

알고리즘	y_true 공식	케라스의 y_true
10.2.1 REINFORCE	$\gamma^t R_t$	`reward * discount_factor`
10.3.1 기준선이 있는 REINFORCE	$\gamma^t \delta$	`(reward - self.value(state)[0]) * discount_factor`
10.4.1 액터-크리틱	$\gamma^t \delta$	`(reward - self.value(state)[0] + gamma*next_value) * discount_factor`
10.5.1 A2C	$(R_t - V(s, \theta_v))$ 및 R_t	`(reward - self.value(state)[0])` 및 `reward`

REINFORCE 기법과 A2C에서 `reward`는 실제로 `train_by_episode()`. `discount_factor = gamma**step`에서 계산된 반환 값이다.

두 REINFORCE 기법은 모두 메모리의 보상값을 교체함으로써 반환 값 $R_t = \sum_{k=0}^{T} \gamma^k r_{t+k}$를 계산한다.

```
# REINFORCE와 기준선 있는 REINFORCE만 ff 코드를 사용
# 보상을 반환 값으로 변환
rewards = []
gamma = 0.99
for item in self.memory:
    [_, _, _, reward, _] = item
    rewards.append(reward)

# 단계당 반환 값 계산
# 반환 값은 t에서 에피소드 마지막까지 보상의 합
# 반환 값은 리스트의 보상을 대체함
for i in range(len(rewards)):
    reward = rewards[i:]
    horizon = len(reward)
    discount = [math.pow(gamma, t) for t in range(horizon)]
    return_ = np.dot(reward, discount)
    self.memory[i][3] = return_
```

그런 다음 첫 번째 단계부터 시작해 각 단계에 대한 정책(액터)과 가치 모델(기준선 있는 모델에서만)을 훈련시킨다.

A2C의 훈련 전략은 경사를 마지막 단계에서 첫 번째 단계로 가는 순서로 계산한다는 점에서 다르다. 따라서 반환 값은 마지막 단계 보상 또는 마지막 다음 상태 값에서 시작해 누적된다.

```
# 알고리즘 10.5.1에서 보듯이 메모리를 역순으로 방문
for item in self.memory[::-1]:
    [step, state, next_state, reward, done] = item
    # 반환 값 계산
    r = reward + gamma*r
    item = [step, state, next_state, r, done]
    # 단계별 훈련
    # a2c 보상은 할인됨
    self.train(item)
```

리스트에서 reward 변수 또한 반환 값으로 교체된다. 이 변수는 최종 상태에 도달하면(즉, 자동차가 깃발에 닿거나) reward에 의해 초기화되거나 최종 상태가 아니라면 다음 상태 값으로 초기화된다.

```
v = 0 if reward > 0 else agent.value(next_state)[0]
```

케라스 구현에서 설명했던 모든 루틴은 PolicyAgent 클래스에 메서드로 구현돼 있다. PolicyAgent의 역할은 네트워크 모델을 구성 및 훈련시키고, 행동, 로그 확률, 엔트로피, 상태 값을 예측하는 등 정책 경사 기법을 구현한 에이전트를 표현하는 것이다.

다음 목록은 에이전트가 정책과 가치 모델을 실행하고 훈련시킬 때 하나의 에피소드가 어떻게 펼쳐지는지 보여준다. for 루프는 1000개의 에피소드를 실행한다. 한 에피소드는 1000단계에 이르거나 자동차가 깃발에 닿으면 종료된다. 에이전트는 단계마다 정책에 의해 예측된 행동을 실행한다. 각 에피소드 혹은 단계가 끝난 다음 훈련 루틴이 호출된다.

목록 10.6.6 policygradient-car-10.1.1.py. 에이전트는 1000개의 에피소드를 실행하고 단계마다 정책에 의해 예측된 행동을 실행해 훈련을 수행한다.

```
# 샘플링, 적합
for episode in range(episode_count):
    state = env.reset()
    # 상태: car [position, speed]
    state = np.reshape(state, [1, state_dim])
    # 에피소드를 새로 시작하기 전에
    # 모든 변수와 메모리를 재설정
    step = 0
    total_reward = 0
    done = False
    agent.reset_memory()
    while not done:
        # [min, max] action = [-1.0, 1.0]
        # 기준선 있는 REINFORCE의 경우, 임의로 행동을 선택해도
        # 자동차가 깃대를 지나치지 않는다
        if args.random:
            action = env.action_space.sample()
        else:
            action = agent.act(state)
        env.render()
        # 행동을 수행한 다음, s', r, done을 가져옴
```

```
        next_state, reward, done, _ = env.step(action)
        next_state = np.reshape(next_state, [1, state_dim])
        # 훈련을 위해 메모리에 경험 유닛을 저장
        # 액터-크리틱은 이 단계가 필요 없지만 어쨌든 저장하겠음
        item = [step, state, next_state, reward, done]
        agent.remember(item)

        if args.actor_critic and train:
            # 액터-크리틱에서만 온라인 훈련을 수행
            # 매 단계마다 훈련
            agent.train(item, gamma=0.99)
        elif not args.random and done and train:
            # REINFORCE, 기준선 있는 REINFORCE, A2C의 경우,
            # 네트워크 훈련 전에 먼저 에피소드가 완료되어야 함
            # 마지막 값은 a2c에서 사용
            v = 0 if reward > 0 else agent.value(next_state)[0]
            agent.train_by_episode(last_value=v)
        # 보상을 누적시킴
        total_reward += reward
        # 다음 상태는 새로운 상태임
        state = next_state
        step += 1
```

정책 경사 기법의 성능 평가

여기서는 네 가지 정책 경사 기법을 1,000에피소드 동안 에이전트를 훈련시켜 평가했다. 1훈련 세션을 1,000개의 에피소드로 정의한다. 첫 번째 성능 지표는 1,000에피소드 동안 자동차가 깃발에 닿은 누적 횟수로 측정된다. 그림 10.7.1부터 10.7.4까지 기법별로 다섯 개의 훈련 세션을 보여준다.

이 지표에서 A2C가 가장 많이 깃발에 닿고 그다음으로 기준선 있는 REINFORCE, 액터-크리틱, REINFORCE가 뒤따른다. 기준선이나 크리틱을 사용하면 학습 속도가 빨라진다. 이것은 에이전트가 지속해서 성능을 향상시키는 훈련 세션이라는 점을 알아두자. 실험 중에는 에이전트 성능이 시간이 지나도 개선되지 않는 경우가 있다.

두 번째 성능 지표는 에피소드당 총 보상이 최소 90.0이라면 `MountainCarContinuous-v0` 문제는 해결됐다고 본다는 요구사항에 기반한다. 기법별로 실행된 5회의 훈련 세션에서 마지막 100개 에피소드(에피소드 900~999)의 총 보상이 가장 높은 훈련 세션 하나를 선택했다. 그림 10.7.5부터 10.7.8까지는 네 가지 정책 경사 기법의 결과를 보여준다. 1,000개 에피소드를 훈련한 다음 총 보상이 약 90을 일관되게 달성하는 기법은 기준선이 있는 REINFORCE가 유일하다. 그다음으로는 A2C가 성능이 좋지만, 총 보상으로 최소 90을 꾸준히 달성하지 못한다.

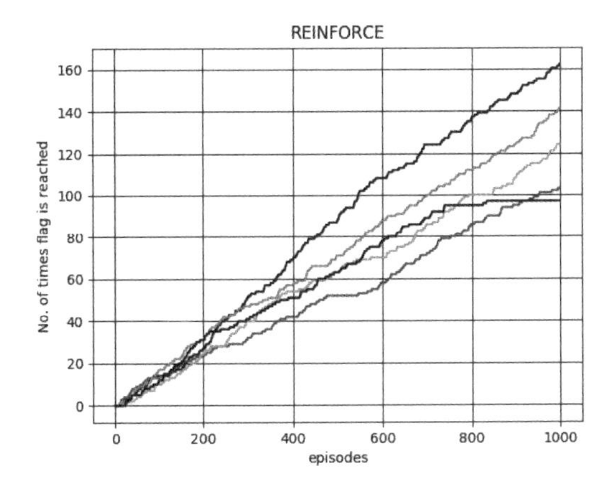

그림 10.7.1 REINFORCE 기법을 사용할 때 자동차가 깃발에 닿는 횟수

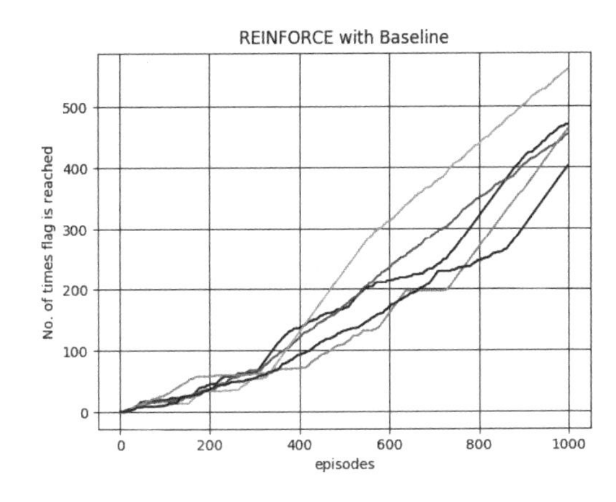

그림 10.7.2 기준선 있는 REINFORCE 기법을 사용할 때 자동차가 깃발에 닿는 횟수

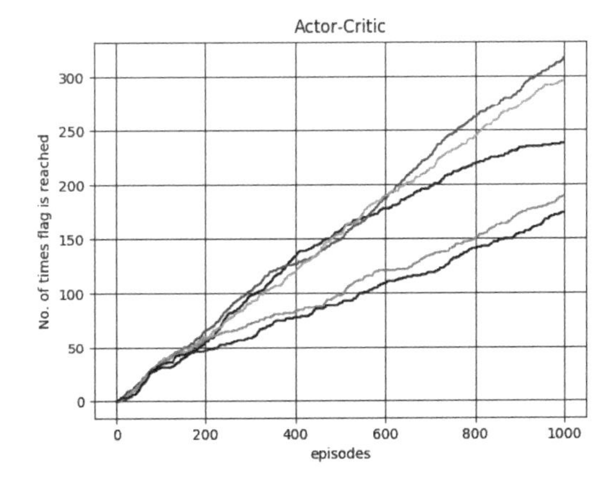

그림 10.7.3 액터-크리틱 기법을 사용할 때 자동차가 깃발에 닿는 횟수

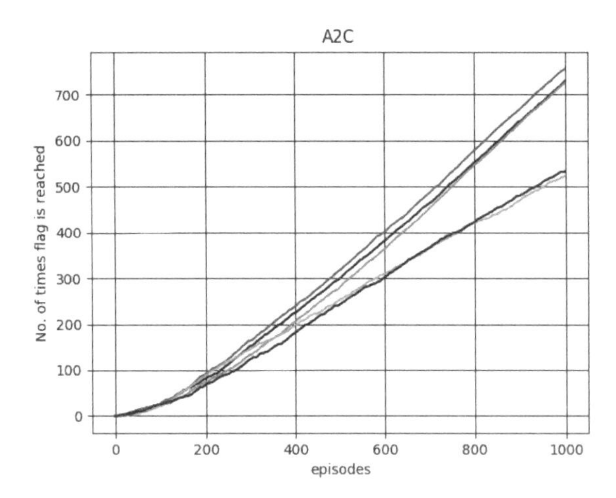

그림 10.7.4 A2C 기법을 사용할 때 자동차가 깃발에 닿는 횟수

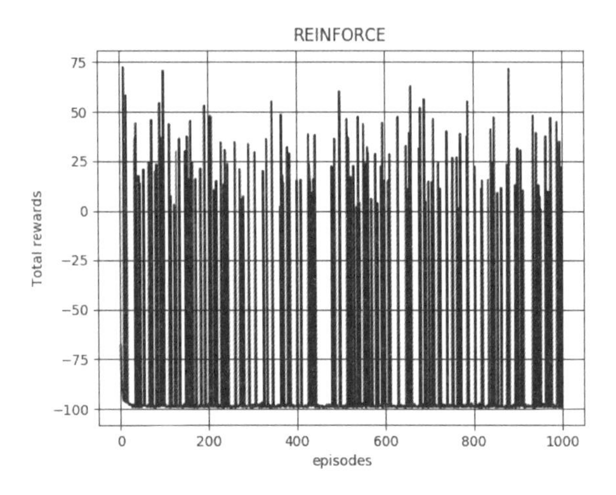

그림 10.7.5 REINFORCE 기법을 사용할 때 에피소드당 받는 총 보상

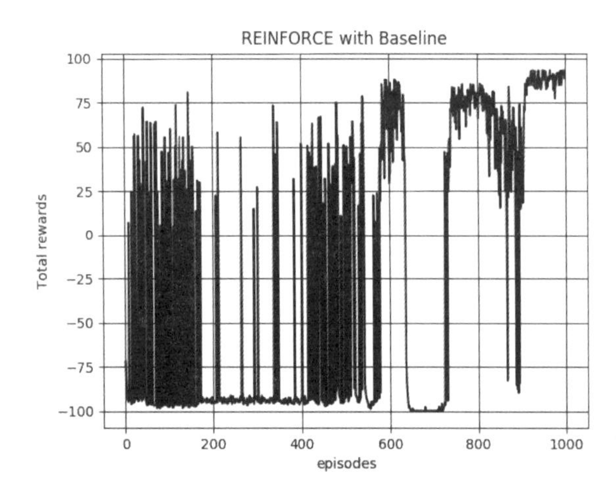

그림 10.7.6 기준선 있는 REINFORCE 기법을 사용할 때 에피소드당 받는 총 보상

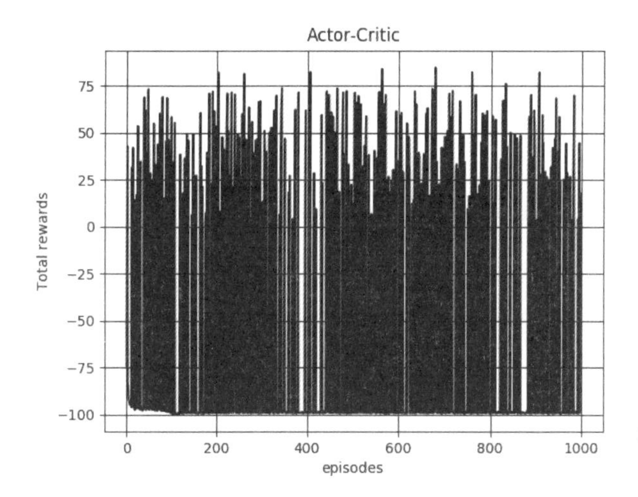

그림 10.7.7 액터-크리틱 기법을 사용할 때 에피소드당 받는 총 보상

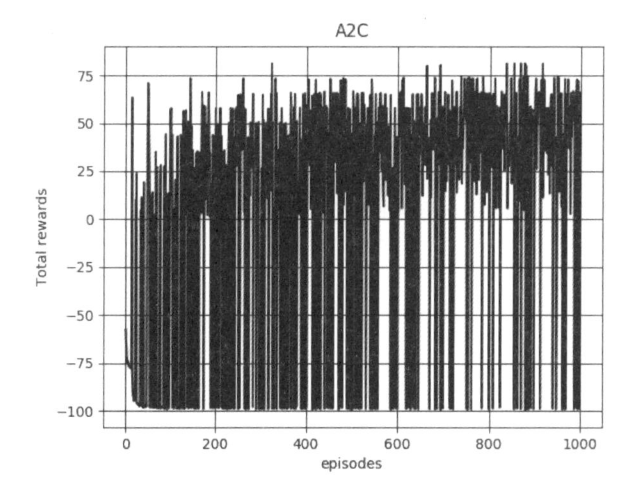

그림 10.7.8 A2C 기법을 사용할 때 에피소드당 받는 총 보상

이 실험에서는 로그 확률과 가치 네트워크 최적화를 위해 동일한 학습 속도 1e-3을 사용한다. 할인율은 0.99로 설정하고 훈련하기 쉬운 A2C만 0.95로 설정한다.

다음 명령어로 훈련된 네트워크를 실행해 보는 것이 좋다.

```
$ python3 policygradient-car-10.1.1.py
--encoder_weights=encoder_weights.h5 --actor_weights=actor_weights.h5
```

다음 표는 policygradient-car-10.1.1.py를 실행하는 다른 모드를 보여준다. 가중치 파일(즉, *.h5)은 미리 훈련시킨 가중치 파일로 교체하면 된다. 다른 가능한 옵션을 보려면 코드를 확인하자.

표 10.7.1 policygradient-car-10.1.1.py를 실행하는 다양한 옵션

목표	실행 명령어
REINFORCE를 처음부터 훈련	python3 policygradient-car-10.1.1.py --encoder_weights=encoder_weights.h5
기준선 있는 REINFORCE를 처음부터 훈련	python3 policygradient-car-10.1.1.py --encoder_weights=encoder_weights.h5 -b
액터-크리틱을 처음부터 훈련	python3 policygradient-car-10.1.1.py --encoder_weights=encoder_weights.h5 -a
A2C를 처음부터 훈련	python3 policygradient-car-10.1.1.py --encoder_weights=encoder_weights.h5 -c
REINFORCE를 앞서 저장된 가중치로 훈련	python3 policygradient-car-10.1.1.py --encoder_weights=encoder_weights.h5 --actor_weights=actor_weights.h5 --train
기준선 있는 REINFORCE를 앞서 저장된 가중치로 훈련	python3 policygradient-car-10.1.1.py --encoder_weights=encoder_weights.h5 --actor_weights=actor_weights.h5 --value_weights=value_weights.h5 -b --train
액터-크리틱을 앞서 저장된 가중치로 훈련	python3 policygradient-car-10.1.1.py --encoder_weights=encoder_weights.h5 --actor_weights=actor_weights.h5 --value_weights=value_weights.h5 -a --train
A2C를 앞서 저장된 가중치로 훈련	python3 policygradient-car-10.1.1.py --encoder_weights=encoder_weights.h5 --actor_weights=actor_weights.h5 --value_weights=value_weights.h5 -c --train

마지막으로 정책 경사 기법을 케라스로 구현하는 데는 몇 가지 제약사항이 있다. 예를 들어 액터 모델을 훈련하려면 행동을 다시 샘플링해야 한다. 보상과 다음 상태를 관측하기 위해 행동이 먼저 샘플링되어 환경에 적용된다. 그런 다음 로그 확률 모델을 훈련시키기 위해 다른 샘플을 취해야 한다. 두 번째 샘플이 첫 번째 샘플과 반드시 같을 필요는 없지만, 훈련에 사용되는 보상은 첫 번째 샘플링된 행동에서 비롯되기 때문에 경사를 계산할 때 확률적 오차가 생길 수 있다.

반가운 소식이라면 케라스는 tf.keras 형태로 텐서플로의 지원을 많이 받는다는 것이다. 케라스를 텐서플로처럼 훨씬 더 유연하고 강력한 머신러닝 라이브러리로 옮기면 일이 훨씬 더 수월해진다. 처음에 케라스로 구현했는데 더 아래 단계에서 맞춤형 머신러닝 루틴을 구성하고자 할 때 케라스와 tf.keras의 API는 매우 흡사하다.

텐서플로에서 케라스를 사용하는 데는 약간의 학습 곡선이 필요하다. 게다가 tf.keras에서는 사용하기 쉬운 새로운 텐서플로의 Dataset와 Estimators API를 활용할 수 있다. 이로써 코드의 상당 부분이 단순화되고 모델 재사용성을 높여서 깔끔한 파이프라인을 얻을 수 있다. 텐서플로의 새로운 즉시 실행(eager execution) 모드를 활용하면 tf.keras와 텐서플로에서 파이썬 코드를 구현하고 디버깅하기가 훨씬 더 쉽다. 즉시 실행을 활용하면 이 책에서 했던 것처럼 계산 그래프 구조를 구성하지 않고도 코드를 실행할 수 있다. 또한 코드 구조를 전형적인 파이썬 프로그램과 비슷하게 만들어준다.

결론

이 장에서는 정책 경사 기법을 다뤘다. 정책 경사 정리를 시작으로 정책 네트워크를 훈련하기 위한 네 가지 기법을 공식화했다. 그 네 가지 기법인 REINFORCE, 기준선 있는 REINFORCE, 액터-크리틱, A2C 알고리즘을 자세히 설명했다. 또한 네 가지 기법을 케라스에서 구현하는 방법을 살펴봤다. 그런 다음 실험을 통해 에이전트가 성공적으로 자신의 목표에 도달한 횟수와 에피소드당 받은 보상 관점에서 알고리즘을 검증했다.

이전 장에서 설명했던 심층 Q-네트워크[2]와 비슷하게, 기본 정책 경사 알고리즘을 개선한 몇 가지 알고리즘이 있다. 예를 들어 가장 유명한 알고리즘으로는 A2C를 다중 스레드로 구현한 A3C[3]가 있다. 이 알고리즘에서 에이전트는 다양한 경험에 동시에 노출되고 정책과 가치 네트워크는 비동기식으로 최적화한다. 그렇지만 OpenAI(https://blog.openai.com/baselines-acktr-a2c/)에 의해 수행된 실험에서는 A3C가 A2C보다 크게 유리하지 않다는 결과가 나왔는데, 그 이유는 A3C가 최근에 사용할 수 있는 막강한 GPU를 활용할 수 없기 때문이다.

마지막으로 당부하고 싶은 것은 딥러닝 분야는 이 같은 책 한 권에 모든 내용을 담기에는 너무 방대하다. 따라서 이 책에서는 광범위하게 활용할 수 있고 독자들이 쉽게 구축할 수 있을 것으로 판단되는 고급 주제들을 신중히 선택해 다뤘다. 또한 이 책에서는 케라스에서 구현하는 방법을 보여줌으로써 앞으로 계속해서 각자 업무 및 연구 분야에 적용할 수 있도록 구성했다.

참고 문헌

1. Sutton and Barto. Reinforcement Learning: An Introduction, `http://incompleteideas.net/book/bookdraft2017nov5.pdf`, (2017).

2. Mnih, Volodymyr, and others. Human–level control through deep reinforcement learning, Nature 518.7540 (2015): 529.

3. Mnih, Volodymyr, and others. Asynchronous methods for deep reinforcement learning, International conference on machine learning, 2016.

4. Williams and Ronald J. Simple statistical gradient–following algorithms for connectionist reinforcement learning, Machine learning 8.3–4 (1992): 229–256.

A – D

E – K

L – N

O – S

T – Z

ㄱ – ㅁ

ㅂ – ㅇ

ㅈ – ㅎ